INÈS MURAT

Colbert

marabout

Collection
marabout université

© Librairie Arthème Fayard, 1980.

Toute reproduction d'un extrait quelconque de ce livre par quelque procédé que ce soit, et notamment par photocopie ou microfilm est interdite sans autorisation écrite de l'éditeur.

AVANT-PROPOS

La rédaction de cet ouvrage a été suggérée par une très importante documentation conservée par ma famille qui descend de la fille aînée de Colbert, Jeanne-Marie-Thérèse Colbert, duchesse de Chevreuse.

Cet ensemble d'archives comprend essentiellement les papiers personnels de Colbert sur tous les grands événements de son époque. Sa vie politique fut exceptionnellement longue : elle commença sous le ministère de Richelieu et ne finit qu'à la maturité du règne de Louis XIV.

J'ai tenté de présenter une étude globale sur l'homme et son action. La diversité et l'intérêt des archives dont j'ai pu disposer ont encouragé cette présentation.

Seul, le grand historien de Colbert, Pierre Clément, eut accès à cette collection, au XIXe siècle. De nombreux documents restent inédits. Et l'étude de brouillons écrits par un homme qui joua un rôle politique déterminant éclaire, parfois, de façon imprévue, des événements décisifs.

Cette documentation comprend plusieurs dossiers :

● Dossier Mazarin :
Colbert fut l'intendant, l'homme de confiance de Mazarin. Il conservait dans ses archives personnelles les minutes autographes des nombreuses lettres qu'il envoyait au cardinal. Les archives de famille comptent une centaine de ces minutes, pour la plupart inédites.

Mon grand-père, Honoré de Luynes, mort prématurément, n'avait pu achever l'étude très importante qu'il avait entreprise sur ce dossier et sur l'action de Colbert à cette époque. Je suis heureuse d'avoir pu reprendre ce travail qui m'a considérablement aidée pour l'étude de cette période de la vie de Colbert.

- L'affaire Fouquet :

Colbert fut le principal artisan de la chute du surintendant. Ce dossier comprend toutes les minutes et tous les brouillons écrits de la main de Colbert. La préparation de l'arrestation de Fouquet fut aussi, — d'après ces documents —, la préparation d'un véritable coup d'État.

- Lettres du roi :

Colbert fut ministre de Louis XIV pendant vingt-deux ans. Il écrivait au roi à mi-marge, afin de permettre à Louis XIV d'écrire de sa main sa réponse sur la même feuille. Par ailleurs, le roi, souvent en campagne, écrivait régulièrement à son principal ministre.

Pierre Clément a publié, en partie, la correspondance conservée dans les archives de famille. Quelques documents ont été incomplètement publiés. Plusieurs mémoires et lettres autographes de haute importance restent inédits, surtout pour la période qui concerne la guerre de Hollande.

On trouve également dans ce dossier des copies faites sur des documents originaux dont un certain nombre se trouve à la Bibliothèque nationale. Il semble que plusieurs d'entre elles n'aient jamais été publiées.

- Mémoires adressés à Seignelay :

Colbert fit de son fils aîné, le marquis de Seignelay, son principal auxiliaire pour les affaires de la marine. Tous ces documents, excepté un mémoire publié par Clément, sont inédits.

● L'Affaire des poisons :

Il s'agit, ici, du dossier personnel de Colbert sur une affaire particulièrement délicate pour le régime. Des documents autographes restent inédits.

Divers dossiers comprennent les principaux mémoires du ministre sur les finances, l'industrie ou le commerce (minutes autographes de Colbert); des études sur des puissances étrangères susceptibles de signer des traités de commerce avec la France; des mémoires sur les travaux du Louvre et de Versailles, dont Colbert s'occupait comme surintendant des Bâtiments. L'on remarque aussi des brouillons qui prouvent que Colbert a participé à la préparation des Mémoires de Louis XIV.

Je tiens à remercier tout particulièrement mon frère Thomas de Luynes qui m'a aidée, avec beaucoup d'efficacité, à reclasser et à analyser une documentation dont l'étude fut passionnante, mais souvent difficile.

PREMIÈRE PARTIE

L'Ascension

CHAPITRE I
Itinéraire d'une famille

LA VILLE

Un laboureur, en ce Moyen Age finissant, contemple les remparts de la ville. La terre paraît figée, le rythme des saisons est immuable, l'existence se dilue dans un univers anonyme, uniforme, sans passé et sans futur. Là-bas, derrière les remparts, il y a la diversité, le mouvement des foires, les constructions nouvelles : le sentiment confus, mais puissant, d'un avenir. La ville tient à ses privilèges, à sa différence. Notre homme veut participer au monde urbain sans pouvoir quitter le monde rural. La cité a besoin de matériaux pour ses fortifications, ses bâtiments. C'est peut-être avec un simple attelage que l'ancêtre du grand ministre de Louis XIV apporte à la ville de Reims un chargement de pierres.

A la fin du XVe siècle, ses descendants sont à la tête d'une véritable entreprise. Ils possèdent des carrières, vendent des « pierres vilaynes » (c'est-à-dire qui ne sont pas des pierres de taille), dirigent des ouvriers chargés d'extraire et de transporter du sable, de la terre, des décombres.

Les Colbert sont fort nombreux dans la région. Mais le patronyme de Colbert est très répandu en Champagne[1].

---

1. Voir le très intéressant ouvrage de Jean-Louis BOURGEON (P.U.F., publications de la Sorbonne) : *Les Colbert avant Colbert :* le nom de Colbert dérive à peu près sûrement du latin « collibertus » qui en vint à désigner au Moyen Age un serf affranchi.

Les ascendants du ministre sont installés faubourg de Porte-Cabres, ou Porte-Chacre, au nord-est de la ville. Après deux siècles de destructions et de ruines, Reims veut se reconstruire. Les chantiers sont innombrables et l'entreprise de Jehan II Colbert est florissante. Jehan le maçon exerce aussi le métier d'architecte. Il est instruit et il a du talent. C'est probablement lui qui a conçu une chapelle Renaissance de l'église Saint-Jacques. La famille Colbert s'est imposée à la ville. Elle possède maintenant les capitaux nécessaires pour envisager de plus vastes horizons, ceux de la marchandise, ceux de la grande route commerciale qui va de l'Italie aux Flandres, en passant par Reims.

LA MARCHANDISE

Vers 1510, Gérard I Colbert devient un notable important de Reims. Echevin de la ville, député, fermier des impôts indirects, il exploite très habilement l'exceptionnelle situation géographique de Reims, dans le contexte économique de son époque. En effet, la plus grande partie des échanges entre l'Italie et les Pays-Bas se fait alors par les routes continentales. Reims apparaît, après Lyon, comme une sorte de deuxième relais entre le Midi et le Nord de l'Europe.

Les foires de Champagnes sont encore célèbres. Oudard I (1520-1573), l'arrière-grand-père de l'homme d'Etat, s'allie à la meilleure bourgeoisie marchande de Reims en épousant Marie Coquebert. Il achète, rue de Porte-Chacre, une grande maison dotée d'une monumentale porte cochère, moyennant 6 500 livres tournois (soit environ 1 500 000 F actuels). Il fait connaître son entreprise commerciale sous le nom de « Long Vestu », en souvenir d'une maison à l'enseigne du même nom qu'il avait précédemment louée à son beau-père.

En quoi consistent les activités du « Long Vestu » ? Oudard Colbert est marchand « mercier » et non drapier, comme on l'a souvent écrit. La « mercerie » désigne toutes les denrées ou produits qui sont l'objet d'un commerce à longue distance. Rien de plus absurde que la légende qui évoque une modeste boutique familiale vendant au détail des pièces de drap. Les marchands « merciers », c'est-à-dire marchands grossistes, sont les seuls autorisés par leurs statuts à pratiquer le commerce en gros de toutes sortes de marchandises, sans limitation. Ils peuvent, s'ils le désirent, pratiquer aussi le détail, alors que les détaillants se voient interdire « le gros ». Les merciers échappent à l'étroite rigidité des règlements corporatifs de l'Ancien Régime. Le grand commerce international suppose l'aventure et la liberté. A nouveau, la famille Colbert choisit une voie ouverte au risque et à un avenir plus ambitieux. L'entreprise du « Long Vestu » consolide un immense réseau commercial qui couvre une vaste zone géographique : Lyon, Dijon, Paris, Troyes, Rouen, Amiens... Oudard fait surtout transiter des toiles, des velours et autres tissus. L'augmentation du stock métallique, après les grandes découvertes du continent américain, a donné un formidable essor au capitalisme naissant. L'Europe connaît déjà des opérations financières de large envergure. On emploie la lettre de change, on spécule, on combine, on organise les paiements et la compensation. Le trafic de l'argent paraît alors — et peut-être plus particulièrement en France — lié au commerce. Ce sont les grands marchands grossistes qui se sont d'abord emparé du « négoce » des lettres de change et deviennent peu à peu les « marchands banquiers ». Les opérations de commerce à longue distance sont lentes et peu sûres : elles supposent des prêts d'argent. Les progrès de la technique financière encouragent la concentration de capitaux dans certaines places situées sur de grands axes commerciaux. En 1533 la première grande Bourse européenne se crée à Anvers : elle est ouverte « aux commerçants de toute langue et de toutes nations ». Les banques italiennes, chargées de réunir le denier de saint Pierre à travers l'Europe, apparaissent comme des puissances financières considérables. Attirés par les foires, les banquiers italiens installent des filiales à Lyon, qui devient ainsi un énorme réservoir de capitaux. Milan, Lyon, Anvers : l'axe commercial du « Long Vestu » couvre les grandes places financières de l'Europe. On achète, on vend, on spécule sur les différences de niveau entre les marchés, on combine la fixation des prix des marchandises, on organise le trafic d'importantes sommes d'argent : le capitalisme commercial est inséparable du capitalisme bancaire.

Lorsque Oudard meurt, sa veuve possède une des plus grosses fortunes de Reims. Pour ses trois fils, le transfert des capitaux importe autant que le transport des marchandises. Les frères Colbert voyagent beaucoup. Le plus jeune, Oudard II, part pour Troyes. L'aîné (Gérard III) se rend souvent à Paris et à Amiens. Jehan V, le grand-père du ministre, va chaque année en Italie prospecter le marché et chercher lui-même la matière première, en évitant ainsi les nombreux intermédiaires italiens fixés à Lyon. Il vit auprès de sa mère, à Reims, et dirige la maison commerciale depuis 1585. Jehan trafique toutes sortes de marchandises, comme l'y autorisent les statuts de « marchands merciers » : tissus, bien sûr, mais aussi harengs (une « tonne » pour Reims en 1595)[1], grains, vins, sels, poissons salés. C'est aussi un grand notable, contrôleur général des gabelles de Bourgogne. Entre 1589 et 1594 la lutte entre la Ligue et les royalistes a quelque peu perturbé le commerce de Reims, entrée dans la Sainte Union. La route de Lyon est coupée. Les frères Colbert sont assez puissants pour contourner les zones difficiles. Ils font de Milan la tête de pont méridionale du « Long

---

1. *Les Colbert avant Colbert*, ouvrage cité.

Vestu ». Amiens et Paris deviennent, avec Troyes, les centres importants de leurs affaires.

Jehan meurt prématurément en 1596. Sa veuve, Marie Bachelier, élève ses cinq enfants dans le vieil hôtel familial. Elle n'ose poursuivre la politique entreprenante et dans une certaine mesure aventureuse de son mari. Pas de grand commerce international sans risques. Le « Long Vestu » végète et semble s'éteindre peu à peu.

Par contre la réussite du frère cadet de Jehan, Oudard II, grand-oncle du ministre, est exemplaire. Oudard a pressenti le déclin de Lyon au profit des Flandres et a choisi Troyes comme cœur de ses affaires. L'homme représente le modèle achevé du grand capitaliste des débuts du XVIIe siècle. Fabricant, négociant et banquier international, il connaît probablement Henri IV : en tous les cas, il a l'appui du roi. Avec lui, la famille Colbert s'introduit dans les milieux de la cour et du pouvoir. Oudard séjourne à Paris et dans son château de Villacerf où il donne de brillantes réceptions. Ses filles s'allient à la vieille noblesse de robe. Ses fils porteront les titres des seigneuries qu'il a achetés : Saint-Pouange et Villacerf.

Jean-Baptiste Colbert, sieur de Saint-Pouange, épousera Claude Le Tellier, sœur de Michel Le Tellier, futur ministre de la Guerre et père de Louvois. L'origine des Le Tellier est semblable à celle des Colbert. Grands marchands merciers de Champagne, les Le Tellier parviennent, comme les Colbert, aux allées du pouvoir monarchique. Les deux familles pensent alors aux alliances sans imaginer les âpres rivalités qui déchireront les deux clans sous le gouvernement de Louis XIV.

Revenons à Reims, à l'hôtel du « Long Vestu », chez la veuve de Jehan V. Les deux fils aînés, Jehan et Nicolas, ont cessé leurs études vers l'âge de quinze ans. Leur mère les a envoyés quelque temps à Lyon apprendre les techniques commerciales. En 1615, Nicolas, père du grand Colbert, épouse Marie Pussort, fille de négociants.

Trois ans plus tard il s'associe à son frère et à un cousin Bachelier, banquier à Lyon. Correspondants locaux de la firme « Mascramy et Lumagne », de Paris et de Lyon, les deux frères paraissent exercer davantage le métier de financier que celui de « mercier grossier » — qui n'est cependant pas abandonné. L'oncle Oudard leur confie la gestion de capitaux. Le commerce entre l'Italie et Amiens est poursuivi, mais sans atteindre — beaucoup s'en faut — l'important volume du « Long Vestu » au moment de sa splendeur. L'exportation des vins champenois vers les Flandres constitue une part non négligeable du négoce des deux frères.

29 août 1619 : naissance de Jean-Baptiste Colbert, fils aîné de Nicolas. Colbert est-il né chez sa grand-mère, à l'hôtel du « Long Vestu » comme l'ont affirmé ses contemporains ? Ce n'est pas certain. Vers cette époque, en effet, ses parents quittent le « Long Vestu » pour habiter successivememt deux maisons, rue de Porte-Cerre. En 1622, Nicolas et sa famille s'installent dans la maison de Gérard II Colbert. Jean-Baptiste est âgé de trois ans. C'est dans la demeure du premier des Colbert marchand qu'il passe sa petite enfance. Son père améliore l'honorabilité de son image sociale : échevin de Reims, il reçoit en legs d'un oncle de sa femme le fief de Vandières. Mais le « sieur de Vandières » paraît fort préoccupé. Ses affaires stagnent, son commerce périclite. Il n'a pas su, ou pas pu se détacher à temps de la puissante attraction lyonnaise. Lyon, cependant, décline peu à peu depuis une cinquantaine d'années : guerres de Religion, nombreux emprunts des rois, pénurie consécutive aux longues luttes civiles, ont encouragé les banquiers lyonnais à transférer d'importants capitaux sur la place d'Anvers. La prépondérance espagnole étouffe la grande finance italienne. A son tour, Anvers a subi le ravage des guerres et a dû plier devant l'acharnement de l'Espagne. Les Pays-Bas ont triomphé des héritiers de Charles Quint et les Hollandais attirent les réserves monétaires d'Anvers. Amsterdam commence à

étonner l'Europe. L'axe rhénan remplace en importance la grande voie commerciale passant par Lyon et Reims. La Champagne se trouve de plus en plus isolée du trafic inter-européen. A Reims des banqueroutes nombreuses confirment la rapide détérioration de toute une conjoncture économique. Inflation qui suit l'afflux des métaux américains, baisse du taux de l'argent, climat de guerre : le début du XVIIe siècle connaît la fin de l'exceptionnel essor du crédit qui a tant enrichi les capitalistes de la Renaissance. Au déclin financier de l'axe Italie-Flandres s'ajoute le déclin commercial. Le développement de la navigation porte un coup fatal au trafic continental. Lyon reste, malgré tout, une ville importante. Mais elle n'est plus l'arbitre des changes. Son rôle d'intermédiaire entre le Sud et le Nord européen est largement éclipsé par les navires de l'océan. L'effacement relatif de la ville et de façon plus générale les raisons de cet effacement ont frappé de plein fouet l'entreprise de Jehan et Nicolas Colbert. Il est probable que cet échec influencera fortement les convictions économiques de ce dernier. Car Lyon est un symbole pour les théoriciens de l'économie. Lyon évoque le libre échange, une certaine idée de la liberté du travail, la méfiance du corporatisme, l'horreur d'une politique protectionniste. Colbert prendra le contre-pied de tout ce que représente Lyon, suivant en cela Richelieu, son idole, au pouvoir depuis 1624. Nicolas se morfond dans l'hôtel du pionnier marchand. Difficultés économiques. Epidémies meurtrières en Italie et à Lyon. Début de la guerre de Trente Ans. L'avenir de la famille semble figé. En 1629, Nicolas quitte Reims et s'installe à Paris, paradis des financiers.

LA FINANCE

Paris est envahi par les manieurs d'argent. Le prêt à intérêt reste interdit par la législation canonique, mais les inventions et les hypocrisies pour tourner la vieille loi ne manquent pas. Les financiers viennent de partout, appartiennent à toutes les catégories sociales. Italiens, Allemands, banquiers protestants, simples donneurs d'avis de modeste origine, bourgeoisie provinciale marchande et financière : le monde de l'argent est vaste, divers, puissant : assez puissant pour être haï de la population et pour s'imposer à l'Etat — « sangsue du peuple » et indispensable au roi. Le trésor royal est toujours vide. L'économie de guerre pèse lourdement sur la France, et Richelieu avoue son ignorance en matière financière. Quelle aubaine pour les gens d'affaires ! Ils forment entre eux des « partis » pour avancer au roi l'argent nécessaire aux dépenses énormes et urgentes de l'Etat. Bientôt ils afferment les revenus publics en se remboursant largement sur le dos du contribuable. La France subit le règne des « traitants » et des « partisans ». Nicolas connaît bien Paris lorsqu'il décide de s'y installer. Il s'y est souvent rendu pour ses affaires. Il n'a pas manqué de visiter son oncle Oudard et ses cousins Saint-Pouange et Villacerf. L'univers parisien de la finance lui fait espérer un avenir plus large et plus brillant.

La jeunesse de Jean-Baptiste reste obscure. Il semble cependant que le futur ministre ne suive pas ses parents à Paris. L'enfant, âgé de dix ans, est probablement mis en pension au collège jésuite de Reims. Il doit en sortir en 1634. Il a quinze ans. Comme son père au même âge, il séjourne à Lyon pour un court apprentissage financier. Le banquier Mascramy l'emploie quelque temps. Bientôt il rejoint sa famille à Paris. Nicolas le place en quelque sorte comme stagiaire dans différents bureaux et emplois, afin de compléter sa préparation aux affaires. Le jeune homme travaille dans l'étude du notaire Chapelain puis chez le procureur au Châtelet Béterne. Il se retrouve « commis subalterne » chez Sabathier, trésorier des parties casuelles.

Qu'est devenue la carrière parisienne de Nicolas pendant ces quelques années? Les Colbert se sont installés avec leur nombreuse progéniture rue Grenier-Saint-Lazare, près de l'église Saint-Nicolas-des-Champs, dans le quartier préféré des gens d'affaires. Mme Colbert mettra au monde dix-huit enfants dont neuf survivront. Nicolas, devenu banquier à son propre compte, gère habilement certaines fortunes privées. L'oncle Oudard lui confie à nouveau des capitaux. De nombreux nobles provinciaux, surtout champenois, constituent le fond de sa clientèle. Il fréquente régulièrement la « cour du Palais », le temple du change parisien. Les combines lucratives des traitants le tentent. En 1632 il achète un office de receveur général et payeur des anciennes rentes de la ville de Paris assignées sur les aides. Nicolas entre dans l'univers des partisans. A cette époque le maniement des deniers publics facilite les spéculations personnelles. Fouquet[1] le prouvera mieux que personne. Le père de Jean-Baptiste ne manquera pas de se laisser entraîner sur la pente des indélicatesses financières. Le métier de traitant comporte également d'énormes risques : l'on avance beaucoup d'argent et l'on tarde parfois à être remboursé. En 1634 les retards venant des fermiers des aides sont dramatiques pour Nicolas. Le bureau de la ville de Paris le déclare « débiteur au peuple de plus de 300 000 livres ». Sa situation paraît désespérée : il vend son office puis le rachète l'année suivante. Sa fortune semble se rétablir. Grâce à combien de fausses déclarations, à travers quelles acrobaties financières ? On ne le saura peut-être jamais. Jusqu'à sa mort, en 1661, Nicolas pratiquera un commerce financier, parfois habile, souvent risqué, presque toujours mêlé au monde intelligent et profiteur de la finance parisienne. Il vivra aisément, honorablement, sans pouvoir atteindre néanmoins la brillante situation de ses cousins germains.

---

1. Nicolas Fouquet signait « Foucquet ». Certains historiens (Georges Mongrédien, Georges Bordonove) ont adopté cette dernière orthographe. Colbert, comme beaucoup de ses contemporains, écrit « Fouquet ». Nous choisissons l'orthographe qui figure sur les archives de Colbert.

Jean-Baptiste observe, à travers les activités de son père, le monde des traitants. Est-ce dès cette époque qu'il conçoit tant de haine et de sévérité à l'égard de cette société particulière d'hommes d'argent? Rêve-t-il déjà de la traîner devant une cour de justice et de faire trembler tout l'édifice financier?

1640 : il est temps d'établir Jean-Baptiste, qui entre dans sa vingt et unième année. Nicolas est toujours resté très lié à son cousin Colbert de Saint-Pouange, commis du secrétaire d'Etat à la Guerre, alors Sublet de Noyers. L'énergie de Richelieu a donné à l'administration monarchique un supplément de considération. Fort de l'appui de Saint-Pouange, Nicolas achète à son fils la charge de commissaire ordinaire des guerres. Colbert a choisi l'Etat. Grâce à lui, sa famille connaîtra une nouvelle forme de puissance : celle du pouvoir politique.

L'ETAT

Un commissaire des guerres, au cours de ses fréquents déplacements à travers la France, doit inspecter les garnisons, vérifier les effectifs, surveiller l'équipement, le matériel... Dès ses débuts dans l'administration de Richelieu, Colbert fait preuve d'un tempérament sévère, sorte de préfiguration d'un zèle justicier. Sublet de Noyers le remarque et lui écrit le 21 avril 1640[1] : « Commissaire Colbert, ayant vu par votre procès-verbal la désobéissance et rébellion commises par les habitants de ma ville de Dreux, j'ai résolu d'en faire un châtiment exemplaire. Je mande au sieur de Bussy-Rabutin ce que vous verrez par la lettre ci-jointe pour faire donner sur-le-champ l'entraînement qu'il se pourra aux compagnies du régiment que vous conduisez. »

1. P. CLÉMENT, *Lettres, instructions et mémoires de J.-B. Colbert*, tome VII, p. 11.

Colbert exerce cet emploi pendant quelques années encore. Esprit décidé, exact, appliqué, il attend l'occasion qui lui permettra d'envisager un poste plus élevé. Il visite la France. En 1640, on le retrouve commissaire des troupes dans le Nivernais. L'année suivante il est chargé de conduire le régiment de Tavannes.

On peut deviner que la nouvelle de la mort de Richelieu, survenue le 4 décembre 1642, impressionne, bouleverse probablement le jeune commissaire. Colbert a vingt-trois ans. La puissante rigueur de Richelieu l'a fasciné. Lui, Colbert, capable de dureté dans le caractère, de sécheresse dans les manières, devient chaleureux, lyrique même, lorsqu'il évoque le cardinal. Richelieu avait donné un contenu affectif à son sens de l'Etat. Son grand dessein national, sa volonté politique s'associaient naturellement à une sensibilité patriotique. Il y aura des taches dans la vie de Colbert : cupidité et cynisme n'en seront pas absents. Mais sa passion pour l'Etat ressemblera à de l'émotion.

Louis XIII meurt le 14 mai 1643, après avoir fait de Mazarin — l'homme que Richelieu avait remarqué — son Premier ministre. Quelques jours avant de mourir il avait choisi le nouveau cardinal comme parrain du Dauphin, âgé de quatre ans.

En avril 1643, Michel Le Tellier, beau-frère de Saint-Pouange, remplace Sublet de Noyers au ministère de la Guerre. Mazarin l'a apprécié lorsqu'il était intendant d'armée au Piémont (poste que Saint-Pouange l'avait probablement aidé à obtenir). Le Tellier désigne son beau-frère comme premier commis tandis que le jeune Colbert poursuit sa carrière de commissaire. Le Tellier constate ses capacités. Il semble même le prendre en affection.

En 1644 Jean-Baptiste lui écrit une lettre de condoléances sur la mort de sa sœur, Mme Colbert de Saint-Pouange. « Je vous en remercie de tout mon cœur, lui répond Le Tellier, et vous prie de m'aimer toujours [1]. »

1645 : Le Tellier souhaite employer le commissaire à son service particulier. Colbert devient le commis du ministre. La fortune matérielle vient s'ajouter à la fortune politique. En 1647, un de ses oncles Pussort passe à l'ennemi. Le roi — on peut le supposer, à la demande de Le Tellier — confisque ses biens au profit de la couronne et en fait don à Colbert, « commis du sieur Le Tellier ». Le 13 décembre 1648, Jean-Baptiste, « demeurant à Paris, rue de Montmartre, paroisse Saint-Eustache », épouse une riche héritière, Marie Charron, fille d'un « conseiller du Roy ». La mariée apporte une dot de 100 000 livres tournois. Dans le contrat de mariage sont mentionnées les 50 000 livres de Colbert « provenant de son travail ». La somme est énorme pour un simple commissaire. Gratifications exceptionnelles ? Spéculations ? Dès sa jeunesse, Colbert s'occupe avec un indéniable génie de sa fortune personnelle. Michel Le Tellier, son témoin au mariage, lui a obtenu le brevet de conseiller d'Etat, qui consacre sa qualité de haut fonctionnaire.

1648 marque le début de la Fronde. Les graves troubles de la France apporteront à Colbert des occasions exceptionnelles et inattendues pour sa carrière. Sa prodigieuse et rapide ascension fournira à la bourgeoisie dont il est issu comme une sorte de légende.

---

1. P. CLÉMENT, *Op. cit.*, tome III.

CHAPITRE II
La Fronde

1648-1652 : années noires, honteusement tragiques. Misère inouïe d'un peuple ravagé par l'ennemi étranger, déchiré par la guerre civile. Révoltes contre la machine administrative que Richelieu avait commencé à mettre en place. Réveil insurrectionnel des privilégiés devant un centralisme nouveau aux allures justicières. Alliances invraisemblables pour assister allègrement à l'agonie de l'Etat. Coup d'arrêt à la politique d'Anne d'Autriche qui, contre toute attente, veut poursuivre l'évolution vers une monarchie absolue.

Rappelons brièvement les principaux jalons de la Fronde. 1648 : le Parlement de Paris ose demander la suppression des intendants, auxiliaires essentiels du pouvoir central, et la promesse royale qu'aucun impôt ni office ne pourraient être créés sans son accord. La reine arrête le parlementaire Broussel. Soulèvement de la population de Paris suivi de la libération de Broussel et de la suppression des intendants. 1649-1650 : fuite à Saint-Germain de la reine, de Louis XIV enfant et de Mazarin. Paris bloqué par Condé qui intrigue à son tour. Ses amis s'allient à l'étranger et soulèvent plusieurs provinces que les troupes royales cherchent à reconquérir une à une. En 1651, c'est l'union de la Fronde parlementaire et de la Fronde des princes. 1652-début 1653 : la France est exsangue, pillée, excédée, prête à sacrifier ses libertés pour gagner la paix. La Fronde a échoué : Louis XIV puis Mazarin entrent à Paris sous les acclamations. Mazarin, naturalisé depuis 1638, est l'Italien détesté. Deux fois, en 1651 et en 1652, il a dû s'exiler. De sa retraite il continue à conseiller la reine et à inspirer le rétablissement de l'Etat.

Durant ces terribles années, les troupes royales se battent à la fois contre l'Espagne et contre les Frondeurs. Michel Le Tellier, chargé du département de la Guerre, joue un rôle de premier plan, tout en confiant à son commis des missions de plus en plus importantes et délicates.

LE MESSAGER

Très vite Colbert devient l'intermédiaire entre la cour qui se déplace en province et Le Tellier qui tente de coordonner les efforts militaires. Sa présence sera bientôt familière à la reine et au jeune roi. Colbert n'aime pas Mazarin. Le souvenir de Richelieu le poursuit. La personnalité toute différente du Premier ministre le choque. Colbert renseigne Le Tellier sur la situation militaire et politique. Il lui rapporte les reproches continuels de Mazarin qui se plaint de « n'être pas soulagé ». A l'égard du cardinal, Le Tellier semble partager l'opinion de son commis. « Son Eminence, écrit Colbert à son maître en février 1650[1], n'a pas encore changé la maxime que je vous ai ouï dire quelques fois, que tout accommodement lui était facile pourvu qu'elle le pût faire pour de l'argent. »

Mazarin, selon son propre jugement sur lui-même, veut adoucir, accommoder tant qu'il lui est possible. Peut-être croit-il cette attitude nécessaire pour réconcilier les Français qui se déchirent. Mais le tempérament énergique

---

1. P. CLÉMENT, *Op. cit.*, tome 1.

et décidé de Colbert se révolte. Au mois d'avril, il écrit à Le Tellier toute sa colère contre le cardinal. « C'est une qualité que l'irrésolution qu'il possède à un souverain degré. Je ne sais si cela ne provient pas que deux affaires ne peuvent trouver place (dans son esprit) et que, quand l'une est un peu pressante, elle efface l'autre ; et quoique la mémoire fasse pour l'y remettre de temps en temps, la place étant remplie, elle ne peut mettre le pied que sur le seuil de la porte, d'où elle est chassée immédiatement. » Et Colbert ne manque pas de rapporter à Le Tellier « les paroles aigres qui vous désignaient ». Un peu plus tard il sera question du dégoût que, selon Colbert, le cardinal inspire aux généraux.

Au mois de juin, Le Tellier charge Colbert d'obtenir de Mazarin une abbaye promise à un autre. Les termes de Colbert sont vifs. Il ne peut dissimuler son antipathie. Mazarin est furieux et l'écrit à Le Tellier : « Après cela je dois me plaindre à vous du procédé dudit sieur Colbert qui m'a obligé de me fâcher contre lui après avoir eu plus de patience que je ne devais, car lui faisant connaître le déplaisir que j'avais de l'état où était cette affaire, il m'a répondu par trois fois avec une chaleur et des termes si peu proportionnés à ce qu'il est et ce que je suis que je n'ai pu m'empêcher de me fâcher et de lui dire qu'en aucune occasion vous n'auriez songé à me dire la centième partie de ce qu'il me disait, et que j'étais assuré que vous seriez le premier à l'abandonner quand vous sauriez qu'il m'a manqué de respect. »

Le Tellier réprimande son commis qu'il renvoie chez Mazarin. Le cardinal convoque Colbert à six heures du matin et le reçoit un quart d'heure à midi. Nouvelle visite le soir, ainsi racontée par Colbert à Le Tellier : « Monseigneur, je me présentai encore hier au soir à Son Eminence, qui me reçut de la même façon que le matin, en me tournant le derrière et ne me donnant pas la liberté de l'approcher, ce qui me fit croire qu'il ne voulait plus que je traitasse d'affaires avec lui... » Et Colbert n'hésite pas à poursuivre que « n'était l'obéissance aveugle que je dois à vos commandements, en me serais retiré, ne pouvant me résoudre à souffrir qu'avec beaucoup de peine et de répugnance ces sortes de traitements, particulièrement d'un homme pour lequel je n'ai aucune estime ».

Le Tellier tâche de calmer Mazarin, et Colbert « trouve enfin que M. le cardinal se radoucit un peu ».

Jamais la situation n'a paru aussi critique pour la famille royale au cours de ce mois d'août 1650. Les grands trahissent, la Guyenne se révolte. Colbert voit longuement et presque quotidiennement la reine et Mazarin, les informe de la situation en leur déchiffrant des mémoires codés, puis transmet leurs instructions à Le Tellier. « Lors de la lecture du premier mémoire, écrit Colbert, la reine témoigna de beaucoup d'aigreur contre Mme de Chevreuse qu'elle accuse de jouer les deux trop manifestement. »

Ce même mois d'août, Colbert se trouve en mission à Libourne où Nicolas Fouquet a été envoyé par Mazarin. Les deux hommes se rencontrent pour la première fois. Colbert est âgé de trente et un an, Fouquet de trente-cinq ans. Colbert est enthousiaste. Le charme du futur surintendant sera, certes, connu. Mais suffit-il à expliquer cet engouement ? Il faut deviner les sentiments, ou plutôt les émotions politiques de Colbert à cette époque précise. A peine deux mois auparavant, il s'est violemment heurté à Mazarin. Incompatibilité de caractère, mais aussi, pour Colbert, éthique différente. La nostalgie de Richelieu ne le quitte pas. Comme il le dira en tant que ministre quelques années plus tard : le « grand cardinal » eût dit, le « grand cardinal » eût fait... Or Fouquet représente alors l'univers de Richelieu. Son père était l'un des hommes de confiance du « grand cardinal », son meilleur conseiller pour les affaires maritimes et coloniales. Le nouvel ami de Colbert, comme maître des requêtes et ancien intendant, a fait partie de cette sorte d'escadron civil d'élite du pouvoir centralisateur de Richelieu. Il a même défendu les populations contre les traitants! A la veille de la Fronde, il assumait la très délicate fonction d'intendant de la généralité de Paris. Irréprochable durant les périodes de troubles, Fouquet reste constamment au milieu des troupes fidèles au roi, s'occupe du ravitaillement de Paris sans se soucier des parlementaires qui ont révoqué sa commission d'intendant.

Selon les statuts, le porte-parole du roi au sein du Parlement est le procureur général. Durant les premières années de la Fronde, le débonnaire Méliand remplit fort mal ce rôle. Mazarin convainc Meliand de se démettre et Fouquet de prendre le risque de le remplacer. Tout paraît se réaliser selon les vœux du cardinal. Mais il faut également l'assentiment de Gaston d'Orléans, frère cadet de Louis XIII, auquel on a dû donner le titre de « régent ». Le versatile Gaston hait Mazarin et se méfie de Fouquet, trop dévoué, selon lui, au Premier Ministre. Il refuse son accord. Comment le fléchir? L'oncle du roi estime Le Tellier. Le secrétaire d'Etat à la Guerre pourrait l'influencer en faveur de Fouquet. Fouquet use de tout son charme pour faire entrer le commis de Le Tellier dans son jeu. Colbert, séduit, accepte. Et il écrit à Le Tellier une lettre dont la chaleur stupéfie lorsqu'on sait l'acharnement féroce dont il accablera le futur surintendant. La lettre mérite donc d'être largement citée :

« M. Fouquet, qui est ici venu par ordre de Son Eminence, m'a déjà témoigné trois fois différentes qu'il avait une très forte passion d'être du nombre de vos serviteurs particuliers et amis par une estime très particulière qu'il fait de votre mérite, et qu'il n'avait point d'attachement particulier avec une autre personne qui lui pût empêcher de recevoir cet honneur, s'étant même expliqué sur beaucoup de choses concernant la pensée publique de quelque mésintelligence entre MM. Servien et de Lionne et vous, quoiqu'il ne sache rien de particulier sur cela et que même je m'en sois fort éloigné, sur quoi je trouve qu'il parle en véritable homme d'honneur. J'ai cru qu'il était bien à propos, étant homme de naissance et de mérite particulier et en état même d'entrer un jour dans quelque charge considérable, de lui faire quelques avances de la même amitié de votre part, puisqu'il n'est pas question d'un engagement qui vous puisse être à charge, mais seulement d'un favorable accueil et de quelques marques d'amitié dans les rencontres. Si vous approuvez mon sentiment en cela, je vous supplie de me le faire savoir par la première que vous me ferez l'honneur de m'écrire, ne pouvant m'empêcher de vous dire, avec le respect que je vous dois, que je ne croirais pas pouvoir payer en meilleure monnaie une partie du tout que je vous dois qu'en vous acquérant une centaine d'amis de cette sorte, si j'étais assez honnête homme pour cela. »

Le Tellier n'est pas convaincu. Il soupçonne même Fouquet d'intelligence avec l'ennemi. A nouveau Colbert plaide longuement en faveur de son ami et lui fait part du problème posé par le frère de Louis XIII.

Le Tellier interviendra auprès de Gaston d'Orléans. L'oncle du roi se fera un peu prier puis acceptera. Le 26 novembre 1650, Nicolas Fouquet sera nommé procureur général, fonction qu'il remplira d'ailleurs avec beaucoup d'intelligence et de dévouement au roi.

Paris fait cause commune avec le parti des grands. Mazarin se croit obligé de libérer les princes de Condé et de Conti, et le duc de Longueville, qu'il a fait enfermer un an auparavant. Les trois hommes sont reçus avec tant d'enthousiasme que Mazarin quitte précipitamment la capitale pour un premier exil en Allemagne : il s'installe au château de Brühl, sur les terres de l'électeur de Cologne. Le Tellier, resté à Paris, est chargé par la reine de se tenir en relations avec le cardinal. Colbert paraît désigné comme l'homme de la situation. Sa présence est maintenant familière au cardinal. Il connaît les secrets d'Etat, est habitué à tenir une correspondance chiffrée, et surtout inspire une confiance sans mélange. Ce dernier trait de son caractère servira grandement sa brillante carrière. Confiance totale de Le Tellier, suivie de celle de Mazarin puis de celle du roi. Colbert ne négligera jamais ses intérêts personnels — comme beaucoup à cette époque — mais l'on devine, l'on sent qu'il est l'homme d'un seul chemin, et cela est rare. La persévérance qu'il montre à l'égard d'une seule et même politique prouvera le bien-fondé de ces impressions. Fouquet inspire instinctivement le sentiment inverse. Nerveux, habile, doué, brillant, sa personnalité apparaît multiple, fascinante. Elle séduit mais provoque le doute. Le Tellier se méfie de Fouquet, pourtant irréprochable pendant la Fronde, et confie les yeux fermés les plus graves secrets à Colbert.

Colbert se dévoue de façon entière, presque brutale, mais se montre très jaloux de la confiance du maître qu'il sert, ce qui, nous le verrons ultérieurement, provoquera de véritables scènes passionnelles entre Louis XIV et son ministre.

C'est à Colbert que Mazarin exilé s'adresse tout d'abord, malgré les sérieux différends qui ont opposé les deux hommes moins d'un an auparavant. Mazarin connaît l'habileté du commis de Le Tellier et pressent sa capacité de dévouement. Colbert a observé l'intelligence rusée du cardinal et a peut-être déjà compris sa réelle fidélité à la grandeur de l'Etat. Mais les deux hommes hésitent. Mazarin laisse avec son palais et ses magnifiques collections d'art les affaires les plus embrouillées que l'on puisse imaginer. Le choix de l'homme qui en prendra soin lui paraît bien grave et difficile. De son côté, Colbert va-t-il quitter un ministre en exercice pour entrer au service d'un exilé?

Prudent, Mazarin lui demande d'abord de lui suggérer quelqu'un, sans le solliciter directement. Colbert lui répond que la personne désignée devra obtenir du cardinal une claire procuration de pouvoir ainsi que la créance de Son Eminence auprès des puissants, afin

« qu'elle parle haut et qu'elle ait aussi assez de jugement pour n'entretenir la reine que des affaires de conséquence ». Les conditions sont posées. Et sans s'être nommé, qui d'autre connaîtrait mieux que lui-même, Colbert, ce qu'il faut dire à la reine de la part du cardinal? Colbert assure Mazarin de « son zèle et de sa passion », mais exige en retour d'être le seul représentant du cardinal et pour gérer ses affaires et pour servir de lien entre l'exilé et le pouvoir. Ces exigences nettes et abruptes affolent quelque peu Mazarin. Peu à peu Mazarin en vient à donner à Colbert la confiance aveugle qu'il demande. Au mois de juin, Colbert, tout en restant affecté au secrétariat d'Etat à la Guerre, se trouve « détaché » au service de Mazarin. Il défendra les intérêts de l'exilé avec un dévouement sans faille et une intelligence de l'argent que les grands marchands banquiers de Reims n'auraient pas désavouée.

AU SERVICE DE L'EXILÉ

Le premier soin de Colbert consiste à se débarrasser de tous les hommes d'affaires, secrétaires et serviteurs qui s'occupaient précédemment des intérêts du cardinal. Tous ces gens « lui embrouillent l'esprit plutôt que de l'éclairer ». Le surintendant alors en exercice, La Vieuville, ne l'entend pas ainsi. En mauvais termes avec Le Tellier, il craint que Colbert, devenu le représentant unique et tout-puissant du cardinal, ne veuille nuire à ses intérêts pour obliger Le Tellier. Mazarin réplique sans trace d'hésitation : « Je réponds que Colbert est à moi et qu'il noierait toutes les personnes qu'il aime pour mes intérêts, sans excepter Le Tellier. » A nouveau la force nette, décidée, méthodique qui émane de la personnalité de Colbert balaie tous les doutes, relâche toute surveillance soupçonneuse. Observons la « tactique » qui permet à l'homme de

La Fronde 33

Mazarin d'affirmer cette sorte d'autorité sécurisante. Colbert est doué d'une capacité de travail quasi anormale. Il s'arrange, fort habilement, pour la mettre en valeur : « Je vous ai obligation, écrit-il au cardinal, de me donner de quoi occuper mon esprit en des affaires difficiles, parce que la difficulté augmente le plaisir qu'il prend à les acheminer. » Il domine à lui seul toute la situation : « Autant de lumières que Dieu m'a données, je les emploie à déterrer, pour ainsi dire, la connaissance de vos affaires, et cela sans aucune assistance de qui que ce soit. » Et surtout, il n'hésite pas à employer une franchise de ton qui déroute et peut séduire en ce siècle de courtisans et de traîtres. Il réprimande puis présente immédiatement la solution : cela impressionne un caractère irrésolu comme celui de Mazarin. Il se découvre tel un surhomme terrassant le démon de l'embrouille. Il ose écrire : « Je vous avoue franchement que si vous m'aviez chargé de vos affaires dans le commencement ou dans le cours de votre ministère, vous n'auriez pas souffert guère de temps que je m'en fusse mêlé, parce qu'il ne m'aurait pas été possible de souffrir l'horrible dissipation que vous avez faite de votre bien, soit en donnant vos meilleurs bénéfices, soit en créant de grandes pensions sur ce qui vous en restait, soit en empruntant de tous côtés pour le roi, en vous incommodant au point où vous êtes présentement. » Colbert comprend, en étudiant les affaires de Mazarin, que l'homme peut donner sa fortune au roi et à l'Etat aussi facilement qu'il peut voler les ressources publiques. Bientôt Colbert s'attaquera ouvertement à cette confusion bien établie entre les finances de l'Etat et celles, privées, de ceux qui le gouvernent.

Une double mise au point bouscule quelque peu l'exilé et impose dès le début l'autorité de Colbert. Que Mazarin, suggère Colbert, le mette à l'épreuve deux ou trois mois. Que Son Eminence le « connaisse jusqu'au fond de l'âme avant que de prendre confiance » en lui.

Mais quand « elle aura fait cette épreuve, ajoute Colbert, je sens mon esprit incapable de souffrir un partage de confiance en ce qui regarde ses affaires » et « cela ne peut se cacher ni de près ni de loin ». Voilà qui est clair. Autre menace : si le cardinal continue à « dissiper » son bien, Colbert le priera de le décharger du soin de ses affaires.

Mazarin ne pourra plus se passer de son intendant jusqu'au jour où il le jugera indispensable au roi et à la France. Les sentiments de Colbert à l'égard de l'exilé ont-ils véritablement changé ? Il prouve sa loyauté mais l'agacement se devine. Le ton des lettres paraît souvent impératif et même brutal, bien éloigné du style respectueux qui sera employé lors du retour triomphal de Mazarin. Le cardinal se fait parfois réprimander comme un enfant : « J'espère que vous prendrez résolution de vous conduire d'une autre sorte à l'avenir. » Après les reproches sur la gestion d'une fortune privée viendront les avertissements à l'homme d'Etat : « Le défaut des finances fera périr l'Etat si Votre Eminence ne s'applique pas à en connaître la cause à fond et à la corriger telle qu'elle puisse être. » Colbert a peut-être été trop loin. « Je demande pardon à Votre Eminence si je me suis laissé glisser dans ce discours. Je reconnais mon ignorance sur des raisonnements de si haute volée. » Ce genre de remords ne dure jamais longtemps et Colbert cache mal son impatience à l'action politique. Il confie à Le Tellier, le 4 janvier 1652, son irritation à l'égard de Mazarin, influencé, selon lui, par son entourage italien : « Au reste notre homme n'est pas toujours le même, mais il est encore pis qu'il n'était, il ne pensait jamais au lendemain ; mais à présent il ne pense pas du matin à midi et raisonne toujours sur de faux fondements. »

Les troupes royales gagnent du terrain. Il faut frapper vite, énergiquement. Exaspéré par l'irrésolution du cardinal, Colbert lui écrit avec emportement : « Au nom de Dieu, envoyez-moi une déclaration pour la faire imprimer et donnez ordre qu'elle soit envoyée à tous les procureurs généraux des parlements. »

Précisons que Colbert ne se prive point de harceler Mazarin pour ses propres intérêts et ceux de sa famille. Son jeune frère, Edouard-François, a déjà obtenu, à peine âgé de dix-sept ans, la première compagnie au régiment de Navarre. Un autre frère, l'abbé Nicolas (futur évêque d'Auxerre), se voit accorder des charges ecclésiastiques vacantes : l'abbaye de Notre-Dame-la-Grande de Poitiers lui apporte 1 800 livres de rente. L'attribution gratuite d'une charge très onéreuse (qu'il revend quelque temps après) est une forme de gratification exceptionnelle que Colbert affectionne particulièrement. Il reçoit — magnifique cadeau — la charge des commandements de la « reine à venir ». L'essentiel des occupations reste la gestion périlleuse et compliquée de la fortune du cardinal absent. Colbert commence à récupérer les objets volés, à reconstituer patiemment les collections, à vendre au mieux les charges, à défendre les abbayes menacées par les armées, à effectuer des placements sûrs, tels que les forêts, à débrouiller les nœuds inextricables des spéculations de l'exilé. Mais rien d'important ne peut se faire sans la mainlevée de la saisie du Parlement sur les bénéfices de Mazarin. Il ne faut pas oublier que les parlementaires ont expulsé le cardinal et se montrent surexcités à son égard. Le procureur général, Nicolas Fouquet, s'emploie de toutes ses forces à calmer le Parlement. Son frère Basile fait la navette entre Brühl, retraite de Mazarin, et Paris. Colbert, aidé des deux frères, sauve ce qu'il peut. Il fait expédier des meubles. Il cherche à faire sortir des diamants bruts de grosse valeur des portes de Paris gardées par les Frondeurs. Un premier envoi réussit à passer la douane. La pesanteur du deuxième paquet alerte les douaniers. Les diamants seront vendus mais Fouquet promettra de faire rendre l'argent. Jalousie devant un homme qui, par ses fonctions, participe aux affaires du cardinal? Méfiance suscitée par une personnalité trop différente de la sienne ? Pressentiment d'une ambition qui risquera d'étouffer ses propres rêves politiques ? Colbert porte un autre regard sur Fouquet. Peu à peu il inculquera le doute dans l'esprit de Mazarin. Les premiers temps, le procureur général ne s'aperçoit pas des nouveaux sentiments de Colbert.

Nicolas et Basile sont indignés de la lenteur de Mazarin à récompenser leur dévouement. A nouveau, Nicolas demande à Colbert d'intervenir en sa faveur en se plaignant avec véhémence de l'attitude du cardinal. Or Colbert s'empresse de communiquer la lettre de Fouquet à Mazarin. Le geste choquera les historiens. A la décharge de Colbert il paraît juste de préciser la nuance de chantage que Fouquet a introduite dans ses plaintes : « Il me semble, écrit-il, que quand les services qu'on lui a rendus (à Mazarin) jusqu'à présent ne le toucheraient point, ce que je puis et pour et contre ici, devrait être de quelque considération. » Phrase qui laissera pour toujours une trace de soupçon dans l'esprit du cardinal. Colbert conseille à Mazarin de satisfaire la demande de Fouquet qu'il appelle encore son ami. L'attitude de l'intendant du cardinal se dédouble. Sûrement par ambition. Peut-être aussi à l'image de la curieuse personnalité de Fouquet ? Quoi qu'il en soit la lutte commence et Mazarin médite les propos de Colbert : « Je vous plains d'autant plus que la mauvaise conduite de vos affaires nous a réduits à ce point de nécessité que vous avez besoin de tous ces gens-là et que, plus vous en avez besoin, plus ils vous tiennent le pied sur la gorge pour exiger de vous des choses que vous n'êtes en état ni en pouvoir de leur accorder. Il est de mes amis, et je suis obligé de vous dire qu'il vous a très bien servi depuis que j'ai la direction de vos affaires. Je ne puis toutefois m'empêcher de blâmer son procédé et de le trouver tout à fait extraordinaire. »

Les derniers mois de l'année 1652, la Fronde est définitivement perdue. A Paris, l'on parle du retour de

Mazarin. Colbert juge qu'il n'y a plus rien à craindre pour le cardinal et lui conseille d'entrer à Paris : « Je fais sortir toutes les personnes que M. Tubeuf[1] avait logées dans le palais de Votre Eminence et ferai nettoyer partout. » Entre-temps le surintendant La Vieuville meurt subitement. Ingénument la reine demande à Colbert s'il ne faut pas dérober au successeur des dossiers d'affaires compromettantes pour le cardinal! Colbert jure avec emphase qu'il n'en existe point et rapporte tout à Mazarin...

Par qui remplacer La Vieuville? Colbert souhaite à ce poste M. de Bordeaux, un intendant des finances très bien en cour. Fouquet est pressenti. Colbert attaque et le 4 janvier 1653 il écrit au cardinal : « Je ne puis m'empêcher de dire à Votre Eminence qu'elle se donne garde de ceux qui sont d'esprit à sacrifier et à donner beaucoup aux subalternes pour avoir plus de facilité de tromper le principal. C'est en deux mots le désordre du temps passé, qui est celui de tous qui peut apporter le plus de préjudice aux affaires de Votre Eminence et à l'Etat. »

Le 3 février le roi, sa mère et Mazarin entrent solennellement dans Paris fou de joie. Le 7 février sont nommés deux surintendants : Abel Servien, ancien ambassadeur, est chargé de la dépense; à Nicolas Fouquet est confiée la recette.

Pendant huit ans, jusqu'à sa mort, Mazarin gouvernera la France. La vie de Colbert connaîtra plus intensément les deux aspects que nous avons entrevus. D'une part il restera l'intendant du cardinal, l'habile homme d'affaires. Et, parallèlement à la gestion de l'immense fortune, il engagera un duel politique parmi les plus féroces et les plus célèbres de notre histoire.

---

1. Jacques Tubeuf, appelé ordinairement le « président Tubeuf », était le président de la Chambre des comptes de Paris, trésorier de la reine Anne d'Autriche et un des plus riches financiers de cette époque. Il possédait, dans la rue Neuve-des-Petits-Champs, un hôtel qui fut acheté par Mazarin pour la construction de son palais et qui fait maintenant partie des bâtiments de la Bibliothèque nationale.

CHAPITRE III

L'intendant de Mazarin

Tenir au courant l'homme qu'il sert avec un grand soin du détail et de l'exactitude sera un trait permanent de Colbert. La rédaction des lettres et rapports qu'il envoie à Mazarin fait l'objet d'une laborieuse et minutieuse application. Son écriture est petite, serrée, très difficile à lire. Il emploie donc des commis qui copient ses brouillons originaux. Colbert écrit sur des feuilles détachées, sans mettre le titre du cardinal, sans marges et sans intervalles. Il rature, ajoute des petits morceaux de papier. Il relit attentivement la copie retranscrite par le commis, la modifie parfois. Sur la dépêche définitive, il se borne à écrire le mot « Monseigneur » et le protocole. Peu à peu il s'efforce de changer son écriture afin de la rendre lisible. La lecture des lettres qu'il enverra plus tard au roi est relativement aisée.

Mazarin semble excédé par l'attention pointilleuse que Colbert lui demande. Il le dit clairement à son intendant[1] : « Il est bon que vous sachiez une fois pour toutes en m'obligeant à m'appliquer à mes affaires, comme je fais à présent, que j'ai cinquante ans ; j'ai eu plus de nécessités que je n'en ai à cette heure, il n'a jamais été en mon pouvoir de faire aucun effort pour les mettre en état. Il faut suppléer où je manque et que vous ne prétendiez

---

1. 16 octobre 1653. Pierre CLÉMENT : *Op. cit.*, tome I.

pas exiger de moi certains soins qu'il ne m'est pas possible de donner à mes intérêts particuliers, que je suis en possession, il y a longtemps et par mon naturel et par habitude, d'oublier pour les affaires publiques. »

Voilà donc les rôles distribués. A Mazarin les affaires de l'Etat, à Colbert les intérêts privés. Séparation bien difficile à observer lorsque l'on sait la confusion inouïe qui s'est établie entre les revenus de l'Etat et ceux, particuliers, du cardinal. Et l'ombre de Richelieu obsède toujours Colbert. Il n'abandonnera jamais le « grand dessein » politique de son idole. Mais, pour l'autre, il observe cette sorte de conjuration du silence à propos du « grand cardinal » disparu. Mazarin règne en maître. L'ascension de l'intendant et de sa famille ne dépend que du cardinal. Les suggestions politiques, d'abord timides puis bientôt enflammées, viendront en leur temps. Il s'agit à présent de consolider les positions et de maintenir absolument la confiance que Mazarin paraît accorder. Le style de Colbert est respectueux. La reconnaissance semble infinie. Néanmoins, il subsiste dans le dévouement de l'intendant et la confiance du cardinal des nuances presque imperceptibles mais intéressantes. Les lettres de Colbert à Mazarin sont écrites à mi-marge : « Je supplie Votre Eminence de me faire répondre en marge de mes lettres au cas que cela lui fût commode », suggère-t-il le 4 juin 1654[1]. Mazarin soupçonne-t-il son intendant de vouloir récupérer ses dépêches? La curieuse remarque de Colbert quelques jours plus tard le confirmerait[2] : « Quand j'ai proposé à Votre Eminence de faire réponse en marge de mes lettres, ça a été dans la pensée que cela lui serait plus commode, comme elle l'avait connu elle-même au précédent voyage; elle en usera comme il lui plaira et pour mes lettres, je la supplie de croire que je n'ai aucun scrupule qu'elles demeurent en ses mains. »

1. Inédit.
2. Minute autographe du 14 juin 1654. Inédite.

L'intendant de Mazarin

Parfois le ton de Colbert évoque la crainte d'une disgrâce toujours possible. Il a hâte de se justifier « pour répondre au petit reproche » que Son Eminence semble lui faire... Pourquoi la longue lettre du 9 avril 1655, dans laquelle Colbert se confond en remerciements et flatteries, a-t-elle été somptueusement imprimée et puis distribuée en France comme à l'étranger ? Colbert veut-il jeter à la face de ses ennemis la liste impressionnante des bienfaits du cardinal à son égard ? Ou, comme le suggère Georges Mongrédien, Mazarin lui a-t-il demandé cette lettre pour en faire un otage, craignant ses ambitions ? Les ennemis existent. Deux mois après cette publication insolite, Colbert se plaint que l'on parle mal de lui à Son Eminence. Et cependant, ajoute-t-il, « je n'ai rien à me reprocher sur le sujet d'aucune débauche, divertissement, promenades ou autres affaires ».

Les réticences réciproques se devinent, inavouées, enfouies... Mais elles ne doivent pas masquer le zèle continu de l'intendant et la confiance réelle du cardinal. Comment, d'ailleurs, pourrait-on rétablir la grande et trouble fortune de Mazarin sans le zèle de l'un et la confiance de l'autre ?

LA FORTUNE DU CARDINAL

Colbert montre un goût passionné pour les livres. L'un des premiers soins de l'intendant consiste à reconstituer la magnifique bibliothèque du cardinal. Pendant la Fronde, le Parlement ordonna la saisie et la vente des objets de Mazarin. L'exécution de cet arrêt fut confié à des parlementaires qui s'approprièrent ou plutôt dérobèrent un grand nombre d'ouvrages. Dès le retour d'exil de son maître, Colbert s'empresse de faire saisir les livres volés tout en ordonnant d'heureuses acquisitions. En 1654 la bibliothèque comprend à nouveau entre vingt-cinq et trente mille volumes. Cet ensemble exceptionnel sera légué au collège des Quatre-Nations (l'actuelle bibliothèque Mazarine). Outre les livres, il faut faire rentrer tapisseries, lustres, meubles et autres objets dispersés, vendus ou volés.

Noms d'emprunt, opérations clandestines, trafics compliqués, spéculations hasardeuses, prises maritimes litigieuses, pots-de-vin : Mazarin, très à l'aise dans ce brouillard malhonnête, initie Colbert à l'extraordinaire désordre financier de l'époque. Ce dernier s'inquiète parfois, avertit timidement, mais suit adroitement le dédale de confusions, lorsqu'il ne suscite pas, à l'occasion, quelque opération discutable.

La Fronde et la guerre ont vidé le trésor royal. En 1653 les surintendants prévoient une réévaluation de la monnaie de compte qui favorisera incontestablement les créanciers. Or le roi deviendra le premier des créanciers, en faisant payer les impôts en monnaie du moment. Par contre les débiteurs seront défavorisés. Colbert se hâte de « sauver de la perte du rabat des monnaies » les 150 à 200 livres liquides que Mazarin a par devers lui[1]. Il propose à Mazarin de faire un prêt... au roi, c'est-à-dire de passer à la position de créancier. Mazarin accepte, à condition d'employer un nom d'emprunt. Le prix des blés, que le cardinal fournit aux armées, a-t-il monté ? On compte sur les prises maritimes pour se procurer cette denrée à bon compte. Ou l'on se consacre au commerce du sucre entre le Portugal et l'Italie. Les prix baissent : on gagne encore en fabriquant du biscuit. De toutes les façons on spécule. Les blés sont achetés puis le cardinal les revend à son prix sous un faux nom. Les droits de passage, douanes intérieures, péages sur les voies d'eau, sont innombrables sous l'Ancien Régime. Comment les éviter ? Colbert suggère de faire expédier aux intendants du Dauphiné et du Languedoc des lettres du roi portant ordre de laisser

---

1. Marc BLOCH : *Histoire monétaire*, p. 73.

passer le blé avec exemption de tous droits. Au besoin des archers montés sur les bateaux s'ouvriraient le passage de gré ou de force. Bien sûr ceux qui touchent ces droits se révoltent. Ainsi Mgr de Ventadour, archevêque de Bourges, et le duc de Damville ont arrêté les bateaux qui se trouvent entre les mains de leurs gens. Le duc menace d'aller à la cour. Avec l'apparence d'une certaine satisfaction Colbert annonce que les réclamants croient Son Eminence étrangère à cette mesure qu'ils imputent à lui seul, Colbert. Il faut arrêter cette affaire et payer 6 000 livres pour délivrer les bateaux, paiement non seulement considérable par la somme à laquelle il monte mais encore plus par la conséquence qu'il tire de tous les autres [1]. Et que le cardinal évite de s'expliquer avec le duc...

Le transport des blés par voie fluviale pose parfois d'autres problèmes que ceux des péages. La vieillesse des bateaux a attiré, rapporte Colbert, « une infinité de petites bêtes » qui mangent les blés « quoique nouveaux et fort bons ». L'intendant a donné ordre « qu'on le fît remuer incessamment pour en chasser cette vermine, mais si cela ne se pouvait », il supplie Son Eminence de lui permettre de « tout convertir en farine [2] ».

Profitant d'un arrêt du conseil autorisant l'exportation des blés à l'étranger, Mazarin fait emmagasiner en hâte des grains de son gouvernement de La Rochelle pour les expédier dans les ports du Midi.

Le trafic de matières premières n'apparaît pas toujours bénéficiaire. En 1655 Colbert envoie au cardinal le compte du sel vendu en Hollande avec le mémoire du prix qu'il a coûté à l'achat et dit à Son Eminence : « Ces deux pièces lui feront connaître que nous avons perdu à ce trafic 1 285 : 15 : 10, qui est la moitié de notre achat; cela

---

1. 18 mai 1657. Inédit.
2. 20 octobre 1657. Passage inédit.

me fait croire que M. Chanut a raison de me dire qu'il faut laisser faire à chacun son métier [1]. »

La guerre contre l'Espagne continue. Il faut entretenir les troupes. Le cardinal avance le paiement des quartiers des troupes du Soissonnais en s'emparant des bénéfices vacants qu'il trafique ensuite avec ceux qui lui offriront les plus lourds pots-de-vin. Ou alors il spécule sur les prises maritimes pour tirer des armateurs de fortes rançons. L'expédition du duc de Guise illustre bien ce dernier moyen. Mazarin suscite, en effet, cette expédition afin de venir en aide aux Napolitains révoltés contre l'Espagne. Il espère solder l'entreprise par la rançon demandée aux propriétaires du *Prophète Samuel* capturé par la marine française. Le vaisseau est portugais, mais, pour son malheur, il transportait quelques ballots appartenant à des sujets espagnols. Les armateurs offrent 100 000 livres : Mazarin en exige davantage. L'ambassadeur du Portugal tente de convaincre les propriétaires. Colbert écrit même à Mazarin : « J'ai parlé au confesseur de l'ambassadeur du Portugal touchant la satisfaction que Votre Eminence désire que les propriétaires du *Samuel* donnent aux personnes de l'amirauté [2] » et ledit confesseur promet de faire de son mieux! Ces moyens de paiement quelque peu particuliers inquiètent Colbert. Il faut éviter que les surintendants les apprennent. Les trésoriers de l'épargne doivent les ignorer [3]. Le mieux serait de faire passer la somme par l'extraordinaire des guerres. « Par ce moyen, écrit Colbert, les surintendants n'en auront pas connaissance, qui est le principal de cette affaire, nous serons maîtres de la distribution qui ne laissera pas de se faire dans les termes de la finance. » Et quelques jours plus

---

1. 20 juillet 1655. Inédit.
2. Minute autographe du 7 juin 1654. Inédit.
3. Rappelons brièvement que sous l'Ancien Régime les surintendants n'étaient que des agents ordonnateurs justiciables du roi seul. Et les trésoriers de l'épargne étaient les agents comptables seuls justiciables de la Cour des Comptes.

tard, il supplie Son Eminence « de considérer ce qui arrivera si l'on avait connaissance desdites 300 000 livres du Portugal, ce que l'on ne peut éviter d'être passant par l'épargne, et par l'extraordinaire l'on peut faire en sorte qu'il n'y aura que M. de Brienne, M. Le Tellier et les trésoriers (de l'extraordinaire des guerres) qui le sauront, et la décharge sera égale pour l'ambassadeur et même encore plus forte [1] ».

Colbert a de bonnes raisons de vouloir cacher ces sortes d'expédients aux surintendants, surtout à Servien, l'un des financiers les plus probes de son époque. Tandis que Mazarin recourt à tant de moyens illicites ou discutables pour les dépenses indispensables à la défense de l'Etat, les assignations sur les intendants soldent ses énormes dépenses personnelles, ou bien des sommes importantes sont tout bonnement prélevées sur les revenus des grosses fermes. Servien hasarde quelques remontrances. Colbert les rapporte à Mazarin. Des ambassadeurs meurent de faim, des fonctionnaires demeurent dix ans sans toucher d'appointements, le maréchal Fabert, qui fut un si loyal soldat, ne peut obtenir le paiement d'une créance vieille de quatre ans. Et pourtant Mazarin prétend s'approprier tout le revenu sur les aides de Normandie! Servien veut garder la moitié, faisant dire par Colbert « qu'il ne serait pas avantageux pour le service de Votre Eminence que l'on sût qu'elle eût pris tout le revenu [2] ». Ces avertissements n'émeuvent pas outre mesure Son Eminence. Plus tard il afferme ses bénéfices et ses abbayes à de tels prix que, d'après Colbert, les fermiers se voient réduits à la ruine et à la banqueroute.

Mazarin obtient aussi d'énormes pots-de-vin sur les charges qui sont à la nomination du roi. Un exemple? Servien voudrait obtenir la charge de chancelier de l'ordre du Saint-Esprit, charge dont l'abbé de la Rivière désire se

---

1. 19 et 24 juin 1654. Inédits.
2. 24 juin 1654. Inédit.

démettre. Il faut l'accord du roi, c'est-à-dire de Mazarin. Le 18 juillet 1654[1] Colbert annonce au cardinal que Servien fait « ses très humbles actions de grâces » à Son Eminence et qu'il préparera les 60 000 livres pour M. de la Rivière et les 15 000 pistoles pour envoyer » à Son Eminence. Autrement dit Mazarin touchera une somme plus élevée que le titulaire lui-même.

La complaisance de l'intendant à l'égard du cardinal, en cette année 1655, stupéfie et s'accorde bien mal au « grand dessein » du ministre de Louis XIV. Mazarin convoite un domaine en Auvergne. Comment se procurer les fonds ? Les expédients habituels ne suffisent plus. Alors Colbert, à bout d'arguments, suggère une solution : engager le trésor de la reine. L'on se sert d'Anne d'Autriche comme prête-nom, quitte à le rembourser plus tard et par annuités. « Ou, au pis aller, écrit Colbert, si l'on s'est engagé à donner la contre-lettre, il faut le faire donner par la reine et retirer ce domaine sous son nom et, dans un an d'ici, nous chercherons les moyens de le faire passer en la main de Votre Eminence[2]. » C'est ainsi que l'acquisition se fera au nom de la reine sur les fonds de la Franche-Comté.

Mazarin reçoit les revenus de nombreuses abbayes dont Colbert assure la gestion et éventuellement la protection contre les armées... ou contre les voisins. Les causes du mauvais rendement de l'abbaye de La Chaise-Dieu nous paraissent assez singulières. D'après l'intendant « cela provient de ce que les gentilshommes voisins jouissent pour peu de chose, sous des noms de paysans supposés, des meilleures et principales pièces de cette abbaye[3] » ! Colbert suggère d'utiliser l'influence de M. le marquis d'Aligre « qui a une grande autorité sur la province d'Auvergne et principalement sur les gentilshommes ».

1. Minute autographe inédite.
2. Colbert à Mazarin, 20 mai 1655. Minute autographe non publiée par Clément.
3. 27 juin 1654. Inédit.

Outre les domaines acquis par le cardinal (comme La Fère), Colbert doit aussi administrer les immenses domaines appartenant à l'Etat dont Mazarin s'est attribué la jouissance, tels la forêt de Saint-Gobain ou le parc et le château de Vincennes [1]. L'administration de biens fonciers est une nouveauté pour Colbert. Les nombreuses ratures et renvois des premières minutes autographes concernant le domaine de La Fère font deviner une adaptation laborieuse à cette sorte de gestion. Il ordonne les travaux, s'occupe de la ménagerie de Vincennes, du potager. Le futur surintendant des bâtiments du roi fait son apprentissage.

A Vincennes il ne met rien de moins que quatorze entreprises en concurrence afin d'obtenir les meilleurs devis! Il établit une ménagerie et renseigne le cardinal sur ses vaches de Flandre, ses moutons, ses poulets. Il lui apprend même que « la petite truie d'Inde a fait six cochons dont trois sont morts et les trois autres auront peine à en échapper parce qu'elle n'a point de lait ». Le potager est bientôt plein de « toutes sortes de légumages ». Lorsque la cour s'approche, Colbert s'empresse d'envoyer des fruits, fait faire des confitures pour la reine, expédie un esturgeon que l'on vient de pêcher. Pourvu que le roi et sa mère le trouvent bon! Les moindres détails domestiques se mêlent dans la même lettre aux problèmes les plus graves. Le duc de Guise est bien embarrassé pour organiser son expédition destinée à appuyer les insurgés napolitains contre l'ennemi espagnol [2]. Et Colbert termine

---

1. Comme « capitaine » du château de Vincennes, Mazarin a, plus ou moins, les mêmes prérogatives que si ce château était sa propriété personnelle. C'est d'ailleurs Colbert qui donne l'idée à Mazarin de prendre la succession du précédent gouverneur (1652).
2. L'expédition n'eut aucun succès. Le duc de Guise débarqua à Castellamare à la tête de 7 000 hommes et constata que les Napolitains ne paraissaient pas disposés à la révolte. Pressé par le manque de vivres, il revint en France, en perdant, dans une tempête, la plus grande partie de sa flotte.

ainsi sa dépêche : « Je doute que notre veau de Vincennes puisse être bon, il est trop âgé et il y a trop de chemin d'ici à La Fère pour l'y faire porter [1]. » Cette agilité d'esprit qui lui permet de passer aisément d'un domaine à un autre contribuera beaucoup à lui donner l'image — si utile à son ascension — de l'homme indispensable.

Les travaux de Vincennes sont très onéreux. En 1657, il faut y bâtir les écuries du roi ainsi que celles du cardinal. Colbert est d'avis que « l'on remette à bâtir les écuries du roi l'année prochaine » et que l'on se contente « de bâtir les écuries de Votre Eminence cette année [2] ». Et pourtant Louis XIV est déjà âgé de dix-neuf ans. Que l'on imagine de quelle autorité suprême est investi le cardinal pour bâtir ses propres écuries avant celles du roi!

Les tapisseries qui devaient être placées dans les appartements de Leurs Majestés n'ont pas assez de hauteur. Et d'ailleurs, ajoute Colbert [3], « elles appartiennent à Votre Eminence et il n'est pas juste de meubler les appartements du roi et de la reine des meubles de Votre Eminence ». Il serait mieux d'en acheter.

Mazarin continue plus que jamais à participer aux affaires les plus louches, comme celle du pain des armées de Catalogne et du Piémont. Il mêle avec un tel naturel ses intérêts personnels avec ceux de l'Etat que l'on finit par s'interroger sur sa mauvaise foi! Pendant la Fronde, le cardinal a levé en Allemagne, à ses frais, des troupes qui l'ont accompagné en France. Cinq ans plus tard il se fait rembourser aux frais de l'Etat... Colbert paraît de plus en plus inquiet par les mœurs financières de son maître. Mazarin acquiert le duché de Nevers et Colbert tente de l'y intéresser. Contrairement à son intendant, le

---

1. Août 1654. Inédit. L'année suivante il annonce qu'il est grand temps de manger deux veaux déjà trop grands et il pourra « joindre des dindonneaux, des faisandeaux et des gros poulets ». 17 juillet 1655.
2. 15 juillet 1657. Inédit.
3. 16 octobre 1657. Inédit.

cardinal préfère à ces grandes acquisitions qui mobilisent son capital, des biens dont il peut se défaire rapidement pour, selon Colbert (et cela peut parfois être vrai), subvenir rapidement à un besoin urgent de l'Etat. Si seulement Son Eminence « était capable de faire une chose qu'elle ne fera jamais, qui est non pas de partager ses affections entre la gloire de l'Etat et ses affaires domestiques, mais seulement d'en réserver quelque petite part pour celles-ci [1] ». Discours inutile. L'intendant lui vante la situation imprenable du château, le passé glorieux qui s'y attache. Mais le cardinal aime ondoyer dans les combinaisons financières les plus troubles. Fastueux, amateur très éclairé, Mazarin montre un goût passionné pour les objets d'art. Il a des correspondants en Italie, en particulier à Florence (tel l'abbé Strozzi), qui envoient meubles rares, pierres dures, étoffes précieuses. Une grande importance est donnée à la richesse des ornements, à la magnificence des matériaux et à la durée du travail.

Chargé de transmettre les commandes du cardinal et d'en organiser le transfert, Colbert s'initie au domaine des arts. Mazarin est compétent, doué. L'intendant ne peut trouver de meilleur maître en la matière. L'italianisme de Mazarin influencera sans aucun doute le remarquable ministre des Beaux-Arts que sera Colbert et qui utilisera les mêmes correspondants pour Louis XIV. L'intendant paraît effrayé par les sommes énormes que le cardinal consacre à ses collections. Mazarin a peut-être raison. La qualité des objets choisis mérite la dépense. Plus tard, Colbert, plus timoré, moins sûr, manquera parfois l'achat de certains objets que l'on aurait pu ajouter heureusement au patrimoine national. Le cardinal guette toutes les occasions. Il se hâte d'acheter les tapisseries dont le duc de Guise est obligé de se défaire avant son départ pour Naples. Le joaillier Lescot est attaché uniquement au

---

1. 26 octobre 1659. P. CLÉMENT : *Op. cit.*, tome I.

service de Mazarin. Le 16 juillet 1655 Colbert demande s'il peut se servir d'un banquier de Turin, qui recevrait une remise, pour faire passer des fonds considérables à Rome afin que l'on puisse acquérir pour Son Eminence les meubles de feu le cardinal Montalte. Il est permis de supposer qu'ici les relations traditionnelles des Colbert avec les milieux bancaires italiens sont utilisées avec à-propos. Dans la même lettre il est question de pierreries que l'on a retirées pour le compte du cardinal d'une maison d'emprunt d'Amsterdam. Ne trouverait-on pas là une preuve des embarras financiers de Mazarin qui se serait trouvé obligé d'engager ses joyaux pour se procurer des fonds dans les banques étrangères ? Colbert se tient d'ailleurs en liaison constante avec Cantarini et Cenami, les banquiers italiens du cardinal.

L'intendant prend grand soin de la personne même de son maître. Il lui procure des robes de chambre doublées, des bottines fourrées. Il lui remet avec regret deux pourpoints brodés d'or : à son avis un seul suffirait. Encore une économie manquée. Colbert envoie partout où se trouve le cardinal des oranges du Portugal ainsi que des vins et des liqueurs de premier choix. Sur la route de Lyon, les vins exigés par Mazarin viennent à manquer. Le cardinal se fâche et l'intendant s'empresse d'expédier par le premier coche dix bouteilles de bon vin soigneusement emballées.

Les intérêts privés de Mazarin comprennent également ceux de ses nombreux parents. Colbert se charge de faire naturaliser toute la famille du cardinal, y compris son père (Pierre Mazarini, mort à Rome en 1654)[1]. Il faut installer les nièces qui, à la fureur de Colbert, s'accaparent du premier cuisinier de leur oncle lorsqu'il est absent. D'ailleurs, que Son Eminence cesse d'augmenter sans cesse les pensions à sa famille, supplie l'intendant.

---

1. Dans l'ancien droit, la naturalisation était accordée par des lettres du « grand sceau », appelées « lettres de naturalisation ».

L'une des nièces, Laure Martinozzi, épouse en 1655 le duc de Modène : la somme de 710 000 livres sera remise au duc. Ordre est donné à Colbert de payer les frais de voyage et de toilette de la mariée. Et le cardinal veut en outre mettre à la disposition de sa nièce les fonds nécessaires à ses aumônes et à ses présents! Colbert avoue à son maître que « ces deux sortes de dépenses l'ont assez surpris [1] ».

En 1657, l'intendant préparera les articles du contrat de mariage d'une autre nièce, Olympe Mancini, avec le comte de Soissons. Philippe Mancini, frère d'Olympe, doit se montrer à la cour. Il faudrait savoir si Son Eminence veut lui donner quelque chose d'extraordinaire au-delà des 100 écus par mois pour le faire habiller [2]. Philippe déçoit son oncle. Il est fort paresseux et fait gras le Vendredi saint. Mazarin l'exile à Brisach et Colbert doit s'occuper de sa surveillance. Hélas! aucun progrès ne se manifeste. L'exil paraît inutile et l'intendant conseille au cardinal de rappeler son neveu. Quant à « Monsieur Alphonse [3] », Colbert estime qu'il est important pour son éducation de lui donner un autre valet de chambre. Et l'influence du ménage Soissons sur le jeune homme semble déplaire au cardinal comme à l'intendant. Olympe projette d'emmener son frère avec elle pendant les vacances scolaires. Colbert en avertit leur oncle [4] : « Votre Eminence doit, ce me semble, empêcher que ce dessein ne s'exécute, étant beaucoup mieux pour mondit sieur Alphonse qu'il aille se divertir avec les enfants de M. Le Tellier, comme il fit l'année dernière. »

En 1660 Colbert énumérera les nombreux services qu'il rend à son maître : « Je ne dis point ceci pour exagérer

---

1. 19 juin 1655. Passage inédit.
2. P. CLÉMENT : *Op. cit.*, tome I.
3. Alphonse Mancini, mort accidentellement en 1658 au collège des Jésuites. Minute inédite du 9 juin 1657.
4. 11 juin 1657. Passage non publié par Clément.

mon travail à Votre Eminence. Au contraire je la supplie de croire comme une vérité constante que mon inclination est tellement au travail que je reconnais tous les jours, en m'examinant en mon dedans, qu'il m'est impossible que mon esprit puisse soutenir l'oisiveté ou le travail modéré, en sorte que, du jour où ce malheur m'arrivera dans le cours de ma vie, je n'aie pas six ans de temps à vivre ; ce qui me fait connaître clairement que je suis obligé à Votre Eminence de la vie et de la vie agréable, quand elle ne m'avait d'ailleurs comblé de bienfaits, et en ma personne et en celle de tous mes frères. »

En effet Colbert n'a pas oublié d'accroître sa fortune en même temps que celle du cardinal. Et il s'est occupé de sa famille tout en veillant à celle de son maître. D'ailleurs Mazarin trouve cela bien naturel et il ne manque pas, à l'occasion, de faire part à son intendant de toute la satisfaction qu'il a de ses services.

LA FORTUNE DE L'INTENDANT (COLBERT)

Lorsque le conseil d'Etat est renouvelé en 1654, Colbert en fait encore partie, en raison, selon les lettres nouvelles copiées sur les précédentes, « de sa capacité, suffisance, expérience, probité et bonne conduite ». Les gages accordés aux conseillers sont loin de suffire aux ambitions de l'intendant de Mazarin. Inutile de compter sur l'aide de son père. La Fronde a beaucoup perturbé les affaires de Nicolas Colbert qui ne sera jamais en mesure de verser à son fils aîné les 60 000 livres promises lors de son mariage.

L'intendant prie constamment son maître de lui accorder bénéfices, prieurés, charges. En 1652 il demande le bénéfice vacant de Saint-Ligeaire dépendant de Saint-Médard de Soissons. Le 19 juin 1654 il écrit à Mazarin : « Il a couru ici un bruit de la mort de M. l'évêque de

Nantes, qui a deux petites abbayes et deux prieurés, dont l'un dépend d'Aunay, qui vaut 4 000 livres de rentes. Je supplie très humblement Votre Eminence, si ce bruit se trouvait vrai, ou en cas pareil, de me gratifier de quelque bénéfice à peu près de cette valeur. » Il ne manque pas d'insister lorsque le cardinal ne répond pas immédiatement. Le 24 juin, il rappelle à Mazarin : « Le bruit court toujours ici que l'évêque de Nantes est mort ici, en celles je supplie Votre Eminence de se souvenir de moi[1]. » Ce genre de requêtes se retrouvera souvent dans la correspondance de Colbert à Mazarin. A charge de revanche, lorsque Condé, au service de l'Espagne, bat Turenne à Valenciennes (1655), Colbert, sans hésitation, prélève sur sa fortune personnelle 1 000 louis d'or qu'il prête à Mazarin pour aider Son Eminence « à sortir d'un accident si fâcheux », et promet, en outre, 60 000 livres à remettre bientôt. Deux ans plus tard le cardinal n'a pas encore payé sa dette. Colbert ne manque pas de se plaindre. « Depuis que j'ai l'honneur de la servir (Son Eminence) je n'ai point été si court d'argent que je suis à présent[2]. » Il prie en conséquence le cardinal de le faire rembourser de certaines avances qu'il a faites. Un des plus gros bénéfices personnels réalisés par Colbert sous le règne de Mazarin et avec la permission du cardinal sera la vente, en 1660, de sa charge de secrétaire des commandements de la reine pour l'énorme somme de 500 000 livres. Cette charge ayant été obtenue gratuitement, le bénéfice est net. Il a auparavant expliqué à Son Eminence son désir de se défaire de cet office en évoquant « le peu de disposition naturelle que j'ai à faire ma cour auprès des dames, après avoir passé ma vie dans un travail presque continuel[3] ».

Les frères de Colbert sont peu à peu placés à des postes

---

1. Minute autographe inédite.
2. Minute autographe 27 mai 1657. Inédite.
3. P. CLÉMENT : *Op. cit.*, tome I.

importants d'où, à leur tour, ils servent la politique de Jean-Baptiste.

Nicolas, de neuf ans son cadet, est prêtre. Mazarin lui accorde de nombreux prieurés et abbayes. En 1656, il est nommé bibliothécaire du roi. L'abbé Colbert est bientôt pourvu de 7 à 8 000 livres de rentes. Colbert voudrait également le faire nommer évêque. L'évêque de Luçon, fort âgé, n'aurait-il pas besoin d'un coadjuteur? Mais Mazarin promet ce poste à un autre. Lorsqu'il l'apprend, Colbert jette de tels cris de désespoir que le cardinal donnera la coadjutorerie au frère de son intendant. L'abbé Nicolas deviendra évêque de Luçon en 1661.

Charles Colbert, après avoir été intendant de l'armée du duc de Guise, devient intendant d'Alsace (1655) et premier président du Conseil souverain de cette même province (1658). Jean-Baptiste, plein d'espérance, lui écrit [1] : « Je vous avoue que je brûle de voir notre famille s'élever par les voies d'honneur et de vertu et que tout le monde demeure d'accord que la fortune que nous avons nous est due. » Colbert obtient beaucoup de faveurs mais exige aussi un travail extrême et de qualité.

Il affectionne particulièrement son cousin germain Colbert de Terron qu'il fait nommer gouverneur de Brouage, place qui appartient à Mazarin. Actif, intelligent, administrateur de grande classe, Colbert de Terron restera un précieux auxiliaire du futur ministre de Louis XIV.

La France du XVIIe siècle paraît encore profondément soumise aux règles féodales. La possession d'une terre noble affermit les situations et consacre la gloire des familles. Colbert conseille aux siens « les établissements solides en fonds de terre » et commence, pour lui-même, à consituer son domaine territorial qui, avec le temps, deviendra considérable. En 1657, il achète la baronnie de Seignelay, la plus importante du comté d'Auxerre. Le

---

1. *Ibid.*

château, construit sous Charles VII, se dresse sur un coteau qui surplombe la vallée du Serain. Du haut de ses tours on peut apercevoir la cathédrale de Sens. Lors de l'achat par Colbert, les murs sont délabrés, les terres abandonnées. Jean-Baptiste se passionne pour la restauration de « son » château et de « ses » fours, ou pour le rétablissement de « ses » fourches patibulaires. Il fait endiguer « sa » rivière. Il peuple « ses » bois de gibier. L'administration de ses propriétés sera une des grandes distractions de sa vie. Il faut que les vieux murs redeviennent imprenables, que le château puisse rapidement le loger. François Le Vau, dit le jeune, frère de Louis qui construit Vaux-le-Vicomte pour Fouquet et plus tard Versailles pour le roi, est appelé à diriger les travaux. Colbert le surveille attentivement et l'accable de directives précises. Le Vau voudrait creuser de deux pieds la cour du donjon. Prudent, le maître de céans prie le bailli de Seignelay d'y faire auparavant « un trou de six pieds de diamètre et de deux pieds de profondeur pour connaître la grâce ou la difformité que cela pourra avoir [1] ». Le Vau dessine le plan du verger. Colbert recommande de bien considérer le lieu où se fera sa chapelle « et d'en faire un petit dessin mais surtout d'obliger les entrepreneurs à travailler avec grande diligence [2] ». Et l'architecte se fait indiquer avec précision la manière dont il doit conduire les travaux de maçonnerie ou de toiture... Colbert affirme haut le paternalisme responsable d'un seigneur. En 1658 il écrit au bailli [3] : « Je vous prie de dire à M. le curé que j'ai reçu sa lettre, que personne ne lui a rendu de mauvais offices auprès de moi, qu'il fasse bien son devoir, excite, comme il est obligé, mes habitants à être gens de bien et prenne garde que les enfants soient bien instruits, et que j'aurai soin de

---

1. P. CLÉMENT : *Op. cit.,* tome VII.
2. Bulletin Charavay.
3. P. CLÉMENT : *Op. cit.,* tome VII.

lui. » Gare à ceux qui pêcheront dans la rivière du seigneur. Ils risqueraient de se « faire donner des coups de bâton ». Et lorsque Colbert se rendra dans ses terres, il faudra lui rendre « foi et hommage » des terres qui dépendent de lui.

Dès cette époque Colbert entreprend la recherche de livres rares. Il y montre une réelle compétence. Sa bibliothèque, exceptionnelle de qualité, deviendra célèbre en Europe. A son frère Charles qui se trouve en Alsace il écrit : « Si vous trouvez dans les villes huguenotes, vos voisines, les œuvres de Jean Huss et Jérôme de Prague, en grand papier, qui est un livre assez rare, je vous prie de me l'acheter [1]. »

Fortune du cardinal, fortune de l'intendant : Colbert aurait-il oublié toute préoccupation politique? Qu'on ne s'y trompe pas. Procurer à la France les moyens d'une politique et appliquer cette politique avec une volonté sans compromis restent les deux obsessions de Colbert. Mais il y a Mazarin, il y a Fouquet, il y a le poids des mœurs et habitudes. Colbert a dû d'abord s'imposer définitivement dans l'esprit ondoyant du cardinal. Bientôt, l'intendant se voudra conseiller politique. Les obstacles sont puissants et les ambitions s'exaspèrent. Le grand duel entre Fouquet et Colbert commence sous Mazarin.

---

[1]. 2 mai 1659. P. CLÉMENT : *Op. cit.*, tome I.

CHAPITRE IV
Duel politique

Cumulant les charges de surintendant des finances et de procureur général du Parlement de Paris, Fouquet apparaît comme un des personnages les plus puissants de l'Etat. Son allure de grand seigneur, le charme de sa vive intelligence, son exceptionnelle sensibilité artistique, ses succès féminins, donnent à toute sa personne un rayonnement particulier. Après avoir perdu sa première femme, une riche héritière dont il a une fille, il a épousé en 1651 Marie-Madeleine de Castille. Tout en surveillant les superbes travaux dans son domaine de Vaux-le-Vicomte, Fouquet habite sa belle propriété de Saint-Mandé qui touche le parc de Vincennes, ou son hôtel parisien situé derrière le palais Mazarin. Il domine le milieu financier, impose le respect aux parlementaires, séduit les artistes et les écrivains.

Lors du retour de Mazarin au pouvoir, Colbert n'est pas en mesure de s'attaquer à Fouquet. Et malgré les réticences dont il fit part au cardinal au moment où fut attribuée la surintendance, y songe-t-il les premiers temps ? Fouquet participe quotidiennement, et à plusieurs titres, à la vie politique. Le rôle de Colbert auprès de Mazarin est officiellement d'ordre privé. Le premier objectif de Colbert est de s'introduire peu à peu dans les affaires de l'Etat, tout en assurant chaque jour davantage son autorité sur l'esprit du cardinal. L'intendant de

Mazarin, bien placé pour connaître les mœurs financières de son temps, qui sont aussi celles du maître qu'il sert, préparera longuement et sûrement un plan pour les dénoncer et les abattre. Fouquet pratique avec une extraordinaire aisance l'« horrible confusion » entre les finances publiques et sa fortune personnelle. En vérité cette confusion est tolérée, lorsqu'elle n'est pas encouragée, par la monarchie. Elle paraît inhérente à l'Ancien Régime et résulte de tout un contexte historique. La monarchie capétienne a voulu, au cours des siècles, associer sa grandeur à la puissance de l'Etat. Et pourtant, comme l'écrit si clairement L. Febvre [1] : « L'Etat, au point de vue financier, n'existait pas. Il y avait le souverain. Le souverain qui était un particulier [...] mais qui ne pouvait trouver du crédit que comme particulier. Ce n'était pas la France qui empruntait en 1530, mais un prince, François Ier, qui inspirait plus ou moins confiance aux prêteurs. » Quelle faiblesse ! Quelle faille dans la puissante forteresse d'une grande administration centrale ! Le roi de toute une nation n'est aussi qu'un seigneur parmi les autres. Nous rencontrons ici l'ambiguïté fondamentale des rapports entre le roi et l'Etat, ambiguïté que Colbert tâchera, durant toute sa vie politique, de faire disparaître. Le roi, comme particulier, n'est pas riche. Son domaine rapporte à peine 80 000 livres par an. Le chef de l'Etat ne peut faire appel directement aux bailleurs de fonds qui se méfient d'un roi sans crédit, menacé de faire banqueroute. Ainsi le monarque se trouve obligé de passer par les services des banquiers, manieurs d'espèces. Devenu l'intermédiaire entre le roi ou l'Etat d'une part, et ses correspondants ou amis d'autre part, le banquier est désigné comme « homme de finances », « financier ». Notre « banquier-financier » veut, quoi de plus naturel, se rembourser, si possible avec intérêts, des avances faites au monarque. Le

---

1. Cité par Jean BOUVIER et Henry GERMAIN-MARTIN : *Finances et Financiers de l'Ancien Régime.*

roi, qui est pauvre, lui permet alors de prélever, pour son propre compte, une ou plusieurs ressources fiscales. Le « financier » atteint, dans une certaine mesure, le rang de fonctionnaire. Mais quel curieux fonctionnaire qui, investi d'un pouvoir venant de l'Etat, se sert de cette autorité pour ses propres affaires avec la bénédiction du prince! La fonction du surintendant représente la plus haute ambition de ces financiers fonctionnaires. Le surintendant n'est pas un comptable. Personne ne peut lui demander des comptes, pas même le roi. Il « rend raison » de son administration au prince, selon sa conscience, ou son bon plaisir... Pourquoi, dans ces conditions, tiendrait-il un registre? La personnalité de Fouquet s'accorde parfaitement à ses attributions. Souple, brillant, fastueux, il séduit les gens d'affaires que le probe Servien rebute. Et, de surcroît, le surintendant est un parlementaire important, capable d'éviter aux financiers d'éventuelles poursuites devant le Parlement. Il a, auprès des milieux d'argent, le crédit que le roi n'a pas. Le monarque devient son obligé : le surintendant et, de façon générale, les financiers sont presque soumis à la tentation du chantage. La colère dont Colbert a fait part au cardinal lorsque Fouquet, pendant la Fronde, rappelle brutalement les services qu'il peut rendre, pour obtenir des avantages personnels, trouve ici une explication. Vous êtes obligé de passer par ces gens-là, dit en substance l'intendant à son maître, mais le procédé est inadmissible et me révolte. Tandis que se précise la conception d'une monarchie absolue, idée encore neuve en Europe, tandis que se fortifie et s'étend l'autorité directe de l'Etat, ni le roi ni l'Etat ne disposent avec régularité et sécurité des moyens d'une politique. Cet assujettissement de l'Etat à un groupe d'hommes privés paraît déplorable mais inévitable. Richelieu lui-même avouait dans son testament : « Les financiers et partisans sont une classe séparée, préjudiciable à l'Etat, mais pourtant nécessaire. » Néanmoins il a dénoncé leurs « voleries » et songé même à établir une chambre de Justice. Mais comment remplacer le système ? Richelieu ne cachait pas son ignorance en matière financière. Son génie, pourtant vaste et intuitif, paraissait désemparé face à une situation qui lui échappait. Il était trop tôt pour dénoncer le véritable obstacle, et il sera encore trop tôt pour le dénoncer lorsque Colbert gouvernera la France. Cet obstacle, c'est le régime féodal avec ses structures restées intactes, ses inégalités bien établies face à l'impôt, ses hiérarchies de castes et ses contrats d'allégeance. Le roi veut s'affirmer à la tête de l'Etat. Mais il reste et se veut aussi un roi féodal. Le monarque règne au sommet d'une cascade de hiérarchies qui défendent âprement leurs privilèges. L'essence même de l'autorité royale est d'ordre féodal. Comme le dit fort justement Pierre Goubert [1] : « La royauté reposait en réalité sur un ensemble de contrats avec les groupes qui constituaient la France : provinces, villes, établissements ecclésiastiques, classes de la société et même groupes économiques comme les métiers. Tous ces contrats laissaient à chaque groupe ses libertés, ses privilèges, dont la coexistence avec la soumission au roi ne choquait personne. » La grande masse paysanne française, qui supporte presque seule le poids des impôts, est imposée par tous les grands groupes privilégiés, comme la hiérarchie ecclésiastique et le seigneur local. L'impôt dû à l'Etat représenté par le roi ne supprime en rien les autres. Lorsqu'il s'adresse aux contribuables, le monarque entre en concurrence avec les seigneurs locaux. Le peuple paye plusieurs fois et se trouve taxé par tous de la façon la plus arbitraire. Le roi semble alors un privilégié supplémentaire, un seigneur parmi ses pairs —, en somme : un particulier. Abandonner à des puissances privées, comme les traitants ou les officiers de finances propriétaires de leur charge, le droit de percevoir les impôts pour le compte du roi qui, malgré toute sa majesté, est lui-même

---

1. P. Goubert : *Louis XIV et vingt millions de Français*.

un particulier dans ce domaine, paraît plus normal. Le XVIIᵉ siècle est un siècle charnière. L'Etat-nation qui s'appropriera des révolutions futures grandit dans une conjoncture féodale. Dès lors que le roi, au nom de l'Etat, veut gouverner directement l'ensemble des finances de la France, il s'attaque à un régime soutenu par toute une hiérarchie de privilèges. La Fronde parlementaire a commencé lorsque Mazarin a voulu imposer une mesure financière au groupe privilégié qu'est le Parlement. Une grande évolution historique se prépare après la défaite de la Fronde. L'époque paraît se dédoubler. Les structures de l'Etat coexistent avec les structures féodales et le dévouement à la chose publique s'accommode de la soumission aux intérêts particuliers.

Mazarin représente à merveille la complexité d'un siècle dont il ne devine pas toujours les grandes mutations. L'homme désire réellement la grandeur du roi et de l'Etat. Ses pratiques financières nous stupéfient. Mais lui paraissent-elles si choquantes puisqu'il sent que l'Etat, du point de vue financier, n'existe pas?

A première vue Fouquet a la même sensibilité politique que le cardinal. Il a prouvé qu'il pouvait, dans des circonstances critiques, se conduire en véritable homme d'Etat. En même temps sa conception des finances publiques est identique à celle de Mazarin. Il est un traitant d'ordre supérieur. C'est grâce à sa caution personnelle qu'il fournit à l'Etat des sommes d'autant plus considérables que la guerre contre l'Espagne n'est pas terminée. Comment se rembourse-t-il? C'est son affaire. Il existe bien un commis à l'enregistrement des fonds qui doit, lui, tenir un registre exact et exercer une sorte de contrôle sur l'administration du surintendant. Mais ces commis sont ordinairement nommés par le surintendant! Il est vrai que Mazarin ordonnera la nomination du protestant Barthélemy Herwarth à ce poste. Mais quel contrôle le cardinal peut-il exercer sur les surintendants quand lui-même traite le royaume comme son domaine propre? Fouquet admet beaucoup plus facilement que son collègue Servien les curieuses affaires de Mazarin. Servien aurait voulu s'opposer à ce que le cardinal fournît les blés aux armées. Fouquet ferme les yeux sur les immenses spéculations qui découlent de ce trafic. On comprend l'indulgence du surintendant lorsque l'on connaît ses activités financières. Fouquet, comme Mazarin, prend à ferme des impôts sous des noms supposés : il possède entre autres la ferme des octrois, péages ou douanes, l'impôt sur les sucres et les cires de Rouen... Il se sert de ces sommes énormes pour faire des avances à l'Etat, toujours sous de faux noms, qu'il récupère ensuite avec intérêts usuraires. Ou alors il prélève sur d'autres fermes des pensions considérables. Ainsi, les fermiers des « aides » (impôts sur les denrées) lui remettent 140 000 livres par an. Bien entendu, les fermiers se remboursent ensuite sur le peuple qu'ils taxent en conséquence. Le monarque toujours à court d'argent, toujours demandeur, finit par établir une sorte de complicité entre lui et le grand prêteur qu'est le surintendant. Prenons comme exemple la façon dont on tourne la loi sur l'intérêt de l'argent, avec l'accord tacite du roi. Le taux nominal de cet intérêt est fixé au denier 18, c'est-à-dire à 5,22 %. Pour encourager le prêteur ou parce qu'il cède à son chantage, le roi permet qu'une partie du capital ne soit pas versée et soit remise à ce prêteur. C'est ainsi que Fouquet tire un pourcentage d'intérêt pouvant atteindre parfois 15 ou 18 %.

Comment peut-on respecter un Etat que l'on bafoue de manière si éhontée? La souplesse du cardinal italien s'accommode fort bien de cette contradiction. Fouquet semble moins assuré. Son caractère secret, rapide, nerveux, le conduit aux frontières de l'instabilité. Son ambition démesurée paraîtrait presque plus fiévreuse que calculée. Et, peu à peu, le financier sans scrupules deviendra comploteur.

Colbert a choisi l'Etat. Que les finances publiques

Duel politique

soient livrées à l'arbitraire de personnes privées le révolte. Il ne manque pas de contribuer à la fortune équivoque de Mazarin, mais cherche ainsi à gagner la confiance du cardinal pour lui proposer finalement son grand plan de réformes. Fouquet écrira plus tard dans ses « défenses » : « Ledit sieur cardinal était gouverné lui-même par Colbert, son domestique, lequel, sous prétexte d'amasser des trésors à son maître, s'était emparé de son cœur et de son esprit et le portait à me détruire pour profiter de mon emploi. » C'est inexact. Colbert rêve de diriger les finances de la France mais il veut supprimer l'emploi de surintendant. Là se trouve l'essentiel de la réforme qu'il suggérera sans succès au cardinal. Avec raison et discernement, il considère la fonction elle-même comme le symbole de l'inexistence de l'Etat dans le domaine financier. Pour lui, le roi, chef de l'Etat, se doit de conquérir la gestion directe des finances publiques. Il observe que la puissance féodale se défend contre l'autorité grandissante du pouvoir central. Ses sentiments, l'on serait tenté de dire ses réflexes politiques, préfigurent le jacobinisme révolutionnaire qui triomphera au siècle suivant. Il veut que l'Etat domine toutes les affaires publiques parce que l'Etat représente la justice face à l'arbitraire. Il va poursuivre les seigneurs nostalgiques de la Fronde avec une violence sanguinaire qui annonce 1789. Enfin, il est hanté par l'ambition nationale de Richelieu. Il comprend qu'aucune grande politique ne peut voir le jour sans l'établissement d'un budget élémentaire et sans aucune sécurité financière. Sur ce point il ne doit rien au cardinal défunt. Sa politique économique sera totalement inspirée par celle de Richelieu, mais sa politique strictement financière lui est personnelle.

Les trois hommes, Mazarin, Fouquet et Colbert, traitent ensemble des mêmes affaires, se rencontrent constamment et rêvent chacun selon ses « normes » à la politique de la France, tandis que la personnalité du roi commence à s'affirmer.

Pour Fouquet, la rivalité qui l'oppose à Colbert est d'ordre personnel. Colbert, lui, prétendra qu'elle est d'ordre politique. Observons la lente dégradation de leurs relations dans le contexte politique mouvant et difficile de ces années où Mazarin règne en maître.

1653 : Fouquet vient d'être nommé surintendant des finances. Il ignore la lettre pleine de réticences sur le choix de cette nomination, que Colbert a écrite à Mazarin. Selon les apparences, les relations entre les deux hommes sont cordiales et même amicales. Colbert demande au nouveau surintendant un service en faveur de son père dont les affaires ont souffert de la Fronde. Fouquet accepte d'aider Nicolas Colbert à se défaire des greffes des notifications de Champagne.

1654 : Louis XIV, âgé de seize ans, est sacré à Reims. Le roi a été déclaré majeur en 1651, mais le jeune homme, de nature assez tardive, laisse toute la réalité du pouvoir à sa mère et au cardinal. Colbert et Fouquet s'entendent pour reconstituer la fortune de Mazarin. D'après la correspondance de Colbert, Fouquet n'est pas toujours assez prompt à satisfaire l'avidité du cardinal : « Le procureur général mériterait bien une petite réprimande », suggère l'intendant de Mazarin [1].

Colbert sert d'intermédiaire pour remettre au cardinal les sommes réunies par Fouquet. Le 25 juin il écrit : « J'envoie à Votre Eminence par M. Chappellin les 1 000 louis d'or que M. le procureur général a tirés des fermiers des cinq grosses fermes et m'a fait donner pour le roi [2]. »

Colbert, comme Fouquet, condamne les velléités de la Fronde. Le procureur général instruit avec une grande sévérité des procès criminels, tente de maintenir la sou-

---

1. 19 juin 1654. Inédit.
2. Inédit.

mission des parlementaires à la politique du cardinal. Aidé de son frère, l'abbé Basile, ce curieux policier qui deviendra plus tard son ennemi, Fouquet surveille les menées des amis de deux Frondeurs célèbres : Condé, toujours au service de l'Espagne, et le cardinal de Retz qui s'est évadé de la prison de Nantes. Colbert commence, cette année-là, à se faire l'interprète de son maître pour des affaires d'ordre politique : « J'ai dit à M. l'abbé Fouquet — écrit-il à Mazarin — ce que Votre Eminence m'ordonne par sa lettre du 19 touchant les négociations avec les gens du cardinal de Retz[1]. »

Le 27 août, Colbert apprend avec joie la levée du siège d'Arras : Stenay, place forte de Condé en Picardie, vient de tomber. Louis XIV reçoit, au cours de cette campagne, le baptême du feu. Les « méchants » sont saisis d'étonnement, s'écrie Colbert. Et, craignant le caractère accommodant ou hésitant du cardinal, il ajoute : « Au nom de Dieu, que Votre Eminence demeure ferme dans la résolution qu'elle a prise de châtier, et qu'elle ne se laisse pas aller aux raisons de beaucoup de personnes qui, les unes plus et les autres moins, et toutes assez ouvertement, ne voudraient pas que l'autorité du roi demeurât libre et sans être contrebalancée par des autorités illégitimes[2] comme celle du Parlement et autres. Je supplie Votre Eminence de pardonner ce petit discours à mon zèle. » Réponse du cardinal : « Je suis bien aise de voir les bons sentiments que vous avez. »

Colbert organise également les séjours des envoyés politiques étrangers. Il installe le conseiller privé de Philippe IV, roi d'Espagne, dans le palais de Mazarin. La visite, pouvant préluder à des négociations de paix, est de première importance. Un dîner avec un « divertissement de vingt-quatre violons » est soigneusement organisé.

1. 22 août 1654. Inédit.
2. Le Parlement, une autorité « illégitime »? Le mot paraît fort. Rappelons toutefois que les parlementaires d'alors ne sont pas élus mais ont acheté une charge.

1655 : L'intendant s'affirme de plus en plus comme un informateur et un conseiller politique. Mazarin doit, cette année-là, faire face à de graves problèmes religieux. Le pape Alexandre VII condamne le jansénisme. Mazarin fait disperser les solitaires de Port-Royal et s'apprête à commettre une grosse imprudence. Il veut que la bulle de condamnation soit présentée au Parlement pour y être enregistrée. Colbert pressent le danger. Le cardinal de Retz, réfugié à Rome, compte de nombreux amis à Paris. Les parlementaires cachent mal leur nostalgie de la Fronde et leur sympathie pour les jansénistes devenus des opposants. Mazarin ne risque-t-il pas de susciter une alliance prometteuse de nouveaux désordres entre les parlementaires, les jansénistes et Retz? Mazarin approuve son intendant et ajourne l'enregistrement de la bulle. Colbert, de concert avec les frères Fouquet, informe son maître sur les intelligences que Retz entretient à Paris.

L'ordre de Cluny est un exemple de désordres et de scandales. Sans succès, Richelieu avait voulu le réformer. Colbert suggère pour la première fois à Mazarin de reprendre un projet précis du cardinal défunt. Il compose un conseil provisoire que Mazarin approuve. Hélas! il paraît alors bien difficile de venir à bout d'un ordre en rébellion ouverte contre le cardinal.

Mazarin entreprend sérieusement l'éducation politique de Louis XIV. Chaque jour le roi monte chez le cardinal qui convoque un secrétaire d'Etat. Le jeune homme écoute les rapports, interroge Mazarin qui lui explique les affaires de l'Etat.

Au début de l'année, Louis XIV en personne fait enregistrer au Parlement, en lit de justice, de nouveaux édits de finance. Mais, très vite après, les parlementaires prétendent avoir été gênés dans leurs délibérations par la présence du roi et annoncent qu'ils vont révoquer l'arrêt. Louis XIV, fou de colère, quitte Vincennes en hâte. Il arrive dans la grand-chambre du Parlement en habit de chasse, botté, éperonné, le fouet à la main et ordonne aux conseillers de cesser à l'instant leur assemblée. Les parlementaires cèdent devant cette volonté qu'ils ne soupçonnaient pas, mais dès le lendemain songent à se réunir à nouveau. Mazarin paraît soudain effrayé par l'énergie du roi et cherche, selon son habitude, à employer les moyens diplomatiques.

Avec force et persuasion, Colbert encourage le cardinal à se montrer fermement énergique. Les conseillers estiment que le roi se doit de leur faire amende honorable. Ils critiquent ouvertement Mazarin : « Tous les bien-intentionnés, écrit Colbert, ont horreur de la malice de ces gens-là et se plaignent avec raison et justice que Votre Eminence ne veut point forcer sa bonté naturelle pour imprimer des marques de crainte dans leurs esprits, qui est la seule voie de les retenir dans le devoir. » Le caractère de Colbert semble mieux accordé à celui du roi qu'à celui du cardinal.

Assez curieusement Louis XIV tente, cette année-là, de brouiller Anne d'Autriche et Mazarin qu'il appellerait en privé le « grand turc »... A sa mère le roi fait remarquer que le cardinal manque d'égards pour elle en ne lui écrivant pas assez régulièrement. La reine prévient Mazarin des intentions de son fils. Un courrier apporte au cardinal une lettre du roi. Affolé le cardinal croit qu'elle lui apporte la nouvelle de sa disgrâce. Il n'en sera rien et Louis XIV, malgré certains agacements, s'attachera à Mazarin.

La pénurie du trésor est dramatique. « Les surintendants, rapporte Colbert, ne parlent que de misère et de difficultés d'avoir de l'argent [1]. » Néanmoins Fouquet et Colbert s'entraident pour augmenter la fortune de Mazarin.

L'intendant du cardinal organise la réception du duc de Modène, et celle de l'extravagante reine Christine de Suède qu'il promène dans le magnifique palais de

---

1. 14 juillet 1655. Inédit.

Mazarin. Il fait travailler à mettre en couleur tout le vermeil doré destiné pour le présent à offrir au roi de Suède, et à le faire marquer des armes de ce monarque. Combien souvent Louis XIV lui confiera, plus tard, ce genre d'occupations !

1656 : Les parlementaires ne désarment pas. Ils veulent s'assembler et songent même à soulever les marchands en leur faveur. Il y aurait aussi des officiers mécontents prêts à les soutenir. Colbert suggère d'exiler deux conseillers de chaque chambre. Son avis ne sera pas suivi. Cependant le Parlement cherche toujours à limiter gravement le pouvoir royal et celui des maîtres des requêtes qui forment le véritable noyau de la haute fonction publique et de l'administration nationale. Les maîtres des requêtes, furieux, envoient au roi ainsi qu'à Anne d'Autriche une députation qui déclare solennellement que la France n'aura jamais de tranquillité tant que l'on n'ôtera pas le pouvoir aux princes, les places aux réformés, la parole aux parlements. La reine, le roi approuvent ces hommes qui, fidèles au souvenir de Richelieu, soutiendront Colbert, sans défaillance, tout au long de la carrière politique du ministre. Anne d'Autriche, plus proche du cardinal défunt (et qui fut pourtant son ennemi) que ne l'est Mazarin, exige les excuses du Parlement.

Enchanté des troubles suscités par les parlementaires, le cardinal de Retz quitte l'Italie et, sous de faux noms, voyage à travers la France en se cachant dans diverses hôtelleries. Fouquet et Colbert pensent tous deux qu'il faut éviter un éclat si l'on découvre la retraite de Retz, afin de ne pas rallumer la Fronde. Les deux hommes s'emploient à rechercher le cardinal introuvable et à surveiller ses complices. Colbert fait surveiller Mme de Pomereu, fidèle à Retz, par un homme « qui la suivra partout, qui remarquera tous les logis où elle ira, combien elle y demeurera, et ceux qui entreront après elle [1] ». La

---

1. P. CLÉMENT : *Op. cit.*, tome I.

duchesse de Chevreuse ne sait encore quel camp choisir. Elle commence à renseigner Colbert tout en gardant des sympathies pour Retz.

Année critique pour la royauté et Mazarin. Fouquet supplie Son Eminence « de croire que n'ayant aucune affaire qui produise de l'argent, les moindres sommes font une grande peine à mettre ensemble [1] ». A cette pénurie affolante vient s'ajouter une vraie catastrophe militaire : Condé et Juan d'Autriche forcent Turenne à lever le siège de Valenciennes. Malgré les terribles difficultés à trouver de l'argent, Fouquet, aidé de ses parents et amis, parvient à réunir en quatre jours seulement la somme énorme de 900 000 livres [2].

Mazarin déborde d'enthousiasme et de gratitude. Il écrit au surintendant : « J'en ai entretenu au long Leurs Majestés, lesquelles sont tombées d'accord que vous êtes plein d'un zèle très effectif, qu'on doit faire cas d'un ami fait comme vous [3]. » Fouquet fait figure de sauveur. Son crédit est au plus haut. Le roi et sa mère vont le visiter à Saint-Mandé. Entouré d'artistes et d'écrivains, le surintendant imagine une demeure de rêve qui consacrerait sa gloire. Il conçoit avec l'architecte Le Vau un plan grandiose. Le village de Vaux est rasé, le domaine est agrandi, les plans du jardin sont confiés à Le Nôtre : les travaux s'annoncent gigantesques dès le départ. L'homme s'endette autant pour l'Etat que pour son château. Les risques sont immenses. Son ambition fiévreuse parvient difficilement à dominer les sentiments d'inquiétude qui le gagnent peu à peu.

1657 : En une année apparaît déjà la silhouette du château de Vaux. L'on pose la toiture et l'on commence à

---

1. 10 juin 1656. Bulletin Charavay (n° 752).
2. On se souvient que, à la même occasion, Colbert remet à Mazarin une somme prélevée sur sa fortune personnelle.
3. Georges MONGRÉDIEN : *L'Affaire Fouquet.*

placer les cheminées et les lambris. On a parlé à la reine de neuf cents ouvriers qui travailleraient à l'atelier. Fouquet s'affole, ordonne que l'on ferme les portes au public et que l'on avance le plus possible les travaux « avant la saison où tout le monde va à la campagne ». Quelle étrange naïveté! Quel curieux dédoublement dans la personnalité du surintendant! Il veut cacher les immenses travaux, indécents en cette période de grande pénurie. Mais en même temps il voudra étaler son luxe et sa puissance.

C'est en 1657 que commence, d'abord sourdement, le véritable duel entre Colbert et Fouquet. Le surintendant vient de renvoyer un de ses commis, Delorme, pour malversations financières. Colbert, selon ce qu'il écrira à Mazarin deux ans plus tard [1], crut « que c'était une occasion très favorable de le faire changer de conduite ». Que Fouquet rejette sur Delorme toutes les profusions passées et adopte pour lui-même d'autres méthodes! Selon Colbert, Fouquet promet de suivre cet avis : l'amitié des deux hommes en est « fort réchauffée ». Hélas! le surintendant retombe « plus fortement que jamais dans les mêmes désordres » et c'est ainsi qu' « insensiblement », Colbert se retire...

C'est aussi vers la même date que Fouquet placera le début de la rivalité qui l'oppose à Colbert. Voici la version des faits selon le surintendant, et telle qu'on peut le lire dans ses *Défenses :* « Il (Colbert) me rendait mille mauvais offices secrets dont je ne pouvais me parer auprès d'un homme défiant, soupçonneux, toujours disposé à croire le mal [...]. J'en reçus plusieurs avis en 1657. Je fus convaincu qu'on me voulait perdre [...]. Je m'en éclaircis avec le sieur Colbert et lui demandai sincèrement et avec franchise pourquoi on tenait un procédé si contraire à la justice, pourquoi il avait une froideur si contraire à l'amitié qu'il m'avait jurée et aux paroles

---

1. P. CLÉMENT : *Op. cit.,* tome I.

qu'il m'avait données [...]. Il m'avoua tout [...]. Je le réchauffai comme je pus. »

Ces « réchauffements » réciproques ne servent à rien. Les deux hommes n'ont pas la même conception des finances publiques et du rôle exact de l'Etat dans ce domaine. Fouquet persiste à penser que son crédit personnel auprès des milieux d'affaires reste le meilleur moyen de fournir de l'argent à l'Etat. Pour Colbert, seule une gestion vraiment claire et ordonnée des finances, entre les mains de l'Etat, peut tirer le roi et le pays d'une situation aussi déplorable. Mazarin commence à observer le très fastueux surintendant avec quelque défiance, mais il ne conçoit qu'une seule politique financière : celle dont se prévaut Fouquet.

A ces divergences d'opinion sur les affaires publiques s'ajoute entre Fouquet et Colbert un sérieux différend d'ordre privé. Hugues de Lionne, alors commis aux affaires étrangères, intente un procès à Colbert. Cet incident reste très obscur et peu mentionné. Seules les archives de Colbert indiquent certains renseignements : nous les citons à cause de leur importance dans l'évolution des rapports entre Fouquet et l'intendant de Mazarin.

D'après Colbert, Lionne est soutenu par les deux surintendants qui excitent les juges à « prostituer leurs avis » en leur distribuant de l'argent, ou en leur promettant des postes plus élevés. On peut supposer, en lisant les lettres indignées de Colbert, qu'il s'agit d'une taxe considérable que l'on veut imposer au très riche sieur Charon, son beau-père qui, de tonnelier et courtier en vin, est devenu trésorier de l'extraordinaire des guerres. En outre, Lionne prétend faire condamner Colbert à payer les 50 000 livres que sa femme a reçues de Charon pour partie de son mariage ! Fouquet veut envoyer tous ses amis au procès et « leur donne la leçon sur tout ce qu'ils doivent dire ». Colbert, au comble de la fureur, demande à Mazarin d'empêcher au moins que des emplois soient donnés en récompense à ceux qui soutiennent ses adversaires. Mazarin interviendra si bien en faveur de son intendant que l'affaire se terminera à l'amiable et qu'ainsi le crédit de Colbert auprès du cardinal sera ouvertement confirmé.

L'antipathie et la défiance domineront dorénavant les relations entre le procureur général et l'intendant du cardinal. Fouquet tente, cette année-là, de réanimer le commerce et l'industrie, et remet à Mazarin un mémoire à ce sujet. A son tour Colbert se hâte de proposer des grands projets nationaux. Le 8 juillet il écrit [1] : « J'envoie à Votre Eminence un projet que j'ai fait concernant son grand dessein ; je le supplie très humblement de le voir et examiner à son loisir pour y changer et retrancher ce qu'elle estimera à propos, étant très important de bien peser et considérer un si grand dessein avant que de le commencer. »

Et le 21 juillet il ajoute : « Pour le projet du grand dessein que j'ai envoyé, je sais bien qu'il y aura beaucoup de choses à changer et à corriger ; Votre Eminence prendra, s'il lui plaît, la peine de le voir et le considérer à son loisir pour y employer quelque partie de ses grandes lumières, puisque c'est un dessein qui doit porter son nom dans les siècles à venir [2]. »

La correspondance de Colbert ne précise pas quel est ce projet [3]. Notons que Colbert utilisera volontiers l'expression de « grand dessein » lorsqu'il suggérera des réformes importantes à Louis XIV. Son ambition nationale paraît déjà évidente.

Fouquet, nerveux, inquiet, commence à voir des ennemis partout. Sans aucune raison apparente, il se sent déjà surveillé par Barthélemy Herwarth, commis à l'enregistre-

---

1. Minute autographe inédite.
2. Minute autographe inédite.
3. Il s'agit peut-être d'un mémoire sur le commerce dont existe seulement une copie non autographe.

ment, que Mazarin nommera bientôt contrôleur général.
Il sait que Colbert tente de ruiner son crédit auprès du
cardinal. Mazarin, à titre personnel, a réclamé à Fouquet
le remboursement d'avances qu'il a faites pour le pain de
munition de Catalogne. Le surintendant tarde à satisfaire
le cardinal. Colbert ne manque pas d'insinuer que ces
délais prouvent que « les finances du procureur général »
sont « réduites à une grande extrémité [1] ». Fouquet ne
peut trouver d'argent liquide. Il propose à Mazarin une
part sur une affaire « extraordinaire » qui consiste à
fabriquer de la menue monnaie avec l'aide des banquiers
italiens du cardinal. Colbert se montre très hostile à ce
genre d'opération. Mazarin approuve son intendant et
réclame à nouveau le paiement de ses avances. Fouquet
promet d'en rembourser une partie. Le cardinal répond
qu'il veut de l'argent comptant et non des promesses.
Excédé par cette insistance si cupide autant que par les
propos malveillants que suscitent alors les travaux de
Vaux-le-Vicomte, Fouquet écrit à Mazarin une lettre dans
laquelle, avec colère et dureté, il rappelle que les autres
créanciers de l'Etat ne sont pas mieux traités que Son
Eminence et que lui-même, Fouquet, est engagé pour
300 000 livres de plus qu'au début de l'année. La lettre
est expédiée. Très vite le surintendant, pris de panique,
regrette avec désespoir de l'avoir écrite. Fouquet se trouve
alors dans sa propriété de Saint-Mandé qui touche le parc
de Vincennes. De terribles prémonitions le gagnent. Et
fébrilement, avec beaucoup de soin — les nombreuses
ratures du texte en font foi —, il rédige le fameux plan,
connu sous le nom de plan de Saint-Mandé, qui fera de
cet homme d'Etat un factieux.

---

1. 5 juillet 1657. Inédit.

LE PLAN DE SAINT-MANDÉ

Voilà Fouquet, si fidèle au roi dans la tourmente de la Fronde, voici le procureur général qui, si sévère à l'égard des Frondeurs irréductibles, va ressusciter le spectre de la Fronde et adopter les projets des Frondeurs les plus dangereux. Cette attitude insensée, il veut l'expliquer tout au début de la rédaction de son plan de défense. Mazarin « défiant et jaloux » serait prêt à tout pour le perdre. La preuve? « Le plaisir qu'il témoigne trop ouvertement » d'écouter tous les ennemis auxquels « il donne tout accès et toute créance, sans considérer la qualité des gens, l'intérêt qui les pousse et le tort qu'il se fait à lui-même en discréditant un surintendant dont le crédit seul fait subsister l'Etat ». Fouquet, seul soutien de l'édifice de l'Etat, unique sauveur que l'Etat se trouve obligé d'approuver et, au besoin, de flatter. Le surintendant ne comprendra jamais qu'un Etat devenu beaucoup plus fort et qu'un monarque très soucieux de la dignité royale refusent cet inadmissible chantage. Pour l'instant, il se prépare à se défendre contre la fourberie impitoyable du cardinal et, sans le nommer, de son intendant. Le plan comprendra deux parties qui, de façon prémonitoire, évoqueront le triste destin de Fouquet. Dans la première partie, le surintendant envisage le cas de son emprisonnement. Dans la deuxième partie, il prévoit sa mise en jugement.

Qu'on n'oublie pas de faire parvenir des livres au prisonnier, qu'on lui envoie un médecin. Il faudrait aussi tâcher d'acheter les gardes. Ses principaux soutiens pour mener à bien l'exécution du plan sont deux veuves, toutes deux bretonnes : son amie, sa grande confidente, la marquise du Plessis-Bellière, de dix ans plus âgée que lui, et la marquise d'Assérac dont il arrangea autrefois de graves embarras financiers.

C'est à partir de la Bretagne[1] que Fouquet va, peu à peu, organiser un réseau de dévouements, une mainmise secrète sur de nombreuses places importantes le long des côtes, et surtout la soumission — toujours secrète — de la marine royale sur l'Atlantique. Autrement dit, il s'agira de cerner la France par le nord et l'ouest. Deux ports servent de premières bases de défense : Concarneau, acheté par Basile avec l'argent de Nicolas, et Ham que Mazarin a donné à Basile en récompense d'une mission. Mme du Plessis-Bellière doit s'entendre immédiatement avec Deslandes, capitaine de Concarneau, et Mondejeu, gouverneur d'Arras-Ham, tous deux amis fidèles du surintendant. Deslandes « pourrait sans dire mot fortifier sa place d'hommes et de munitions de toutes sortes, retirer les vaisseaux qu'il aurait à la mer, et tenir toutes choses en bon état, acheter des chevaux et autres choses pour s'en servir quand il sera temps ».

Mme d'Assérac, propriétaire de l'Ile-Dieu, doit fortifier cette place et y réunir des vaisseaux « pour porter des secours partout où il serait nécessaire ». Bientôt Fouquet achète au nom de la marquise un certain nombre de propriétés en Bretagne, dont le duché de Penthièvre.

La comtesse de Charost, fille du surintendant, pourra se retirer à Calais où son beau-père est gouverneur. M. de Charost mettra la ville en état de défense. Les mêmes recommandations sont prescrites à M. de Bar, gouverneur d'Amiens, et à M. de Bellebrune, gouverneur de Hesdin.

Fouquet s'est assuré de la fidélité de Neuchèze, qui commande en chef la marine royale, fort délabrée au temps de Mazarin... Neuchèze, ruiné par une campagne navale en Crète contre les Turcs, accepte de payer sa charge de vice-amiral avec les deniers du surintendant.

Et Fouquet recense tous ses amis : Langlade, Gourville,

---

[1]. Famille parlementaire de Nantes, les Fouquet sont d'origine bretonne. Rappelons que Fouquet veut dire écureuil en breton.

Pellisson, son fidèle commis, ou La Rochefoucauld et Marsillac, anciens Frondeurs... Il faudra qu'ils interviennent auprès de la reine, de Mazarin. Le plan est esquissé. Contrairement à ce que prétendra Fouquet lors de son procès, quatre ans plus tard, ce projet n'est pas une folie sans conséquence écrite dans un moment de désespoir. De 1657 à 1661, année de son arrestation, nous verrons le surintendant perfectionner son plan, sur le papier comme dans les faits.

La lettre pleine de colère que Fouquet a envoyée à Mazarin ne provoque aucune disgrâce. Le cardinal et le surintendant paraissent réconciliés : le roi aura besoin d'argent pour la campagne de Flandres. Le crédit de Colbert n'est pas diminué pour autant. Au contraire Mazarin remercie si chaleureusement son intendant pour son efficace dévouement que celui-ci lui répond : « Il faut travailler toute ma vie pour mériter les termes dont il plaît à Votre Eminence se servir pour me faire connaître qu'elle a mes petits services agréables[1]. »

Mazarin recommande à Colbert de s'entendre avec Fouquet pour examiner la meilleure manière d'arrêter et punir les « faiseurs de libelles » antigouvernementaux. Retz, toujours introuvable, se cache-t-il à Paris? Il est sûrement à l'origine de ces « écrits factieux ».

Louis XIV se montre apparemment satisfait du surintendant qu'il va visiter à Saint-Mandé. La correspondance de Colbert évoque une très curieuse affaire qui pourrait suggérer que Louis XIV a déjà la pensée de gouverner seul. Colbert, sûrement à la demande de Mazarin, a trouvé une combinaison pour donner les greffes de Bourgogne au prince de Conti, en déduction de sa pension. Or une récente déclaration du roi rend la chose impossible. Le cardinal et son intendant sont très intrigués. Par quel moyen les propriétaires des greffes de Bourgogne ont-ils obtenu cette déclaration du roi sans

---

1. 24 octobre 1657. Inédit.

que Mazarin soit au courant? Colbert promet d'en découvrir la raison et de la faire savoir à Son Eminence [1].

1658 : Rarement la monarchie n'a paru aussi menacée. La guerre contre l'Espagne ruine le pays. Mazarin recherche l'appui de Cromwell qui impose de dures conditions en contrepartie de son alliance. Dunkerque sera cédé à l'Angleterre. Les nobles se révoltent un peu partout. Les parlements des provinces s'opposent aux nouveaux impôts. On assiste à de terribles émeutes de paysans armés. Au mois de juin, Turenne redonne de l'espoir en gagnant la bataille des Dunes contre les troupes de Condé et de Juan d'Autriche. Hélas! le mois suivant Louis XIV tombe gravement malade. Une nouvelle Fronde paraît prête à éclater, encouragée par la maladie du roi. Les parlementaires absolvent les innombrables libellistes.

Colbert montre déjà son sens de la propagande. Que Mazarin lui donne fréquemment des nouvelles du roi : « Si elles sont bonnes nous travaillerons à les rendre publiques, et si elles sont mauvaises nous les tournerons comme il nous paraîtra plus avantageux pour le service du roi et de Votre Eminence [2]. » L'intendant, mortellement inquiet, abandonne toutes affaires pendant une semaine. Enfin, l'on apprend le 12 juillet que le roi est sauvé.

Colbert mène personnellement des enquêtes précises sur les activités de la noblesse puis les communique à Mazarin. Il établit soigneusement la liste des gentilshommes suspects. L'homme qui sera plus tard un ministre de l'Intérieur officieux fait son apprentissage. Ses attributions dépassent largement le cadre des intérêts privés du cardinal. Son ascension agace-t-elle Le Tellier? On ne sait exactement la raison des malentendus qui empoisonne-

---

1. Minutes autographes inédites du 24 mai et du 2 juin 1657.
2. P. CLÉMENT : *Op. cit.*, tome I.

ront toute la carrière du ministre et qui semblent commencer cette année. Et cependant l'an dernier, Colbert ne tarissait pas d'éloges sur le fils aîné de Le Tellier, le futur Louvois, qui paraissait si digne de succéder à son père. Le Tellier se montre plus froid. Colbert le lui fait remarquer avec toutes les marques d'une réelle tristesse. Le Tellier le rassurera, mais la rivalité est née.

Fouquet, comme Colbert, stigmatise les Frondeurs. Il déclare que les nobles mettent « la monarchie en péril ». Il réussit, malgré d'immenses difficultés, à remettre à Mazarin les sommes demandées. Il prend même une part de la fortune de sa femme pour aider le financement de la guerre. Selon toutes les apparences sa loyauté est irréprochable.

Et pourtant le plan de Saint-Mandé est perfectionné, de curieux contrats d'allégeance sont signés, des achats secrets sont poursuivis. La personnalité du surintendant pose une véritable énigme psychologique.

Le 2 juin, Deslandes, gouverneur du port de Concarneau, lui signe une promesse « de n'être jamais à une autre personne que lui, [...] de le servir généralement contre toutes sortes de personnes sans exception, de n'obéir à personne qu'à lui ». Encore plus grave est le document que lui remet au mois de septembre le sieur Meridor, président du parlement de Bretagne [1] : « Je promets à M. le procureur général, quoi qu'il puisse arriver, de demeurer en tout temps parfaitement attaché à ses intérêts, sans aucune réserve ni distinction de personne, de quelque qualité et condition qu'elles puissent être, étant dans la résolution d'exécuter aveuglément ses ordres dans toutes les affaires qui se présenteront et le concerneront personnellement. » On se demande si Louis XIV, au faîte de sa puissance, aurait osé exiger de pareilles déclarations! Il augmente peu à peu, et de ses deniers, le patrimoine de Mme d'Assérac qui deviendra

---

1. Voir Georges MONGRÉDIEN : *L'Affaire Fouquet*.

ainsi nominalement propriétaire des gouvernements de Guérande, du Croisic et du Mont-Saint-Michel. Bientôt (en février 1659) il fera signer par la marquise la promesse de remettre les places fortes dès la première réquisition.

Au mois d'août, Fouquet a acheté Belle-Ile à son nom et avec la permission de Mazarin qui ignore tout du plan! La place, mise en vente par la famille de Retz, risquait de tomber entre les mains du duc de Brissac, considéré comme opposant.

C'est vers cette époque que survient la brouille entre Nicolas et son frère l'abbé Basile. Fouquet remplace sur son plan la place de Ham, appartenant à Basile, par Belle-Ile. Une de ses maîtresses, Mlle de Trécesson, est chargée d'espionner la cour.

Vers la fin de l'année l'on pose portes et fenêtres au château de Vaux. L'ensemble paraît déjà d'une rare splendeur. La Fontaine écrit *Le Songe de Vaux*.

Fouquet est malade, terrassé par de très fortes fièvres. Au mois de décembre, épuisé par un travail harassant, désespéré d'avoir ruiné sa famille et des amis qui l'ont aidé à prêter de l'argent au roi, le surintendant présente sa démission à Mazarin. Le cardinal la refuse. Dommage pour Fouquet.

1659 : Le 16 février, Servien, co-intendant, meurt. Colbert conseille à Mazarin de le remplacer « soit pour être premier et au-dessus du sieur Fouquet, soit pour être en second ». Mazarin pense succéder lui-même à Servien en laissant à Colbert la réalité de l'exercice de la charge. Fouquet viendrait travailler avec Mazarin mais c'est à Colbert que le contrôleur général Herwarth remettrait les expéditions à signer. Herwarth est furieux de se sentir dépossédé par Colbert. Et lorsque Mazarin demande au contrôleur général, qui est aussi un banquier, de lui avancer de l'argent, celui-ci s'excuse en prétextant que son crédit est épuisé. Quant à Fouquet, il explique au cardinal qu'il n'obtiendra aucun crédit s'il n'exerce lui-même sa charge. Mazarin cède : Fouquet sera le seul surintendant des finances. Colbert se voit obligé, après ce faux pas, d'attendre encore quelques mois pour reprendre ses attaques. Le roi doit plus de cinq millions de livres à Fouquet. La cour multiplie les éloges et les amabilités auprès du surintendant. Anne d'Autriche et son frère, le roi d'Espagne, cherchent à se réconcilier. Mazarin part de Paris au mois de juin pour se rendre à Saint-Jean-de-Luz où il va négocier la paix ainsi que le mariage de l'infante Marie-Thérèse. Sur la route, il s'arrête à Vaux-le-Vicomte. Le 19 juillet Louis XIV, sa mère et Gaston d'Orléans sont reçus à leur tour dans le château de Fouquet. Le surintendant peut se croire à l'abri de ses ennemis. Il n'en est rien. Herwarth se rapproche à nouveau de Colbert et le 27 juillet il se plaint au cardinal de la conduite du surintendant [1] : « Il m'ôte autant qu'il peut la connaissance de tout et confond le passé avec le présent, afin que je ne puisse distinguer ce qui est légitimement dû d'avec ce qui ne l'est pas et que personne ne puisse voir clair dans les finances que lui et ses créatures. »

Le 31 août Colbert envoie à Mazarin une lettre où il dénonce l'arbitraire et les pots-de-vin qui entravent de façon scandaleuse le recouvrement des impôts. Maintenant que la guerre se termine, il serait temps d'y remédier. Et il poursuit : « Je ne puis m'empêcher de dire à Votre Eminence une chose qu'elle sait beaucoup mieux que moi, que les finances en gros ont grand besoin d'une chambre de justice sévère et rigoureuse, et dont les officiers qui la composent n'aient aucun attachement, ni par alliance, ni par intérêt, aux partisans, et ce qu'elle ne trouvera point dans Paris ; et les provinces ont grand besoin de grands jours pour punir toutes les indues vexations aux peuples [2]. » Chambre de justice, grands jours... Colbert

---

1. G. Depping : *Barthélemy Herwarth, contrôleur général des finances.*
2. P. Clément : *Op. cit.*, tome I.

convaincra le roi plus tard. Mazarin renvoie la lettre (écrite à mi-marge) en se contentant de rayer ce paragraphe sans y répondre.

Le 24 septembre Colbert réitère ses attaques : « M. le procureur général est presque toujours à Vaux, écrit-il au cardinal. Il serait bon que M. le chancelier Séguier, qui n'a pas assez d'activité, tînt un petit conseil chez lui. » Fouquet intercepte une première fois le courrier de son rival, par l'intendant des postes, M. Nouveau, qui est sa créature. Craignant la versatilité du cardinal, Fouquet quitte Paris en hâte pour le rejoindre. Colbert, très inquiet, se décide à rédiger un long mémoire de plus de vingt pages, réquisitoire impitoyable contre Fouquet et résumé des grandes réformes financières et judiciaires qui marqueront le règne de Louis XIV. L'intendant de Mazarin a quarante ans. Son projet est clair, mûri, inspiré par un indéniable et sincère esprit de justice. Il exprime aussi un grand dessein politique. Les malversations évidentes de Fouquet, son désir de compliquer les choses à l'extrême pour se rendre indispensable y sont dénoncés dans les termes les plus sévères. Il faut supprimer la surintendance, rendre gorge aux financiers, rétablir le commerce, travailler à la puissance des armées et à la grandeur de la marine, lutter contre la multiplicité des offices royaux qui détourne tant de sujets des professions utiles [1]. A nouveau Colbert suggère à Mazarin de prendre « la seule et entière direction des finances ». En attendant son retour à Paris, le cardinal aura encore besoin de Fouquet. Il faut employer à l'égard du surintendant « toutes sortes de moyens et de caresses » parce que ce sera « un moyen de retenir son esprit naturellement actif, inquiet et intrigant ».

Colbert a commencé son brouillon le 28 septembre et l'achève le lendemain. Il remet le mémoire à son secrétaire

---

[1]. Le texte entier se trouve dans le tome VII des *Lettres et Instructions*, p. 164 et suivantes.

et copiste Picon qu'il enferme pendant deux jours dans un arrière-cabinet. Le 1ᵉʳ octobre au soir, il retire la copie des mains de Picon, la signe et l'insère dans un paquet qu'il envoie au cardinal le 2 octobre, date à laquelle Fouquet rejoint Mazarin à Bordeaux. M. Nouveau intercepte une deuxième fois le courrier de Colbert. Le mémoire est entre les mains de Fouquet le 5 octobre. Aidé de son fidèle Gourville, Fouquet le recopie rapidement. Mazarin reçoit l'envoi de Colbert le 15 octobre à Saint-Jean-de-Luz.

On imagine l'anxiété de Colbert en attendant de connaître la réponse de Mazarin. Or le premier courrier du cardinal lui parle d'une terrible bévue de son cousin Colbert du Terron. Louis XIV, très amoureux de Marie Mancini, nièce de Mazarin, se servait de Colbert et de son cousin comme intermédiaires pour sa correspondance avec sa bien-aimée. Il fut bien entendu, entre Mazarin et Colbert, que le projet de mariage avec l'infante Marie-Thérèse commandait de ne plus remettre aucune lettre au roi. Mais Terron continua à servir de boîte à lettres. Mazarin est furieux. Terron le met dans les pires embarras ; c'est peut-être l'affaire « la plus délicate » de sa vie. Colbert est atterré. Il ne sait plus comment se confondre en excuses. Il s'attend à une disgrâce qui entraînera celle de toute sa famille : il en sera quitte pour la peur. Le cardinal le rassure. Mais que pense Mazarin du fameux mémoire ? Le cardinal a achevé de le lire avant l'arrivée du surintendant et répond à Colbert le 21 octobre : « Je suis bien aise des lumières que j'en ai tirées, et j'en profiterai autant que la constitution des affaires présentes le peut permettre. » Simple phrase aimable. Mazarin sait que s'il condamne Fouquet, il se condamne lui-même. Il paraît seulement très surpris que Fouquet sache « de source certaine » que Colbert travaille à un mémoire sur les finances. Les deux hommes doivent se réconcilier. Fouquet « souhaite furieusement de bien vivre » avec Colbert. Le 22 octobre Mazarin ordonne à son intendant de voir Fouquet lorsqu'il arrivera à Paris. Et le cardinal réaffirme toute sa confiance en la personne du surintendant. Colbert obéira mais ne manquera pas d'expliquer à Mazarin comment Fouquet a pu connaître son mémoire, ce qui paraîtra troubler quelque peu l'esprit du cardinal.

Fouquet sait que les menaces justicières de Colbert ne sont point de vaines paroles. Il a observé l'intendant du cardinal à la poursuite des nobles qui complotent en Normandie. Pendant les troubles de la Fronde, Anne d'Autriche et Gaston d'Orléans ont promis à la noblesse une convocation des Etats Généraux. Une fois le péril passé, la cour s'est empressée d'oublier sa promesse. Les seigneurs du Poitou, de l'Anjou et surtout de la Normandie, n'ont pas caché leur fureur et se sont montrés prêts à susciter de nouvelles révoltes. Colbert a montré qu'il dirige officieusement la police de Mazarin. Avec quel acharnement il a travaillé à faire arrêter un certain Bonnesson, avec quelle joie il a annoncé au cardinal l'exécution du gentilhomme frondeur, avec quel soin il cherche à faire traduire les factieux, non devant le Parlement, mais devant des juridictions exceptionnelles. Le surintendant reconnaît le réel danger de l'inimitié de Colbert et se plaint auprès d'Anne d'Autriche. Il fait ce qu'il peut pour ramener Colbert à lui, explique-t-il à la reine. Il veut faire « sa confession tout entière », faire présent de Vaux au cardinal... Quant à Belle-Ile, il rêve d'y vivre retiré et paisible.

Mais la reine ignore le plan de Saint-Mandé et surtout les ajouts insensés que Fouquet a faits cette année. Tout d'abord, s'il est arrêté, l'on organisera un soulèvement de ses propres forces navales — qu'il augmentera d'année en année — et des places fortes qu'il contrôle sur les côtes. Fouquet compte beaucoup sur un marin nommé Guinan : « Il faudrait que M. Guinan, lequel a beaucoup connaissance de la mer et auquel je me fie, contribuât à munir toutes nos places de choses nécessaires et d'hommes qui seraient levés par les ordres de Gourville ou des gens ci-dessus nommés. » Et la marine royale? Neuchèze qui la commande lui est fidèle : son rôle consistera à assister au soulèvement sans bouger. Fouquet l'explique fort clairement : « Comme les principaux établissements sur lesquels je me fonde sont maritimes, comme Belle-Ile, Concarneau, Le Havre et Calais, il est bien assuré que, le commandant des vaisseaux tombant en ses mains, il (Neuchèze) pourrait nous servir bien utilement en ne faisant rien. » Ses amis ne doivent pas se servir des postes — et pour cause! — mais d'agents particuliers sûrs.

Le procureur général, qui donne toutes les apparences d'un ennemi de la Fronde, demande à ses frères Louis, évêque d'Agde, et François, coadjuteur de Narbonne, d'exciter le clergé à s'unir à la noblesse pour obtenir la convocation des Etats Généraux. Ou alors, que l'on organise des conciles nationaux en des lieux éloignés des garnisons « et là, écrit Fouquet, on pourrait proposer mille matières délicates ». Puis vient la terrible suggestion : l'on ne doit pas oublier de parler « des secours qu'on peut tirer des autres royaumes et Etats ».

Au cas où le roi veuille faire son procès, Fouquet prévoit une autre série de mesures qui nous laissent abasourdis. Les gouverneurs s'empareront des deniers publics, couperont toute communication entre le pouvoir central et les provinces en barrant les routes par la présence des troupes. Le capitaine Guinan armera en brûlots et corsaires tous les navires qu'il peut saisir sur la Seine entre Rouen et Le Havre. Par Calais il tiendra l'entrée du détroit et par Le Havre l'entrée de la Seine, Belle-Ile étant le poste central d'où seront lancés les navires dans toutes les directions. Le clou du projet, si l'on peut dire, consistera à enlever Le Tellier qui servira d'otage! Et puisqu'on sera arrivé à ce stade de rébellion, on enlèvera aussi le rapporteur du procès dont on saisira tous les papiers. Bien sûr, il ne faudra pas oublier les pamphlets. Fouquet qui poursuit les libellistes avec

Colbert est bien placé pour connaître l'efficacité de ces écrits. A propos, son fidèle Pellisson est l'un des plus habiles écrivains dans ce genre de style.

Enfin Fouquet compte être jugé par le Parlement et non par une juridiction spéciale. Lui-même est parlementaire. Et le premier président ne lui doit-il pas sa charge ?

1660 : Le 6 janvier, Colbert, comme le lui a ordonné Mazarin, se rend à Saint-Mandé. Fouquet relate cette visite à Mazarin. Le surintendant s'est expliqué auprès de Colbert qui lui « a parlé fort amicalement ». On peut imaginer les efforts de Colbert pour réussir à paraître aimable. Le crédit de Fouquet semble ne pas faire de doute et Colbert se voit obligé de reporter ses attaques à plus tard. De toute manière l'intendant du cardinal est totalement accaparé par les préparatifs du mariage du roi. Il faut expédier à Saint-Jean-de-Luz meubles, dais, portraits, ainsi que la couronne de la future reine. Colbert choisit les étoffes pour l'infante Marie-Thérèse, envoie un carrosse qui se révèle inutile, s'embrouille dans mille détails : « J'avoue à Votre Eminence que cela m'étourdit de telle sorte que je ne sais plus ce que je fais. » Ou alors il se désespère d'avoir envoyé à la reine de mauvaises oranges. Mazarin doit le calmer : « Je me plains de vous que vous vous arrêtiez à cette sorte de bagatelles, étant satisfait au dernier point de tout ce que vous faites incessamment pour mon service et pour l'avantager en toutes rencontres [1]. » De grandioses cérémonies sont préparées pour l'entrée à Paris du roi et de sa femme. Mazarin, déjà souffrant, observe le défilé de sa fenêtre. Colbert vient de vendre sa charge de secrétaire des commandements de la reine à M. de Bordeaux mais toutefois il n'a pas encore remis ses fonctions. C'est donc Colbert qui, au grand dépit de M. de Bordeaux et malgré ses protestations, a

---

1. P. CLÉMENT : *Op. cit.*, tome I.

l'honneur d'être placé derrière le trône de la jeune reine.

Colbert est également chargé d'une autre mission délicate. Le Grand Condé vient de faire sa soumission. M. le prince[1] a fait placer des clous sur la housse de son carosse, privilège réservé aux seuls fils de France. Gaston d'Orléans est furieux. Colbert doit accommoder l'affaire. Il va trouver Condé lors de son lever le 18 mars. Les deux hommes se perdent en mille détails sur les prérogatives et les privilèges. Colbert ne veut pas brusquer le grand Frondeur qui se montre aimable avec l'intendant du cardinal. Finalement M. le prince gardera sa housse à clous jusqu'à son départ de Paris puis promet de ne plus l'utiliser.

Fouquet a renouvelé dans de bonnes conditions les baux des grosses fermes, aides et gabelles. Il a même obtenu 100 000 écus de « donatifs », c'est-à-dire un véritable pot-de-vin, au roi et à la reine. Le 17 juillet, Louis XIV, Marie-Thérèse et toute la cour se rendent à Vaux. Le surintendant, un an avant la fameuse fête, organise déjà pour le roi une réception fastueuse au cours de laquelle il offre un dîner de choix. Son inquiétude persiste. A nouveau, il cherche à dissimuler les travaux de son château où s'affairent, sous les ordres de Le Vau, Le Brun et Le Nôtre, d'innombrables ouvriers.

Au fidèle Gourville qui vient le visiter à Saint-Mandé, il communique son plan. Gourville, d'après ses Mémoires, le persuade de brûler ce document périmé en plus d'un point : Mme d'Assérac a vendu l'Ile-Dieu, Deslandes n'est plus gouverneur de Concarneau, on ne peut compter sur Lamoignon et Belle-Ile ne se trouve pas encore en état de défense. L'arrivée d'une visite importune aurait obligé Fouquet de cacher précipitamment le document. Gourville racontera plus tard qu'il « l'avait mis derrière son

---

1. C'est le titre que porte Condé.

miroir et l'y avait si bien oublié depuis qu'on le trouvera à la même place après qu'il eut été arrêté ». Peut-être... Mais alors pourquoi fait-il secrètement fortifier Belle-Ile? Que signifient ces achats de vaisseaux et de canons en Hollande? L'on doit pouvoir bloquer les côtes, mais l'on doit aussi prévoir un ravitaillement par le moyen d'un commerce colonial personnel — et, bien entendu, secret. Une charge de vice-royauté des deux Amériques, tant méridionale que septentrionale, est créée en faveur d'Isaac de Pas, marquis de Feuquières. Or le 15 septembre, Feuquières signe un document qu'il remet au surintendant, dans lequel il reconnaît que « la charge de vice-roi d'Amérique appartient au sieur Fouquet, qui l'a payée trente mille écus [1] ».

Le roi veut envoyer un premier gouverneur dans l'île de Terre-Neuve. Le vieux capitaine Gargot est désigné. Heureusement pour Fouquet, il est pauvre. Le surintendant se charge de tous les frais de son installation, espérant ainsi s'emparer de l'industrie de la pêche des morues. Puis, cherchant à étendre son emprise, il convoite le commerce des pelleteries au Canada, achète l'île Sainte-Lucie, prend des intérêts à la Guadeloupe et à la Martinique. Comment ne pas mettre en parallèle l'ambitieuse politique coloniale que voudra appliquer Colbert, mais en faveur de l'Etat?

1661 : Mazarin est très malade. Au mois de janvier Fouquet donne un bal masqué auquel se rend toute la cour, dans son hôtel parisien de la rue Neuve-des-Petits-Champs. Colbert commence à recevoir des lettres qui lui sont adressées avec le titre de « Monseigneur ».

Le 9 mars Mazarin meurt. Deux jours avant sa mort il a affirmé devant le roi et Fouquet toute sa confiance en la loyauté et la compétence du surintendant. Mais il a très

---

1. Voir Charles de LA RONCIÈRE : *Le Vrai Crime du surintendant Fouquet.*

probablement conseillé au roi de le faire surveiller par Colbert qui vient de se faire nommer intendant des finances...

Dans son testament, le cardinal lègue « à Colbert la maison où il demeure, sans être obligé de rendre aucun compte, sous peine d'être déshérités pour ceux qui le demanderont, et prie le roi de se servir de lui, étant fidèle ».

Fouquet et Colbert sont parmi les exécuteurs testamentaires. Mais, à la demande que lui a faite Mazarin, c'est à Colbert que le roi confie tous les papiers du cardinal, les uns concernant les affaires intérieures, les autres ses intérêts personnels. Colbert sera chargé de les remettre en ordre. Mazarin a légué à la couronne les tableaux de sa bibliothèque, dix-huit gros diamants, les fameux « Mazarins », ainsi que divers objets et bijoux. Ses neveux et nièces ne s'intéressent pas aux arts. Son intendant réussira à acheter à très bon compte pour le roi les précieuses collections.

Colbert est maintenant l'homme du roi. Il va, pendant six mois, préparer la chute de Fouquet.

CHAPITRE V
La chute de Fouquet

Mazarin mourut en souhaitant voir le roi « gouverner de lui-même » et ne se servir de ses ministres « que pour entendre leurs avis ». Afin de faciliter l'exercice de ce gouvernement personnel, le cardinal conseilla la création d'un « conseil étroit » qui assistât le roi, et dont les membres fussent les principaux ministres d'Etat tous égaux entre eux. Cela signifie la mise à l'écart d'Anne d'Autriche, et l'absence d'un Premier Ministre. Louis XIV annonce, à la stupéfaction de la cour, qu'il assume désormais la direction suprême du royaume.

Trois ministres seulement composeront ce conseil secret, ce conseil étroit. Les trois hommes ont été désignés au roi par Mazarin : Le Tellier, solide, expérimenté, est assez terne, mais très compétent pour les affaires de la guerre et de l'intérieur. Hugues de Lionne, souple et ferme, a montré depuis des années sa supériorité en matière diplomatique. Le comte de Brienne, véritable titulaire du département des Affaires étrangères, et son fils qui en possède survivance, devront, dans la pratique, s'effacer devant Lionne. Fouquet, chargé des finances, est un homme plein de ressources, capable de rendre de grands services à l'Etat, mais qui doit être surveillé.

Louis XIV respecte scrupuleusement le testament politique de Mazarin. Le surintendant devient l'un des « trois ».

Dès les premiers conseils, le roi porte un intérêt très vif aux affaires extérieures. Très soucieux de la prééminence française en Europe, Louis XIV entend conduire personnellement la politique étrangère de son gouvernement.

L'administration diplomatique d'alors ne ressemble en rien à la nôtre. Inorganisée, peu nombreuse, elle emploie souvent des émissaires personnels et temporaires du roi. Fouquet fut secrètement de ceux-là sous Mazarin, et l'est encore les premiers mois du règne personnel de Louis XIV. Le roi n'hésite pas à confier au surintendant des missions diplomatiques de la plus haute importance.

Le grand projet politique de Colbert est surtout d'ordre intérieur. Le rôle occulte de Fouquet en matière étrangère risque d'établir une sorte de connivence complice entre le roi et le surintendant — connivence dont Colbert paraît exclu. Quels sont pour l'essentiel les rapports de la France avec les grandes puissances européennes ?

La France est officiellement délivrée de la tenaille des Habsbourg, redoutable cauchemar des deux cardinaux défunts. Les Habsbourg de Vienne ont cessé les combats après les traités de Westphalie (1648) et les Habsbourg de Madrid ont récemment signé la paix des Pyrénées (1659).

Le roi d'Espagne, Philippe IV, oncle et beau-père de Louis XIV, est malade, âgé. Son héritier est un enfant chétif, dont les jours semblent constamment en danger. Pourtant l'obsession espagnole n'a pas quitté la cour de France. L'Espagne reste une puissance frontalière menaçante au sud comme au nord du royaume. Rappelons que les « Pays-Bas espagnols » (à peu près l'actuelle Belgique), hérités de l'empire de Charles Quint, appartiennent encore à la couronne d'Espagne. Les Provinces-Unies (dont la plus importante est la Hollande) se sont soulevées contre la domination espagnole et ont obtenu leur indépendance en 1648.

Les clauses du traité des Pyrénées laissent prévoir une guerre future. Philippe IV exclut formellement de sa succession sa fille Marie-Thérèse, reine de France, « moyennant » le payement d'une dot énorme... qu'il ne paye pas. La mauvaise volonté du roi d'Espagne accroît la méfiance des Français. Louis XIV cherche à affaiblir secrètement la puissance espagnole.

Au sud, il faut aider le Portugal, en guerre contre Philippe IV depuis plus de vingt ans.

Au nord, on maintient très prudemment l'alliance avec les Provinces-Unies. La bourgeoisie hollandaise, au pouvoir à Amsterdam, exerce une emprise économique grandissante qui agace les grandes nations d'Europe.

La France va mener un double jeu diplomatique d'autant plus délicat et difficile qu'il doit rester secret. Le roi d'Angleterre, Charles II [1], subventionné par Louis XIV, peut servir sur les deux fronts les intérêts français. En Hollande, il peut encourager, plus ouvertement que ne le peut Louis XIV, la famille d'Orange, écartée du pouvoir réel par les négociants d'Amsterdam. Fouquet s'acharne à défendre les intérêts commerciaux de la France (et ceux de ses propres compagnies de commerce) face à l'Angleterre comme à la Hollande. Il conduit fort habilement les négociations franco-hollandaises et impose aux armateurs des Provinces-Unies un droit de fret (cinquante sous par tonneau). Ici, les conceptions protectionnistes de Fouquet rejoignent celles de Colbert.

Officiellement, Louis XIV a promis au roi d'Espagne de ne pas soutenir le Portugal. Charles II peut le faire à sa place... Fouquet se voit confier l'importante mission d'aider à conclure le mariage du roi d'Angleterre avec l'infante du Portugal. Le surintendant y réussit à merveille [2]. En même temps, il encourage un traité entre le Portugal et la Hollande.

---

1. Est-il utile de rappeler que Charles II appartient à la famille des Stuart, que sa mère était la sœur de Louis XIII et que sa sœur, Henriette Stuart, a épousé Monsieur, le frère de Louis XIV ?
2. Le mariage sera célébré à Londres le 31 mai 1662.

A Vienne, le jeune empereur Léopold prétend ne point traiter en égal son « cousin et bon frère », le roi de France. L'indignation de Louis XIV est immense, « presque tragique », écrira Jean de Boislile. La diplomatie française s'emploie donc à gêner l'Empire de plusieurs manières. Le surintendant joue là un rôle de premier plan. Tout d'abord il est chargé de subventionner les princes allemands irrités par le joug autrichien. Poursuivant la politique de Mazarin, il cherche à regrouper les puissances du Nord susceptibles de créer un front contre la puissance impériale.

L'alliance entre la Suède et la France est fort heureusement préparée par Fouquet.

Pour la Pologne, Louis XIV, comme Mazarin, voudrait assurer la succession de l'incapable roi Jean-Casimir, au fils aîné de Condé, le duc d'Enghien. Fouquet se mêle activement de cette affaire — mais sans succès —, avec les deux autres ministres d'Etat.

Enfin, le surintendant s'emploie à détendre les relations entre Paris et le Saint-Siège.

Mazarin s'entendait fort mal avec le pape Alexandre VII, qui défendait les prérogatives du cardinal de Retz et se montrait Espagnol de cœur. Le frère de Colbert fut alors envoyé à Rome pour réclamer des solutions d'entente. Colbert de Croissy échoua. C'est toujours à Fouquet que le roi demande de choisir un envoyé secret capable de surveiller les difficiles négociations avec le pape.

Les services que Fouquet rend à la diplomatie française sont considérables. N'apparaît-il pas, une fois encore, comme l'homme indispensable? Colbert peut-il, dans un contexte qui semble très favorable au surintendant, abattre enfin son ennemi?

Fouquet n'est pas perdu. Mais le cardinal a transmis au roi ses doutes sur le surintendant et sa confiance en Colbert. Quelques mois suffiront à l'ancien intendant de

Mazarin pour convaincre Louis XIV et préparer l'arrestation de Fouquet.

LE FILET

Colbert est depuis peu, et avec l'aide de Le Tellier, intendant des finances. Le ministre de la Guerre n'aime pas Fouquet et espère diriger son ancien commis dans sa lutte contre le surintendant. Colbert a obtenu l'accès au registre des recettes et des dépenses, bien qu'Herwarth continuât d'exercer la charge de contrôleur général. Quelquefois, aux séances d'après-dîner du « conseil des trois », Colbert, modestement vêtu, apporte le fameux registre dans un petit sac de velours noir qu'il tient sous le bras. Le roi demande à Fouquet de lui rendre compte de sa gestion quotidiennement. Le surintendant commet l'immense erreur psychologique de croire que Louis XIV se lassera bientôt des affaires. Il n'obéit pas, ou alors cherche à dissimuler ses mensonges financiers par d'autres mensonges... que Colbert dénonce et explique au jeune roi soir après soir.

Le matin, Louis XIV insiste auprès de Fouquet sur l'état de telle dépense ou de telle recette, et le surintendant s'enferre dans ses affirmations erronées. En vérité, c'est tout un régime financier qui est en cause. Fouquet s'est totalement compromis avec le système des traitants. Sa fonction elle-même paraît périmée et ne l'oblige nullement à produire des comptes. Il prête au roi et se rembourse comme il l'entend. Caractère double, réel homme d'État, à l'âme de frondeur, Fouquet semble écartelé par ses contradictions personnelles qui sont aussi celles de son temps. Le manque de sens national voisine alors avec la formation d'une véritable nation. Le désordre inouï de l'Ancien Régime se heurte au formidable besoin de réorganisation qui caractérise tout un courant général de civilisation. Fouquet se perdra de n'avoir senti qu'à moitié les grandes mutations du moment.

Colbert ne se contente pas de surveiller l'état des finances. Déjà, on le voit enquêter sur les affaires de la marine et surtout participer sur ordre du roi à des commissions « pour avoir soin du commerce ». A Fouquet revient l'honneur des projets et décisions, mais Colbert est présent aux séances, comme celle du 10 avril, par exemple [1]. Or les établissements personnels de Fouquet sont surtout d'ordre maritime et commercial. La finance, la mer, le commerce : Colbert cerne, devine, démasque l'univers du surintendant. D'après ce que Colbert écrira deux ans plus tard, le roi prend la résolution d'ôter à Fouquet l'administration des finances le 4 mai 1661. Pourquoi son arrestation est-elle remise au mois de septembre? Les recouvrements d'impôts et les récoltes ne sont pas terminés. Il paraît plus sage d'attendre ce délai pour abattre un homme dont on veut encore obtenir de grosses sommes de façon urgente. Il est certain que Louis XIV répugnerait à prendre une décision que sa mère désapprouverait fortement. Or, Anne d'Autriche ne paraît pas convaincue par les attaques de Colbert et soutient encore le surintendant. Enfin le roi hésite peut-être un peu à arrêter un ministre qui lui rend tant de services dans sa politique extérieure.

Son crédit paraît toujours élevé et Louis XIV se montre aimable. Colbert doit veiller à ce que le roi ne change pas sa décision et Fouquet sait que son ennemi n'a pas désarmé. Le surintendant cherche toujours l'appui d'Anne d'Autriche qu'il comble de prévenances. Il place des espions partout, à la cour, auprès de la reine, et dans la maison même de Colbert! Le plan de Saint-Mandé est méthodiquement poursuivi. La fidélité de Neuchèze doit assurer à Fouquet les flottes de l'Atlantique. Reste

---

1. Jean de BOISLILE : *Mémoriaux du Conseil de 1661*. En 1664, Colbert transformera cette commission en conseil de commerce.

maintenant à s'approprier secrètement les galères de la Méditerranée. Le général des galères est alors le marquis de Richelieu. Fouquet négocie depuis longtemps pour obtenir de Richelieu qu'il cède sa charge au marquis de Créqui, gendre de Mme du Plessis-Bellière. Finalement, au mois de juillet, Créqui achète le généralat des galères avec les 200 000 livres que le surintendant lui a remises. Cette mainmise progressive de la marine du roi s'accompagne de la poursuite de grands travaux de fortifications à Belle-Ile.

Il est clair que Colbert soupçonne déjà très précisément les projets occultes de Fouquet. Dès le mois de mai il fait une enquête sur l'état de la marine, relève tous les désordres, se tient en relations avec Duquesne et Neuchèze... Le 27 avril Colbert demande à son cousin Colbert du Terron de le renseigner sur cette curieuse agitation que l'on remarque à Belle-Ile, malgré toutes les précautions que prend Fouquet pour dissimuler les immenses travaux. Colbert reçoit de son cousin des rapports [1] qui confirmeront ses intuitions. Fouquet interdit l'accès de son île aux inconnus. Le premier soin de Terron consiste à trouver un moyen pour envoyer des espions dans le fief du surintendant. « Un maçon assuré et confident dans une barque chargée de pierres de taille » pourrait passer dans l'île sans éveiller trop de soupçons. Ou alors, l'on peut expédier « trois ou quatre tonneaux de vin dans une double chaloupe ». La voie « la plus certaine, écrit Terron, ce serait de faire séjourner un homme à Quiberon qui est le port de Bretagne le plus proche de Belle-Ile, lequel étant déguisé en matelot ou paysan pourrait souvent passer à Belle-Ile ». Il paraît que l'on a tiré en diverses fois de Bordeaux beaucoup de poudres et de munitions pour Belle-Ile. Il faut aussi se renseigner sur les canons. Terron suggère à son cousin d'adopter un chiffre pour correspondre sur ce sujet.

---

1. Inédits.

Quelques jours plus tard, l'on apprend par un marchand que dans l'île de Fouquet « tout marche dans la magnificence » : quinze cents journaliers y travailleraient.

Le 10 juin, Terron reçoit un rapport complet accompagné d'un plan extrêmement détaillé de l'île. Il s'empresse d'en faire part à son cousin. L'espion « se réserve de dire à son retour comment il a essuyé l'entrée épineuse [ce sont les termes de sa relation] et par quelle intrigue il a eu connaissance de ce qui se passe dans l'île ». Fouquet entretient une garnison de deux cents hommes. « Il y a quatre cents pièces de canon dans la place, savoir cent pièces de fonte et trois cents de fer, quantité de bombes et d'artifices dans les magasins, cinq mortiers de fonte, des armes et des munitions pour employer six mille hommes [...]. Les vivres consistent en trois cents tonneaux de vin que l'on y entretient en remplaçant la consommation, et du blé en proportion. La plus grande partie des armes et munitions de guerre sont venues de Hollande. Les habitants du pays font la garde dans l'île et dans le bourg. »

Le plan de l'île dessiné au crayon par l'espion indique très précisément non seulement ce qui existe déjà, mais tous les travaux en cours : « maison des forges », terrasses, plates-formes, fossés, « lieu destiné pour le bassin », levées, ville, église... Les travaux de fortifications avancent fort. L'envoyé de Terron remarque qu' « on travaille jour et nuit tant qu'on peut. Défendu aux gens de travail de sortir hors l'île ni qu'aucun les embarque pour aucun prétexte ».

Plus tard, dans ses Mémoires, Louis XIV énumérera les véritables fautes dont il accusera Fouquet : « Fortifier les places, orner ses palais, former des cabales et mettre sous le nom de ses amis des charges importantes qu'il leur achetait à mes dépens, dans l'espoir de se rendre l'arbitre souverain de l'Etat. »

Les seules combinaisons financières de Fouquet suffisent-elles pour provoquer une disgrâce si terrible ? Le roi est-il aussi convaincu que Colbert de la nécessité urgente d'une grande réforme financière ? Peut-être. Ce qui paraît certain, — et les mémoriaux du conseil de ces tout premiers temps de règne personnel le prouvent —, c'est que Louis XIV a déjà une très haute idée de la majesté de sa fonction et de la légitimité sacrée d'un pouvoir royal et absolu.

L'on devine aisément que Colbert montre au roi les rapports de Terron et que Louis XIV en éprouve une profonde indignation. Des armes pour six mille hommes, des vaisseaux, quatre cents pièces de canons : cela, ni le roi ni l'Etat ne peuvent le tolérer.

Il faut, maintenant, convaincre la meilleure alliée du surintendant : Anne d'Autriche. Colbert imagine alors de mettre dans son jeu la vieille duchesse de Chevreuse, qui a tant agacé la cour durant la Fronde, et qui a réussi, malgré son double jeu très évident, à garder une influence sur la reine. La duchesse parie sur l'avenir de Colbert et — en attendant de marier son petit-fils à la fille aînée du ministre —, accepte la délicate mission qui lui est confiée. Les premiers jours de juillet, Mme de Chevreuse reçoit la cour chez elle au château de Dampierre. Là, la reine, entourée des ennemis de Fouquet, finit par promettre de ne pas s'opposer à la disgrâce du surintendant.

Les espionnages de part et d'autre se multiplient. Le confesseur d'Anne d'Autriche semble jouer sur les deux tableaux. Fouquet apprend très vite l'entrevue de Dampierre et a l'imprudence de s'en plaindre à la reine. Le 21 juillet, l'agent de renseignement écrit au surintendant que le confesseur « se plaint de ce que, en faisant un éclaircissement à la reine mère, vous l'aviez comme citée, et que lui disant qu'elle allait à Dampierre parmi vos ennemis et qu'on lui avait dit des choses contre vous, comme elle niait qu'on lui eût jamais parlé de cette sorte, vous lui dites de le demander au père confesseur ; que le lendemain la reine lui avait dit qu'elle ne pouvait comprendre comment vous saviez toutes ces choses, et que vous aviez des espions partout...[1] ». Bientôt, Fouquet reçoit un message qu'une de ses amies, Mme d'Huxelles, a écrit en partie à l'encre sympathique : « Je ne vous exagère rien... La reine a défendu à son confesseur d'avoir aucun commerce avec vous, et a dit que vous aviez un million pour corrompre ses gens. »

Le danger d'une disgrâce n'a jamais paru aussi grand. Selon Choisy, Fouquet va trouver le roi à Fontainebleau, lui confesse toutes ses fautes, reconnaît ses dépenses excessives, et promet de s'amender. Louis XIV, qui a déjà pris sa décision, le rassure avec « la sage dissimulation » que lui reconnaîtra Colbert... Le surintendant a avoué ses indélicatesses financières, mais s'est bien gardé de parler au roi de ses intrigues pour s'accaparer des puissances navales et pour fortifier des places. Colbert ne manquera point de continuer à renseigner Louis XIV.

Le 24 juillet Terron ajoute en post-scriptum d'un rapport envoyé à son cousin : « Depuis ma lettre écrite, M. Duquesne est arrivé; nous nous devons entretenir de toutes choses après qu'il aura vu M. le commandeur de Neuchèze[2] ». Il est clair que Colbert soupçonne déjà quelque connivence entre Fouquet et le haut personnel maritime. La lettre que Terron écrit le 28 juillet[3] dénonce le commerce secret que le surintendant veut pratiquer aux Antilles. Deux officiers de marine à la solde de Fouquet ont révélé « que l'intention de leur patron était de se rendre maître entièrement de la Martinique et d'avoir jusques à quinze vaisseaux pour soutenir les habitations de cette île-là et en faire tout le commerce, en donnant l'exclusion à toutes autres personnes. Et afin que les choses puissent être utiles l'une à l'autre, Belle-Ile doit être l'entrepôt de tout commerce; de sorte que l'on y

---

1. Georges MONGRÉDIEN : *L'Affaire Foucquet.*
2. JAL : *Duquesne.*
3. Inédite.

tiendra toujours toutes les provisions de bouche qui seront destinées pour la Martinique, comme les vins, eaux-de-vie, vinaigres, légumes et farines, ce qui servira fort utilement de bonnes provisions pour la citadelle de Belle-Ile par le renouvellement que l'on fera incessamment de ses provisions. On y tiendra aussi toutes les munitions de guerre pour l'armement des vaisseaux, lesquels consistant en tout ce qui peut être propre à la défense d'une place. Et à l'égard de l'entretien des navires, on prétend que le fruit de ce commerce y suffira et même qu'avec le temps il y aura du bénéfice [...]. Je crois que vous trouverez cette disposition de commerce [...] de la Martinique avec Belle-Ile assez bien imaginée. C'est un beau prétexte et une grande couverture pour avoir des navires de guerre et toutes sortes de munitions en abondance. Et ainsi le maître de Belle-Ile et de dix ou douze navires est assurément un grand seigneur. »

Colbert n'a nullement abandonné l'intention de faire juger le surintendant par une juridiction d'exception. Or, comme procureur général, Fouquet ne peut être jugé qu'au Parlement et par ses pairs. Sur le conseil de Colbert, Louis XIV explique donc au surintendant qu'il voudrait réduire le Parlement à son rôle judiciaire, et que le cumul de ses fonctions constitue un obstacle à cette réforme. Peut-être le roi évoque-t-il devant Fouquet le poste envié de chancelier? Le 2 août, Mme d'Huxelles supplie son ami de ne pas vendre sa charge et lui rapporte la colère d'Anne d'Autriche qui vient de découvrir l'achat secret du généralat des galères : « Il verra, il verra, s'est écrié la reine, à quoi cela lui a servi et ce qu'a fait sur l'esprit du roi tout l'argent qu'il a baillé de sa propre bourse pour le marquis de Créqui. » Le plan de Saint-Mandé reste caché derrière le miroir, mais Louis XIV est maintenant assez bien renseigné pour en deviner les grandes lignes.

Malgré les avertissements de ses amis, Fouquet, pensant ainsi regagner la confiance du roi, vend sa charge pour 1 400 000 livres et remet sur cette somme un million au roi. Mais, dorénavant, il accumulera les maladresses.

C'est l'époque où Louis XIV tombe amoureux de Louise de la Vallière. Par égard pour sa mère, le roi veut encore dissimuler ses amours adultères [1]. Fouquet devine les sentiments du roi et — terrible bévue — cherche à soudoyer Louise de la Vallière pour en faire une alliée. La pure Louise, profondément choquée, rapporte tout au roi dont on imagine la fureur.

Pourquoi, étant lui-même fort au courant de la défiance grandissante de la cour à son sujet, Fouquet voudra-t-il étaler sa puissance par une des plus belles fêtes que connaîtra l'Europe? Il est trop intelligent pour se montrer naïf à ce point. Alors, est-ce une provocation, ou l'irrésistible attirance d'un pouvoir impossible auquel il rêve de façon romanesque et tragique?

La date du triomphe de Vaux est fixée au 17 août. Six mille invitations ont été distribuées dans l'Europe entière. La veille, Fouquet et Colbert contresignent une charte de colonisation libre. L'après-midi du 17 août, des milliers de carrosses encombrent la route de Paris à Melun. Vers six heures du soir, le roi arrive à Vaux dans son carrosse tiré par six chevaux blancs. Luxe inouï de l'eau maîtrisée dans les jardins, emblème du soleil placé au milieu du ciel, en forme d'écureuil, dans l'admirable peinture de Lebrun, couleuvres menaçantes [2] : symbolique, délirante, provocante, triomphalement heureuse, qui écorche à vif le premier des rois de la chrétienté.

Il faut démentir la légende qui veut que le roi décide d'arrêter Fouquet après la fameuse fête. Louis XIV, selon les termes mêmes de Colbert, a seulement projeté « d'ôter l'administration des finances » à Fouquet le 4 mai. Il est

---

1. Est-il utile de rappeler que Marie-Thérèse est la propre nièce d'Anne d'Autriche?
2. La couleuvre figure sur les armes de Colbert.

plus que probable que les rapports des agents de renseignement de Colbert, en particulier ceux de Terron, datés de mai et de juin, ont déterminé le roi à préparer l'arrestation du surintendant dès lors accusé de comploter contre l'Etat. La décision d'exécuter cette arrestation au cours d'un voyage en Bretagne a déjà été prise au mois de juillet. En effet, le 2 août, Mme d'Huxelles a écrit à Fouquet [1] : « [...] On m'a promis de m'apprendre des choses qui vous sont de la dernière conséquence sur cela, sur le voyage en Bretagne, sur certaines résolutions très secrètes du roi et sur des mesures prises contre vous. » Tous les faits, les rapports, les intrigues survenus après le mois de juillet ont pu exaspérer la fureur du roi, mais n'ont, en aucune façon, provoqué la chute, déjà fixée, du surintendant.

Le 25 août, Louis XIV réunit le « conseil étroit ». Le roi propose de supprimer les ordonnances au comptant, dont use Fouquet pour couvrir ses dépenses secrètes. Le chancelier Séguier, qui, ce jour-là, assiste au conseil, appuie fortement cette proposition. Bouleversé, Fouquet s'écrie malgré lui : « Je ne suis donc plus rien ? » Le Tellier donne un coup de coude à Brienne. Fouquet s'aperçoit de sa faute et dit qu'il faut trouver d'autres moyens pour dissimuler les dépenses secrètes de l'Etat [2].

A la fin du mois d'août, le roi annonce à sa mère l'arrestation imminente du surintendant. Anne d'Autriche ne peut cacher ses regrets mais s'incline.

LE COUP D'ÉTAT

La cour va se rendre à Nantes, où le roi assistera à la session des Etats de Bretagne. C'est là, dans son propre fief, que le surintendant sera arrêté.

---

1. Georges MONGRÉDIEN : *L'Affaire Fouquet.*
2. Cette anecdote a été racontée par le jeune Brienne à l'abbé de Choisy.

L'étude des papiers personnels de Colbert sur cette affaire montre que le futur ministre du roi a préparé en même temps l'arrestation de Fouquet et la véritable prise de pouvoir du roi dans le domaine des finances publiques.

A juste titre, Georges Mongrédien écrira que la naissance de la monarchie absolue commence après la chute de Fouquet. Colbert a conscience de mettre en place un nouveau régime politique. L'envergure de son dessein, le soin du détail, les nombreuses ratures de ses brouillons, disent l'importance de l'enjeu. L'on proclamera la suppression de la charge de la surintendance et la direction de l'administration des finances par le roi lui-même : cela signifie que l'on ne prêtera plus l'argent des contribuables au roi considéré comme un particulier, mais que l'on remettra le produit des impôts au roi considéré comme chef de l'Etat. C'est une formidable atteinte à beaucoup d'intérêts particuliers. C'est aussi un pas gigantesque dans l'évolution d'une monarchie féodale à une monarchie étatique.

Colbert précise dans son plan les moindres détails de l'arrestation de Fouquet : « conduite prompte et sur-le-champ », écrit-il. Tout est organisé. Il faudra exécuter l'affaire avec une extrême célérité. L'on fera exiler Mme Fouquet et « la dame du P.B. » : cela prouve que Colbert est renseigné sur la complicité de Mme du Plessis-Bellière. L'on arrêtera Bruant et Pellisson, les commis du surintendant. L'on enverra un courrier à la reine mère et au chancelier pour leur « donner part de l'exécution ». Il faut tenir prête une escouade de maîtres des requêtes qui scelleront les diverses maisons et châteaux de Fouquet, et congédieront tous les ouvriers. Belle-Ile devra être immédiatement remise aux mains du roi : « L'on suppose que, quelques jours auparavant, sous prétexte d'une promenade sur l'eau, on aura donné ordre d'avoir des vaisseaux qui seront disposés à mesure. » Deux régiments du roi seront prêts à débarquer à Belle-Ile. Après la remise de l'île aux mains des officiers royaux, deux maîtres des requêtes iront enquêter sur place.

Il faudra confier l'exécution à un homme dont on est absolument sûr. On fera donc appel au fidèle d'Artagnan, officier des mousquetaires du roi. Et Colbert précise : « Le jour qui sera choisi, sous prétexte de la chasse, il faut donner ordre que les mousquetaires soient à cheval et les carrosses prêts. » Tout le déroulement de l'arrestation se trouve indiqué sur le plan de Colbert : comment le roi s'entretiendra avec d'Artagnan sans éveiller la méfiance de Fouquet, quand et où le surintendant sera arrêté, quel valet et quel médecin assisteront le prisonnier, sans oublier l'envoi des habits et du linge...

Sur une grande feuille, Colbert rédige ce qui devra être exécuté immédiatement après l'arrestation :

« Aussitôt que la première affaire sera faite [1] et les ordres donnés pour l'entière exécution, il faut que le roi se déclare de la suppression entière de la charge, du nom et de toute la fonction ; que Sa Majesté se veut réserver la distribution entière et absolue de toutes ses finances ; qu'elle a résolu d'établir près de sa personne un conseil composé de peu de personnes qu'elle appellera le conseil royal des finances, dans lequel Sa Majesté fera ladite distribution, et ensuite ledit conseil fera toutes les autres fonctions des finances. »

Le passage capital écrit de la main de Colbert comporte de nombreuses ratures et surcharges. Colbert sait qu'il vient de résumer l'essentiel d'une révolution, dont — il ne faut l'oublier — il sera le principal bénéficiaire après le roi. L'arrestation de Fouquet privera brusquement l'Etat du grand crédit que possède indéniablement le surintendant. L'argent pourra manquer du jour au lendemain. Il faut donc s'assurer d'une somme importante qui servira de réserve au trésor en attendant la très rapide réorganisation des finances et la restitution par les traitants de

---

[1] C'est-à-dire l'arrestation de Foucquet.

leurs gains éhontés. Colbert, comme Mazarin autrefois, s'adressera au contrôleur général Herwarth « pour tirer de lui deux millions de livres, lui expliquant *que le roi désire qu'il les envoie à Fontainebleau* [souligné dans le texte] afin que Sa Majesté les y trouve à son arrivée ».

Colbert n'aime pas Herwarth et ne désire nullement voir le contrôleur général entrer au futur conseil des finances dans lequel, lui, Colbert, compte avoir le premier rôle. Il ne faut donc pas déclarer les personnes qui composeront ce conseil royal, afin de laisser l'espérance au sieur Herwarth, jusqu'à ce qu'il ait fourni les deux millions de livres.

L'efficacité d'un coup d'Etat réside principalement dans la promptitude de l'exécution et l'effet de surprise qui en découle. L'ensemble des maîtres des requêtes et intendants seront simultanément mobilisés à travers tout le territoire pour faire appliquer les réformes. L'on travaillera « à l'expédition de tous les ordres pour faire marcher les troupes dans les provinces, et faire en sorte qu'elles soient établies partout dans la fin du mois d'octobre ». Tous les affranchissements donnés aux villes seront révoqués et les maîtres des requêtes y veilleront. Les traitants devront remettre leurs comptes avec pièces justificatives au « sieur Colbert, intendant des finances ». Suppression de trésoriers, réduction des fermes, examen des comptes de l'épargne. C'est une avalanche de projets précis que Colbert indique d'un trait.

Il y a des années qu'il réfléchit à la réforme des finances publiques. Son dessein est clair, sûrement formulé. De toute son âme, il souhaite renforcer le pouvoir politique du roi, c'est-à-dire celui de l'Etat : pour lui, cela veut encore dire la même chose. Deux mesures immédiates assureront l'autorité du roi sur les finances publiques. En premier lieu, « il serait à propos de donner un arrêt portant défense de payer aucune assignation sans un ordre exprès du roi signé de sa main ». Ensuite, il faut que le roi exige le secret.

A la suite même de cet ensemble de mesures à prendre juste après l'arrestation de Fouquet, sur la même feuille, Colbert rédige le brouillon du fameux discours que Louis XIV prononcera à l'ouverture du conseil des finances. Ce discours est donc déjà écrit avant même que le surintendant ne soit appréhendé. Le premier paragraphe excuse Mazarin de n'avoir pu remédier aux désordres des finances à cause des immenses soucis que lui donnèrent la guerre puis les négociations de la paix. Pieux mensonge!

Le roi expliquera ensuite comment Fouquet lui a « avoué ses voleries » et a continué, malgré ses promesses, sa mauvaise administration. En marge, Colbert écrit à la hâte : « M. le Cardinal-Surintendant — Bâtiment de Vaux et Belle-Ile — charge de général des galères [1] ». On peut supposer que le roi lui a demandé d'évoquer les autres chefs d'accusation qui s'ajoutent aux fautes d'ordre financier, afin de mieux justifier une décision si sévère. Louis XIV exigera de ses conseillers le secret, la fermeté et la sincérité. Puis Colbert fera dire au roi : « Pour ce qui regarde la conduite de mes finances, je suis bien aise de vous dire qu'en ayant pris une connaissance assez exacte depuis six mois, j'ai résolu de changer entièrement celle qui a été tenue jusqu'à présent, et au lieu qu'elles ont été administrées avec désordre et confusion, je veux suivre un bon ordre. Pour cet effet, j'ai résolu de reculer en trois ou quatre années toutes les assignations qui ont été tirées sur l'année 1662 et me servir du surplus pour fournir aux dépenses de mon Etat. »

La cour part donc pour la Bretagne les derniers jours du mois d'août. Colbert emporte dans ses papiers les plans de l'arrestation. Seul Le Tellier est mis dans la confidence. Le 27 août Colbert et son ancien patron partent en carrosse, suivis de Fouquet atteint par la fièvre tierce, de Mme Fouquet et de Lionne. A Angers, les

1. Inédit.

bateaux attendent les voyageurs. Les « cabanes » des deux ennemis paraissent lutter de vitesse. Un commis de Brienne remarque qu'une des deux barques finira par faire naufrage à Nantes... Louis XIV a fait la route à cheval et s'est installé dans le vieux château des ducs de Bretagne.

Dès son arrivée, le roi envoie prendre des nouvelles du surintendant qui est descendu à l'hôtel de Rougé, chez des parents de Mme du Plessis-Bellière. Louis XIV n'assiste qu'à une séance des Etats. Fouquet réussit à obtenir un don gratuit de trois millions pour le roi. Le roi s'impatiente. Les journées lui semblent longues. D'Artagnan est malade : il faut encore attendre un jour ou deux. Le Tellier et Colbert rédigent les derniers détails de l'arrestation. Les ordres écrits destinés au mousquetaire sont retranscrits par des copistes que les deux complices tiennent sous clefs.

Le dimanche 4 septembre, Louis XIV convoque d'Artagnan. L'officier croit que le roi veut examiner avec lui le rôle de sa compagnie. Lorsqu'il apprend la vérité, il parvient avec peine à cacher son ébahissement. Le roi lui remet les ordres écrits : « Le sieur d'Artagnan prendra garde de ne le point quitter de vue dès l'instant qu'il sera arrêté, et de ne point permettre qu'il mette la main dans ses poches, en sorte qu'il ne puisse pas détourner aucun papier. » Puis le roi le prie de se rendre chez Le Tellier qui lui donnera toutes les précisions. D'Artagnan est alors âgé de cinquante ans. De toute sa carrière, il ne s'est jamais senti aussi impressionné. Arrivé chez Le Tellier, le mousquetaire se trouve mal et demande un verre de vin pour se remettre. Dans la rue, les amis de Fouquet observent avec méfiance des mouvements de troupes. Le surintendant les rassure : « Colbert est perdu, ce sera demain le plus beau jour de ma vie. » Le soir, Colbert vient visiter le surintendant toujours malade, et lui soutire 88 000 livres pour la marine.

Appliquant à la lettre le plan de Colbert, Louis XIV

annonce pour le lendemain une chasse précédée d'un conseil matinal. Le lundi 5 septembre, les principaux ministres se rendent chez le roi vers six heures du matin. Dehors, les mousquetaires gris sont à cheval. Le conseil terminé, Louis XIV retient Fouquet un peu plus longtemps que Le Tellier et Lionne. Le surintendant sort persuadé « d'être dans l'esprit du roi mieux que personne ». Ce seront ses derniers instants de liberté. D'Artagnan le rejoint à la tête de ses mousquetaires et l'arrête.

Moins d'une heure plus tard, Louis XIV réunit à nouveau ses ministres en présence de Condé, de Turenne et d'autres personnages importants. Selon le témoignage de Brienne, Lionne est « pâle et défait comme un homme à demi mort ». Le roi s'empresse de le rassurer. Coislin, qui assiste à cette réunion, en laissera le récit [1] : « Elle (S.M.) nous a dit que nous devions être surpris de ce qu'Elle venait de faire, à quoi Elle avait été contrainte par des raisons très pressantes qu'Elle ferait connaître en son temps, voulant cependant que nous sussions qu'il y avait plus de quatre mois qu'Elle avait formé le dessein sur l'information qu'Elle avait eue des déportements du surintendant, qui étaient tout à fait contraires à son devoir... »

Toutes les mesures à prendre immédiatement après l'arrestation ont été soigneusement préparées. Il ne reste plus qu'à les appliquer avec promptitude. Le jour même de l'arrestation, tandis que les maîtres des requêtes partent sceller toutes les propriétés de Fouquet, Colbert présente à Louis XIV le modèle de deux lettres que le roi doit adresser, l'une à Herwarth, et l'autre à la reine mère [2] ! Louis XIV ne tiendra pas compte de la deuxième... Il est d'ailleurs amusant de comparer la véritable lettre que le roi écrit à Anne d'Autriche et celle

---

1. Cité par Georges MONGRÉDIEN : *L'Affaire Foucquet*.
2. Inédite.

proposée par Colbert. Le ton du roi est plus intime, plus chaleureux. Visiblement, Louis XIV tient à établir une complicité affectueuse entre sa mère et lui. Les détails abondent. Le jeune roi paraît fort excité par cet énorme coup d'éclat, alors que Colbert montre la froide détermination des grands organisateurs.

« Du reste, avoue Louis XIV à sa mère [1], j'ai déjà commencé à goûter le plaisir qu'il y a de travailler soi-même aux finances, ayant dans le peu d'occupations que j'y ai donné, remarqué des choses importantes dans lesquelles je ne voyais goutte, et l'on ne se doit pas douter que je ne continue. » Colbert, bon pédagogue, a, sans aucun doute, imposé sa compétence financière. Le roi, à la suite de Le Tellier et de Mazarin, lui accorde une confiance sans mélange.

Herwarth recevra, signée par le roi et inspirée par Colbert, la lettre suivante :

Nantes, 5 septembre 1661.

« *Feu M. le cardinal m'ayant assuré les derniers jours de sa vie que je trouverais toujours dans votre bourse une assistance de deux ou trois millions de livres, toutes les fois que le bien de mon service m'obligerait d'apporter quelque changement en l'administration de mes finances, à présent que j'ai été obligé, pour diverses raisons, de faire arrêter le surintendant, j'ai été bien aise de vous écrire ces lignes pour vous dire que vous me ferez le plaisir de me préparer, soit par votre moyen, soit par celui de vos amis, la plus grande somme que vous pourrez, afin que je m'en puisse servir, au cas que j'en aie besoin. Sur quoi j'attendrai votre réponse.* »

La réponse arriva sous forme de deux millions de livres. Dans un mémoire écrit à la hâte, Colbert récapitule toutes les sommes qu'il a pu réunir pour faire face, dans l'immédiat, au brusque départ du surintendant : le total

---

1. « Lettre du roi Louis XIV écrite à la reine mère » trouvée dans le cabinet de feu M. Rose, secrétaire du roi, Clermont, 1862.

de sept millions de livres comprend le million que Fouquet a remis au roi sur la vente de sa charge de procureur général et le mystérieux « million de C... ». S'agit-il de Colbert? Est-il déjà assez riche pour offrir personnellement pareille somme au roi?

La puissance de Fouquet était d'ordre financier et maritime. Il faut donc, de façon urgente, faire légitimer par la signature du roi un règlement sur la nouvelle administration des finances. D'autre part, il faut promptement s'approprier les établissements maritimes de Fouquet et imposer l'autorité du roi aux principaux chefs de la marine.

LES FINANCES

Les semaines qui suivent l'arrestation du surintendant, Colbert écrit sommairement les mesures urgentes à décider. Le style est précipité, saccadé. Il faut agir vite : « Au roi — pouvoir et fonction — Lire le règlement. Ordre à donner pour les provisions [...] Régler les jours du roi [1]... », etc. L'intimité dans le travail entre les deux hommes est déjà assez grande pour que Colbert ose montrer ce genre de document au roi. En réponse à « Régler les jours du roi », Louis XIV écrit de sa main : « Mardi, jeudi et samedi. »

C'est Colbert lui-même qui conçoit et prépare le règlement qui établit le conseil royal des finances. La rédaction de ce document capital est extrêmement laborieuse [2]. Un premier brouillon comporte de très nombreuses ratures : la première page est entièrement barrée.

---

1. Inédit.
2. Le règlement dans sa forme définitive figure dans le volume XVIII, p. 9 du *Recueil des anciennes lois françaises* d'Isambert et a été publié par CLÉMENT, tome II, 2ᵉ partie, p. 749. Les variantes des brouillons de Colbert sont inédites.

Le deuxième brouillon est encore très travaillé. Un commis recopie, sous les ordres de Colbert, une synthèse des deux rédactions. Le règlement sous sa forme définitive sera signé par le roi à Fontainebleau le 15 septembre. La surintendance est officiellement supprimée. Dorénavant : « Sa Majesté se réserve à elle seule la signature de toutes les ordonnances concernant les dépenses comptables et les comptants, tant pour les dépenses secrètes que pour les remises, intérêts et autres de toute nature. » Mais, plus loin, Colbert rédige le paragraphe qui remet entre ses mains la réalité du pouvoir financier : « L'intendant des finances qui aura l'honneur d'être dudit conseil royal, aura l'épargne en son département, et en conséquence tiendra le registre de toute la recette et dépense qui sera faite, dont il ne donnera communication à aucune personne, sans ordre exprès de Sa Majesté. » La tenue du registre sera donc ôtée à Herwarth qui conservera néanmoins, et de façon honorifique, le contrôle général pendant quelques années encore.

La marine

L'appropriation des places maritimes de Fouquet se fait sans difficulté. Le 5 septembre au soir, cinq compagnies d'infanterie partent pour Belle-Ile qui n'opposera aucune résistance. Le gouverneur de Concarneau reçoit l'ordre de remettre sa place. Bientôt, Créqui doit abandonner le généralat des galères. Le vice-roi d'Amérique se voit contraint de démissionner.

Par contre, la soumission de Neuchèze et de Duquesne paraît beaucoup plus difficile à obtenir. Neuchèze se trouve à Brouage avec dix vaisseaux quand il apprend l'arrestation de Fouquet. Il est mortellement inquiet. Doit-il fuir ou appareiller pour le Levant comme il en a reçu l'ordre ? Il attend plus d'un mois, hésite, a peur. Très habilement, Colbert ne veut pas augmenter le malaise qui s'est emparé du haut personnel maritime et que Duquesne qualifie de « grabuge ». Ces hommes seront nécessaires à la réorganisation de la marine royale. Neuchèze reçoit un billet de Colbert qui tente de le rassurer sur l'état de ses affaires : « Je ne les tiens pas si désespérées que vous ne puissiez encore les raccommoder[1]. » Neuchèze fait une première confession à Colbert du Terron qui l'encourage à parler au roi. Louis XIV reçoit ses aveux complets. Cette déclaration ingénue, selon les termes de Colbert, le sauvera.

Duquesne était le voisin de campagne de Fouquet, et, selon certains, son féal. C'est un homme de caractère buté, difficile, mais c'est aussi un remarquable marin. Malgré les ordres formels du roi, il n'est pas sorti de Brest, n'a pas incorporé à sa division navale les bâtiments de Fouquet, ne s'est pas emparé des canons de Belle-Ile, et cela pendant des mois. Convoqué devant l'état-major de la flotte, Duquesne fera sa soumission et sera pardonné.

Tandis que les finances et la marine étaient fermement reprises en main par Colbert, au nom du roi, les perquisitions étaient poursuivies dans les diverses résidences de Fouquet.

Le 19 septembre, Colbert arrive soudain à Saint-Mandé afin d'encourager le zèle de la commission. On fouille, on sonde les murs et les boiseries. Le lendemain, Colbert, toujours présent, découvre le fameux « plan de Saint-Mandé », caché derrière le miroir... Il tient la preuve capitale de la culpabilité de Fouquet. Sans tarder, il emporte le précieux document à Fontainebleau, où se trouve le roi.

Les obstacles qui pouvaient gêner l'avènement d'une monarchie absolue et empêcher l'ascension de Colbert

---

1. Cf. Charles de LA RONCIÈRE : *Op. cit.*

paraissent maintenant vaincus. Le pouvoir de Colbert se trouve lié à la gloire du roi et à celle de l'Etat. Le 21 décembre, Nicolas Colbert meurt après avoir assisté au triomphe de son fils.

DEUXIÈME PARTIE

Le Roi et l'État (1661-1672)

CHAPITRE I

Le ministre, le roi et la France

Colbert remplace Fouquet au « conseil d'en-haut », avec le rang de ministre d'Etat. Pendant plus de vingt ans, il travaillera auprès du roi aux affaires de la France. Ont-ils le même regard sur l'Etat, la même sensibilité politique ?

Deux caractères

Le roi semble fait pour incarner la doctrine d'une monarchie absolue. La vitalité exubérante qu'il a héritée de son grand-père Henri IV, la politesse raffinée et l'abord un peu froid qu'il tient de sa mère, donnent à sa personne un air de santé et de majesté qui impressionne et intimide.

Nature campagnarde, bel homme, aimant l'amour, la chasse et le monde, Louis XIV peut s'enfermer des heures durant dans son cabinet de travail. Lent, appliqué, méthodique, il ne se décide sur une affaire qu'après l'avoir longuement examinée.

« Je verrai », a-t-il coutume de répondre à ceux qui le questionnent ou le sollicitent. Il supplée à la faiblesse qui pourrait résulter d'un caractère mal assuré par l'emploi de formules autoritaires, par le secret dont il s'entoure, par une certaine désinvolture royale qui désarçonne. La Fronde lui a appris la méfiance universelle. Colbert est un des rares hommes dont il soit absolument sûr.

Les recommandations de Mazarin ont, sans aucun doute, influencé le roi. Colbert est une figure familière : cela aussi est important. Louis XIV est habitué à sa présence depuis son enfance. Dans la tourmente des trahisons, Colbert était le messager de la fidélité.

Au début de son règne personnel, Louis XIV a vingt-trois ans, et Colbert quarante-deux ans. Cette différence d'âge (dix-neuf ans) permet au ministre de conseiller le roi avec une sorte de respectueuse autorité.

Les yeux très noirs, le teint pâle, la mine sévère, les manières glaciales, tout le personnage du ministre évoque une sombre rigueur qui terrifie ceux qui l'approchent mais qui rassure le roi. Chacun est à sa place : Louis XIV à celle de roi, Colbert à celle de ministre. A l'un le rayonnement fastueux d'un monarque d'essence divine, à l'autre la rigueur consciencieuse d'un ministre au service de l'Etat. L'invraisemblable puissance de travail de Colbert plaît à un roi qui, indéniablement, respecte le travail. Les méthodes de Colbert s'accordent assez bien au caractère de Louis XIV. Les deux hommes aiment le détail, contrairement à Mazarin. « Du détail en tout », demande le roi à son ministre.

Le goût de Colbert pour l'ordre et la présentation des dossiers séduit le monarque à la recherche d'une information claire et complète.

Louis XIV et Colbert partagent le goût du siècle, celui de la grandeur. Grandeur du roi, de la nation, de l'Etat? Pour les deux hommes, la nation ne peut exister sans l'unité inhérente à la monarchie. La France est alors une juxtaposition de provinces et de populations disparates. La notion de « patrie » est encore vague.

Le véritable lien qui unit l'ensemble des Français reste leur commune soumission à un roi investi d'une autorité sacrée. C'est ici qu'intervient à son tour le rôle unitaire de l'Etat qui va peu à peu, et à l'insu des deux hommes, empiéter sur celui du roi. Ces nuances appartiennent davantage au domaine de l'instinct ou de la sensibilité politique qu'à celui de la réflexion politique.

Certes, Colbert paraît passionnément attaché à la gloire personnelle du roi. Mais il est significatif qu'il veuille constamment insérer la gloire de ce règne particulier dans une continuité historique qui est déjà celle de la France.

En 1663, il entreprend la rédaction d'un *Journal fait pour chacune semaine de ce qui s'est passé pour servir à l'histoire du Roy,* destiné aux générations futures. Accablé par les affaires courantes, Colbert sera vite obligé d'interrompre cet écrit qui n'a pas peu contribué à imposer à la postérité l'image de ce jeune roi si soucieux des affaires de l'Etat malgré son goût pour les divertissements. Dans ses fameux *Mémoires sur les affaires des finances de France pour servir à l'histoire,* Colbert raconte la chute de Fouquet et les débuts du règne personnel de Louis XIV. Le style évoque parfois celui d'une geste légendaire : « C'était un jeune prince à l'âge de vingt-trois ans, d'une forte et vigoureuse santé, et, par conséquent, plein du feu et de la chaleur que cet âge donne... ». S'il se préoccupe de la France de l'avenir, le ministre n'oublie pas pour autant la France du passé. Les références aux règnes précédents appuient fréquemment son raisonnement : le règne de Louis XI semble avoir sa préférence.

En 1665, il écrit un *Mémoire du roi pour l'instruction du Dauphin,* qui prouve de façon incontestable que Colbert a préparé les matériaux des célèbres *Instructions du Dauphin.* La première partie concerne les « Dispositions des affaires de l'Europe lorsque le roi a commencé de prendre lui-même le soin des affaires ». La deuxième partie est consacrée aux finances et exprime à grands traits les vœux politiques de Colbert, dont la réforme de la justice et la suppression de la vénalité des charges.

Colbert usera souvent de l'expression « grand dessein ». Le ministre ne renoncera jamais aux grands projets politiques qu'il proposait déjà à Mazarin. Or, ces projets regardent autant la gloire de l'Etat dans l'acception moderne du mot, que la gloire personnelle du roi. La puissance monétaire, industrielle, maritime, coloniale, apportera gloire et richesse à la nation tout entière, à l'Etat français qui, dès lors, pourra affirmer sa propre existence sans le secours obligatoire du lien monarchique. Cela, Colbert ne le pressent pas encore. En est-il de même pour le roi ?

Louis XIV est sans doute impressionné par l'assurance précise et claire du ministre qui a l'art de présenter des projets logiques, ordonnés et préparés de longue date. Le roi, précautionneux, sans grande compétence technique, paraît quelque peu bousculé par la passion volontariste de son ministre. Il semble convaincu et la gloire de la France n'est pas pour lui un vain mot. Mais la puissance d'un Etat central qui obéit à ses propres lois et échappe au pouvoir arbitraire d'un monarque absolu éveillera — nous le constaterons ultérieurement — les soupçons de Louis XIV. Colbert s'obstinera à unifier la France par la loi. Louis XIV cherchera à la soumettre par la fascination.

Instinctivement, le roi accepte la fixité immuable des trois ordres féodaux : il y a ceux qui font la guerre, ceux qui prient, ceux qui travaillent.

Colbert, issu d'une classe sociale très diverse et très mobile — l'itinéraire de sa famille en fait foi —, voudra ébranler l'édifice féodal en luttant de toutes ses forces en faveur d'un Etat justicier et unitaire.

Les rois, selon Bossuet, tiennent leur pouvoir de Dieu. Et selon l'ordre féodal, le roi, tout comme l'aristocratie militaire qui l'entoure, justifie sa puissance par la guerre. Roi catholique et chef de guerre. C'est ainsi que Louis XIV aime à concevoir sa propre image.

Les nuances ou les différences d'opinion qui opposent parfois les deux hommes dans les domaines religieux et militaire révèlent les prémices d'un grave malentendu.

Louis XIV et Colbert fustigent le pouvoir politique du clergé, qui ne saurait, à leurs yeux, concurrencer le pouvoir royal. Ils n'ont pas oublié le rôle de certains membres de l'Eglise, tel le cardinal de Retz, ancien archevêque de Paris, pendant la Fronde. Mais, pour le roi, la religion est aussi un facteur d'unité nationale, voire une sorte de drapeau politique. Au siècle précédent, Elizabeth d'Angleterre affichait son protestantisme dans une lutte politique contre l'Espagne catholique. Louis XIV, qui n'a rien d'un mystique pendant sa jeunesse, affirme un catholicisme qui lui permet de se déclarer fils aîné de l'Eglise et premier des rois de la chrétienté.

Ce point de vue ne convaincra jamais Colbert. Pour le ministre, la puissance du roi dépend de la puissance matérielle de son Etat. Or, d'une part, l'impôt du clergé catholique est versé au détriment de l'impôt prélevé par l'Etat. D'autre part, le clergé tient les registres des baptêmes, mariages et décès, et exerce un rôle considérable dans le domaine universitaire. L'Eglise représente donc un pouvoir administratif de première importance, qui agace le champion d'une forte administration étatique.

Enfin, alors que les moines, trop nombreux au gré du ministre, ne produisent rien et ne donnent pas d'enfants à la France, la communauté protestante paraît apporter une dynamique indispensable à l'économie nationale. Les premières années, Colbert réussit à obtenir du roi une assez grande tolérance religieuse. Beaucoup plus tard, Colbert observera avec consternation les persécutions ordonnées contre les protestants. Mais jamais l'on n'osera révoquer l'Edit de Nantes de son vivant.

Les dépenses que Louis XIV consacre à son prestige militaire personnel et au luxe de sa maison désolent son ministre. En 1666, Colbert écrit au roi avec une franchise de ton que lui seul, peut-être, se permet d'employer :

« Je fais auprès de Votre Majesté le métier, sans

comparaison, le plus difficile de tous : il faut de nécessité que je me charge des choses les plus difficiles et de quelque nature qu'elles soient. [...] Je déclare à Votre Majesté, en mon particulier, qu'un repas de mille écus me fait une peine incroyable [...]. Elle (V.M.) a tellement mêlé ses divertissements avec la guerre de terre qu'il est bien difficile de les diviser [...]. Si Votre Majesté était bien informée de tous les désordres que ces marches perpétuelles de troupes causent dans les provinces, combien les peuples en sont dégoûtés... »

Le passage le plus significatif concerne « l'augmentation et la beauté » des troupes de la maison du roi au détriment, selon Colbert, des armées nationales.

Le ministre poursuit :

« La prodigieuse différence qui se trouvera entre ces troupes de la maison du roi et celles des armées abattra le cœur des officiers et soldats de celles-ci et les ruinera parce que, dès lors qu'il y aura un bon officier ou un bon soldat dans les troupes d'armée, il fera tous ses efforts pour entrer dans celles de sa maison. [...]

« Cette distinction trop grande de sa maison en toutes choses ralentit le zèle de tous les autres sujets ; les grands rois ont toujours embrassé leur dernier et plus éloigné sujet comme le plus proche, toutefois avec quelque différence, pour la distribution des grâces seulement. Nos grands rois, François Ier, Henri IV, n'ont jamais fait ces distinctions ; ce dernier s'est fait souvent garder par tous les vieux corps... »

L'on a beaucoup écrit que la politique de Colbert demande la paix et s'oppose toujours aux dépenses de la guerre. Cela n'est pas tout à fait exact. Nous verrons ultérieurement que la politique économique du ministre mène inéluctablement à la guerre. Et Colbert est le premier à souhaiter un Etat doté d'une armée puissante sur terre comme sur mer. Ce qu'il déplore, c'est cette sorte de sacralisation fastueuse de la personne même du roi qui ruine l'Etat et éloigne le monarque de ses sujets. Ses plaintes courageuses ne serviront à rien.

Pourtant, le roi l'écoute sur beaucoup d'autres points. Les nombreuses responsabilités de Colbert témoignent de la grande confiance que le roi accorde à son ministre. Il est difficile de présenter un seul aspect particulier de la politique de Colbert sans évoquer auparavant l'ensemble de ses activités gouvernementales. L'on risquerait de commettre une grave erreur psychologique. Colbert est beaucoup plus pragmatique que théoricien. Sa véritable obsession, c'est la grandeur de la France. Qu'il estime contribuer à cette grandeur par des systèmes selon lui plus efficaces que d'autres, qu'il puisse se tromper dans ses appréciations, cela est une autre affaire. C'est une politique globale pour la France qu'il propose au roi. Il faut d'abord rappeler son ambition nationale avant que de juger tel ou tel aspect de sa politique.

L'EXERCICE DU GOUVERNEMENT

Colbert assiste au « conseil d'en-haut » avec les deux autres ministres d'Etat : Michel Le Tellier, chargé du département de la Guerre, et Hugues de Lionne, chargé des Affaires étrangères. Enfin, il pourra rompre la conspiration du silence sur Richelieu et invoquer les grands desseins de son idole! Mais le roi finit par rire de cette pieuse fidélité et accueille par des plaisanteries la manière dont Colbert présente une affaire importante au conseil : « Voilà Colbert qui va nous dire : Sire, ce grand cardinal de Richelieu, etc. »

Dès la création du conseil des finances, après la chute de Fouquet, Colbert ôte la tenue des registres à Herwarth et devient le responsable des finances. Mais les charges de contrôleurs généraux appartiennent encore à Herwarth et à Breteuil, à qui, somme toute, l'on n'a rien à reprocher. Il faudra attendre qu'Herwarth vende sa charge, en 1665, pour nommer Colbert contrôleur général des finances.

En 1664, le ministre reçoit la surintendance des bâtiments qui lui attribue, en quelque sorte, le département des Affaires culturelles. En 1668, il est secrétaire d'Etat à la maison du roi. En 1669, il devient secrétaire d'Etat à la Marine, bien qu'il s'occupe d'affaires maritimes depuis longtemps. Grâce aux fréquents empiétements administratifs sous l'Ancien Régime et grâce aussi à la complaisance du vieux chancelier Séguier, puis à celle du très vieux chancelier d'Aligre, Colbert s'empare peu à peu du département de la Justice auquel il tient particulièrement.

Si l'on s'amusait à comparer ses attributions à celles de nos ministres actuels, l'on pourrait dire que Colbert est tout à la fois ministre des Finances et des Affaires économiques, ministre de l'Industrie et du Commerce, ministre de l'Intérieur, garde des Sceaux occulte, ministre des Affaires culturelles, ministre de la Marine et des Affaires d'outre-mer...

Les premiers temps, le jeune roi affirme d'autant plus son autorité qu'il confie une grande partie de la réalité du pouvoir à un homme lui-même très autoritaire. Une certaine désinvolture de ton crée les distances.

En 1661, Louis XIV écrit à son ministre [1] :

« Comme je crois qu'il n'y a rien qui presse aujourd'hui, je ne travaillerai point. Portez demain au conseil des finances les papiers dont nous devions parler ce soir, afin que j'expédie devant la messe ce qu'il y aura à faire dessus.

« La reine ne veut point de cette boîte de rubis, n'ayant rien qui y puisse revenir.

« S'il y a quelques choses de pressé, mandez-le-moi.
                                                « Louis. »

---

1. Lettre inédite.

Le ministre, le roi et la France

Les lettres de Colbert au roi sont écrites à mi-marge. Louis XIV, comme Mazarin, renvoie ces lettres au ministre après avoir écrit les réponses de sa main. Colbert a considérablement amélioré son écriture, ce qui lui permet de s'adresser au roi sans l'intermédiaire de copistes.

Louis XIV assure constamment son ministre de sa confiance et de sa satisfaction : « Comme vous jugerez à propos... C'est à vous de juger ce qui est le mieux... Il m'est agréable d'entendre parler de mes finances comme vous le faites... Je me remets à vous. »

Mais Colbert doit savoir que le roi reste le maître absolu. Le ton du monarque se montre parfois tranchant, supérieur. Il est vrai que c'est aussi pour dire le fameux : « Je vous ordonne de faire ce que vous voudrez. »

Le ministre prend grand soin de tenir le roi au courant de toutes les affaires. Louis XIV approuve presque toujours ses suggestions, mais exige de donner son accord sur toutes les questions, sans exception, avant l'exécution.

Par contre, Colbert obtient du roi des lettres de créance qui lui assurent un pouvoir sans équivoque sur l'administration. Dès 1662, Louis XIV envoie une circulaire aux trésoriers de France par laquelle il leur ordonne d'ajouter « une créance entière » à tout ce que son ministre leur « mandera » en son nom. Aucun arrêt ni commission ne sera exécuté sans l'accord de Colbert.

Le régime des traitants et de la surintendance a habitué les monarques à demander des fonds sans s'occuper de l'état de la trésorerie. « A vous de vous débrouiller », semblait être la formule consacrée. Louis XIV a souvent tendance à la reprendre dans ses relations avec Colbert. Or, le ministre est le véritable créateur de la comptabilité publique moderne. La grande innovation de son administration consiste à exiger la tenue des trois livres (recettes, dépenses et fonds), et la préparation régulière d'un état des dépenses prévues (« état de prévoyance ») et effectuées (« état au vrai »). Autrement dit, il s'agit d'imposer la notion d'un budget national, si naturelle de nos jours, si peu admise dans les mœurs de son temps.

Colbert s'efforce de trouver de bons moyens pour accoutumer le roi à cette conception nouvelle des finances publiques. Outre les sermons respectueux et incessants qu'il adresse à Louis XIV, le ministre remet régulièrement au roi des carnets de petit format, illustrés de lettres d'or et de couleur, dans lesquels un célèbre calligraphe a recopié le tableau annuel du personnel et du matériel de la marine, ainsi que la situation des finances de l'année. Louis XIV, qui porte ces carnets dans ses pochettes, peut savoir, à tout moment, l'état de sa marine et de ses finances.

Il y a deux départements qui échappent au contrôle de Colbert : celui des Affaires étrangères et celui de la Guerre. Il se mêle indirectement du premier en réunissant, comme responsable des finances, les sommes que le roi accorde aux cours étrangères alliées. Ou bien, il rédige des rapports qui préparent des traités commerciaux. Mais la politique étrangère est conduite par le roi avec le concours de Lionne. Et la guerre restera invariablement le domaine de Le Tellier et de son fils Louvois. Colbert en éprouvera un terrible désespoir et accablera le roi de véritables scènes passionnelles.

Le clan Le Tellier

Louis XIV n'oublie pas combien sa mère et Mazarin appréciaient Le Tellier. Le roi s'adresse à lui en l'appelant « Monsieur » Le Tellier, alors qu'il dit Colbert ou Lionne. Souple, patient, le ministre de la Guerre paraît fort différent de son fils aîné, François Le Tellier, marquis de Louvois. Brutal, autoritaire, emporté, Louvois est d'un an plus jeune que Louis XIV. Le père et le fils ont en commun de remarquables talents d'organisateurs. Dès

1662, Louvois entre au conseil, son père lui ayant obtenu la survivance de sa charge. L'on peut aisément imaginer l'ambition que nourrit Le Tellier pour la carrière de son fils. Les immenses pouvoirs de son ancien commis agacent prodigieusement le ministre de la Guerre. La rivalité entre les Le Tellier et Colbert se déclare très vite.

Louvois ne tarde pas à constater le goût du roi pour le faste et les parades militaires. Il n'ignore pas les réserves de Colbert à ce sujet. Pour « embarrasser[1] » son rival, il conseille au roi d'organiser un magnifique carrousel à Paris. Louis XIV est séduit mais craint de contrarier Colbert. De façon inattendue, le ministre n'oppose aucune objection mais demande seulement au roi d'observer le secret pendant une semaine, au cours de laquelle il s'arrange pour reprendre temporairement, au compte du trésor, l'octroi de Paris. Le carrousel s'annonce splendide, éblouissant. Des centaines d'étrangers affluent de toutes parts. Quelques semaines avant la date fixée, Colbert explique au roi que les préparatifs de la fête ne sont pas terminés et qu'il conviendrait de reculer la date d'environ quinze jours. Ce court intervalle oblige les étrangers à demeurer à Paris. La consommation augmente donc brusquement dans la ville dont l'octroi se trouve momentanément au compte du roi. La fête rapportera au trésor plus d'un million de livres, toutes dépenses payées !

Colbert laisse souvent percevoir un tempérament passionné qui contraste avec la froideur de ses manières. Son lyrisme patriotique, qui préfigure assez bien le romantisme révolutionnaire, témoigne de sa passion nationale et politique. Le désespoir de ne pas influencer Louis XIV de façon exclusive révèle, au-delà des ambitions, le caractère passionnel de ses relations avec le roi. La guerre n'est pas de son département, mais il ne peut s'empêcher de prodiguer au roi une avalanche de conseils sur la tenue

---

1. Mémoires du duc de LUYNES, t. II.

des troupes, la marche des armées, l'équipement des soldats. Revenons au mémoire de 1666 dans lequel le ministre déplore les dépenses inutilement consacrées au faste des parades et des troupes de la maison du roi. Pourquoi tout ce luxe ostentatoire alors que la politique extérieure exige des dépenses urgentes ? Louis XIV tient à favoriser la Pologne afin de la détacher de l'influence de Vienne. Il a promis au roi polonais cinq à six mille hommes pour l'aider à vaincre des révoltes intérieures [1]. La menace des Habsbourg obsède aussi Colbert. Il lui paraît vital pour la France de mener une politique efficace contre l'empereur. Le ministre s'échauffe : « Lorsqu'il est question de millions d'or pour la Pologne, je vendrais tout mon bien, j'engagerais ma femme et mes enfants, et j'irais à pied toute ma vie pour y fournir s'il était nécessaire. » Et, plus loin, toujours sous l'empire de la colère, il ajoute : « Mais, Sire, à l'égard de l'assemblée des troupes et de leurs marches, je n'ai pas cru qu'une affaire si importante serait confiée à un jeune homme de vingt-quatre ans [2], sans expérience sur cette matière, fort emporté et qui croit qu'il est de l'autorité de sa charge de ruiner le royaume, et qui veut encore le ruiner parce que je le veux sauver. »

Deux ans plus tard, Louvois est nommé secrétaire d'Etat à la Guerre. La cour observe avec le plus haut intérêt cette rivalité qui alimente potins et ragots : « M. Colbert est toujours parfaitement bien... M. Colbert n'est plus si bien. » Le 23 octobre 1668, le roi donne une preuve évidente de la faveur de Colbert. Le ministre est malade. Depuis plusieurs années, il souffre de terribles accès de goutte. Gui Patin note : « Le roi a aujourd'hui rendu une visite éclatante à M. Colbert, il avait tous ses gardes avec l'épée nue. On dit que M. Colbert a la goutte

---

1. Le projet fut abandonné à cause des difficultés de passage. D'ailleurs, les troubles de Pologne cessèrent au mois de juillet.
2. En 1666, Louvois a vingt-sept ans. Colbert le rajeunit un peu.

Le ministre, le roi et la France   127

et un peu de dysenterie; c'est que sa tête travaille trop. »
Toute la cour en parle. D'après l'ambassadeur de Venise,
le roi aurait dit au ministre : « Colbert, la tristesse
engendre le mal, soyez gai et vous guérirez. »

En 1671, la charge de chancelier des ordres du roi se
trouve vacante. Colbert convoite cette charge. Or, c'est
Louvois qui l'obtient. Le marquis de Saint-Maurice,
ambassadeur de Savoie, rapporte : « M. de Louvois a été
visité de toute la cour pour sa nouvelle dignité, sauf de
M. Colbert; ils sont très mal ensemble et on croit que le
père et le fils ont voulu lui rendre des mauvais offices
auprès du roi. » Louvois semble établir sa prépondérance.
Au conseil, devant le roi, Colbert donne libre cours à sa
fureur. Le 24 avril Louis XIV lui adresse la lettre suivante :

« Je fus assez maître de moi avant-hier pour vous
cacher la peine que j'avais d'entendre un homme que j'ai
comblé de bienfaits comme vous, me parler de la manière
que vous faisiez.

« J'ai beaucoup d'amitié pour vous, il y paraît par ce
que j'ai fait, j'en ai encore présentement, et je crois vous
en donner une assez grande marque en vous disant que
je me suis contraint un seul moment pour vous, et que je
n'ai pas voulu vous dire moi-même ce que je vous écris,
pour ne vous pas commettre à me déplaire davantage.

« C'est la mémoire des services que vous m'avez rendus
et mon amitié qui me donnent ce sentiment; profitez-en et
ne hasardez plus de me fâcher encore, car après que
j'aurai entendu vos raisons et celles de vos confrères, et que
j'aurai prononcé sur toutes vos prétentions, je ne veux
plus jamais en entendre parler.

« Voyez si la marine ne vous convient pas, si vous ne
l'avez pas à votre mode, si vous aimeriez mieux autre
chose; parlez librement. Mais après la décision que je
donnerai, je ne veux pas une seule réplique.

« Je vous dis ce que je pense, pour que vous travailliez

sur un fondement assuré et pour que vous ne preniez pas de fausses mesures. »

On peut supposer que Colbert implore son pardon avec beaucoup d'humilité et de tristesse, car le 26 avril, le roi lui écrit en ces termes :

« Ne croyez pas que mon amitié diminue, vos services continuant ; cela ne se peut, mais il me les faut rendre comme je les désire, et croire que je fais tout pour le mieux. La préférence que vous craignez que je donne aux autres ne vous doit faire aucune peine. Je veux seulement ne pas faire d'injustice, et travailler au bien de mon service. C'est ce que je ferai quand vous serez tous auprès de moi. Croyez, en attendant, que je ne suis point changé pour vous, et que je suis dans les sentiments que vous pouvez désirer. »

Le roi gouverne en maître. Il le dit en des termes qui impressionnent encore. La majesté de sa personne continue à fasciner à travers les âges. Le faste ordonné d'une cour soumise appuie très efficacement le charisme du personnage. Le roi sent cela mieux que Colbert. Mais le ministre, comme tous ses contemporains, n'ignore point l'importance de la cour pour mieux approcher l'intimité du roi et pour mieux assurer la situation de sa famille.

CHAPITRE II
La Cour

Le marquis de Saint-Maurice, ambassadeur du duc de Savoie, envoie à son souverain des rapports fort précis et colorés sur la vie de la cour. Il nous montre Louis XIV pendant la campagne de Flandres, hâlé, amaigri, toujours à l'armée, toujours élégant, la moustache retroussée et soigneusement cirée. Le roi demeure « plus d'une heure et demie à s'habiller, et assis ; il est vrai qu'il ne s'ennuie pas car chacun lui parle et on lui fait beaucoup de contes d'esprit et pour rire ». La cour, c'est aussi cela. Des compagnons d'armes qui se battent, paradent, s'amusent de leurs propres intrigues, autour d'un roi qui comprend leurs manières parce que ce sont les siennes. La cour, domestiquée, est écartée du pouvoir politique. Mais elle apparaît comme une sorte d'élément naturel et nécessaire à la vie de Louis XIV.

Colbert ne l'ignore point. Malgré les distances respectueuses qu'impose Louis XIV, le ministre doit s'emparer de l'esprit du roi pour appliquer librement sa politique. Participer à la vie de la cour, aux intrigues royales, devient presque une obligation.

LES MAÎTRESSES DU ROI

Louis XIV est habitué, depuis son enfance, à voir les affaires domestiques de l'entourage royal confiées à

Colbert. L'intendant de Mazarin s'occupa de l'éducation des neveux du cardinal, fut le messager complaisant du roi et de Marie Mancini, et veilla à tous les détails du mariage du monarque. Tout naturellement, Louis XIV s'adresse à son ministre lorsqu'il s'agit de remettre à la personne « qu'il a recommandée en partant », les lettres « où il n'y a rien dessus... vous m'entendez bien ».

Louise de la Vallière — il s'agit d'elle — se trouve enceinte vers 1663. Tant que la reine mère vivra, Louis XIV observera une relative discrétion sur ses liaisons et ses bâtards. Colbert est chargé de préparer les détails de l'accouchement et de pourvoir aux soins de l'enfant. Le roi tient son ministre au courant des douleurs « de la personne que vous savez ». Louise accouche d'un garçon. Colbert notera les circonstances de cette naissance clandestine :

« Pour la nourriture de l'enfant, avec le secret que le roi m'a ordonné, j'ai disposé le nommé Beauchamp et sa femme, anciens domestiques de ma famille, [...] auxquels j'ai déclaré, pour secret, qu'un de mes frères ayant fait un enfant à une fille de qualité, pour sauver son honneur j'étais obligé de prendre soin de l'enfant et de leur confier la nourriture, ce qu'ils ont accepté avec joie. »

En 1665, naît un deuxième fils des amours du roi et de Louise de la Vallière. On cherche, sous le porche d'une église, un mendiant pour servir de parrain au nouveau-né. Ces deux premiers enfants mourront en bas âge.

Le 20 janvier 1666, Anne d'Autriche meurt. Le roi se sent libre d'afficher sa liaison. Au mois d'octobre, Louise donne le jour à une fille, Marie-Anne, et l'année suivante à un garçon, Louis. Les deux enfants seront légitimés sous les titres de Mlle de Blois et de comte de Vermandois. Ils seront confiés à Colbert et à sa femme qui les élèveront avec leurs propres enfants.

Colbert prend grand soin d'informer Louis XIV de la santé de sa progéniture. Le 5 mai 1670, il écrit au roi :

« Mlle de Blois a eu la petite vérole volante. Ma femme a fait venir le sieur Brayer, qui en a pris soin. Grâce à Dieu, elle en est à présent presque quitte.

« M. le comte de Vermandois est fort enrhumé, ce qui lui a causé un peu d'émotion. Votre Majesté peut être assurée que ma femme en prend tout le soin qu'elle doit. »

Et sur la même lettre, à la date du 6 matin, il poursuit :

« Mlle de Blois se porte fort bien, et sera purgée demain matin. Le prince n'a plus d'émotion, et son rhume est fort diminué. »

Dès 1667, le roi s'éprend de Mme de Montespan. Afin de cacher le scandale d'une nouvelle liaison, il maintient l'équivoque en imposant à Louise un appartement contigu à celui de Mme de Montespan, pourvu de chambres communicantes et d'une même porte d'entrée! En 1671, Louise s'enfuit au couvent de Chaillot. Le roi exige son retour. Ni Lauzun ni le maréchal de Bellefonds ne parviennent à décider la jeune femme à quitter le couvent. Alors, nous raconte Mme de Sévigné, « le roi pleura fort, et envoya M. Colbert à Chaillot la prier instamment de venir à Versailles, et qu'il pût lui parler encore. M. Colbert l'y a conduite. Le roi a causé une heure avec elle et a fort pleuré, et Mme de Montespan fut au-devant d'elle, les bras ouverts et les larmes aux yeux. Tout cela ne se comprend point ». Trois ans plus tard, Louise se retirera définitivement chez les carmélites du Faubourg-Saint-Jacques.

En 1670, Louis XIV donne à sa nouvelle favorite, et au détriment du trésor, les droits sur les boucheries de Paris. Colbert a le courage de protester auprès du roi en lui faisant remarquer que jamais aucun de ses prédécesseurs n'avait osé faire de pareils présents. Mme de Montespan conserve tout de même les droits, mais le roi a paru quelque peu ennuyé. La favorite est furieuse contre Colbert. D'après Saint-Maurice, la vieille duchesse de Chevreuse, avec l'accord du ministre, cherche à mettre la duchesse de Mazarin à la place de Mme de Montespan.

Colbert s'aperçoit que l'attachement du roi pour sa maîtresse est particulièrement fort. Il préfère se faire une alliée de la favorite. Il dispose donc Philippe Mancini, duc de Nevers, neveu de Mazarin, à épouser Mlle de Thianges, nièce de Mme de Montespan. La favorite est enchantée et paraît au mieux avec le ministre. Et lorsque Louis XIV, un mois plus tard, veut donner à Louvois la charge de chancelier des ordres du roi, Mme de Montespan ira jusqu'à se jeter en pleurant aux genoux du souverain pour intervenir en faveur de Colbert. Louvois aura la charge, mais l'alliance entre Mme de Montespan et Colbert — nous le verrons ultérieurement — ne se démentira jamais.

La famille royale

Louis XIV, lorsqu'il s'absente, semble en quelque sorte confier à Colbert le soin de veiller sur sa famille. Le ministre informe le roi de la santé de ses proches, lit le courrier à la reine mère comme au temps de Mazarin, ou s'occupe des détails domestiques. Ainsi, en 1662, Colbert demande à son frère, intendant en Alsace, de lui envoyer des soldats automates de Nuremberg pour le Dauphin. L'année suivante, il écrit au roi : « Mgr le Dauphin fut hier un peu indisposé des dents ; cette nuit il a fort bien dormi, en sorte qu'il a été aujourd'hui tout aussi gai qu'à l'ordinaire. »

Le roi répond en marge : « La moindre chose qui arrivera à mon fils, dépêchez aussitôt afin qu'étant assuré qu'il se porte bien, n'ayant point de nouvelles, je sois en repos. Je me fie à vous ne doutant pas que vous ne fassiez ce que je vous commande. »

Quelques années plus tard, la señora Molina, première femme de chambre de la reine, demande au ministre de s'enquérir d'une chambre où il y ait une cheminée, au château de Chambord, « pour y pouvoir faire commodément le bouillon de Sa Majesté ».

C'est encore Colbert qui sert d'intermédiaire entre le roi et son frère, Philippe d'Orléans, Monsieur.

En 1670, Louis XIV, excédé par les relations de son frère avec le chevalier de Lorraine, fait arrêter ce dernier qui est envoyé au château d'If. Outré de l'enlèvement de son favori, Monsieur se retire à Villers-Cotterêts et refuse de revenir à la cour, malgré les injonctions du roi. Colbert est chargé de le ramener.

A cette occasion, Philippe écrit une très longue lettre au ministre : « Monsieur Colbert, se lamente le prince, comme depuis quelque temps je vous crois de mes amis, et que vous êtes le seul de ceux qui ont l'honneur d'approcher le roi, qui m'en ayez donné des marques dans l'épouvantable malheur qui vient de m'arriver, je crois... etc. » Et, suivent d'interminables plaintes sur le triste sort du chevalier, sur l'innocence de son cher favori. « Après cela, conclut le prince, je n'ai rien à vous dire, que de vous assurer que je serai, toute ma vie, monsieur Colbert, votre bien bon ami. » A son deuxième voyage à Villers-Cotterêts, le ministre réussit à faire revenir Monsieur. Le chevalier sera libéré deux ans plus tard.

Colbert est également sollicité par les cousins du roi. La Grande Mademoiselle[1] refuse d'épouser le roi du Portugal. Louis XIV ne cache pas son mécontentement et lui fait connaître une demi-disgrâce. La princesse écrit à plusieurs reprises à Colbert : ses démarches sont toujours refusées, se plaint-elle, alors que sa belle-mère, la seconde femme de Gaston d'Orléans, obtient toutes les faveurs.

Plus tard, follement éprise de Lauzun, elle cherche auprès de Mme de Montespan et de Colbert un appui pour convaincre le roi d'accepter ce mariage. Mme de Montespan tient son ami Lauzun au courant des progrès

---

1. Fille de Gaston d'Orléans, frère de Louis XIII, et cousine germaine de Louis XIV.

de la négociation : « M. Colbert promet des merveilles sur les mémoires qu'on lui a donnés... » Lorsque la Grande Mademoiselle a la permission de Louis XIV d'épouser Lauzun [1], Condé et sa sœur, Anne de Longueville, expriment toute leur colère. Mme de Longueville ajoute [2] : « Si c'est pour faire sa cour que Mademoiselle épouse le favori du roi, elle ferait mieux encore de se donner au fils de Colbert. »

A son tour, Mademoiselle est furieuse que l'on ait osé évoquer une pareille mésalliance! Ce dédain pour la famille de Colbert n'empêchera point Mme de Longueville de solliciter le ministre avec une grande amabilité.

« Je vous envoie ce porteur pour vous supplier d'achever cette affaire, qui à cette heure ne dépend que de vous; j'espère que vous y rendrez toute la justice que votre procédé passé sur nos intérêts nous doit faire attendre de vous [...]. Je ne doute point que vous n'en usiez comme nous le pouvons désirer, et espérer de la justice que vous nous avez toujours fait espérer que Sa Majesté nous rendrait; à quoi j'espère que vos bons offices ne contribueront pas peu [3]... »

Le ton des grands Frondeurs a bien changé!

L'ÉLÉVATION DES COLBERT

Dans cette course aux faveurs, le ministre n'oublie point ses propres intérêts et ceux de sa famille. Mme Colbert l'aide avec une efficacité discrète et de bon ton. Selon

---

1. Louis XIV retirera sa parole en 1671, au désespoir de Mademoiselle.
2. Philippe ERLANGER : *Madame de Longueville*.
3. Vente à Versailles sous le ministère de MM. J.-P. Chapelle, P. Perrin et D. Fromantin, le 8 mars 1977.

Mme de Sévigné, l'épouse du ministre « est extrêmement civile et sait très bien vivre ». L'ambassadeur de Savoie note que « Mme Colbert gouverne présentement la reine (Marie-Thérèse), quoique toutes les princesses de la maison de Lorraine lui fassent la cour avec assiduité et Mme de Guise en tête ».

Le roi fait grand cas de ses avis pour l'éducation des enfants nés de Louise de la Vallière. Elle sait rappeler au souverain l'immense effort que son mari consacre à son service, compte tenu de sa mauvaise santé. Lorsque le ministre souffre cruellement de la goutte, le roi lui enjoint de se reposer en des termes qui valent d'être cités :

« Mme Colbert m'a dit que votre santé n'est pas très bonne, et que la diligence avec laquelle vous prétendez revenir vous peut être préjudiciable.

« Je vous écris ce billet pour vous ordonner de ne rien faire qui vous mette hors d'état de me servir, en arrivant, à tous les emplois importants que je vous confie.

« Enfin votre santé m'est nécessaire; je veux que vous la conserviez, et que vous croyiez que c'est la confiance et l'amitié que j'ai en vous et pour vous qui me font parler comme je fais. »

Colbert ne manque point de mettre à profit l'utilité de ses services et les bons sentiments du roi. Outre ses énormes appointements, le ministre obtient des faveurs honorifiques qui assimilent sa famille à la cour.

En 1667, le roi fait le mariage de Marie-Thérèse Colbert, fille aînée du ministre, avec le duc de Chevreuse et, en même temps, fiance Henriette, la seconde fille, au comte de Saint-Aignan, futur duc de Beauvilliers.

Le 1er janvier, Louis XIV annonce le mariage au duc de Chaulnes [1], en des termes très flatteurs pour Colbert.

---

1. Le duc de Chaulnes est le fils de l'un des frères du connétable de Luynes. Le duc de Chevreuse — le marié — est le fils du duc de Luynes, lui-même enfant unique du connétable de Luynes, que la vieille duchesse de Chevreuse avait épousé en premières noces.

« Mon cousin, j'ai conclu le mariage du sieur de Chevreuse avec la fille aînée du sieur Colbert, et comme j'attache par ce moyen le chef et le seul héritier mâle de votre maison à celle d'un homme qui me sert dans mes plus importantes affaires avec le zèle et le succès que fait ledit sieur Colbert, j'ai bien voulu vous donner avis moi-même de cette alliance, m'assurant que vous prendrez part à la satisfaction que les deux familles en témoignent [1]. »

Que l'on imagine ce que signifie cette promotion sociale pour les marchands de Reims ! Colbert s'empresse d'annoncer la nouvelle aux échevins de sa ville natale :

« Le roi, qui est le prince qui récompense la fidélité de ceux qui ont l'honneur de le servir au-delà de leur espérance, après toutes les grâces dont il m'a déjà comblé, a voulu faire le mariage de mes deux premières filles, savoir : de l'aînée avec M. de Chevreuse, fils unique de M. le duc de Luynes; et la seconde, qui n'a que dix ans, avec M. le comte de Saint-Aignan, reçu en survivance de la charge de premier gentilhomme de la chambre. Et comme si ce n'était pas assez de m'avoir procuré deux alliances si grandes et si considérables, S. M. a voulu leur servir de père, en leur donnant à chacune 200 000 livres, ce qui fait la plus grande partie de leur dot. »

Le 2 février, le mariage de Marie-Thérèse et du duc de Chevreuse est célébré dans la maison du ministre. Dîner concert, comédie, danse : la brillante assistance est ravie de la réception. Un invité rapporte à Olivier d'Ormesson que « M. Colbert dansait fort bien et que c'était sa plus forte passion ». Le soir du mariage, il a « dansé dans son domestique [chez lui] deux courantes et fort bien ».

L'année suivante, Louis XIV érige la baronnie de Seignelay en marquisat. Tout comme Le Tellier, Colbert n'ose porter de titre. C'est donc son fils aîné que l'on désignera sous le nom de marquis de Seignelay, de même

---

1. P. CLÉMENT : *Op. cit.*, tome VII.

que le fils aîné de Le Tellier s'intitule le marquis de Louvois. Le 31 août, Seignelay soutient ses thèses de philosophie. A cette époque, une soutenance de thèse est un événement mondain. Tous les courtisans se précipitent avec empressement pour applaudir le jeune homme, au point que le roi voit sa cour presque déserte et que, d'après Ormesson, il en témoigne « une jalousie très grande ».

En 1671, sa fille cadette épouse le futur duc de Beauvilliers. Le roi et la reine signent le contrat de mariage, ce qu'ils firent pour la fille aînée et feront pour tous les enfants de Colbert.

Le ministre est très courtisé, mais nombreux sont ceux qui le haïssent. Son népotisme irrite violemment tout un monde avide de places et de charges. « Il veut tout pour lui, pour ses parents et son fils [1] », note Saint-Maurice. Un des frères de Colbert est successivement évêque de Luçon et d'Auxerre. Un autre, le comte de Maulévrier, sera lieutenant général des armées du roi. Son frère préféré, Colbert de Croissy, est nommé ambassadeur à Londres. Son oncle Pussort devient conseiller d'Etat et joue un rôle prépondérant dans le domaine de la justice. Son cousin germain, Colbert du Terron, est conseiller d'Etat et intendant de la marine à Rochefort. Quatre de ses sœurs sont abbesses et prieures de couvent.

Pourtant, les honneurs n'empêchent pas Colbert de mener une vie relativement simple. Au grand étonnement de certains diplomates, il se déplace sans escorte. Dans un mémoire destiné à son fils, il écrit :

« Bien penser et faire souvent réflexion sur ce que sa naissance l'aurait fait être, si Dieu n'avait pas béni mon travail, et si ce travail n'avait pas été extrême. »

Toute l'éducation de Seignelay est orientée vers l'admi-

---

1. La carrière de Seignelay étant spécialement orientée vers la marine, elle sera étudiée dans un chapitre ultérieur, consacré aux affaires de la mer.

nistration des affaires publiques. La gloire des Colbert tient essentiellement au pouvoir politique que la cour ne possède pas. Les courtisans ne l'ignorent pas et craignent plus le ministre que le favori.

LE NORD

C'est ainsi que Mme de Sévigné nomme Colbert. Gui Patin l'intitule « Vir marmoreus ». L'ambassadeur de Brandebourg s'en souviendra en ces termes : « Il était grand et d'une taille avantageuse [...]. Ses manières, quoique honnêtes et composées, ne laissaient pas, pour peu qu'on y réfléchît ou qu'on eût affaire avec lui, de tenir de la hauteur et de la dureté au naturel. »

L'ambassadeur de Savoie, moins désagréable, écrit sur le ministre : « Quant à moi, avec son humeur et mine sévères, je le trouve fort obligeant, facile aux choses raisonnables, de parole et expéditif. »

Colbert tient les cordons de la bourse et exerce une influence certaine auprès du roi. Les solliciteurs envahissent son bureau. L'ambassadeur de Venise notera dans ses souvenirs : « Les jours qu'il donnait audience, les maisons des autres ministres ressemblaient à des solitudes. » Sa froideur lui est fort utile pour intimider les courtisans et décourager les demandes. L'on connaît la célèbre audience au cours de laquelle Mme Cornuel lui dit de sa voix perçante : « Monseigneur, faites-moi au moins signe que vous m'entendez ! »

Le roi sait ne pas se montrer avare. Pensions, dots, gratifications, pleuvent sur les courtisans dociles. La domestication de la noblesse coûte cher au trésor. Les dépenses de Louis XIV à la cour appartiennent au domaine du caprice. Ici encore, le roi admet difficilement la conception de Colbert sur les finances publiques. Comment concilier un budget clairement établi à l'avance avec les fantaisies d'un monarque arbitraire ?

Le ministre tente de surveiller de près la distribution des pensions. Comme dit Mme de Sévigné : « Il faut solliciter ce qui n'était pas une affaire autrefois. Voici un brave temps. » Avec quelle appréhension la marquise va affronter « la glace qui l'attend », lorsque Colbert lui accorde une audience ! Avec quel soin elle a préparé tout un discours pour obtenir une pension à son gendre ! Mme de Sévigné rapportera à sa chère fille : « Je n'aurai nulle fatigue à vous dire la réponse : « Madame, j'en aurai soin. » Et me ramène à la porte et voilà qui est fait. »

Toute la cour observe la rigueur impitoyable que montre le ministre pour instruire le procès de Fouquet et châtier les crimes de certains nobles terrés dans leurs fiefs provinciaux. Lorsqu'un courtisan aborde Colbert, n'est-ce pas aussi le monde des privilèges qui se heurte à l'Etat justicier ?

CHAPITRE III
L'État justicier

« Le désordre régnait partout. » Ainsi s'exprime le roi dans ses *Mémoires pour l'année 1661*. Ces quelques mots résument l'incroyable enchevêtrement des juridictions, la disparité des lois et des coutumes, la désobéissance généralisée au pouvoir central, la tyrannie de clans ou de localités. Rien n'est plus compliqué que la lourde machine administrative de l'Ancien Régime. Rien de plus injuste que les nombreux abus pratiqués par une foule d'officiers de finance, si soucieux de se rembourser de leur charge aux dépens des contribuables et du trésor royal.

Le Grand Siècle n'a pas quitté le Moyen Age. Un Moyen Age finissant, décadent, avec une nette résurgence des féodalités et sans l'élan spirituel des bâtisseurs de cathédrales. Un intense besoin d'unification, d'ordre et de simplicité s'accompagne d'une nostalgie, très à la mode, de la Rome antique. La visite des vestiges romains est au goût du jour. L'absence de salubrité dans les villes, l'étroitesse et la saleté des rues, le danger permanent des incendies, appellent un urbanisme plus fonctionnel, plus ordonné, inspiré des plans antiques. Pour les contemporains de Colbert, Rome évoque une certaine notion de modernisme. Le ministre fait rechercher les grands principes du droit romain. Il a une sorte de vision sentimentale de la Rome d'Auguste, puissante, forte de son unité et de la clarté de son administration.

Comment châtier les abus, comment imposer cet ordre justicier et cette unité simplificatrice ? Seule l'autorité personnelle du roi peut vaincre une infinité de résistances et d'obstacles.

Louis XIV a une très haute conscience de l'importance de son rôle dans tous les domaines qui concernent la justice. Et cela pour plusieurs raisons. Selon la tradition capétienne, le pouvoir judiciaire légitime la majesté de la fonction royale. Les états de Normandie supplient Dieu et Louis XIII, « son lieutenant ici-bas » d'avoir pitié de leurs misères.

Le roi, délégué de Dieu, sacré par l'Eglise, est le protecteur naturel des peuples, le juge suprême.

D'autre part, Louis XIV constate que l'organisation de la justice, telle qu'elle existe au début du règne, constitue un frein puissant à l'absolutisme monarchique. Les parlementaires, très jaloux de leur indépendance, sont avant tout des magistrats. En multipliant la vente d'offices de justice et de finances, les rois — comme l'écrit Pierre Goubert — ont perdu en autorité ce qu'ils ont gagné en argent.

Dès le début de son règne personnel, avant même la chute de Fouquet, Louis XIV veut réduire l'autorité des cours souveraines et des corps d'officiers. Des magistrats turbulents sont exilés, les remontrances sont repoussées, l'emploi de commissaires du roi dans les provinces est encouragé.

Colbert n'imaginerait pas mettre en doute l'autorité sacrée du roi en matière de justice. De toute son âme, il travaille à grandir le pouvoir politique du souverain. Mais, dans ses rêves réformateurs, Colbert est plus hardi que Louis XIV. Le ministre se montre plus unitaire et niveleur que le roi. Une codification des lois, unique et étendue à tout le royaume, lui paraît être le meilleur garant d'une justice équitable, la meilleure défense contre les caprices des intérêts particuliers.

Il propose « ce grand dessein » au roi, dans un discours

prononcé en 1665 au conseil de justice, dont, bien entendu, le ministre fait partie. Ce conseil se contentera-t-il de remédier aux insuffisances de l'administration, signalées çà et là, par divers mémoires? Colbert suggère à Sa Majesté « quelque plus grand dessein, comme serait celui de réduire tout son royaume sous une même loi, même mesure et même poids, qui serait assurément un dessein digne de la grandeur de Votre Majesté, digne de son esprit et de son âge, et qui lui attirerait un abîme de bénédictions et de gloire (dont toutefois Votre Majesté n'aurait que l'honneur de l'exécution, vu que le dessein en a été premièrement formé par Louis XI, qui a été, sans contredit, le plus habile de tous nos rois...) ».

Louis XIV, plus prudent que son ministre, préfère suivre une politique d'unification plus discrète, moins brutale et rapide que la politique souhaitée par Colbert.

Colbert recommande au roi « une grande chaleur, une grande application et une grande fermeté ». Moins passionné, Louis XIV restera, néanmoins, très intéressé par l'unification de la justice et solidaire de l'action de Colbert. Le ministre devra faire preuve de toute son énergie et de toute sa volonté — qui sont très grandes — pour affronter l'immense tâche qui lui tient tant au cœur. Les « mille tyrans », selon sa propre expression, qui infligent leurs vexations en toute impunité, sont prêts à défendre âprement leurs privilèges.

LES MILLE TYRANS

Un voyage dans les provinces du royaume de Louis XIV contredit sans cesse l'image traditionnelle d'une monarchie absolue. De même que l'impôt royal n'est qu'un impôt parmi d'autres, la loi royale reste une loi parmi d'autres. L'unification du royaume est à peine ébauchée. Chaque province, chaque commune, continue à juger selon sa coutume. Le roi veut-il imposer une décision d'ordre juridique? Une cascade de juridictions enchevêtrées s'emploie à faire traîner l'affaire. Bailliages, sénéchaussées, cours inférieures, cours suprêmes, enregistrent, transmettent, publient, affichent... Pour l'exécution, il faut passer par les services d'un huissier, qui somme individuellement chaque intéressé. Et que dire de la multiplicité des chambres plus spécialisées qui ne siègent qu'à certaines époques de l'année? Lenteur, complication, disparité caractérisent l'énorme machine judiciaire de l'Ancien Régime, dont l'exercice est assuré par d'innombrables magistrats, officiers de Justice propriétaires de leur charge.

La faiblesse du contrôle royal, la mauvaise qualité d'une grande partie de ce personnel judiciaire, conduisent à des abus stupéfiants. Les gens de robe, les « robins », grugent les hobereaux ruinés dont ils veulent acheter les terres nobles. Ils provoquent l'adjudication pour les frais d'un procès onéreux et mobilisent tout le ban et l'arrière-ban des gens de justice à leur profit. Lois, coutumes, usages, justice royale et justice seigneuriale sont totalement confondus. A qui demander justice? Loyseau note que « le paysan du Poitou plaidant pour sa vache ou sa brebis préfère les abandonner plutôt que de passer par cinq ou six juridictions ». Les justices de village suivent les coutumes d'un ressort voisin où se situe la seigneurerie dont elles relèvent, plus souvent qu'elles n'appliquent les lois de leur province. Les juges de village, ignorants, maquignons, moitié paysans, moitié magistrats, courent les marchés et les foires, acceptent volontiers les pots-de-vin. Le spectacle de leurs soûleries dans les tavernes en compagnie des justiciables est fréquent. A un niveau supérieur, il n'est pas rare de voir des parlementaires juger selon leurs amitiés ou leur clientèle. Les chicanes et les haines privées sont violentes. De façon générale, les gens de justice cherchent par tous les moyens à rattraper le prix de leur charge.

La justice seigneuriale s'exerce parallèlement à la justice royale. Chaque gentilhomme se considère propriétaire de la justice de son village, et si ce village n'est qu'un hameau, il juge souverainement les trois hommes et les deux femmes de ce hameau. Il n'est pas rare de rencontrer des nobles qui montrent un paternalisme bon enfant et relativement généreux — comme Mme de Sévigné. Il existe également de nombreux seigneurs, véritables criminels et chefs de bande, qui terrorisent leur région en toute impunité. Le baron de Sénégas sera convaincu, entre autres crimes, de deux ou trois assassinats, d'emprisonnements, de séquestration d'un ennemi dans une armoire humide... M. du Palais torture les huissiers qui l'assignent. D'autres gentilshommes, véritables bandits de grand chemin, rançonnent voyageurs et paysans, ou enlèvent les filles riches à marier !

Outre la dîme qu'il paye au clergé, le contribuable subit une double imposition directe : celle qu'il doit au seigneur et celle que fixent les officiers de finances du roi. La fiscalité de l'Ancien Régime est extraordinairement injuste dans son organisation comme dans son application.

Les paysans payent la presque totalité des impôts directs. Saint-Aulaire écrira avec raison : « Si l'on a égard à la rareté des capitaux et à l'état de l'agriculture ; si l'on considère que la taille était payée seulement par les roturiers qui ne possédaient pas plus du tiers du territoire et qui devaient payer en outre la dîme, les droits féodaux et les charges locales ; si l'on considère que cet impôt devenait plus oppressif encore par l'arbitraire de la répartition, on sera épouvanté du fardeau supporté alors par le peuple. »

Certains seigneurs, comme le terrible baron de Sénégas, imposent des redevances irrégulières, en nature et en argent. En Auvergne, le vicomte de Canillac lève sur ses terres la taille de Monsieur, celle de Madame, et celle de tous ses enfants, que ses sujets payent outre celle du roi.

Le recouvrement des impôts royaux donne également lieu à des quantités d'abus. Rappelons très sommairement quelques traits de l'organisation de la fiscalité royale. Le royaume est divisé depuis Richelieu en trente-deux généralités. Douze d'entre elles appartiennent à des « pays d'état » qui ont conservé le droit de proposer au roi le montant de leur imposition. Les vingt autres se situent dans les « pays d'élection » où des « élus royaux » fixent les impôts à leur guise.

Dans chaque généralité, les receveurs généraux centralisent les revenus par région, acquittent les dettes locales et versent le montant de l'impôt au trésorier de l'épargne. Le trésor de l'épargne est une institution financière créée par François Ier pour centraliser les revenus ordinaires (domaine du roi) et extraordinaires (impôts directs et indirects) de l'Etat.

Le roi pensait ainsi ruiner l'ancienne aristocratie financière qui possédait le monopole des finances. Mais, à leur tour, trésoriers et receveurs formeront une caste assez indépendante du pouvoir central et s'entendront souvent au détriment de l'Etat. Il n'est pas rare de voir des receveurs généraux consentir des avances au trésorier de l'épargne en échange de la remise du dixième des recettes, ce qui entraîne une diminution d'impôts.

Les officiers de finances chargés de fixer les taxes surchargent volontiers certaines paroisses pauvres, incapables de payer des pots-de-vin, au profit de paroisses assez riches pour corrompre ces curieux fonctionnaires. Ou bien les « coqs de village » obtiennent des diminutions en menaçant les collecteurs.

L'impôt indirect (« fermes, gabelle, aides »), inséparable du prix des objets de consommation, touche l'ensemble de la population et paraît donc plus juste. Mais son recouvrement provoque aussi des abus. Les « fermiers » exigent des intérêts pour pouvoir payer d'avance.

La population hait les « partisans » confondus avec les

officiers de finances et qui fouillent dans les vies privées, enquêtent, dénoncent ou pratiquent le chantage.

Déjà, au temps de Mazarin, Colbert s'indignait de ces multiples abus. Pour les combattre, il va s'appuyer sur les auxiliaires habituels du pouvoir central : les maîtres des requêtes.

LES MAÎTRES DES REQUÊTES

L'institution est fort ancienne [1]. Véritables successeurs des « missi dominici » de Charlemagne, les rois les envoient « chevaucher » dans les provinces, munis de pouvoirs exorbitants. Ils partent alors avec un pouvoir supérieur à celui des parlements. Ils inspectent l'administration locale, écoutent les doléances des sujets, et peuvent, pour des cas déterminés, juger, même à mort, sans appel ni recours. Considérés comme magistrats dont ils partagent l'inamovibilité, ils ont accès à tous les parlements. La plupart sont d'ailleurs d'origine parlementaire. Hors des chevauchées, leurs attributions sont multiples, tant sur le plan administratif que judiciaire. Comme les conseillers d'État, les maîtres des requêtes sont à la fois fonctionnaires et officiers. Le prix d'achat de leurs charges est considérable. Le fameux La Reynie, futur lieutenant de police de Paris, paye la sienne 300 000 livres en 1661. Il est nécessaire, pour obtenir la charge, d'avoir trente-trois ans accomplis. Parfois l'on accorde des dispenses : Fouquet a été maître des requêtes à l'âge de vingt-cinq ans. Ces magistrats ont hautement conscience de représenter l'Etat justicier et, dans leur ensemble, seront plus que fidèles à Colbert. Ils seront

---

1. La dénomination date du règne de Philippe V. A l'origine, ces magistrats étaient chargés de recevoir les « requêtes » adressées au roi en son « hôtel ». D'où leur nom de « maîtres des requêtes de l'hôtel ».

presque les seuls à l'avoir toujours compris, peut-être les seuls à l'avoir aimé parfois.

Choisis parmi les maîtres des requêtes, les intendants sont placés à la tête d'une ou de plusieurs généralités. Durant la Fronde, ils y résidaient à demeure et y supervisaient la police, la justice et les finances, à la fureur des parlements et des corps d'officiers. La Fronde parlementaire oblige Mazarin à supprimer les intendants. Le cardinal tourne la difficulté en rétablissant l'usage des « chevauchées » des maîtres des requêtes. La Fronde jugulée, les intendants reviennent, mais avec le titre de « commissaires départis pour l'exécution des ordres du roi[1] ».

Les premières années de son règne personnel, Louis XIV veut réduire leur rôle ou l'apparence de leur puissance, afin de ne pas réveiller les velléités de la Fronde. Le roi leur interdit formellement d'empiéter sur les fonctions des officiers qu'ils doivent seulement surveiller. Peu à peu, ils seront installés à demeure dans tout le royaume, à la tête d'une seule généralité, et retrouveront leur titre glorieux d'intendants de police, justice et finances. A ce titre, ils dépendent tout à la fois du chancelier et du contrôleur général. Tant que Séguier et Aligre sont à la tête de la justice, Colbert a la haute main sur ce personnel administratif si utile à l'exécution de sa politique.

Sous Louis XIV, il y a vingt-cinq intendants (vingt et un en pays d'élection et quatre en pays d'état). Le nombre est incroyablement faible lorsqu'on le compare à celui des officiers.

Colbert dit à plusieurs reprises son désir de voir conduire l'Etat par un très petit nombre de fonctionnaires. Pour la matière des finances, « il est certain, écrit

---

1. Les départements ou territoires dans lesquels ils exercent leur pouvoir financier, sont en partie à l'origine de notre actuelle géographie départementale.

le ministre, que tant plus elle sera facilement entendue, et conduite par un moindre nombre de personnes, tant plus elle approchera de la perfection ».

Un fonctionnariat important risquerait d'échapper au contrôle du gouvernement central et d'alourdir la machine administrative, déjà si pesante et si complexe.

Par contre, le ministre attache une importance extrême à la qualité et à la compétence de ce personnel très soigneusement choisi, formé, et surveillé. Dès 1661, il se fait dresser la liste des quatre-vingts maîtres des requêtes. En face de chaque nom, il note de sa main ses appréciations[1]. « Bon mais ne vaut point l'emploi de province », ou « le roi le connaît », « médiocre », « il a toujours été estimé des plus forts... » etc.

Avant de leur confier un poste d'intendant, Colbert initie les jeunes maîtres des requêtes à l'exercice de leur fonction, en leur donnant des missions particulières à travers tout le territoire « de façon qu'ils visitent tout le dedans du royaume en l'espace de sept ou huit années de temps et se rendent par ce moyen capables de plus grands emplois ».

Les fonctions administratives des intendants deviendront, avec le temps, aussi diverses qu'étendues. Salubrité des villes, enquêtes policières, pouvoirs judiciaires, entretien des chemins, questions financières prennent une grande place dans l'énorme correspondance entre Colbert et les intendants.

Le ministre les accable de recommandations, parfois de réprimandes, ou de menaces qu'il remet toujours à une autre fois... Fonctionnaires privilégiés, ils ont une sorte d'appui tacite et complice du ministre.

En 1664, Colbert charge les maîtres des requêtes et intendants d'une enquête générale à travers tout le royaume, pour connaître l'état de l'Église, de la noblesse,

---

1. Document inédit.

de la justice et des finances. Le recensement des abus aidera à la préparation d'un ensemble de réformes. Il suffit de lire les résultats d'une enquête sur le Poitou que Colbert de Croissy envoie à son frère, pour constater une mise en place d'un véritable fichier de police étendu à l'ensemble du territoire.

La principale attribution des intendants reste celle de veiller à une égale répartition de la taille. Les abus, les arrangements et les corruptions sont tels que la tâche des envoyés du roi semble parfois surhumaine. Qu'on en juge par les déboires que connaît Claude Pellot, intendant de Guyenne, parent par alliance et ami personnel de Colbert. Un jour, deux huissiers de Pellot s'obstinent à lever la taille sur des gens protégés par M. d'Orbussan, conseiller du parlement de Toulouse. M. d'Orbussan, furieux, imagine une vengeance. Avec l'aide de faux témoins, il appuie de tout son crédit une plainte calomnieuse pour viol. Les huissiers, mis en jugement devant le parlement de Toulouse, sont condamnés, mais pas pour longtemps. Pellot informera lui-même et obtiendra de Colbert que l'affaire soit enlevée au parlement et remise à la justice des maîtres des requêtes. M. d'Orbussan sera décrété d'ajournement par le même tribunal.

Nous sommes alors en 1665. Le roi se sent assez fort pour abaisser le pouvoir judiciaire des cours « souveraines » qui ne seront désormais que « supérieures ».

Le contrôle royal sur les parlements s'exerce également par l'intermédiaire des premiers présidents, nommés par le roi, et souvent choisis parmi les maîtres des requêtes. Claude Pellot devient premier président du parlement de Normandie en 1670. Il continue à envoyer au ministre des renseignements précis sur la région, sur ses notables et ses parlementaires.

La jurisprudence du parlement de Normandie contre les sorciers ou prétendus tels reste cruelle.

En juillet 1670, le parlement de Rouen condamne un homme et deux femmes a être pendus, puis brûlés, pour crime de sortilège. Pellot est indigné par la légèreté et par la cruauté de ses collègues, Ces femmes ont été condamnées sur la simple déposition de quelques jeunes garçons de quinze à seize ans qui disent les avoir vues au salibot? Il n'existe aucune accusation d'empoisonnement, sortilège ou maléfice. Quant à l'homme, on lui reproche d'avoir donné des maladies à des gens qu'il n'aime pas...

Pellot s'empresse d'écrire à Colbert :

« L'on doit juger un autre sorcier demain; outre cela, il doit en venir vingt et un ou vingt-deux d'une bande, et huit ou dix d'une autre, dans un jour ou deux, du même endroit d'où sont venus ceux-ci, qui est entre Coutances et Carentan [...]. L'on dit que, dans ce pays-là, l'on découvre tous les jours des personnes que l'on accuse de sortilège, et l'on appréhende que plus on en condamnera, plus on en découvrira. De sorte que si Sa Majesté trouve à propos de donner sur cela quelques ordres, ils viendront assez à temps, car ces trois que l'on a condamnés aujourd'huy, on ne les conduira de trois en quatre jours au supplice, pour attendre ceux qui doivent être condamnés et les mener tous ensemble. »

Et le président Pellot ajoute :

« ... Je trouve, Monsieur, bien dangereux, sur la déposition de quatre ou cinq misérables, qui ne savent souvent ce qu'ils disent, de condamner des personnes à mort [...] La matière, il me semble, est assez importante, afin que S.M. fît quelque règlement là-dessus, et que les juges sussent quelles preuves il faut pour condamner pareils gens. Car il y en a qui s'en moquent, d'autres qui ne s'en moquent pas et qui les font brûler, et il est fâcheux que l'on voie que l'on se joue ainsi de la vie des hommes. »

Pellot et Colbert sauveront les accusés en obtenant du grand conseil un arrêt qui condamnera le jugement des parlementaires, malgré les vives protestations de ces derniers. En 1694, après la mort du ministre, d'autres condamnations auront lieu. L'intendant Foucault réussira à sauver certains condamnés, d'autres périront sur le bûcher.

Colbert s'empare peu à peu de la direction du personnel relevant normalement de la chancellerie. Ormesson notera, non sans une certaine irritation : « M. Colbert fait, depuis dix ans, la principale charge de chancelier, en distribuant tous les emplois aux maîtres des requêtes, en proposant seul au roi les personnes propres pour remplir les charges qui viennent à vaquer, les donner à ses parents, etc. »

Mais la mise en place d'un personnel dévoué ne suffit pas pour punir ou affaiblir les abus les plus évidents. Les premières années du règne personnel du roi, une série de mesures immédiates menacera de nombreux intérêts et provoquera des haines durables contre le ministre.

Mesures immédiates

L'établissement en 1661 d'une chambre de justice destinée à frapper le monde des traitants, et de façon générale les créanciers abusifs de l'Etat[1], fera trembler l'édifice de la finance pendant près de huit années ! Principal accusé : Nicolas Fouquet, brillant symbole de tout un univers. D'Angers, l'ex-surintendant, a été conduit à Amboise, à Vincennes, puis à Moret où Colbert, d'accord avec d'Artagnan, « a trouvé fort à propos qu'on remît une grille aux fenêtres[2] », puis enfin à la Bastille, au moment de son procès. Pellot et d'autres maîtres des requêtes ont saisi et scellé les papiers de Fouquet et de Pellisson, son secrétaire. Tous ces papiers ont été remis entre les mains de Louis XIV.

---

1. La chambre se propose de rechercher toutes les malversations commises depuis 1635.
2. Lettre de d'Artagnan, catalogue Charavay n° 751.

Le roi a pensé un instant de livrer sur l'heure l'ancien surintendant à une commission spéciale qui lui aurait fait son procès sans tarder. Ce projet n'a pas eu de suite et l'on a préféré préparer soigneusement la création d'une chambre de justice.

Fouquet devra attendre trois ans avant sa mise en jugement devant un tribunal composé en partie de maîtres des requêtes et conseillers d'Etat, en partie de membres de divers parlements.

Le roi confie d'abord à Lamoignon, premier président du Parlement de Paris, la présidence de la chambre de justice. Soucieux des formes légales, Lamoignon exige, dès 1662, que l'accusé ait communication des pièces du procès et soit pourvu d'un conseil.

Le procès traîne au point que Louis XIV en personne demande à Lamoignon de se retirer. C'est le chancelier lui-même, Pierre Séguier, qui le remplace. Séguier et Fouquet sont des ennemis de longue date, mais pour des raisons assez cocasses : tandis que Fouquet restait fidèle au roi pendant la Fronde, Séguier avait pris le parti des princes! L'accusé ne manque point de le rappeler au cours du procès, devant le chancelier fort gêné... Caractère assez opportuniste, Séguier aime à suivre l'homme du moment, en l'occurrence Colbert. Mme de Sévigné, qui pleure sur les malheurs de son ami, écrit à Pomponne :

« « Puis » (Pierre Séguier) est toujours en crainte de déplaire à « Petit » (Colbert). Il lui fit excuse l'autre jour de ce que M. Fouquet avait parlé trop longtemps, mais qu'il n'avait pu l'interrompre. »

Malgré la gravité du plan de Saint-Mandé et du début de son exécution, c'est bien davantage le concussionnaire qui intéresse les juges. Curieusement, la postérité réagira de la même façon.

L'argumentation de Fouquet pour défendre sa gestion financière est habile, intelligente et impressionne un peu les juges, pourtant secrètement choisis par Colbert.

Tout d'abord, l'ex-surintendant explique que ses

méthodes étaient dictées par Mazarin, qui lui-même confondait sans aucun scrupule le trésor de l'Etat et sa fortune privée, avec la complicité de Colbert. L'incroyable avidité du cardinal l'a obligé à se procurer rapidement des sommes énormes. En deuxième lieu, les temps de guerre ne permettent pas les grandes réformes financières. Les dépenses extraordinaires et imprévues impliquent le désordre. Enfin — et nous nous trouvons là au cœur du différend politique et économique qui sépare Fouquet de Colbert —, l'ex-surintendant défend une politique de crédit public radicalement opposée à celle de son ennemi.

Quelques jours avant la chute de Fouquet, il fut déjà question de déférer à une chambre de justice spéciale les usurpateurs des revenus publics. Les avis contraires, nombreux, firent connaître qu'un tel acte d'autorité ruinerait le crédit public, ferait cesser le commerce et chasserait du royaume l'argent des étrangers. En outre, les gens d'affaires étaient prêts à offrir vingt millions pour éviter les poursuites.

Fouquet persiste à penser qu'il faut encourager les capitaux et plus précisément le risque capitaliste, en flattant les gens d'affaires. Il dira dans ses *Défenses* : « ne point tant parler de taxes sur les gens d'affaires, les flatter, et au lieu de leur disputer des intérêts et profits légitimes, leur faire des gratifications et des indemnités de bonne foi, quand ils avaient secouru à propos. Le principal secret, en un mot, était de leur donner à gagner ; étant la seule raison qui fait que l'on veut bien courir quelque risque ».

Dès 1661, Colbert pose en principe que l'Etat doit refuser le recours à toute forme d'emprunt et de crédit public ; l'Etat trouvera ses ressources uniquement dans les revenus des impôts et des domaines du roi. Pour le ministre, les créanciers de l'Etat sont des ennemis publics qui spéculent honteusement sur la détresse du trésor. Pendant toute la durée du procès de Fouquet, Colbert s'acharne, avec une grande brutalité, contre tout ce qui ressemble de près ou de loin à un créancier du roi.

Les foudres de Louis XIV et de son ministre s'abattent sur les traitants, premiers parmi les profiteurs... Olivier d'Ormesson — qui, il est vrai, n'aime point Colbert — écrira :

« Les gens d'affaires furent recherchés vivement, et cette recherche passa des pères aux enfants, des enfants aux parents qui avaient hérité, ensuite aux gendres, et eut son effet aussi sur les immeubles qui avaient servi de dot aux filles des financiers, et les gendres payèrent les taxes de leurs beaux-pères, sans rémission ni distinction des gens de robe, constituées dans les premières charges, ni de ceux même de l'épée. On a vu mettre garnison chez les présidents à mortier, parce qu'ils avaient épousé des filles de traitants. »

Les soupçons inquisiteurs n'épargnent aucune classe sociale. En 1662, le duc de Guise demande « la grâce d'être traité différemment d'avec les traitants, puisqu'au lieu de m'être enrichi dans ses affaires [du roi], j'ai toujours mangé mon bien [1]... »

En second lieu, Colbert s'attaque aux rentiers. Nombre de ceux-ci avaient acquis, dans des périodes de troubles, des rentes émises par le gouvernement, constituées sur l'Hôtel de Ville de Paris, ou sur d'autres administrations. Achetées à vil prix, ces rentes en sont venues à produire un intérêt exorbitant.

Colbert agit sans aucun ménagement. Il supprime purement et simplement un million de rentes sur les tailles, 600 000 livres sur les gabelles, toutes les rentes sur l'Hôtel de Ville, de 1656 à 1661. Ou bien il rembourse d'autres rentes au prix d'achat, déduction faite du surplus de l'intérêt légal payé par le gouvernement ! Ces mesures draconiennes, qui ressemblent parfois à de véritables expropriations, touchent une multitude d'intérêts et

---

1. Lettre du duc de Guise à Colbert, catalogue Charavay n° 754.

concernent tout autant la haute et la moyenne épargne. Le président Lamoignon se sentira lésé et s'opposera vainement à cette politique. Mme de Sévigné se dit menacée d'aller à l'hôpital.

La foule des rentiers exècre Colbert. Un véritable parti en faveur de Fouquet commence à s'organiser. Foucault[1] prévient le ministre : « Tout est plein de menaces, et M. d'Artagnan me dit que vous, monsieur, deviez vous précautionner plus que jamais. »

Au mois de décembre 1664, Fouquet va être jugé. Turenne lance la terrible boutade : « Je crois que M. Colbert a plus envie qu'il soit pendu, et que M. Le Tellier a plus de peur qu'il ne le soit pas. »

Le 20 décembre, l'on connaît le verdict. Sur les vingt-deux juges, treize se sont prononcés pour le bannissement, neuf pour la mort. C'est un camouflet pour Colbert qui a attentivement veillé à la composition du tribunal. La brutalité justicière du ministre, le rapport modéré d'Olivier d'Ormesson[2], un peu de pitié pour cet homme si courtisé, dont les cheveux ont blanchi après son arrestation, ont peut-être déterminé la clémence des juges. Dès le lendemain, Louis XIV commue la peine de bannissement perpétuel à celle de prison perpétuelle. Fouquet sera conduit au fort de Pignerol où il meurt, en 1680, après une détention particulièrement dure.

La chambre de justice durera encore jusqu'en 1669, terrorisant les uns, maintenant les autres dans un état d'inquiétude continuelle, au point que le gouvernement finira par montrer une relative souplesse. La chambre procurera à l'Etat un total de 110 millions de livres.

Les faux nobles, qui se dérobent à l'impôt, sont recherchés et poursuivis.

---

1. Nicolas Foucault (1643-1721) fut intendant de Montauban, du Poitou, de Normandie. Il montra une grande ardeur à combattre les protestants après la révocation de l'Edit de Nantes.
2. Rapporteur au procès.

L'État justicier

Les vrais nobles, coupables de menacer ou de terrifier populations et agents fiscaux, comparaissent devant des assises spéciales qui impressionnent vivement tout le royaume. Colbert pensait déjà à la tenue des « Grands Jours », du temps de Mazarin.

Les tribunaux extraordinaires sont vivement réclamés par les populations et même par certains parlementaires qui paraissent accablés par l'impuissance des justices locales face à tant d'exactions.

En 1665, s'ouvrent à Clermont les « Grands Jours » d'Auvergne. La noblesse auvergnate connaît la terreur. Il y a des condamnations à mort, des suppressions de droits de justice, des amendes, des bois rasés et des forteresses démolies.

Néanmoins, de nombreux seigneurs parviennent à se cacher dans les montagnes. L'on compte trois cent quarante jugements par contumace. Les condamnés qui ont échappé à la justice royale sont brûlés en effigie devant les badauds.

L'année suivante, se tiennent les « Grands Jours » du Languedoc. A nouveau, l'on exécute ou l'on juge par contumace.

Le résultat psychologique de ces « Grands Jours » est considérable.

La justice royale s'est affirmée solennellement. Colbert convainc Louis XIV de réduire l'importance et le nombre des officiers. Des milliers d'offices nouveaux, inutiles, ont été créés et vendus depuis 1630. Le paiement des gages coûte plus de 8 millions par an au trésor royal. Et cet engouement effréné pour les charges détourne les capitaux du commerce et de l'industrie. Malgré les cris, les supplications et les offres de pots-de-vin, Colbert supprime quantité de charges qu'il rembourse à vil prix (édit de 1665, renouvelé en 1669 et en 1671). Les officiers seront de plus en plus subordonnés aux intendants.

Dès l'établissement de la chambre de justice, le ministre

veut surveiller de près l'institution de l'épargne et l'honnêteté des trésoriers :

« Il est indubitable, écrit-il [1], que le fruit de la chambre de justice dépend uniquement des lumières que l'on tirera de l'épargne, c'est-à-dire des registres qui ont été tenus par les trésoriers [...]. L'expédient d'envoyer sceller chez eux et dans les maisons de leurs commis ferait beaucoup d'éclat. » D'autant, poursuit Colbert, qu'ils ne manqueront point de détourner leurs livres qui seront mis en sûreté! « Ainsi il est bien plus à propos de les obliger à représenter leurs registres par une déclaration du roi. »

Les « remises » aux receveurs qui atteignent le taux scandaleux de 25 %, sont brutalement réduite de 4 %. En 1664 Colbert supprime le titre de trésorier de l'épargne et exerce lui-même la fonction. Le trésor de l'épargne devient « trésor royal » en 1666.

Les résultats financiers de tant d'efforts? Une diminution considérable des charges budgétaires permanentes qui passeront en dix ans de 52 millions à 24. Un rééquilibrage progressif du budget. Rappelons qu'à la mort de Mazarin, les revenus de 1661, de 1662 et une partie de ceux de 1663, étaient mangés d'avance. L'impôt direct, c'est-à-dire la taille, qui écrase honteusement les paysans, particulièrement dans les pays d'élections, est réduit de façon spectaculaire. La taille qui monta en 1657 à 53 millions descend, entre 1662 et 1679, de 41 à 38 millions (et ne sera plus vers 1680 que de 35 millions) [2].

Par contre, l'impôt indirect, qui touche tous les consommateurs, sera notablement relevé. Les revenus provenant des fermes passent de 37 millions à 60. Le roi doit dédommager les fermiers, l'idée de substituer la régie à l'effermage étant encore trop neuve pour l'époque. Ils

---

1. Mémoire autographe inédit.
2. Dans les pays d'état, où la répartition de l'impôt, beaucoup plus juste, repose souvent sur de bons cadastres, la taille sera relevée.

sont dispensés des commis qui absorbent une partie de leur bénéfice.

L'augmentation brutale des impôts indirects, particulièrement la gabelle (taxe sur le sel), provoque des émeutes que l'on appelle alors des « émotions » populaires. La répression de l'Etat est parfois très dure.

Le ministre procédera également à la révision de la dette publique. Fouquet avait emprunté en six ans environ 171 millions au taux apparent de 5,5 ou 5,75 %, mais au taux réel de 15 à 18 %. Colbert réduira le taux de l'intérêt légal du denier 18 (5,5 %) au denier 20 (5 %), afin de mettre la France sur un pied d'égalité avec ses rivaux commerciaux, pour emprunter et négocier de l'argent.

D'autre part, le ministre poursuit inlassablement la réduction des dettes trop souvent contractées par les élus qui administrent les municipalités. Cela fournit aux intendants une occasion d'intervenir dans la gestion municipale.

Malgré l'évidence des résultats obtenus, cette politique systématiquement hostile au crédit public sera, plus d'une fois, très critiquée. Cependant, peut-on disculper Fouquet ? Le surintendant paraît plus proche d'un état d'esprit qui préfigure un certain capitalisme privé et imaginatif. Colbert croit à la rigueur d'un Etat idéalement justicier et bienfaisant. En vérité, les deux analyses se trouvent faussées par le caractère en quelque sorte bancal d'une époque transitoire.

Les structures sont inadaptées. Les mœurs, pourtant profondément enracinées, sont déjà dépassées. Fouquet se trompe. Sa malhonnêteté personnelle mise à part, aucune politique, aussi imaginative et intelligente soit-elle, ne peut être efficace lorsque la corruption est généralisée et le désordre financier institutionnalisé. Et Colbert a le tort d'espérer qu'une politique de moralisation financière produira des miracles économiques, lorsque l'assiette de l'impôt demeure très inique, et que le roi peut exiger à tout moment n'importe quelle somme d'argent. L'Etat ne peut encore se passer totalement du crédit public, sans avoir effectué auparavant une réforme nationale de très grande envergure. Il est vrai que l'effort de Colbert dans ce sens est indiscutable. Mais, là aussi, il est trop tôt.

LES GRANDES RÉFORMATIONS

L'affaire Fouquet terminée, le roi et Colbert vont s'attacher à mettre en œuvre une réforme générale de la justice. Le ministre a, sans aucun doute, donné l'impulsion du projet. Mais, habilement, il flatte le roi d'en avoir eu l'idée. Il est vrai que Louis XIV, très intéressé par cette question, exige de tout vérifier lui-même. En 1665 ont lieu les premières conférences préparatoires tenues devant le roi et appelées « conseils de justice ». Tous les ministres y assistent, ainsi que le terrible Pussort, oncle de Colbert.

Colbert veut aller vite. Il est d'avis de ne communiquer à personne le projet préparé par le conseil, et de procéder immédiatement à la promulgation de l'ordonnance en l'enregistrant dans un lit de justice. Mais Louis XIV souhaite une action plus réfléchie, et ordonne d'élargir le conseil. La lettre qu'il envoie à Colbert montre assez clairement sa prudence [1] :

« *A Versailles le jeudi.*

« *Il serait bien à propos que vous vissiez demain M. le chancelier* [2] *et que vous lui disiez que je désire qu'il demande l'avis aux gens du roi du parlement sur ce qu'il y a à faire pour réformer la justice comme aussi à ceux des autres compagnies de Paris. Demandez-lui s'il croit à propos de l'envoyer demander aux premiers présidents des*

---

1. Lettre inédite et non datée.
2. Séguier, chef de la justice.

provinces[1] *et aux gens du roi de tous les parlements si vous croyez que cela soit à propos.*

« *Pressez pour lui faire dire oui, sinon n'en parlez que légèrement.*

« *Louis.* »

En outre, le roi dit à Lamoignon qui s'inquiète de ces projets préparés sans son concours : « Voyez Colbert et concertez-vous ensemble. » Le ministre est surpris mais doit s'incliner.

Les nouvelles conférences commencent au début de l'année 1667. Elles ont lieu chez Séguier et se composent, selon le désir du roi, de cinq conseillers d'Etat, dont Pussort, de trois maîtres des requêtes, du premier président Lamoignon, de plusieurs présidents parlementaires et de gens du roi.

Les procès-verbaux de ces conseils témoignent de la lutte continuelle qui sépare Lamoignon de Pussort. Lamoignon, dont la carrière doit beaucoup à Fouquet, est honnête, traditionnel, très respectueux des prérogatives de la magistrature, et paraît systématiquement hostile aux initiatives de Colbert.

Saint-Simon laissera de Pussort ce portrait : « Un grand homme sec, d'aucune société, de dur et difficile accès, un fagot d'épines, sans amusement et sans délassement aucun; parmi tout cela, beaucoup de probité, une grande capacité, beaucoup de lumières, extrêmement laborieux. »

Malgré les suggestions modératrices de Lamoignon, c'est l'esprit réformateur et dur de Pussort — et de Colbert à travers lui —, qui l'emportera le plus souvent. En avril 1667, « l'ordonnance civile touchant la réformation de la justice », ou Code Louis, est enregistrée. C'est la première véritable tentative d'unification et de codifica-

---

1. Rappelons que contrairement aux autres parlementaires, les premiers présidents sont nommés par le roi.

tion des règles de procédure. Colbert aurait voulu qu'elle aboutisse à la gratuité de la justice.

Trois ans plus tard, l'ordonnance criminelle est publiée. Ici l'on peut regretter que Lamoignon n'ait pu imposer ses vues, beaucoup plus humaines et respectueuses du droit des gens que celles de Pussort.

Tant que vivra Colbert, une œuvre générale de codification sera poursuivie sans désemparer [1].

Les parlements accepteront avec beaucoup d'aigreur ces « réformations » voulues par le roi. L'attitude du parlement de Rouen paraîtra proche de la rébellion. Les parlementaires, en général, enrageront d'apprendre la suppression de leur droit de remontrance.

La jurisprudence du Parlement de Paris sera le meilleur ferment d'unification. Très lentement, la coutume de la capitale pénétrera partout. Peu à peu, « un droit français » se dégagera de magmas de coutumes différentes et enchevêtrées.

En conclusion, la monarchie n'a-t-elle pas contribué à mettre en place des forces bientôt capables de lui porter ombrage ? Un corps administratif puissant s'accapare des rouages de l'Etat et risque d'échapper un peu à l'autorité du roi. Face au droit divin, s'installe imperceptiblement le droit des hommes. Surtout, l'on s'achemine vers la cohérence unitaire de la justice. L'on prépare une codification qui, par son caractère ambitieux, immuable, logique, surgira face à l'arbitraire. Un nouveau régime s'annonce.

---

1. Ordonnances des eaux et forêts, du commerce, de la marine, code noir, étudiées ultérieurement.

CHAPITRE IV
Paris et Versailles

Colbert souhaite que le roi s'identifie à cette sorte d'ordre nouveau en s'installant à Paris, centre de l'Etat. Or, Louis XIV, incarnation vivante de la France, voudra que la nation et le monde s'inclinent devant Versailles, temple de la majesté royale. Est-ce seulement le souvenir de la Fronde qui éloigne le roi de Paris? Curieuse ambiguïté du personnage, devinée çà et là. Il domestique l'aristocratie mais les nobles sont aussi considérés et traités comme des demi-dieux olympiens. Il promet une administration puissante, mais il s'en méfie. Il proclamera Paris « la royale et capitale du royaume, le centre de l'Etat », ou « la patrie commune de nos sujets », et se désintéresse de la ville où il n'aime pas séjourner. Le choix de Versailles est grave. Les hommes qui participent à la vie politique, économique, scientifique ou artistique de la nation, résident ou viennent à Paris. Versailles est une ville morte lorsque le roi ne s'y trouve pas. Toute une classe active, ambitieuse, avide de charges publiques, ressentira avec quelque amertume le mépris d'une cour quasi magique dont ils sont exclus. Le centre de l'Etat ne sera pas le centre de la monarchie. Les conséquences de cette séparation sont incalculables pour l'avenir du régime. Colbert pressentira le danger et subira avec consternation la passion de Louis XIV pour son temple.

De par ses fonctions officielles, Colbert doit travailler à

l'administration de Paris comme à la construction de Versailles. En effet, la direction de la municipalité de Paris relève en partie du contrôleur général et du secrétaire d'Etat à la maison du roi. Or le ministre exerce les deux charges.

Le 1er janvier 1664, Louis XIV offre à Colbert des étrennes royales : la charge de surintendant des bâtiments, qui vaut bien 40 000 livres de rentes! Le ministre va donc poursuivre les travaux de Versailles commencés par son prédécesseur Antoine de Ratabon, et s'intéresser aux bâtiments royaux, à Paris comme ailleurs.

PARIS

Paris est alors peuplé d'environ 400 000 à 500 000 habitants. Pour l'époque, c'est énorme. La capitale est probablement la ville la plus importante d'Europe.

Paris garde encore son aspect moyenâgeux, avec ses innombrables clochetons, ses vieilles maisons, ses rues étroites, extrêmement sales, peu pavées et peu sûres. Le jour, les piétons se faufilent parmi les carrosses, les chevaux... ou les porcs et les poulets. « Gare à l'eau! » se contentent de crier les Parisiens en jetant leurs ordures. Les marchands ambulants, les artisans, participent à l'intense animation de la rue qui amusait tant Henri IV et que fuit son petit-fils.

La nuit, une foule de malandrins attaquent les passants en toute impunité. Une police, presque inexistante, des rues peu ou pas éclairées facilitent crimes et vols.

En 1667, La Reynie devient le premier « lieutenant général de police » de Paris, le mot « police » voulant également dire « administration ». La Reynie entreprend de nettoyer la ville, de paver les rues et d'installer plusieurs milliers de lanternes qui sont allumées du crépuscule au-delà de minuit pendant les mois d'hiver.

Cette innovation éblouit l'Europe. Une police est organisée et habillée d'uniformes prestigieux. La chasse aux voleurs et aux criminels est intensifiée. La Reynie adoucit parfois la dureté des ordres du roi et de Colbert. Par contre Louis XIV montre souvent beaucoup d'indulgence envers certains courtisans ou les troupes de la maison du roi, coupables de fréquentes exactions [1]. En 1672, le roi, d'accord avec Colbert, interdit les constructions au-delà des nouveaux faubourgs car « il est très difficile que l'ordre et la police se distribuent commodément dans toutes les parties d'un si grands corps ». Malgré des progrès certains, les moyens du lieutenant de police ne suffisent pas à améliorer profondément la saleté et la sûreté de Paris.

Colbert se préoccupe particulièrement des travaux d'urbanisme. Il élargit les rues, aux frais des riverains..., multiplie les fontaines, projette des canaux, plante les Champs-Elysées et les Tuileries, ou construit de nouveaux ponts. Dès 1669, le chemin qui borde la Seine est remplacé par un quai en pierre de taille, le Cours, rendez-vous élégant des dames et gentilshommes.

Autre promenade très appréciée des Parisiens : les jardins des Tuileries, dessinés par Le Nôtre. Les dames y sont souvent molestées. Colbert pense à fermer le jardin, mais Perrault intervient avec succès en faveur des promeneurs.

L'antipathie du ministre pour l'art gothique se confond avec son désir de modernisation. Paris garde encore de très nombreuses maisons datant du Moyen Age, construites en bois. Les incendies sont fréquents et se propagent rapidement : la rareté de l'eau devient alors catastrophique. Toutes ces vieilles ruelles étroites sont extraordinairement insalubres.

L'assainissement de Paris doit servir d'exemple aux

---

1. Jacques WILHELM, *La Vie quotidienne des Parisiens au temps du Roi-Soleil.*

autres villes. Les intendants des provinces ont souvent à cœur d'imiter les travaux de la capitale.

Mais le grand dessein de Colbert pour Paris consiste à construire des bâtiments à la gloire du règne. A son fils Seignelay, il écrira : « Paris, étant la capitale du royaume et le séjour des rois, il est certain qu'elle donne le mouvement à tout le reste du royaume, que toutes les affaires du dedans commencent par elle. »

Les courtisans qui se pressent à Versailles ont presque tous leur résidence dans la capitale. Mme de Sévigné dira : « Nous avons mille affaires à Paris. » Les artistes qui travaillent pour le roi logent à Paris. Le monde scientifique se rencontre dans la ville où se trouvent tous les grands corps de l'État. Des bâtiments, dignes de la gloire scientifique ou artistique du siècle, sont construits sous la direction de Colbert. Les Gobelins sont rénovés, le jardin des Plantes réorganisé, et les plans de l'Observatoire confiés à Claude Perrault. Paris doit également à Colbert les portes Saint-Denis et Saint-Martin.

Pour le ministre, le Louvre doit rester la principale résidence du roi. Il rêve d'en faire le plus beau palais du monde en le rénovant et en le reliant aux Tuileries. La façade orientale, tournée vers Paris, est considérée comme l'entrée principale. Le surintendant se consacre avec passion à son achèvement. Le Vau, François Mansart, l'Italien Pierre de Cortone présentent des projets. Finalement, l'on décide de demander au célèbre cavalier Bernin, gloire de l'art italien, d'établir ses plans pour la façade et pour la cour qui sera plus tard la Cour carrée. Bernin s'exécute sans délai et envoie ses dessins. Colbert le remercie, le flatte, l'admire mais lui demande un second projet. Une étrange comédie va se poursuivre pendant deux ans entre l'architecte et le ministre. Tout en louant le génie de Bernin, Colbert l'accable d'observations. Bernin ne tient pas assez compte de la sûreté d'un palais, « principal séjour des rois dans la plus grande et la plus peuplée ville du monde, sujette à diverses révolutions ».

Toute « la structure » de l'édifice doit « imprimer le respect dans l'esprit des peuples ». D'autre part, les projets envoyés paraissent mal adaptés au climat français. Bernin se fâche. Qu'attend-on de lui ? Colbert et le roi estiment alors qu'il vaut mieux s'expliquer de vive voix.

En 1665, Bernin quitte ses compatriotes qui craignent son départ définitif. La France le reçoit avec des honneurs exceptionnels. L'architecte propose encore et le ministre critique à nouveau. Colbert étudie les moindres détails des dessins de Bernin, les reprend un à un, harcèle l'architecte d'une multitude de questions incroyablement précises sur les corniches, balustrades, profils des escaliers, fermeture des arcades, fossés, épaisseurs des murs, emplacements des fenêtres, etc. Le projet est finalement adopté, et, le 17 octobre 1665, la première pierre est posée. Mais Colbert n'est point satisfait. Il examine, découvre quantité de nouveaux défauts. Bernin, furieux, explique qu'à Rome, le pape et les Romains l'appellent. Le ministre le prend au mot et se trouve fort soulagé de son départ.

En vérité, Colbert a toujours préféré les plans proposés par Claude Perrault, frère de Charles le conteur, et premier commis du surintendant des bâtiments. Le ministre obtient l'approbation du roi et dès 1666, l'on commence la construction de la magnifique colonnade du Louvre ainsi que les travaux dans la Cour carrée.

Les frères Perrault sont-ils seuls responsables des nouveaux plans ? Une violente controverse sera plus tard engagée par Boileau. Selon les uns, Claude n'a fait qu'exécuter les dessins de Le Vau mis au point par son gendre François d'Orbay. D'autres rappellent la participation de Le Brun. Travail d'équipe ou œuvre originale ? « Escroquerie » ou malveillances ? L'énigme demeure. Quoi qu'il en soit, la colonnade affirme un admirable classicisme français, libéré du baroque italien.

L'hiver 1666 Louis XIV abandonne le Louvre aux ouvriers et s'installe aux Tuileries. Colbert ignore alors que le roi ne reviendra plus dans « le plus superbe palais qu'il y eût au monde ».

Louis XIV est passionnément amoureux de Versailles. Alors que Versailles occupe une place considérable dans la correspondance du roi et de son ministre, il n'existe aucune lettre qui témoigne d'un réel intérêt du monarque pour les bâtiments de Paris. Il prend juste la peine de les inspecter rapidement. En 1670 il écrit à Colbert [1] :

« *Dimanche soir.*

« *Je partirai mardi, à 9 heures, et serai à l'Arc de Triomphe* [2] *à 11 au plus tard. De là j'irai à l'Observatoire, et puis dîner chez mon frère. Après le baptême qui sera de bonne heure, j'irai au Louvre, et, de là, passer aux Tuileries d'où je partirai pour revenir ici. Je vous avertis de bonne heure de ce que je ferai, afin que vous preniez vos mesures justes.* »

Colbert aura la grande tristesse de ne jamais voir la colonnade achevée. En 1676 les travaux seront arrêtés. La splendeur de Versailles grandit au détriment de Paris et d'autres châteaux, comme Fontainebleau ou Chambord, que Colbert aurait aimé restaurer.

VERSAILLES

Dès les premières années de son règne personnel, Louis XIV demande à Le Vau d'aménager le château de Louis XIII à Versailles. En 1663, l'architecte commence la première Orangerie et la Ménagerie tandis que Le Nôtre dessine des parterres.

Lorsque Colbert devient surintendant des bâtiments, il

---

1. Lettre non publiée par Pierre Clément.
2. Il s'agit de l'arc de triomphe qui devait s'élever à l'extrémité du Faubourg-Saint-Antoine. Il fut abandonné en 1681.

ne se doute pas que le roi a choisi l'équipe de Fouquet pour bâtir à Versailles le plus glorieux palais du monde.

Bientôt, le ministre doit faire édifier des constructions éphémères destinées aux merveilleux divertissements qui se succèdent à Versailles. En 1664, Molière joue *Tartuffe* au cours des fêtes des « Plaisirs de l'île enchantée ». Une relation de l'époque précisera que « M. Colbert s'était employé en ces divertissements malgré ses importantes affaires ». Le ministre, qui travaille alors de toutes ses forces à résorber l'énorme dette laissée par Fouquet, obéit avec consternation aux désirs du roi.

Le 28 septembre 1665, il n'y tient plus et fait ses remontrances au jeune monarque.

« Votre Majesté retourne à Versailles. Je la supplie de me permettre de lui dire sur ce sujet deux mots de réflexion que je fais souvent et qu'elle pardonnera, s'il lui plaît, à mon zèle.

« Cette maison regarde bien davantage le plaisir et le divertissement de Votre Majesté que sa gloire [...]. Cependant, si Votre Majesté veut bien chercher dans Versailles où sont plus de 500 000 écus qui y ont été dépensés depuis deux ans, elle aura peine à les trouver [...]. Pendant le temps qu'elle a dépensé de si grandes sommes en cette maison, elle a négligé le Louvre, qui est assurément le plus superbe palais qu'il y ait au monde et le plus digne de la grandeur de Votre Majesté [...]. Oh ! quelle pitié, que le plus grand roi et le plus vertueux, de la véritable vertu qui fait les plus grands princes, fût mesuré à l'aune de Versailles. »

L'amertume du ministre semble produire quelque effet sur l'esprit du roi. Alors qu'en 1664 et 1665 Versailles a coûté 1 617 000 livres, en 1666 et 1667, il ne coûte que 741 000 livres, soit moins que la moitié. Louis XIV ordonne les travaux du grand canal et, en 1668, le premier Versailles est achevé. Charles Perrault écrira :

« A peine ce château fut-il terminé et M. Colbert se fut-il réjoui de voir une maison royale achevée, où il ne serait plus besoin que d'aller deux ou trois fois l'an pour y faire les réparations qu'il conviendrait, que le roi prit la résolution de l'augmenter de plusieurs bâtiments pour y pouvoir loger commodément avec son conseil pendant un séjour de plusieurs jours. »

Les travaux du second Versailles sont dirigés par Le Vau et, après sa mort en 1670, par François d'Orbay qui suivra les plans de son beau-père.

Colbert doit se résigner. Il se rend à Versailles parfois quotidiennement pour surveiller les travaux. Le roi exige d'être tenu au courant des moindres détails. Lorsque Colbert lui écrit : « Je supplie Votre Majesté de me faire savoir si ces relations lui sembleront ou trop longues, ou trop courtes, afin de suivre en cela comme en toutes choses ses volontés », Louis XIV répond en marge : « De longues, le détail en tout. »

Dès 1670, le coût de Versailles s'élève à 2 millions de livres. Le roi est enthousiaste, passionné, impatient.

« Pressez Trianon, car il faut qu'il soit dans sa perfection à mon arrivée [1] », mande-t-il au surintendant.

Les ordres du roi arrivent, précis, impératifs. Versailles est véritablement sa création personnelle.

Colbert exécute. Il rend compte fidèlement de tous les travaux. « Tous les ouvrages s'avancent en sorte que j'espère que Votre Majesté en aura satisfaction. »

« Je suis satisfait, répond le roi, de ce que vous me mandez de Versailles. Faites qu'on ne relâche point, et parlez toujours aux ouvriers de mon retour. »

Au mois de juin 1670, on interdira aux ouvriers de quitter les carrières pour travailler à la moisson, « ce qui eût retardé les bâtiments de Sa Majesté et empêché l'exécution de ce qu'elle avait ordonné être fait en la présente année ». En certaines périodes, l'on emploie de vingt à trente mille hommes sur les chantiers. Les

---

1. Lettre du 19 mai 1670, passage non publié par Clément.

accidents de travail mortels se comptent par dizaines. Les veuves sont pensionnées par le roi.

Parfois, Louis XIV se prend d'un élan de pitié pour un cas individuel. Au mois d'avril 1672, il écrit à Colbert[1] : « J'oubliai hier de vous dire qu'il faut faire donner quelque chose à ce pauvre Brontin qui a travaillé aux pompes, et si on ne l'emploie pas, lui donner moyen de se retirer chez lui, car il fait pitié; vous jugerez ce qu'il faut lui donner. »

Rappelons que les travaux de Versailles, pendant la durée du règne, coûteront 46 millions de livres; 10 millions de livres seront dépensées pour le Louvre et les Tuileries, et 4 millions pour l'ensemble des bâtiments parisiens, y compris les Invalides construits à l'initiative de Louvois[2]. Mais la beauté des bâtiments ne suffit pas à proclamer la primauté artistique et intellectuelle de la France. Le roi et son ministre seront conscients, chacun à sa manière, de la nécessité d'une véritable politique culturelle, politique qui sera l'une des plus brillantes de l'histoire nationale.

---

1. Passage non publié par Clément, ajouté par le roi au bas de la lettre n° 51 du tome VI des *Lettres, Instructions et Mémoires*.
2. Robert MANDROU : *Louis XIV et son temps*, p. 169.

CHAPITRE V
Les Arts et l'Histoire

Colbert se préoccupe d'une « politique des beaux-arts » dès les premières années du règne personnel de Louis XIV, sans attendre sa nomination officielle à la surintendance des bâtiments. Pour le ministre, les arts ont une fonction politique essentielle, celle de glorifier le roi aux yeux des contemporains et des générations futures. De façon complémentaire, l'image d'un monarque protecteur des arts et des sciences doit affirmer la primauté de la France dans les grandes étapes de la civilisation occidentale. L'ambition est immense et le goût du roi exceptionnel : « le siècle de Louis XIV » n'est pas une vaine expression. Dans son *Mémoire pour servir à l'histoire,* Colbert écrit : « Il est bon de remarquer tout ce que Sa Majesté a fait cette année (1663) pour faire fleurir les sciences et les arts libéraux dans son royaume. » Tous les grands hommes, « charmés » de la haute protection royale du roi, écriront, peindront, témoigneront sur ce règne glorieux. Les arts écrivent l'Histoire. La gloire artistique doit se soumettre à la gloire du roi.

Dès lors, le mécénat éclatant de Fouquet, l'emblème solaire de Vaux, apparaissent comme une insulte à la majesté royale. Fouquet est arrêté en septembre 1661. En 1662, aux fêtes du Carrousel, Louis XIV choisit l'emblème du soleil. Toute l'équipe du surintendant déchu passe au service du monarque. Le Vau commence les premiers travaux de Versailles dont le Nôtre dessine les jardins, Le Quintinie règne sur les potagers royaux, Lebrun est nommé premier peintre du roi et amène à Colbert les ateliers du Maincy autrefois protégés par Fouquet, bientôt transformés en manufacture des « Gobelins ». Châtelain écrira : « Les tapisseries commencées par Fouquet étaient terminées pour le roi, le lys prenant la place de l'écureuil. » Tous les « ingénieurs » des eaux, tous les entrepreneurs employés par le surintendant travaillent pour Versailles. Avec quelle admiration amère, le roi et Colbert examinent l'inventaire des merveilleuses collections de Fouquet : meubles, livres, plantes rares, statues. Un conseiller d'Etat remet son rapport au ministre : « Trouvé dans les jardins de Saint-Mandé 200 grands orangers, quelques statues et force plantes de noms à moi inconnus dont j'ai pourtant dressé l'inventaire par l'organe de deux jardiniers allemands dont l'un mandé à cette fin du jardin royal [...], dans la bibliothèque 7 000 volumes in folio, 8 000 in 8°, et plus de 12 000 in quarto [...] dans une des chambres de la bibliothèque, un coffre rempli de médailles, dont 122 d'or [...] dans une chambre 1 900 volumes dont 760 in folio [1]... » Parmi les livres rares, l'on trouve Talmuds, Alcorans... Une grande partie des collections de Fouquet, meubles, livres, orangers, statues [même inachevées, comme l'*Hercule gaulois* de Puget] sera acquise par le roi. Les écrivains qui chantaient les louanges du surintendant oublient leur malheureux bienfaiteur et, sous la houlette de Colbert, glorifieront l'astre royal. Seul, La Fontaine veut encore se souvenir. Les thèmes de ses fables décoreront certains sièges de Versailles mais Colbert lui fermera les portes de l'Académie française. Pour se présenter à l'illustre compagnie, l'aimable écrivain attendra la mort du ministre... dont il prendra le fauteuil.

Dans les papiers de Fouquet, l'on découvre un écrit de

---

1. Cité par CHÉRUEL : *Histoire de Nicolas Fouquet.*

Saint-Evremond contre le traité des Pyrénées. Le brillant et spirituel auteur, se voyant menacé de la Bastille par Colbert, s'exile en Angleterre. Malgré la grâce octroyée par le roi, il refusera de revenir en France [1].

Quatre hommes, dont trois ont fait partie de l'entourage du surintendant, vont collaborer étroitement à la politique culturelle menée par Colbert.

Lebrun dirigera de façon dictatoriale tapissiers, ébénistes, peintres, sculpteurs. Il a le génie du grand décor historique, de la mise en scène allégorique.

Pour l'aider à mettre au pas les écrivains, Colbert fait appel au vieux Chapelain, auteur de *La Pucelle,* poème épique que la postérité s'empressera d'oublier. L'on a peine à comprendre que Chapelain soit devenu un véritable oracle littéraire aux yeux de Colbert. Mais Voltaire justifiera le choix du ministre : « Chapelain, écrit-il, avait une littérature immense, et ce qui peut surprendre, c'est qu'il avait du goût et qu'il était l'un des critiques les plus éclairés. »

Lorsque Colbert cherche un secrétaire pour le seconder efficacement au département des beaux-arts, Chapelain lui recommande Charles Perrault, ancien fonctionnaire de l'administration des finances sous Fouquet, futur auteur des *Contes.* Avant d'être agréé par le ministre, Perrault se voit chargé d'écrire une pièce en prose sur l'acquisition récente de Dunkerque. Elle plaît fort et Charles sera simple commis, puis premier commis, et bientôt contrôleur général des bâtiments (charge spécialement créée pour lui), en somme véritable éminence grise de Colbert pour tout ce qui relève des affaires culturelles. Curieuse rencontre que celle de Jean-Baptiste et de Charles. « Personnage entre le mensonge et le mythe [2] », animal politique retors et courtisan, Perrault aura l'entière

---

1. Georges MONGRÉDIEN : « La vie de société au XVIIᵉ et XVIIIᵉ », Paris, 1950.
2. Marc SORIANO : *Le Dossier Perrault.*

confiance d'un ministre abrupt et réaliste. Il servira Colbert loyalement et fidèlement pendant près de vingt ans.

Enfin Claude Perrault, frère de Charles, deviendra l'architecte favori du ministre, et, en quelque sorte, son délégué dans le domaine scientifique.

A LA GLOIRE DU ROI

Le 3 février 1663, Charles Perrault, Chapelain, Bourzéis et l'abbé Cassagne se retrouvent, assez intrigués, dans la demeure de Colbert. Le ministre les a convoqués après leur avoir demandé le secret sur ce qu'il allait leur apprendre. Il leur déclare alors qu'ils formeront avec lui un petit conseil pour examiner tout ce qui regarde les bâtiments, « l'esprit et l'érudition ». En réalité, le roi définira les attributions exactes de cette « petite Académie », future « Académie des inscriptions et belles-lettres », lorsqu'il dira à ses membres : « Je vous confie la chose du monde qui m'est la plus précieuse, qui est ma gloire. » Deux fois par semaine, le mardi et le vendredi, la petite Académie se réunit régulièrement chez Colbert. Avec soin, elle invente ou choisit les emblèmes et légendes qui orneront tapisseries et médailles... L'ensemble des emblèmes qui accompagneront les tapisseries commandées par le roi pour ses appartements de Versailles sera, sur ordre du ministre, peint dans un incomparable recueil manuscrit[1]. Plus tard, Colbert décidera la publication de ces emblèmes auxquels l'on a joint un commentaire en prose et une pièce en vers écrits par les différents académiciens.

Le petit conseil attache un grand intérêt au travail sur les médailles : il sélectionne dessins et devises. Avec quelle

---

1. C'est le miniaturiste Jean Bailly qui en aura la charge.

joie le roi contemple la médaille qui a pour devise le soleil et pour légende « *Nec pluribus impar* » !

En 1663, le roi se remet d'une maladie. En hâte l'on organise un concert d'éloges pour célébrer la convalescence du monarque. Bientôt, un véritable service de propagande royale est mis sur pied par Colbert et ses collaborateurs. Charles Perrault rappellera dans ses *Mémoires* : « Quand il n'y avait pas d'ouvrage de commande, l'Académie travaillait à revoir et à corriger les ouvrages soit de prose, soit de vers qui se composaient à la louange du roi pour les mettre en état d'être imprimés à l'imprimerie du Louvre. » Chapelain se démène pour « avoir plusieurs trompettes des vertus du roi ». Colbert suggère alors d'établir une liste d'écrivains français et étrangers auxquels le roi accordera des pensions en échange de leurs écrits à la gloire de son règne. Louis XIV approuve l'initiative et la liste (quatre-vingt-huit noms). Mézeray, historiographe officiel, Godefroy — chargé des recherches pour la bibliothèque royale... et celle de Colbert —, et Chapelain touchent d'énormes gratifications allant de 3 000 à 4 000 livres par an. Il est vrai qu'ils sont considérés comme des hauts fonctionnaires, et que ces pensions sont aussi des traitements. Corneille reçoit 2 000 livres. Au début, Perrault touche 1 500 livres, Molière 1 000 livres et Racine, encore très jeune, se voit accorder 600 livres. Chapelain a eu le mérite de le remarquer : « J'aurai dans peu de jours, écrit-il à Colbert, une ode française d'un jeune homme appelé Racine, qu'il m'a apportée et qu'il repolit sur mes avis. » Bien entendu, La Fontaine, pour son attachement indestructible à Fouquet, ne figure pas sur la liste. Les premiers temps Boileau reçoit 1 200 livres qu'on lui retire bientôt... On le comprend aisément lorsque l'on sait comment le jeune écrivain s'est amusé au détriment de Chapelain, nommé « Pucelain » dans ses *Satires*. Il y aura également un poème intitulé « Chapelain décoiffé ». L'insolence paraît stupéfiante. Plusieurs années plus tard, après la mort de

Chapelain, Boileau deviendra, avec Racine, historiographe du roi et recevra 2 000 livres de pension.

Colbert bat le rappel des écrivains étrangers. Ceux-ci répondent souvent avec empressement aux promesses du roi de France. Ainsi, le Florentin Carlo Dati déclame sa reconnaissance pour Chapelain qui lui a obtenu des gratifications. Mais ces paroles « mêlées de pointes et de figures » irritent Chapelain : « C'est, Monsieur, dans la louange des héros qu'il faut déployer les grandes voiles de l'éloquence [1]. » Dati s'exécute et n'oublie point, sur la recommandation précise de Chapelain, d'écrire trois lettres de remerciements ; l'une au roi, l'autre à Colbert et la troisième à M. le Besgue, trésorier des bâtiments...

A Vossius, historiographe des Provinces-Unies à Windsor, Colbert écrit : « Quoique le roi ne soit pas votre souverain, il veut être votre bienfaiteur. » Des lettres du même genre sont expédiées à Anvers, Stockholm, Strasbourg... Des panégyriques délirants commencent à être lus à travers l'Europe. Les souverains étrangers s'en inquiètent et se fâchent. Le pape ordonne à Allatius de refuser la gratification envoyée. L'Empereur fait de la surenchère en doublant la gratification de Bœklerus.

En France, ces libéralités royales créent des jalousies féroces. Le procès de Fouquet, la poursuite des traitants encouragent la circulation secrète de pamphlets virulents contre Colbert ou la politique du roi. Le frère de Boileau, Gilles, déteste le ministre et l'attaque avec verve. Colbert organise des contre-pamphlets... Aux jardins des Tuileries, les nouvellistes se rencontrent, échangent leurs informations, guettent les potins indiscrets qu'ils publieront dans leurs écrits clandestins. La police de La Reynie les surveille et, parfois, arrive à se saisir de certains imprudents qui se retrouvent bientôt à la Bastille.

L'imprimerie n'est plus un métier libre depuis 1618 où il fut décidé de ne délivrer qu'un brevet de maîtrise par an.

---

1. Catalogue Charavay n° 750, septembre 1973.

Dès 1663 Colbert ordonne aux imprimeurs parisiens de se regrouper dans le haut de la rue Saint-Jacques afin de mieux les surveiller. L'arrêt est tourné par des imprimeurs de la cité. A la fin de l'année 1666, le ministre anime quelque temps le conseil de police et propose une mesure radicale : la réduction brutale du nombre des imprimeurs, en excluant « ceux qui n'étaient pas gens de bien ou qui n'en seraient pas capables ». De quatre-vingt-six, le chiffre des imprimeurs autorisés passe à celui, incroyablement bas, de trente-six. Mais l'application de cette mesure reste très difficile. Colbert cherche à obtenir un recensement des imprimeries provinciales : les distances et les habitudes s'opposent souvent à la volonté du ministre. Et bientôt, la concurrence des nombreux ouvrages venus clandestinement de la Hollande pose de sérieux problèmes au gouvernement royal.

Il semble que l'action du ministre soit infiniment plus féconde lorsqu'il s'emploie à enrichir le futur patrimoine national.

LES COLLECTIONS ROYALES [1]

Mazarin et Fouquet étaient de véritables amateurs, plus « curieux » que ne l'est Colbert. Le ministre aime à s'entourer d'œuvres d'art, mais moins assuré, consulte volontiers des experts, hésite davantage à dépenser des sommes immenses pour l'achat de tableaux et meubles rares. Néanmoins, il est un domaine où sa grande compétence est indiscutable : celui des livres. Remarquable bibliophile pour son propre compte, Colbert rêvait, déjà au temps de Mazarin, à la réorganisation de

---

[1]. On ne saurait trop recommander, ici, le remarquable catalogue de l'exposition « Collections de Louis XIV », qui eut lieu à l'Orangerie en 1977.

la Bibliothèque royale, la « Librairie », selon le terme de l'époque. Sur sa demande, le cardinal avait nommé son frère Nicolas Colbert garde de la Librairie. Lorsque Nicolas devient évêque de Luçon en 1661, Colbert lui succède. Il transmettra cette charge, deux ans plus tard, au savant Carcavi.

La Librairie se trouve alors reléguée dans un local obscur de la rue de la Harpe, et ne compte que 16 746 volumes, imprimés ou manuscrits. Colbert va quadrupler ce chiffre au bout de vingt ans, grâce aux legs, achats et aussi au « dépôt légal » qui existe encore aujourd'hui. Un des premiers soins du ministre est de trouver un local digne de la Bibliothèque du roi. En 1666, il installe magnifiquement la Librairie dans deux maisons de la rue Vivienne, contiguës à son hôtel.

La collection du comte de Béthune (1 923 volumes de pièces et lettres manuscrites) entre à la Librairie et s'ajoute aux manuscrits de Brienne achetés par les soins de Colbert dès 1662. Le ministre envoie agents et érudits à travers tout le royaume pour tenter d'acquérir ou, à défaut, de copier les titres, les archives, tous les manuscrits « pouvant servir à l'histoire ». L'ensemble de ces pièces constitue encore de nos jours une part considérable des richesses du département des manuscrits à la Bibliothèque nationale.

Colbert s'intéresse tout particulièrement à l'achat de livres et de manuscrits orientaux. Son action en ce sens enrichira la Bibliothèque royale de façon exceptionnelle. Les grandes acquisitions débutent en 1667. Les merveilleux ouvrages orientaux de Fouquet (dont un Coran enluminé et des splendides manuscrits persans) vont rejoindre la rue Vivienne. La même année, le ministère achète au compte du roi la remarquable collection orientale du doyen des maîtres des requêtes, Gilbert Gaulmin : 246 manuscrits arabes, 214 manuscrits turcs ou persans et 127 manuscrits hébreux entrent à la Librairie.

L'année suivante, un échange très fructueux pour le roi

est organisé entre la Librairie et le collège des Quatre-Nations, légataire de la collection de Mazarin. C'est ainsi que la Bibliothèque royale reçoit plusieurs centaines d'inestimables trésors orientaux (dont une célèbre Bible hébraïque et le magnifique « Evangéliaire copte » de style mésopotamien). A la demande de Colbert, érudits et savants orientalistes entreprennent la recherche systématique de manuscrits rares dans les pays du Proche-Orient. Le plus connu est l'Allemand Vansleb qui prospecte l'Egypte, la Turquie et même l'Ethiopie. Les ambassadeurs et les consuls participent également à ces recherches.

Des centaines, voire des milliers de chefs-d'œuvre hébraïques, syriaques (650 manuscrits apportés par Vansleb), persans, turcs, grecs, coptes, prennent place dans la Bibliothèque du roi... et celle de Colbert, « la Colbertine [1] », admirée et célèbre dans toute l'Europe.

Les précieux volumes sont, dès leur arrivée en France, sélectionnés avec soin par le bibliothécaire du ministre, Etienne Baluze. Certains ont besoin d'une reliure. Colbert fait acheter dans le Levant les plus belles peaux de maroquin.

C'est au ministre que revient l'initiative de créer et d'annexer à la Bibliothèque royale le cabinet des médailles. Grâce à ses soins, le médailler du roi s'agrandit de nombreuses pièces rares, achetées parfois très cher en Europe comme en Orient. Située d'abord au Louvre, cette collection royale sera transportée rue Vivienne.

En 1667, le roi, lors d'une maladie qui le retient dans sa chambre, regarde deux volumes de la grande collection d'estampes de l'abbé Marolles. L'abbé veut vendre tout l'ensemble (120 000 estampes). Louis XIV l'achète à un prix ridiculement bas (l'on a beaucoup profité du caractère désintéressé de l'abbé) après l'avis favorable de la

---

[1]. La « Colbertine » sera achetée par Louis XV et constitue un fonds exceptionnel pour notre Bibliothèque nationale.

« petite Académie ». Le Cabinet des estampes est né : Colbert l'annexe à la Librairie afin qu'il puisse être consulté par les artistes et le public. Dons, achats et « dépôt légal » enrichiront le Cabinet des estampes comme ils enrichissent la Bibliothèque.

Les gravures paraissent au roi comme au ministre un excellent moyen de faire connaître à un public nombreux les succès et les grandeurs du règne. Batailles, villes conquises, fêtes, découvertes scientifiques sont gravées sous la direction de Van der Meulen, Israël Silvestre et d'autres. Colbert a l'idée, en 1670, de réunir ces gravures dans des recueils. Cette collection s'intitulera le *Cabinet du Roi*. Le 22 février, le ministre explique son projet : « Il est nécessaire de réduire tout ce que nous ferons graver à l'avenir des animaux dont l'anatomie et la dissection aura été faite, des plantes idem, des médailles antiques du *Cabinet du Roi*, des devises et médailles pour le roi, des bustes et statues de S.M., des tableaux, des carrousels, tapisseries, maisons royales et généralement toutes les autres choses de même nature. Il faut, dis-je, les réduire toutes dans une grandeur telle qu'elles puissent composer des volumes d'une grandeur égale afin qu'à la fin de chaque année nous puissions composer des volumes de tout ce qui aura été fait de toutes sortes de travaux[1]. » L'ensemble des gravures et des planches est annexé au Cabinet des estampes, rue Vivienne. Plus tard, sous l'Empire, les 956 planches du *Cabinet du Roi* seront transportées au Louvre et formeront le premier noyau de l'actuelle Chalcographie nationale[2].

C'est avec un grand agacement que Colbert constatera les richesses artistiques amassées par les traitants : « Les bâtiments, les meubles, argenteries et autres ornements n'étaient que pour les gens de finance, en quoi ils faisaient des dépenses prodigieuses. » Le roi doit posséder la

---

1. Catalogue, Op. cit.
2. Ces planches sont toujours tirées et gravées.

première collection de meubles, tableaux, objets d'art dans le royaume. Pour arriver à cette fin, le ministre poursuit une double politique : d'une part il est à l'affût de toutes les possibilités d'achat, en France et à l'étranger. Et d'autre part, il organise et encourage manufactures et ateliers royaux, placés sous la surveillance autoritaire et privilégiée de l'Etat.

Deux mois après l'arrestation de Fouquet, Colbert reprend déjà contact avec les correspondants italiens de Mazarin. Il supplie l'abbé Strozzi à Florence d'acheter des cabinets et des tables « assez riches et assez bien travaillés pour servir à un grand prince comme est le roi ». La qualité des matériaux doit approcher la perfection : ne rien envoyer plutôt qu'envoyer du « commun et du médiocre ». Que Strozzi prenne garde : le lapis expédié n'est pas assez bleu, il y a trop de veines blanches. Colbert a le premier l'idée d'importer de l'albâtre de Toscane. Le roi, qui aime les pierres rares, semble très satisfait. Voyageurs, diplomates sont transformés en rabatteurs d'objets et de tableaux. Les prix élevés effrayent souvent le ministre. Il est vrai qu'il paraît fort difficile d'être à la fois surintendant des bâtiments et contrôleur général. Malgré sa prudence à l'achat, Colbert augmente les collections royales de façon spectaculaire. Louis XIV ne possède pas 200 tableaux en 1661 : il en possèdera 2 500 à la mort du ministre! De nombreux tableaux de maîtres italiens qui ornent les salles de l'actuel musée du Louvre ont été acquis par Colbert. Etoffes rares, statues, vases arrivent à Paris où le surintendant vérifie, inspecte et juge consciencieusement.

Un de ses meilleurs conseillers en matière de tableaux et de dessins est le riche Jabach, banquier allemand naturalisé en France, propriétaire d'une fabuleuse collection. De temps à autre, il consent à céder un de ses chefs-d'œuvre au roi (*Femme à sa toilette* de Titien, *Jean Baptiste* de Léonard, par exemple). Lorsque l'on vient proposer une collection de dessins à Colbert, il est convoqué au domicile du ministre pour authentifier chaque pièce.

A la fin de 1670, la situation financière de Jabach semble désespérée. Colbert voit là l'occasion tant attendue de se saisir des trésors du banquier. Les négociations sont menées avec une grande brutalité par Perrault et le ministre. Le 11 mars 1671, Jabach cède au roi, pour le prix extraordinairement bas de 220 000 livres, 101 tableaux et 5 542 dessins de tout premier ordre. Cet ensemble exceptionnel rejoint le Louvre et constitue, de loin, l'achat le plus important fait par Colbert pour le roi.

Pour satisfaire les importantes commandes du roi, le ministre réorganise en 1664 les anciennes manufactures de tapisseries des Gobelins et de la Savonnerie et les transforme en manufactures royales d'Etat. Lebrun est nommé directeur des Gobelins où l'on fabrique non seulement des tapisseries, mais aussi des meubles, des cabinets, des serrures ou des ouvrages d'argenterie. Les sculpteurs Caffieri, Coysevox, Tuby, des ébénistes, des dessinateurs, des peintres et tant d'autres travaillent sous les ordres de l'autoritaire Lebrun. Les Gobelins emploient jusqu'à sept cents ouvriers hautement qualifiés, qui ne produisent que pour le roi. Les tapissiers sont flamands pour la plupart et les marbriers italiens. S'ils le désirent, ils peuvent habiter la manufacture même.

La Savonnerie fait les admirables tapis que l'on sait.

Placées directement sous l'autorité de l'Etat, ces manufactures échappent, bien entendu, aux règlements corporatifs.

Peu à peu les ateliers du Louvre organisés par Henri IV sont repris en main par Colbert. Le vieux palais devient une véritable ville d'art. Tapissiers, orfèvres, peintres, ciseleurs de médailles, graveurs, y travaillent et logent au rez-de-chaussée avec leur famille. Le grand ébéniste Boulle y possède un appartement orné de précieuses collections, deux ateliers où il emploie vingt-six ouvriers, ainsi que des magasins. Au Louvre, Colbert installe également l'imprimerie royale (future Imprimerie nationale). Le ministre répare et accroît cet établissement d'Etat qui ne prétend faire aucune concurrence aux imprimeries particulières : il prête même à celles-ci les matrices des caractères grecs et orientaux qu'il possède. Ouvrages politiques, scientifiques ou historiques y sont imprimés aux frais du gouvernement français.

Hors des manufactures et ateliers royaux, soigneusement organisés et fermement administrés, des artistes français exécutent d'importantes commandes royales. L'impulsion de Colbert est, ici, indéniable. Un exemple ? En 1660, Gaston d'Orléans lègue au roi, son neveu, sa merveilleuse collection de vélins. Rappelons qu'il s'agit de parchemins souples, blancs et très fins que les peintres d'histoire naturelle apprécient particulièrement. Pendant des années, Nicolas Robert peignit pour l'oncle de Louis XIV fleurs et animaux. Colbert est infiniment séduit par cette collection qu'il veut poursuivre. Il charge Robert de peindre environ quatre-vingts vélins par an pour le roi. Les modèles (plantes et oiseaux) sont pris au Jardin royal de Paris et à la ménagerie de Versailles. Peut-être Colbert admire-t-il avec quelque envie ces précieuses peintures : il les fera copier par trois élèves de Robert pour sa propre bibliothèque [1].

Le dessin, selon le ministre, est plus qu'un ornement : le dessinateur doit témoigner d'une civilisation dans toute son universalité. C'est peut-être là l'expression la plus vaste de la politique de Colbert. Sous son influence, découvertes astronomiques, machines industrielles, bâtiments, batailles ou fêtes royales sont dessinés par les plus grands pour que la postérité se souvienne du siècle de Louis XIV.

---

1. Les vélins de Colbert seront vendus en 1728 au prince Eugène de Savoie et se trouvent actuellement à la Bibliothèque nationale de Vienne.

Le siècle de Louis XIV

Le roi regarde, note, aime ses collections. Leur aurait-il donné seul, sans son ministre, cette ampleur et cette universalité? Rien n'est moins sûr. Mazarin donnait des ordres précis à son intendant sur l'achat d'œuvres d'art. Colbert apprenait et exécutait. Après la mort du cardinal, l'initiative du ministre en matière d'art est immense.

Par contre, Louis XIV protège avec un remarquable discernement des écrivains tels que Molière ou Racine. Le roi possède une sorte de génie instinctif du spectacle, du décor et de l'ornement. Il corrige personnellement tous les projets d'architecture (surtout pour Versailles), il travaille lui-même avec Le Nôtre aux plans des jardins et au choix des fleurs (au point qu'un jour Le Nôtre embrasse spontanément le souverain devant les courtisans stupéfaits) ou conçoit les fascinantes fêtes de la cour. Le rôle de Colbert est ici purement administratif.

Le ministre aime à s'entourer d'écrivains à ses rares moments de loisirs. A leur tour, les écrivains le flattent et composent, à l'occasion, des odes admiratives en son honneur. Avouons que leurs raisons ne sont pas toujours désintéressées! Fouquet et les traitants savaient se montrer généreux à leur égard. La chambre de justice, en s'attaquant à tant de fortunes privées, a sans doute contribué à tarir une source de faveurs pour les gens de lettres. Les pensions et les gratifications proposées par le roi et son ministre arrivent fort à-propos.

En 1663 Molière est déjà célèbre et, soulignons-le, le roi a beaucoup fait pour sa notoriété. Colbert le fait venir chez lui, ainsi que sa troupe, pour jouer *L'Ecole des Femmes*. Molière recevra 220 livres de gages des mains du ministre.

Lors de la « cabale des dévots » qui obtient l'interdiction provisoire de *Tartuffe* (entre 1667 et 1669), Colbert se prononce, comme le roi, pour Molière contre Lamoignon. En 1669, Molière voudrait que Mignard, trop sacrifié à l'irascible et tout-puissant Lebrun, achève la fresque du Val-de-Grâce. Le comédien plaide pour son ami dans une ode qu'il adresse, en vain, au ministre.

> « Poursuis, ô grand Colbert, à vouloir, dans la
> [France,
> Des arts que tu régis établir l'excellence...
> De ces mains dont les temps ne sont guère prodigues,
> Tu dois à l'univers les savantes fatigues ;
> C'est à ton ministère à les aller saisir
> Pour les mettre aux emplois que tu peux leur choisir ;
> Et, pour ta propre gloire, il ne faut point attendre,
> Les grands hommes, Colbert, sont mauvais courti-
> [sans... »

Selon certains, Colbert aurait servi de modèle au personnage d'Harpagon. Selon d'autres, le ministre, voulant se moquer d'un insupportable ambassadeur turc, aurait demandé à Molière d'écrire l'intermède de Mamamouchi dans *Le Bourgeois Gentilhomme*. Rien ne dément ni ne confirme ces traditions. En vérité, les relations entre les deux hommes semblent assez bonnes et assez neutres.

Par contre, Racine exprimera toujours au ministre une réelle sympathie. *Bérénice* sera dédiée à Colbert et *Britannicus* au duc de Chevreuse, gendre du ministre.

Dans sa dédicace à Colbert, Racine écrit :

« Monseigneur, au milieu de tant d'importantes occupations où le zèle de notre prince et le bien public vous tiennent continuellement attaché, vous ne dédaignez pas de descendre quelquefois jusqu'à nous, pour nous demander compte de notre loisir. »

Tout est fait au nom du roi et le roi, d'ailleurs, assume la responsabilité de tout ce qui se fait. Mais Louis XIV conçoit peut-être un mécénat plus personnel, plus individualisé que le mécénat rêvé par Colbert. Pour le ministre, les sommes d'efforts artistiques ou scientifiques du règne doivent être orchestrées de façon méthodique, grandiose et officielle par les Académies compétentes. Colbert se trouve là à son aise : le mécène ou l'inspirateur n'est plus le roi seul, mais l'Etat au nom du roi.

L'Académie française a été fondée par Richelieu en 1635. Le « grand Cardinal » l'a chargée « d'épurer la langue et d'en fixer le bon usage ». Rappelons que toutes les études supérieures sont faites en latin sous la direction de l'Eglise. Marc Soriano souligne avec raison la portée politique de la mission confiée aux académiciens. L'unité administrative et politique de la France sera grandement facilitée par l'emploi dans tout le royaume d'une même langue nationale, clarifiée et rationalisée. Les révolutionnaires centralisateurs ne penseront pas autrement. La composition d'une grammaire et d'un dictionnaire devient presque un acte politique.

Colbert s'impatiente. Les travaux sur le dictionnaire sont trop longs[1]. Le ministre imaginera un système de jetons de présence destiné « à engager davantage les académiciens à être assidus aux séances ».

Jusqu'en 1672, l'Académie française tient ses séances chez son protecteur, le chancelier Séguier. Colbert est reçu académicien le 21 avril 1667. Le duc de Saint-Aignan vient le prendre à son logis et le mène chez Séguier. *La Gazette de France* écrira « qu'après y avoir été reçu avec les cérémonies ordinaires » le ministre « fit un discours à la louange du Roi avec tant de grâce et de succès qu'il en fut admiré de toute cette savante compagnie ».

La tradition rapporte plusieurs anecdotes sur la présence de Colbert à l'Académie. S'entendant traiter de « Monseigneur », le ministre exige qu'à l'avenir on emploie à son égard le terme de « Monsieur », puisqu'il vient en qualité de confrère. C'est, paraît-il, de ce jour que l'on dit toujours « Monsieur » au récipiendaire, quels que

---

[1]. Le dictionnaire ne sera publié qu'en 1694, onze ans après la mort de Colbert.

soient ses titres ou sa dignité. Pourquoi brigue-t-on un
« fauteuil » lorsqu'on présente sa candidature à l'Académie? Eh bien, cela viendrait de ce que le ministre, voulant
se retirer, aperçoit au milieu des chaises un fauteuil où se
trouve assis un homme très âgé ; par souci d'égalité,
Colbert aurait fait installer trente-neuf autres fauteuils!

Le ministre, accablé de travail, assiste peu aux séances.
Comment surveiller l'illustre compagnie? Charles Perrault
fera l'affaire mais il n'est pas académicien. Avec la plus
grande désinvolture, Colbert lui ordonne de le devenir [1] :
« C'est une compagnie que le roi affectionne beaucoup ; et
comme mes affaires m'empêchent d'y aller aussi souvent
que je le voudrais bien, je serai bien aise de prendre
connaissance par votre moyen de tout ce qui s'y passe.
Demandez la première place qui vaquera. » L'Académie,
quelque peu suffoquée, n'accepte pas tout de suite cette
candidature forcée... Mais Perrault est tout de même élu
en 1671 et ses suggestions sont docilement acceptées par
les académiciens qui ne sont pas dupes de sa véritable
mission.

En 1672, Séguier meurt. Louis XIV devient le protecteur de l'Académie, tandis que Colbert en est le vice-protecteur. Où tiendra-t-elle les séances? Colbert écrit au
roi :

« Il n'y a que le Louvre ou la Bibliothèque de Votre
Majesté. Le Louvre est plus digne et plus embarrassant;
la Bibliothèque serait moins digne jusqu'à ce qu'elle fût
attachée au Louvre, et plus commode.

— Il faut assembler l'Académie au Louvre, répond le
roi, cela me paraît mieux, quoiqu'un peu incommode. »

C'est au temps de Mazarin, en 1648, que fut fondée
l'Académie royale de peinture et de sculpture, pour
s'opposer aux prétentions de la corporation des « maîtres
ès arts de peinture ». Ceux-ci voulaient, en effet, mettre
en interdit ceux qui ne faisaient pas partie de leur

---

1. Marc SORIANO : *Le Dossier Perrault.*

communauté. Nombre de peintres et sculpteurs, surtout ceux qui travaillaient pour le roi, supplièrent le cardinal de créer une Académie qui les distinguerait de « ces barbouilleurs, marbriers et polisseurs de marbres ». En 1656, des lettres patentes accordent à l'Académie royale le monopole de l'enseignement du dessin. Les maîtres peintres résistent. Chaque communauté voudrait appliquer la loi du « point de salut hors de nous ». Lebrun est nommé directeur à vie, les exercices des académiciens sont fixés, le monopole de l'enseignement est fermement confirmé, et le plan des conférences est tracé par Colbert lui-même! En 1664, le Parlement enregistre les lettres patentes, malgré les cris des maîtres peintres obligés de se soumettre. L'Académie s'installe au Louvre et, très vite, presque tous les peintres de talent y sont admis. Signalons toutefois l'indépendance de Puget qui vit à Marseille et reste fidèle au style baroque. Et Mignard attendra longtemps la mort de Lebrun pour se voir nommer académicien et premier peintre du roi. L'enseignement de Paris porte sur le dessin d'après le modèle vivant. Les élèves apprennent également la géométrie, la perspective et l'anatomie. Le peintre historique est le plus considéré. Lebrun organise des conférences où l'on étudie la composition des thèmes héroïques, l'histoire religieuse ou antique, la mythologie... Tout art officiel est despotique. Mais en revanche, les statuts de l'Académie sont assez larges pour permettre à tous les talents d'en faire partie. Il n'y a point de peintre maudit. Trois femmes miniaturistes, Madeleine et Geneviève de Boullongne, et Sophie Chéron seront académiciennes.

Colbert se fâche parfois : les élèves sont livrés à eux-mêmes, les modèles sont négligents. Le ministre n'hésite pas à l'occasion, à intervenir dans les discussions des académiciens! La règle est simple : il faut revenir au culte de l'antique et à la nature. Dès lors, il paraît logique de prolonger cet enseignement en Italie même. L'Académie de France à Rome est fondée en 1666. Douze pensionnaires y seront accueillis chaque année. Soumis à des règles de vie impitoyablement strictes, les élèves doivent copier des sculptures antiques et des peintures de la Renaissance. Le meilleur étudiant reçoit un prix le jour de la Saint-Louis. Bernin est chargé de conseiller les jeunes Français : il le fait rarement. Le directeur doit affirmer son autorité : celui des premières années, Errard, n'en a aucune. Le ministre le harcèle de recommandations, l'exhorte à la fermeté, s'indigne de la mauvaise conduite de certains (sorties nocturnes, bagarres...). Les résultats de cette Académie sont souvent assez décevants. Néanmoins, après avoir fait leurs preuves, les étudiants sont assurés de travailler dès leur retour à Paris, sur les chantiers ou dans les ateliers du roi. Colbert, dans le domaine de l'art comme dans celui du commerce ou de l'industrie, reste fidèle à une volonté politique de plein emploi. Il est rare, à cette époque, qu'un artiste tant soit peu doué ou habile ne soit pas employé par l'Etat. Les plus qualifiés, nous l'avons vu, ont même la possibilité d'être logés aux frais du gouvernement.

En 1671, le ministre crée une Académie spéciale destinée à l'architecture. Cette compagnie complète ou prolonge le conseil des bâtiments. Son rôle le plus utile consiste à se préoccuper de la conservation des « anciennes églises et anciens bâtiments ».

La création de l'Académie de musique revient au roi. Louis XIV aime passionnément la musique et la danse. Avec raison, il discerne très tôt le grand talent du jeune Italien Lulli. Colbert préférerait confier la direction des affaires musicales à Perrin qui possède déjà le privilège d'établissement d' « académies d'opéras ». Mais le ministre doit s'incliner devant la volonté du roi. Lulli rachète à Perrin son privilège et en 1672 sur l'ordre du souverain, il fonde à Paris l'Académie de musique.

Le roi tient à diriger personnellement tout ce qui touche au spectacle. Par contre, il abandonne à Colbert le

L'ÉTUDE DE L'UNIVERS

« Le monde moderne, du point de vue de la représentation mentale, commence au XVIIe siècle », écrira Bertrand Russell [1]. L'on prend conscience de l'immensité de l'univers comme de la diversité des croyances religieuses. Il est révélateur que les hommes de science contemporains de Colbert s'intéressent globalement à toutes les disciplines qui cherchent à découvrir les mystères de la création : philosophie, mathématiques, astronomie, physique... L'Eglise ne peut admettre le doute philosophique et encore moins la conception d'un monde dont le centre n'est pas la Terre. Rappelons que Galilée a dû abjurer ses théories en 1633, pour éviter le bûcher. Le savant meurt en 1642 alors que le ministre a déjà vingt-trois ans.

Très proche du Moyen Age et des postulats thomistes, le siècle de Louis XIV annonce déjà le XVIIIe siècle. La disparité de ces influences se retrouve dans les contradictions de la politique royale : on encourage les sciences et l'on surveille les philosophes.

Le roi partage la curiosité de l'époque pour les animaux et les plantes rares. La ménagerie de Versailles accueille les animaux exotiques. Colbert recommande tout particulièrement à Charles Perrault de prendre soin du « crocodile en vie » qui arrive de Guinée, et fait rechercher dans les îles d'Amérique les arbrisseaux verts ou les fleurs extraordinaires que son maître aime tant. Sans aucun doute, le monarque soutient le ministre dans sa politique scientifique.

---

1. Cité par Maurice ASHLEY : *Le Grand Siècle*, Fayard, 1972.

Mais que les savants prennent garde à ne pas s'écarter de l'orthodoxie religieuse! Lorsque la dépouille de Descartes arrive de Stockholm, Louis XIV interdit l'éloge funèbre comme il interdira l'enseignement de la philosophie cartésienne dans l'Université.

Colbert a-t-il une vision plus large? La vérité est que les querelles théologiques ne l'intéressent absolument pas. L'homme, selon toute apparence, est croyant mais sans mysticisme aucun. Pour lui, l'Eglise sert ou dessert l'Etat. Il voudrait supplanter, par des organismes d'Etat, le monopole universitaire de l'Eglise. L'enseignement donné par les religieux ne lui paraît pas adapté aux découvertes modernes et prépare mal les étudiants au service public. Mais il est difficile d'affaiblir une forteresse si puissante et si bien établie.

Tout d'abord le ministre rêve d'une Académie générale, préfiguration de notre Institut, qui serait partagée en quatre sections : belles-lettres, histoire, philosophie, mathématiques. Il ne pourra réaliser ce plan qu'en partie. En 1666, il fonde l'Académie des sciences qu'il installe tout d'abord dans sa propre bibliothèque, puis bientôt dans celle du roi, rue Vivienne. Il donne à cette nouvelle compagnie la mission d'étudier les mathématiques, l'astronomie, la botanique, l'anatomie et la chimie. Les sciences sont ici épurées de toute autre discipline : l'on promet de ne point parler de théologie, ni de politique, et encore moins d'astrologie ou de pierre philosophale... L'Académie sera composée de vingt et un membres, français ou étrangers, à qui Colbert offre des ponts d'or pour les encourager à venir en France.

Parmi les Français, Claude Perrault, excellent organisateur (ce qui ravit le ministre), propose un plan pour l'étude de la physique végétale et surtout de l'anatomie comparée, sa passion. Mariotte étudiera de façon remarquable les variations d'un gaz selon les pressions qu'il subit.

Trois étrangers illustres viendront se joindre aux

Français : le Danois Roemer et surtout le Hollandais Huyghens et l'Italien Cassini.

Huyghens a le premier découvert un satellite de Saturne et appliqué le pendule aux horloges, d'après les théories de Galilée. Colbert l'invite à s'installer en France où il le retient par des faveurs énormes : outre une pension de 6 000 livres, le savant reçoit un logement au Louvre.

Cassini est fort considéré à Bologne pour y avoir rectifié la méridienne de l'église de San Petrone. Le grand astronome a découvert la durée de rotation de Jupiter et de Mars. Colbert négocie longuement avec la ville de Bologne qui accepte de céder le savant pour quelques années. Mais l'exorbitante pension accordée par Colbert (9 000 livres !) séduit Cassini qui finit par demander sa naturalisation en France.

Rien n'est trop beau ni trop cher pour aider les savants dans leurs recherches. Colbert procure laboratoires et instruments raffinés. Un observatoire d'astronomie se révèle indispensable. Où le placer ? L'on songe d'abord à Montmartre pour la hauteur : mais les fumées de Paris montant du midi gêneraient les observations. L'on se décide enfin pour l'extrémité du Faubourg-Saint-Jacques : outre la bonne visibilité, les souterrains naturels d'un terrain miné de carrières serviront aux expériences de mathématiques et de physique. Colbert confie les plans à Claude Perrault. Les travaux commencent en 1667 et s'achèvent en 1672. Cassini s'y est installé dès 1671. L'on n'hésitera pas à organiser des voyages scientifiques jusqu'en Guyane pour vérifier l'exactitude des calculs du savant bolognais.

Tous ces travaux scientifiques sont décrits dans l'excellent *Journal des Savants,* protégé par Colbert après avoir connu bien des déboires avec Rome et les jésuites au début de sa publication [1].

---

1. Publication plus littéraire à ses débuts (1665), le *Journal des Savants* avait admiré un ouvrage gallican. Il fut interdit puis republié par les soins de Colbert.

Très intéressé par le machinisme naissant, susceptible de transformer l'industrie, le ministre institue un Conservatoire des machines, arts et métiers, sous la direction d'un ingénieur (Antoine Niquet), et l'adjoint à l'Académie des sciences. Les gravures décrivant en détail les nouvelles machines seront utilisées par Diderot pour son *Encyclopédie,* un siècle plus tard.

Les travaux faits en France, en ce domaine, sont remarquables : citons rapidement ceux de La Hire et de Varignon sur la mécanique et ses applications, ceux d'Azout et de Picard sur les mesures et le nivellement, ou ceux de Mariotte sur les pompes à air et l'hydraulique.

C'est également Colbert qui demande à Huyghens (1673) d'accepter comme élève un jeune protégé du ministre, le célèbre Denis Papin. Le jeune savant concevra une machine à vapeur capable de faire mouvoir un bateau et expérimentera avec son maître hollandais la puissance d'expansion de la poudre qui aboutira, en 1691, à la découverte de la « machine de feu ».

En 1671, le ministre s'approprie l'administration du jardin des Plantes. Ce jardin, fondé par Louis XII, est une école à la fois de botanique et de médecine. Un surintendant avait toute latitude pour nommer démonstrateurs et jardiniers. Des abus eurent lieu, ce qui décida Colbert à réorganiser le Jardin sous sa direction personnelle. L'on racontera plus tard qu'un jour où le ministre vient visiter le jardin, il reconnaît qu'un terrain destiné aux cultures botaniques a été planté de vignes à l'usage des administrateurs. Fou de rage, il ordonne que l'on détruise cette vigne sur l'heure, et lui-même se fait apporter une pioche pour commencer l'arrachement. Un botaniste anglais, Salisbury, est témoin de la scène, et, fort impressionné par cet acte de vigueur, nommera « Colbertia » l'une des plantes de son catalogue...

La fécondité de Colbert pour ce qu'il est convenu d'appeler les « affaires culturelles » est aussi remarquable qu'étonnante. Il subsiste néanmoins de son action l'impression d'une contradiction qui désarçonne quelque peu. N'est-ce pas la contradiction du siècle? Colbert se montre à la fois pessimiste et optimiste. Comme l'écrit Maurice Ashley, l'art classique est pessimiste. Les canons de la beauté sont fixés une fois pour toutes. L'imagination ne peut-elle donc pas déplacer la perfection? La conception d'un monde figé dans une hiérarchie dogmatisée et nécessaire paralyse toute idée de progrès.

Et pourtant, Colbert croit de toutes ses forces au progrès scientifique, comme au progrès de la justice et à celui de la condition matérielle du plus grand nombre. Son volontarisme coléreux est aussi une forme d'optimisme.

Cette dualité de sentiments se retrouve très précisément dans son action économique. Il croit au progrès du machinisme, des techniques industrielles imaginées par les scientifiques. Mais ses théories économiques portent la marque d'un pessimisme fondamental qui conduit nécessairement à la guerre économique.

TROISIÈME PARTIE

La Guerre économique (1661-1672)

CHAPITRE I
Le Mercantilisme et la guerre

Chacun sait que Richelieu a rêvé d'un grand dessein économique pour la France. La lutte continuelle contre la puissance des Habsbourg et de détestables finances l'ont empêché de « mettre l'état en opulence ».

Colbert, durant ces douze années de paix relative et d'organisation financière (1661-1672), va tenter d'appliquer les grandes lignes du célèbre testament de Richelieu.

Rien de plus mal nommé que le « colbertisme », si l'on veut désigner ainsi une théorie économique. Les conceptions économiques de Colbert sont celles de son temps et, pour l'essentiel, celles de l'Europe. Cette sorte d'idéologie économique, qui s'impose avec une véritable force dogmatique aux contemporains du ministre, sera qualifiée un siècle plus tard par les physiocrates de « système mercantile » ou de « mercantilisme ». Les économistes du XVIIIe siècle estimeront, en effet, que leurs prédécesseurs attribuent au commerce un rôle trop important. L'idéal mercantiliste, né en Angleterre au milieu du XVIe siècle, consiste à vouloir que l'Etat soit vendeur et non acheteur. Tout d'abord, l'on accroît ainsi le stock des métaux précieux, alors signe révélateur de la puissance d'une nation. Rappelons l'incroyable anarchie monétaire de l'époque. Comment payer la balance commerciale autrement qu'en monnaie internationale, c'est-à-dire l'or?

L'exode de l'or provoquant la hausse des changes

étrangers, l'on se trouve exposé à manquer de crédit ou de marchandises indispensables.

D'autre part, la balance commerciale reste évidemment favorable si l'on importe des matières premières (le moins possible) mais, qu'en revanche, l'on exporte des produits manufacturés. L'industrie paraît alors inséparable du commerce, d'autant plus que — comme l'explique Henri Hauser — c'est par le commerce que s'est opérée la concentration des premiers capitaux qui sont ensuite utilisés dans les « manufactures ».

L'Angleterre est la première, dès le XVIᵉ siècle, à faire du « colbertisme » sans Colbert. Pour favoriser la création d'industries et augmenter les richesses en numéraire, il faut taxer ou prohiber l'entrée des produits manufacturés étrangers, et laisser la libre sortie des « manufactures » nationales. En complément, l'on peut permettre la libre entrée des matières premières étrangères et l'on interdit la sortie des matières premières nationales. C'est, en somme, un protectionnisme économique qui paraît, de nos jours, tout à fait banal.

L'industrie a un avantage supplémentaire : celui de supprimer l' « oisiveté » des peuples. Tous les gouvernements d'Europe partagent avec Colbert le souci du plein emploi.

Dès le XVIᵉ siècle, l'on discerne une volonté dirigiste qui peut au besoin mener à la nationalisation des industries, pour assurer le travail aux sujets et garantir l'indépendance nationale. Il ne faut pas oublier que l'avènement du mercantilisme est contemporain de la naissance du concept national. Le mercantilisme devient alors un acte patriotique, voire un système de pouvoir.

Un Etat affirme sa puissance « contre » les autres puissances nationales. Cette rivalité agressive qui implique nécessairement la théorie mercantiliste va s'aggraver de façon notoire au cours du XVIIᵉ siècle.

Le grand afflux des métaux américains au XVIᵉ siècle a donné aux commerces intérieurs une impulsion considérable. L'on achète, vend, produit davantage. Or, depuis 1620 environ, le rythme de la production des métaux précieux diminue ou, au mieux, reste stationnaire, alors que les besoins économiques ont, eux, beaucoup augmenté. Il est indéniable que l'Europe du XVIIe siècle souffre d'une véritable famine monétaire. Dans certains pays (surtout l'Angleterre et la France), les gouvernements complètent le protectionnisme mercantile par ce que l'on appellera le « bullionisme » — doctrine qui consiste à empêcher la sortie des métaux précieux —, d'autant que la pénurie du numéraire provoque une baisse des prix défavorable au commerce.

Cette réelle restriction monétaire encourage le pessimisme économique qui caractérise cette époque, pessimisme qui reste très tributaire des conceptions religieuses et philosophiques du siècle. Comme l'écrit si justement Henri Hauser : « Il n'y a pas d'histoire économique, mais seulement des aspects économiques de l'histoire humaine. » L'influence encore très forte du thomisme renforce une sorte de croyance instinctive et tenace à l'improductivité de l'argent. La notion de la stabilité économique qui exclut toute possibilité d'expansion s'impose de façon presque naturelle. Dès lors, s'il n'existe qu'un stock fixe de métaux précieux, disponible en Europe, qu'une quantité déterminée d'une matière première sur le marché, que des possibilités très restreintes d'augmenter le volume commercial, chaque nation a intérêt à se procurer la plus grande quantité de numéraire au détriment des autres, le monopole d'une matière première ou l'exclusivité d'un marché. Autrement dit, toutes les actions, tous les faits économiques de cette période doivent être considérés dans un contexte de guerre économique.

Pourtant, l'essor considérable de la vie commerciale, les grandes et récentes découvertes géographiques devraient apporter un démenti flagrant à cette conception figée et résignée de l'univers économique. De tous temps, les mentalités résistent aux faits.

Il est vrai que si nous considérons les échanges pratiqués au XXe siècle, par rapport à ceux pratiqués au temps du mercantilisme, nous constatons des différences gigantesques pour le volume et la masse. Un économiste germanique a comparé le volume entier du commerce d'un port allemand pendant plusieurs années du début du XVIe siècle avec le chargement d'un seul de nos transatlantiques! Les dangers de la mer, principale voie commerciale, sont immenses. L'on ne se risque que pour des denrées rares, ce qui explique en partie la notion d'un monopole.

Les contemporains du ministre conçoivent difficilement la possibilité d'augmenter indéfiniment les débouchés. Pendant des siècles, l'on a produit en fonction du marché, alors que, plus tard, l'on surproduira tout en créant de nouveaux besoins pour écouler la masse toujours plus grande des produits.

Le marché commandant la production et non l'inverse, il s'établit l'idée quelque peu naïve que, plus une nation produit, moins les autres ont la possibilité de produire : la capacité d'absorption d'un marché est remplie par la nation qui produit le plus.

Autre manifestation de ce pessimisme économique : la croyance dans les vertus de la réglementation, qui ne fait que prolonger la tradition médiévale[1]. La nature est mauvaise, l'homme est irrémédiablement marqué par le péché originel. La nécessité d'une autorité bienfaisante et tutélaire paraît évidente. La discipline contraignante, que les règles corporatives imposent au monde du travail, ne choque pratiquement personne.

Le mercantilisme suppose une véritable direction de l'Etat qui s'insère dans tout un contexte diplomatique. La

---

1. M. Heckscher (*Mercantilism,* Londres, 1955) écrira que Colbert a appliqué des principes économiques médiévaux sur une grande échelle

guerre économique menée à outrance aboutit logiquement à la guerre militaire. Les trois grandes puissances économiques rivales au temps de Colbert sont la France, l'Angleterre et la Hollande. Toutes trois ont compris la relation qui lie le pouvoir politique à la réussite commerciale. Néanmoins, toutes trois se différencient par les rapports qui existent dans chacune d'elles entre l'Etat et le commerce.

Le mercantilisme a la française

A la suite de l'Angleterre d'Elisabeth, la France de Henri IV adopte la doctrine mercantiliste. Depuis plusieurs années, la classe commerçante française réclame, dans ses cahiers de doléances, l'application d'un protectionnisme économique. C'est un commerçant protestant, Barthélemy de Laffemas, autodidacte à l'esprit pratique, qui convainc le roi de protéger l'économie nationale et l'emploi, par la création d'industries et la réorganisation des règles corporatives. Nommé contrôleur général du Commerce en 1600, Laffemas pratique le mercantilisme de façon pragmatique et outrancière. Sa manie des enquêtes, sa xénophobie féroce, ses colères contre le libéralisme libre-échangiste de la ville de Lyon, sa politique industrielle ambitieuse auront une influence considérable sur Colbert.

Lorsque Richelieu commence à gouverner la France, l'Europe ressent les premiers effets de la restriction monétaire. Il apparaît urgent de mener une vigoureuse politique d'exportation pour se procurer du numéraire. Protectionniste mais moins autarcique et agressif que ne l'était Laffemas et que ne le sera Colbert, le « grand cardinal », esprit supérieur et lucide, entrevoit les possibilités d'expansion d'un commerce futur de large envergure.

Les compagnies maritimes et coloniales sont vivement encouragées.

Il est admis, à l'époque, que seuls les produits de luxe ou de qualité, conformes à des normes bien établies, pourront être facilement exportés. Le contrôle des produits manufacturés est pratiqué avec une redoutable rigueur par les fonctionnaires d'une administration centrale renforcée par Richelieu. Le Code Michau (1629) précise les largeurs et longueurs permises pour toutes les étoffes de soie, laine ou coton : la conservation du marché espagnol est à ce prix. En cas de récidive, les fabricants se voient menacés d'amendes ou de confiscation. Des contrôleurs-visiteurs-marqueurs vérifient les toiles dans chaque ville et même dans chaque bourg.

Cette tyrannie contrôleuse provoque parfois des émeutes graves. En 1640, les artisans de Poitiers se soulèvent aux cris de « Vive le Roi et la franchise publique ! ».

L'industrie de luxe est prise en main par l'Etat. Laffemas a favorisé la manufacture de tapisseries des Gobelins, les verreries en cristal, les soieries... Richelieu protège la Savonnerie, les miroirs de Venise fabriqués à Paris ou en Picardie...

En France, dès le début, le mercantilisme est appliqué à l'initiative de l'Etat et non d'une classe sociale. C'est la nation toute entière — et non une seule oligarchie marchande —, qui doit bénéficier d'une politique voulue et dirigée par le Gouvernement. Colbert ne pense pas autrement. Il a du mercantilisme la conception la plus étroite, la plus dure, la plus belliqueuse, — la plus pessimiste aussi. Il pose comme principe absolu l'impossibilité d'une expansion économique. Selon lui, il n'y a qu'un nombre fixe et déterminé de bateaux en mesure d'assurer le commerce maritime mondial. L'augmentation de la marine marchande nationale se fera donc au détriment des marines marchandes étrangères. C'est un exemple parmi beaucoup d'autres.

De façon générale, tout progrès économique national doit gêner la puissance économique des autres nations. L'on se croirait en présence d'une expérience sur les vases communicants... La théorie qu'il expose au roi sur le gâteau monétaire commun à toute l'Europe équivaut à une véritable déclaration de guerre.

Il s'agit, explique-t-il au roi [1], d'« augmenter l'argent dans le commerce public en l'attirant des pays d'où il vient, en le conservant au-dedans du royaume et empêchant qu'il n'en sortît; et donnant des moyens aux hommes d'en tirer profit ». Après ce bel acte de foi bullioniste, le ministre poursuit : « En ces trois points consiste la grandeur, la puissance de l'Etat et la magnificence du roi pour toutes les dépenses que les grands revenus donnent occasion de faire, qui est d'autant plus relevée qu'elle abaisse en même temps tous les Etats voisins, vu que n'y ayant qu'une même quantité d'argent qui roule dans toute l'Europe et qui est augmentée de temps en temps par celui qui vient des Indes occidentales, il est certain et démonstratif que s'il n'y a que 150 millions de livres d'argent qui roule dans le public en France, l'on ne peut parvenir à l'augmenter de 20, 30, 50 millions qu'en même temps l'on n'en ôte la même quantité aux Etats voisins, ce qui fait cette double élévation que l'on voit si sensiblement augmenter depuis plusieurs années; l'une en augmentant la puissance et la grandeur de Votre Majesté, l'autre en abaissant celle de ses ennemis et de ses envieux. »

Ce n'est pas la première fois que le ministre veut convaincre le roi de cette vérité : la puissance économique de l'Etat doit être aussi recherchée que la puissance territoriale. La guerre économique vaut la guerre militaire. Il n'est pas sûr que Louis XIV le croie absolument... Néanmoins, Colbert rejoint le roi et même Louvois, sur un point essentiel : le pouvoir d'un pays se

---

1. Mémoire au roi sur les finances, vers 1670.

mesure au nombre de ses soldats et à sa force logistique. La fameuse question de Staline : « Combien de divisions ? », semble l'écho lointain de la préoccupation de Louis XIV et de tous ses ministres, sans exception.

L'abondance du numéraire est avant tout un moyen au service d'une fin politique, la grandeur de l'Etat : « Il n'y a que l'abondance d'argent qui fasse la différence de sa grandeur et de sa puissance. » Et l'augmentation importante du stock monétaire ne s'obtient que par « le commerce seul, et tout ce qui en dépend ». Mais qu'on ne se méprenne point sur le but ultime de toute cette activité économique : « Le commerce est la source de la finance et la finance est le nerf de la guerre[1]. »

Colbert ne reproche pas à Louvois de vouloir créer une très forte armée. Il déplore que son jeune collègue détourne trop vite au profit de la guerre des sommes importantes qui sont encore indispensables à la mise en place d'une industrie quasi inexistante, à l'amélioration d'un réseau routier et fluvial lamentable ou à la création d'une véritable marine marchande. Il s'agit surtout d'une querelle sur un ordre de priorités dans le temps.

Colbert pousse à l'extrême toutes les conséquences de la doctrine mercantiliste. C'est là seulement que l'on peut évoquer le « colbertisme ». Le protectionnisme devient de plus en plus intransigeant. Les règlements destinés aux produits pour l'exportation sont draconiens : la nécessité absolue d'une balance de commerce favorable oblige à satisfaire les goûts des consommateurs étrangers.

Comme au temps de Laffemas et de Richelieu, l'Etat prend directement en main une économie qui, en dernier ressort, produit pour lui. Jamais un système économique n'a été appliqué avec autant d'énergie et de rigueur sur toute l'étendue d'un royaume. Nulle part ailleurs qu'en France, le mercantilisme n'a été de façon si nette un facteur d'unification nationale. Pas un seul gouvernement

---

1. Colbert à son cousin Colbert du Terron.

européen n'a soutenu un effort aussi considérable et aussi continu pour subventionner ou promouvoir l'économie nationale. Richelieu a entrevu, sans doute, un univers économique plus souple et plus large que celui entrevu par Colbert. Mais personne en France avant Colbert n'a vraiment compris la relation évidente et obligatoire entre l'ordre financier et les possibilités d'investissements économiques.

Autre particularité du mercantilisme français : le système est voulu et appliqué par un homme seul ou presque seul. La détestable institution de la « Paulette » (vente héréditaire des offices) a détourné la bourgeoisie française de l'aventure capitaliste.

Les honneurs d'une charge confortable et sûre sont préférés aux risques du commerce ou de l'industrie.

Colbert veut sans cesse convaincre les Français et, en priorité, Louis XIV. Comme à son habitude, le ministre expose longuement au roi un plan précis et détaillé. Le ton est très affirmatif, très sûr, l'on serait tenté de dire : très professoral. Il faut impressionner le souverain, dont le concours est absolument nécessaire pour donner une grande impulsion au mouvement économique. Cela aussi paraît particulier à la France. Le charisme royal doit encourager les initiatives et les efforts en vue d'un grand dessein économique assez mal compris par l'ensemble de la population. Il faut annoncer partout les volontés du roi. Il est rare qu'une recommandation de Colbert ou des fonctionnaires sous ses ordres ne soit pas précédée de : « Sa Majesté veut que », « Le roi m'ordonne de vous dire que... ».

Combien différentes sont les relations entre le roi d'Angleterre et la classe marchande et industrielle de son royaume.

Les hommes d'affaire anglais

Les inventeurs du mercantilisme sont, sans conteste, les hommes d'Etat anglais, tel Burghley, lord trésorier de la reine Elisabeth. Protectionnisme économique, politique industrielle, promotion du travail : toutes les grandes affirmations du « colbertisme » se trouvent déjà fort clairement exprimées en Angleterre, près d'un siècle auparavant. Mais l'application des théories communes reste profondément différente de part et d'autre de la Manche. Jamais la hiérarchie féodale insulaire n'a été aussi rigide et compartimentée que la hiérarchie féodale du continent. Aucune activité commerciale n'oblige la noblesse anglaise à déroger. Le roi et l'Etat s'imposent difficilement à une classe marchande et industrielle beaucoup plus large socialement, et beaucoup plus indépendante qu'en France.

La reine Elisabeth Ire a pour successeur le fils de son ennemie, la catholique Marie Stuart, reine d'Ecosse. Jacques Ier et plus tard son fils Charles Ier sont anglicans mais sont très impressionnés par les grandes monarchies catholiques continentales. Avec autorité, ils tentent d'acclimater en Angleterre les principes d'une royauté de droit divin qui domine tous les pouvoirs de l'Etat et protège de façon prestigieuse les arts et lettres.

Charles Ier, époux d'Henriette de France, sœur de Louis XIII, refuse de poursuivre les catholiques, et gouverne en souverain absolu, sans convoquer le Parlement. En outre, il étend son autorité politique à la vie économique du royaume. Seul un petit nombre de courtisans se voit accorder les privilèges des grandes compagnies de commerce ou les monopoles industriels. Tout comme Richelieu et Colbert, les Stuart renforcent les règlements de fabrication des produits destinés à l'exportation. La grande majorité de la classe marchande et industrielle proclame que « la liberté est l'âme du commerce » et approuve l'insurrection menée par Olivier Cromwell et son armée de puritains. Charles Ier est exécuté en 1649, tandis que Mazarin gouverne la France.

Il ne faut pas oublier que l'avènement de Cromwell doit beaucoup à l'hostilité de tout un milieu d'affaires à un mercantilisme conçu à la française. Cromwell brise ce qui reste d'une administration copiée sur les administrations centrales continentales et instaure la liberté économique intérieure, tout en poursuivant une politique extérieure très protectionniste.

Après la mort de Cromwell (1658), partisans et ennemis de la République finissent par s'entendre et ramènent les Stuart sur le trône d'Angleterre. Le règne de Charles II ne peut ressembler à celui de son père, Charles Ier. Le nouveau Parlement maintient jalousement l'ensemble des lois de la République sur le commerce et l'industrie. Le roi considère avec envie les pouvoirs de son cousin germain, le roi de France, et se sent un peu l'otage des marchands et des industriels.

A l'inverse de ce que l'on observe en France, ce sont les « businessmen » anglais qui donnent vie au mouvement économique national : ce sont eux qui influencent la politique économique de l'Etat, alors qu'en France c'est l'Etat qui propose des initiatives capitalistes à toute une classe fascinée par le fonctionnariat : la nostalgie de la grande administration de la Rome antique reste-t-elle encore très vive en France ? Probablement oui, alors qu'en Angleterre, les structures romaines s'estompent lorsqu'elles ne disparaissent pas totalement.

Inutile de rechercher dans le royaume de Charles un fonctionnaire qui rappelle tant soit peu un intendant français : il n'en existe pas. Le roi voudrait contrôler les produits manufacturés à l'imitation de Colbert, qu'il ne le pourrait pas. Aucun pouvoir administratif ne peut entraver la libre initiative d'un milieu d'affaires actif et entreprenant. Le dogme mercantiliste qui impose des règlements à la fabrication des produits d'exportation est de moins en moins respecté. Le produit de luxe n'est pas le seul produit exportable. Des débouchés plus larges s'ouvrent aux industries anglaises.

Ce vent de liberté que la France ignore ne doit pas faire oublier la préoccupation, ou plutôt l'obsession commune aux deux pays : la réussite économique inouïe de la petite Hollande. Pour l'Angleterre comme pour la France, la richesse insolente d'une nation étrangère ne peut que nuire à la richesse nationale.

L'OBSESSION HOLLANDAISE

En 1665, Colbert surestime de façon très exagérée l'importance de la flotte néerlandaise. Selon le ministre, elle se compose de 15 000 à 16 000 bâtiments, soit les 75 pour 100 de la flotte européenne. En réalité, elle compte au maximum 8 000 à 9 000 navires. Est-ce la présence obsédante des Hollandais dans les grands ports d'Europe et même du monde qui crée l'illusion du nombre ? La Hollande a remplacé le principe sacro-saint de la balance commerciale par le commerce de commission. Ils sont devenus les grands rouliers des mers. Des stocks énormes de matières premières, des tonnes de produits manufacturés sont transportés d'un pays à l'autre sur les bateaux à poupe ronde et à fond plat. Comme l'expliquera Daniel Defoe : « Ils (les Hollandais) achètent pour revendre et la plus grande partie de leur vaste commerce consiste à s'approvisionner dans toutes les parties du monde, afin de pouvoir à leur tour approvisionner le monde entier. »

Amsterdam apparaît, selon les termes de Colbert, comme « l'entrepôt de toutes les denrées du monde ». Les marchandises venues de partout y sont parfois stockées pendant plusieurs mois, puis vendues ensuite au meilleur moment pour obtenir le prix le plus élevé. Maîtres du marché, maîtres des prix, les Hollandais deviennent, dans certaines régions, presque maîtres de la production ou des industries locales.

Cette domination économique désolait déjà Richelieu : elle représente pour Colbert un véritable cauchemar. La « léthargie » des Français face à cette invasion particulière met le ministre au comble de la fureur. Les pays de Basse-Loire illustrent très précisément l'implantation hollandaise en terre étrangère.

Rendons-nous, par exemple, à Bordeaux du temps de Colbert. Les Chartrons sont devenus un quartier hollandais. Il y a même une chapelle où l'on entend des prédications en flamand. Dans les tavernes de ce pays de vin, l'on boit de la bière! La bourgeoisie locale accuse de temps à autre ces étrangers si actifs de contrôler le commerce de leur ville... mais, dans sa majorité, elle ne songe nullement à les remplacer. Avide d'honneurs, de charges, de terres nobles qui le libéreront de l'état de roture, le marchand bordelais mène un commerce tranquille, discret, sans risques. Or, le grand commerce maritime est alors très périlleux. La Fontaine le dit si bien dans une de ses fables [1] :

> « Un vaisseau mal frété périt au premier vent.
> Un autre, mal pourvu des armes nécessaires,
> Fut enlevé par les corsaires.
> Un troisième au port arrivant,
> Rien n'eut cours ni débit. »

Le grand commerçant est assimilé à un « aventurier », au mauvais sens du terme. Notre marchand tranquille risque bien quelque argent dans une grosse « aventure », mais point trop. Et toutes ces activités ne lui paraissent

---

1. *Fables*, livre VII, xix. Cité par Ch. HIGOUNET : *Bordeaux de 1453 à 1715*.

pas très honorifiques. Dans ce grand port d'exportation, il se contente de travailler à la commission pour un correspondant étranger, hollandais le plus souvent. S'il lui arrive de spéculer sur les vins, il prend soin de le faire sous un faux nom. La ferme de la grande coutume, les péages, les revenus de l'archevêché, son patrimoine en terres, l'intéressent bien davantage. Parfois, sa nonchalance commerciale peut lui coûter la propriété de sa vigne à laquelle il tient tant. Les Hollandais ont formé depuis le début du siècle de véritables syndicats qui monopolisent le commerce des vins. Ils traitent directement avec le producteur et, en cas de non-paiement, ils s'emparent de sa vigne.

L'industrie locale peut bénéficier de leur esprit d'entreprise. Ainsi, à Bordeaux, ils créent une raffinerie de sucre.

Qui sont donc ces Hollandais? Comment cette « poignée de gens réduits à un coin de la terre où il n'y a que des eaux et des prairies » — selon les termes de Richelieu — est-elle parvenue à ce degré d'opulence? Quelles pourraient être les observations d'un voyageur français qui visite leur pays? Imaginons l'organisation fictive du voyage d'un fils de marchand bordelais en république néerlandaise. Supposons que le père du voyageur a, comme tant d'autres marchands de Bordeaux, de Nantes, de La Rochelle ou de Bayonne, un correspondant hollandais, riche marchand qui invite le jeune homme à séjourner dans sa maison d'Amsterdam.

Avant de partir, notre voyageur se documente quelque peu sur l'organisation politique et la situation géographique du pays de son hôte. Déjà à cette époque, l'on a tendance à désigner sous le nom de « Hollande » l'ensemble des « Provinces-Unies » qui sont au nombre de sept [1]. Il est vrai que la Hollande est, de beaucoup, la plus

---

1. Hollande, Zélande, Utrecht, Gueldre, Overijsel, Frise et Groningue. L'Espagne a, en outre, abandonné aux Provinces-Unies le « pays des Etats-Généraux », bande de terre au sud de la Meuse, et l'enclave de Maastricht.

puissante et la plus riche d'entre elles. Sujet d'un monarque quasi sacré, le Bordelais est assez curieux de se rendre dans une « république populaire » dont la réputation de liberté intellectuelle, d'aisance maintenue dans une simplicité niveleuse, frappe l'imagination de nombreux Français.

Dès le XVIe siècle, les Pays-Bas espagnols se séparent en deux groupes de provinces. Celles, catholiques, du Sud, que l'on désigne aussi sous le nom de Brabant (à peu près l'actuelle Belgique), restent encore sous contrôle espagnol. Les « Provinces-Unies » du Nord (à peu près les actuels Pays-Bas) vont mener une âpre lutte d'indépendance sous la direction de la famille d'Orange-Nassau, devenue une sorte de symbole national. L'Espagne reconnaît définitivement l'indépendance des Provinces-Unies ou République néerlandaise en 1648.

Chaque province a son chef d'Etat, le « stathouder », et son Premier Ministre, le « pensionnaire ». Le gouvernement fédéral comprend le Grand Pensionnaire et le Stathouder général qui, dans les faits, sont toujours le pensionnaire et le stathouder de la province de Hollande. Toute la politique intérieure de la République se résume dans la lutte entre ces deux personnages qui représentent chacun des groupes sociaux très différents. Derrière le Stathouder, c'est-à-dire le chef de la famille d'Orange, l'on trouve l'Eglise calviniste et ses ministres fanatiques, et aussi un prolétariat important. Patriotes, nationalistes, les Orangistes restent fidèles à une politique d'indépendance contre l'Espagnol ou tout autre envahisseur éventuel. Louis XIV et Colbert sous-estiment leurs forces latentes. Car, bien que chef militaire en titre, le Stathouder ne gouverne plus la République. Les Orangistes ont été évincés par le parti du Grand Pensionnaire qui comprend la « troisième force » libérale, entre les catholiques et les calvinistes durs, la puissante classe des marchands magistrats. Le Stathouder se trouve privé de compétence judiciaire et fiscale.

Notre voyageur oublie presque l'existence du prince d'Orange confiné dans sa cour aux usages français. Pour lui (comme pour le roi et Colbert), le véritable chef d'Etat et responsable de la politique extérieure est Jean de Witt, Grand Pensionnaire depuis 1653. L'originalité de la politique des grands marchands, avec de Witt à leur tête, consiste à dissocier la guerre économique de la guerre militaire. Contrairement à ce qui se passe en France, la prospérité est une fin en soi et non un moyen pour accroître la puissance militaire nationale. La paix politique et militaire est une condition nécessaire pour mener une guerre économique très particulière à la République.

Lorsque le jeune Bordelais va se rendre en Hollande (vers 1665), les Provinces-Unies sont en paix avec la France. La République est même considérée comme une alliée traditionnelle contre l'ennemi espagnol, et cela malgré les colères exaspérées de Colbert...

La première impression du Français, lorsqu'il pénètre en terre néerlandaise, est celle d'un grand dépaysement géographique. La mer, les landes, les marécages, les rivières, semblent isoler le pays du reste de l'Europe. Alors que la terre française paraît capable de fournir les denrées indispensables, la terre néerlandaise doit être constamment conquise par ses habitants. Une économie autarcique telle que la conçoit Colbert est irréalisable en Hollande.

Les techniques agricoles sont beaucoup plus avancées mais le voyageur ne le remarque pas tout de suite. Selon les premières apparences, la culture reste assez archaïque, comme en France. Par contre, il est très frappé par le nombre des villes traversées sur de courtes distances. Le pays est essentiellement citadin. Les habitants des villes représentent les deux tiers de la population. La proportion est énorme lorsqu'on la compare à celle de la France, pays essentiellement agricole.

L'aspect des cités est souvent pimpant, propre. Les rues commerçantes sont animées, sans que l'on y retrouve, toutefois, le tintamarre assourdissant des rues françaises. L'Etat ne cherche pas, comme en France, à contrôler l'activité économique des villes, mais, en revanche, le contrôle dont disposent les diverses corporations sur les métiers se montre souvent tyrannique. Le respect des règles corporatives reste commun à l'Europe.

En se promenant d'un magasin ou d'un atelier à l'autre, notre voyageur observe avec stupéfaction la quantité de numéraire qui circule dans le commerce. Les bonnes monnaies sont si rares en France! Même à Paris, le marchand ou l'artisan ont souvent du mal à faire payer leurs débiteurs : presque tout le travail est fait à crédit, à cause de la famine monétaire du temps. Très intrigué, le Français se promet de demander à son hôte une explication.

Voici que le voyageur arrive à cette fameuse Amsterdam, capitale économique de l'Europe, et obsession de Colbert. Surgie d'un univers de marécages et de brouillards, la ville, admirable, large, aérée, aligne, le long de ses grands canaux semi-circulaires et concentriques, ses belles maisons brun-rouge, noires, roses, construites sur pilotis. La vie de la rue est intense et disciplinée, à l'écoute des innombrables cloches de la ville. Le Français observe la quantité d'entrepôts le long des canaux.

La demeure de ses hôtes est assez grande, confortable, propre, mais sans luxe ostentatoire. Au mur, sont accrochées des peintures qui racontent les scènes de la vie familiale ou citadine dans toute leur vérité, toute leur simplicité. Dans la pièce principale, il y a un portrait du maître du logis, peint par un certain Rembrandt qui lutte contre la misère. Le peintre est ici un fournisseur parmi d'autres. La notion de mécénat est inconnue. Le riche patricien paye une commande, et voilà tout. L'art ne contribue en aucun cas à illustrer la grandeur de l'Etat ou la puissance divine.

Notre voyageur, habitué à la diversité vestimentaire des Français, toujours soucieux d'affirmer leur situation sociale, ou leurs privilèges acquis, regarde avec quelque surprise les tristes habits sombres, noirs, violets de ses hôtes. Il connaît leur grande fortune et remarque la quasi-absence de domestiques. La maîtresse de maison fait elle-même son marché. Cette simplicité de vie s'étend aux personnages importants de l'Etat. Mme Ruyter, l'épouse du célèbre héros de la marine néerlandaise, fait aussi son marché, et Jean de Witt, le Grand Pensionnaire, se déplace seul à pied.

Les repas se déroulent presque en silence. La nourriture est peu raffinée. Le voyageur songe aux repas gastronomiques et animés du Bordelais. Il a davantage l'occasion de parler [1] à ses hôtes dans le petit jardin particulier que possèdent presque tous les bourgeois d'Amsterdam, autour d'une tasse de thé, de café ou de chocolat, denrées apportées par les bateaux des grandes compagnies coloniales.

Les Hollandais demandent au jeune Français ses projets d'avenir. A leur tour, ils s'étonnent de l'intérêt relatif que leur invité porte à l'affaire d'exportation que possède son père. Les grandes préoccupations du Français semblent être la charge de trésorier que son père veut lui acheter plus tard, et la belle propriété que sa famille aménage près de Bordeaux.

Le fils de la maison (à peu près du même âge que l'invité) parle lui aussi de son avenir. Il évoque avec enthousiasme les bateaux qui s'aventurent aux quatre coins du monde à la recherche de denrées rares, il décrit la fantastique activité commerciale qui anime les quais de sa ville. Son ambition ? Rester un riche marchand comme son père. Pour lui, le commerce apparaît comme une sorte d'épopée. Il apprend même les langues des pays lointains. La Hollande possède le plus grand centre du monde pour l'étude des langues orientales.

---

1. Il est de bon ton, dans les familles patriciennes hollandaises, de savoir parler le français.

Comment utilisera-t-il ses bénéfices ? A l'imitation de ses parents, dans sa maison de ville. Les propriétés de l'aristocratie terrienne — peu nombreuses — ne l'intéressent pas.

Quelques tableaux, des porcelaines de Delft, des cuivres brillants dans sa cuisine orneront son seul véritable investissement immobilier : une belle demeure citadine dans laquelle il mènera une vie de famille simple, vertueuse et fermée.

Tout ce discours fait entrevoir au jeune Français un sentiment nouveau pour lui : le succès sanctionne la vertu. Il ignore, bien entendu, à quel point ce sentiment préfigure un « rêve américain » que la France comprendra difficilement.

Les Hollandais lisent énormément. Une plus grande liberté intellectuelle, une censure assez large font de ce coin d'Europe le royaume de l'édition. Le voyageur trouve chez son hôte de nombreux ouvrages botaniques et de vulgarisation scientifique. Les Néerlandais savent associer leur amour du concret et de la science à leur génie commercial. Grâce aux techniques de pointe de leur industrie de transformation (comme un certain procédé de teinture de tissus), ils dominent d'importants marchés.

Notre famille hollandaise possède également un ouvrage de Jean de Witt [1] intitulé *L'Intérêt de la Hollande*. Le Grand Pensionnaire proclame, sous forme de « maximes », sa foi dans un capitalisme heureux si bien représenté par sa classe sociale, et sa haine envers la maison d'Orange et l'Eglise calviniste.

La guerre qui va se préparer entre la France et la République des Province-Unies est aussi un affrontement idéologique. Pour Jean de Witt, l'esprit dynastique est, par sa nature, violent, irraisonné. Il conduit fatalement à la centralisation étatique qui étouffe la liberté de com-

---

1. Ecrit en réalité par un certain De la Court, l'ouvrage est publié en 1662.

merce sans laquelle ne peut exister aucune prospérité économique. En outre, il mène à la guerre et donc à la banqueroute.

La rigueur tyrannique de l'Eglise calviniste dérange tout autant le Grand Pensionnaire. République, terre d'asile, tolérance religieuse, mort de l'Etat : le Français médite longtemps après avoir terminé la lecture du livre de Jean de Witt.

La tolérante République n'a pourtant pas épargné l'Eglise catholique. Les jésuites sont interdits dans toute la province de Hollande. Le jeune Bordelais ne trouve aucune église de culte catholique dans la ville. On lui indique une maison particulière spécialement aménagée où il pourra assister à l'office du dimanche. Il sait que, dans les faits, les catholiques — majoritaires dans le pays — sont écartés de toutes les charges importantes. Louis XIV est fort agacé par cette oligarchie marchande antimonarchique et anticatholique. Colbert se sert de l'irritation toute politique du roi pour pousser le monarque à écraser une nation qui nargue insolemment la puissance économique française.

Notre voyageur veut observer de près « le plus grand entrepôt du monde » et la première place financière d'Europe.

L'extraordinaire animation des quais et des docks d'Amsterdam stupéfie tous les visiteurs. Parmi de curieuses sortes de grues mobiles, l'on débarque où l'on charge des céréales baltes, des lainages anglais, du vin de l'Aquitaine et du Rhin, du fer et du bois de Scandinavie, des épices des Indes, du sucre du Brésil ou des Antilles, et tant d'autres marchandises venues de partout, en partance vers le monde entier. Aux environs du mois d'août rentre la flotte des Indes : vingt énormes navires aux cargaisons fabuleuses. Au mois d'avril, près de deux cents bâtiments lèvent l'ancre pour la Baltique.

Par sa situation géographique, les Pays-Bas se trouvent au centre de la grande route maritime qui joint le nord-est au sud-ouest européen, non loin des voies fluviales importantes.

Le trafic hollandais a remplacé le grand trafic champenois qui a enrichi les Colbert. Remarquables constructeurs de bâteaux, les Néerlandais conçoivent des bâtiments pour chaque mer, chaque commerce particulier. L'approche des côtes est terriblement dangereuse. La mer est à la fois violente et peu profonde. L'esprit d'entreprise des marchands ne se laisse pas intimider par les épaves de navires échoués, brisés par les lames. Tous les visiteurs étrangers remarquent le goût du travail et l'extrême frugalité des Hollandais. Toutes les denrées du monde passent entre leurs mains et ils n'en consomment presque aucune. Même leurs meilleurs produits intérieurs sont destinés à l'exportation.

Le personnel maritime est le plus sobre et le plus travailleur d'Europe. Les capitaines sont souvent de très modeste origine. Les marins touchent des salaires incroyablement bas, inférieurs d'un tiers aux salaires des marins français, pour un travail beaucoup plus dur (huit hommes d'équipage hollandais contre douze ou seize Français sur des navires équivalents).

Tout est conçu pour obtenir un meilleur rendement au meilleur marché. Les fameuses « flûtes » (fluit), bateaux à poupe ronde, large de fond, au pont étroit, sont peu onéreuses à construire et peuvent contenir de grosses quantités de marchandises. Le coût du transport est, de loin, le plus bas d'Europe. Les Hollandais sont ainsi devenus les intermédiaires indispensables de l'Europe marchande.

Face aux terribles risques de la mer, les armateurs hollandais ont organisé un remarquable système d'assurances maritimes. Les compagnies d'assurances se sont multipliées à Amsterdam, au point qu'elles peuvent abaisser leur taux à 10 et même à 8 %. A titre de comparaison, la moyenne française se situe vers la même époque à 25 %.

Le commerce néerlandais envahit le monde. Alors qu'en France, Colbert lutte désespérément (nous le verrons ultérieurement) pour créer des compagnies coloniales, les marchands hollandais s'associent spontanément pour conquérir le commerce des Indes occidentales et orientales. A la grande rage du ministre de Louis XIV, une partie de la production coloniale française s'accumule dans les entrepôts d'Amsterdam !

Les grands marchands néerlandais, notamment d'Amsterdam, utilisent avec une redoutable efficacité l'arme de l'information au service du commerce. Aucun pays d'Europe ne possède une poste régulière aussi perfectionnée. Il n'existe nulle part autant de gazettes et aussi bien informées sur les événements économiques mondiaux. Les hommes d'affaires hollandais sont toujours les premiers renseignés sur les mouvements des prix dans les places étrangères comme sur les naufrages ou les catastrophes naturelles. La spéculation sur les matières premières ou produits manufacturés dont, en outre, ils assurent pour une grande part le transport, devient facile. La dictature des prix que la Hollande exerce dans les ports étrangers peut entraver considérablement les commerces intérieurs.

Prenons l'exemple des commerçants des provinces intérieures françaises, qui drainent leurs produits locaux vers les ports en vue de l'exportation. A quel prix les vendent-ils ? A celui fixé par les Hollandais installés et organisés sur place, c'est-à-dire au prix bas. Après avoir réalisé un faible bénéfice, les Français vont retourner dans leurs provinces avec des produits importés. Or, ces produits arrivent le plus souvent dans les ports par l'entremise des Hollandais qui les ont stockés le temps nécessaire dans leurs entrepôts et les vendent, bien entendu, au prix fort. Lorsque les commerçants français veulent, à leur tour, les revendre à l'intérieur du royaume, ils se trouvent gênés par leur prix d'achat trop élevé.

Le mercantilisme xénophobe de Colbert n'est pas seulement la conséquence d'une conception théorique de l'économie mondiale. La France subit réellement une véritable guerre économique, menée avec une extraordinaire intelligence commerciale.

Les Hollandais ont également le génie d'associer, de façon originale en Europe, la puissance commerciale à la puissance financière. Colbert dit bien que seul le commerce « source de la finance » fait entrer du numéraire. Mais les méthodes hollandaises sont différentes.

Après avoir vu le premier port de l'Europe, notre voyageur va visiter la première place financière de l'Occident. Voici la célèbre Bourse d'Amsterdam, — « Wall Street du XVIIe siècle », écrit Pierre Goubert — sorte de foire permanente où l'on discute du commerce du monde. L'édifice est classique, élégant. Quelque trente colonnes soutiennent des galeries couvertes où se retrouvent les grands marchands. Les habitués savent qu'ils trouveront les marchands des Indes orientales près de telle colonne, ceux du Levant ou de la Baltique près de telle autre. Ici on affrète un navire qu'on assure un peu plus loin. Dans la cour, l'on parle de valeurs mobilières, d'opérations à terme et l'on spécule sur le commerce universel. Toutes les marchandises du monde, ou presque, y sont cotées.

Les négociants ont vite compris que cet immense monument commercial reste inséparable d'une monnaie saine et stable qui soit acceptée dans tous les pays. Ici comme ailleurs, règne une anarchie monétaire qui, de nos jours, paraît presque invraisemblable. Peut-être moins préoccupés que Colbert par cette diversité du numéraire, les Hollandais se sont attachés, dès 1609, à protéger solidement une seule monnaie par une grande banque inspirée de certaines banques italiennes. Le florin de la Banque d'Amsterdam (différent du florin en circulation dans le public) est bientôt devenu la monnaie occidentale la plus sûre.

Le premier secret de ce succès consiste à ce que la Banque garde toujours une encaisse en argent au moins égale aux montants des dépôts. Et, comme l'explique Henri Hauser [1], la Hollande, contrairement aux autres Etats mercantilistes, a l'audace — énorme à l'époque — de ne pas chercher à défendre son encaisse métallique par la prohibition de sortie des métaux précieux. Résolument antibullionnistes, les Provinces-Unies permettent l'exportation des monnaies, et même des lingots à partir de 1647. Le commerçant sait qu'il peut retirer à tout moment ce qu'il a déposé à la Banque, sans avoir à emprunter. Cette certitude attire des masses de capitaux. Les déposants acceptent l'intérêt très bas que leur offre la Banque en échange d'une absolue liquidité. La Banque accumule ainsi des stocks métalliques considérables, sans charges exagérées. Voilà l'explication de l'abondance du numéraire en circulation aux Provinces-Unies.

Cette puissance financière sert les commerçants qui, à leur tour, augmentent les capitaux d'une Banque capable de leur accorder de longs crédits à des taux très modérés et de garantir la stabilité des changes.

Les dépôts capitalistes que l'on attire comme un aimant ne sont pas la cause unique de cette réussite. Comme tout particulier néerlandais, le gouvernement bourgeois des Provinces-Unies sait proportionner ses dépenses à ses revenus. L'horreur du déficit va de pair avec la facilité de crédit. L'Etat emprunte à des taux très bas parce qu'il n'est jamais insolvable. D'ailleurs, la loi néerlandaise punit de prison tout débiteur particulier insolvable.

Or, la gestion équilibrée du gouvernement néerlandais est tributaire de l'avance considérable des Provinces-Unies dans leurs structures politiques et sociales. Cela est essentiel pour comprendre les obstacles inouïs auxquels Colbert doit faire face pour établir une puissance économique française.

Le gouvernement de la République peut alimenter son

---

1. H. HAUSER : *La Prépondérance espagnole*, p. 441.

budget par une forte rentrée d'impôts. Les Provinces-Unies ont deux siècles d'avance sur ce point. Les impôts indirects sont extrêmement élevés. En outre, tout le monde est contribuable. Cela suppose une absence de privilèges féodaux qui surprend toujours les Français de passage.

Les biens-fonds de l'Eglise catholique, ainsi que ceux de certains nobles ont été séquestrés ou rachetés par le gouvernement puis ensuite loués ou vendus aux cultivateurs. Aucun statut juridique ne distingue le bourgeois du paysan pour lequel on a aboli les droits féodaux (excepté des redevances en argent). Le crédit de l'Etat existe dans les Provinces-Unies parce que le crédit public est organisé, étendu et logique.

C'est précisément l'inverse qui se produit en France où il n'y a pas de crédit public organisé. Colbert en est très conscient. Quoi qu'on puisse lui reprocher, il a le mérite et le courage d'introduire les notions d'ordre et de justice dans le domaine des finances publiques. Seules la régularité et la sécurité financières peuvent soutenir une politique économique à long terme. Le ministre tente d'augmenter les contributions indirectes et de terrifier une véritable « maffia » d'hommes d'affaires qui spécule sans scrupules sur l'infantilisme financier de l'Etat. Il obtient des résultats certains : l'accroissement des revenus du roi en témoigne. Mais comment peut-il assurer l'équilibre budgétaire par les seules rentrées d'impôts dans un pays où tant d'habitants ont le privilège de ne pas les payer ?

Comment obtenir de l'argent frais des contribuables lorsque ceux-ci sont en majorité des paysans qui ne peuvent payer qu'en mauvaise monnaie ?

Pourtant, l'argent circule dans les couches sociales favorisées. Mme de Sévigné emprunte et prête sans cesse. Le crédit est très répandu mais sans aucune direction. Il faudrait, pour cela, une Banque centrale sur le modèle hollandais. Or, les tentatives dans ce sens ont toujours échoué. Aucun homme de finance, aucun grand marchand, ne veut risquer sa fortune dans la banque d'un Etat où règne un monarque absolu, qui pourrait, à tout moment, emprunter des sommes énormes nécessaires à une politique décidée par lui seul et sans appel.

Les habitudes financières de la monarchie confirment leurs craintes. Le roi emprunte mais ne rembourse pas : ce sont, — nous l'avons vu —, les contribuables qui remboursent aux traitants les emprunts faits par le roi. Une banque gouvernementale ne peut provoquer que méfiance et scepticisme.

Dès lors, pour diriger les capitaux vers une industrie nationale et un commerce d'exportation, il reste l'immense énergie d'un ministre qui n'est pas toujours compris, et dont le volontarisme contraignant agace souvent.

Tout n'est pas idyllique en terre néerlandaise — il s'en faut de beaucoup. Le capitalisme efficace et dur profite largement à la classe bourgeoise — il est vrai, très nombreuse —, mais engendre également un paupérisme important. Il suffit de se rendre aux abords des grandes villes pour s'en apercevoir. Là, des misérables agglomérats de taudis contrastent tristement avec le confort pimpant des quartiers bourgeois. Là, Guillaume d'Orange soulèvera sans peine des troupes pour renverser le gouvernement des marchands et repousser l'envahisseur français. Car la guerre se prépare. Et les Provinces-Unies sont mal armées pour y faire face. Il y a une marine de guerre non négligeable, mais les marchands ont tendance à la destiner au convoi de leurs bateaux de commerce. L'armée de terre est nettement insuffisante.

L'Angleterre puis la France cherchent à profiter de cette faiblesse militaire pour abattre enfin par les armes ce petit pays qui nargue leurs économies.

DE LA GUERRE ÉCONOMIQUE A LA GUERRE MILITAIRE

Déjà au temps de Richelieu, les commerçants français se plaignent de l'invasion hollandaise dans les ports de l'Atlantique. Un quartier de Nantes s'appelle la « petite Hollande ». On signale même des marins hollandais qui pillent nos marchandises... déguisés en Turcs !

L'objectif prioritaire de la politique du cardinal est la lutte contre l'encerclement par les Habsbourg. Les Provinces-Unies veulent se libérer définitivement de toute domination espagnole. L'alliance franco-néerlandaise contre l'ennemi espagnol paraît obligatoire. Ce postulat va profondément marquer la politique étrangère française, jusqu'à ce que la Hollande, exaspérée par le protectionnisme belliqueux de Colbert, envisage une alliance commerciale avec l'Espagne contre la France.

Il faut prendre conscience de l'image de l'Espagne dans l'opinion, au XVIIe siècle. L'ombre de Charles Quint est encore là. L'or de l'Europe vient des mines de l'Amérique espagnole. La puissance de l'Espagne « traumatise » les esprits pendant tout le siècle, même si elle ne justifie pas, dans la réalité, cette fameuse « obsession espagnole » dont parlent les historiens.

Tant que dure la guerre, Mazarin suit, à l'égard des Provinces-Unies, la même politique que celle de Richelieu. Les Néerlandais sont des alliés trop précieux dont on subit en silence la prépondérance économique.

L'Angleterre n'a pas, alors, les mêmes impératifs, et son importante classe marchande refuse de se soumettre à la véritable dictature commerciale hollandaise. Le courant commercial s'est fait, jusque vers 1650, presque à sens unique en faveur des Néerlandais : pour un navire chargé quittant l'Angleterre en direction de la Hollande, il y a dix bâtiments hollandais qui débarquent leurs marchandises sur les quais anglais. Cromwell fait voter par le

Parlement l'acte de Navigation (1651) : les marchandises venant d'Asie, d'Afrique ou d'Amérique seront importées sur des navires anglais ; celles en provenance d'Europe pourront l'être aussi sur des navires appartenant au pays producteur. (Colbert cherchera à prendre des mesures assez semblables presque, vingt ans plus tard.) Cet acte de guerre économique provoque la première guerre par les armes entre l'Angleterre et la Hollande (1652-1654). La République néerlandaise doit s'incliner. Son armée navale est importante, mais se trouve obligée de convoyer la marine marchande des patriciens hollandais tout en se battant contre la marine de guerre anglaise. La Bourse d'Amsterdam est catastrophique. Malgré le retour de la paix, la propagande antihollandaise reste très vive sous Charles II.

En France, l'année où cessent les combats contre l'Espagne (1659), Fouquet se sent moins obligé de ménager les puissants marchands hollandais. Il adopte un protectionnisme modéré en établissant un droit de 50 sous par tonneau pour les vaisseaux qui entrent dans les ports français.

La politique de Colbert consiste à pratiquer un protectionnisme progressif, qui se resserre au fur et à mesure que l'industrie et la marine marchande françaises, délabrées après tant de guerres et de troubles civils, se reconstituent. Il faut d'abord permettre la liberté de commerce afin de réveiller l'activité économique et rassembler les capitaux nécessaires à une politique industrielle et maritime de grande envergure. Quand la France sera capable d'exporter ses produits manufacturés sur ses propres bateaux, alors seulement on attaquera durement le commerce hollandais. En 1662, le ministre supprime même, en partie, le droit des 50 sous. Mais, dès 1663, il le rétablit en entier. La chambre de justice a déjà fait rendre gorge à de nombreux traitants. Il est temps de reconstruire l'industrie. C'est l'année du fameux mémoire dans lequel Colbert — fidèle aux théories mercantilistes —

explique à Louis XIV que la puissance économique de l'Angleterre et de la Hollande est la cause principale de la faiblesse économique française. Les termes annoncent déjà une stratégie de combat.

L'année suivante (1664), il établit un premier tarif douanier, très détaillé : ainsi, par exemple, « le mouton pelé paye cinq sols la douzaine, le mouton vif quinze sols la pièce ». Mais ce tarif reste très modéré. Il s'agit de protéger une industrie naissante sans gêner un commerce européen que les industriels français ne sont pas encore capables de dominer.

Le 3 août, le roi tient le premier conseil de commerce. Colbert lui adresse un important mémoire dans lequel, après de longs développements historiques [1], il démontre au souverain à quel point la puissance de son Etat dépend de sa force économique.

Les maîtres de l'économie peuvent devenir les maîtres de la politique. Louis XIV en est-il convaincu? On en doute. La lettre qu'il envoie à son ambassadeur à Londres en 1666 prouve même que le roi n'a rien compris, ou ne croit pas profondément aux théories de son ministre. Louis XIV écrit, en effet : « Si les Anglais voulaient se contenter d'être les plus grands marchands de l'Europe et me laisser pour mon partage ce que je pourrai conquérir dans une juste guerre, rien ne serait si aisé que de nous accommoder ensemble. »

La « juste guerre » est celle qu'il prépare contre l'Espagne : la conquête des Flandres doit le dédommager de la dot, restée impayée, de la reine Marie-Thérèse. En outre, il espère ainsi affermir la frontière nord de la France. Louis XIV pense à la guerre en termes traditionnels de stratégie politique et de conquêtes territoriales.

Les Anglais montrent, vers la même époque, des conceptions totalement opposées. Depuis 1665, ils se sont

---

1. Colbert montre souvent une réelle culture historique. Toute action doit, pour lui, se référer à l'Histoire.

engagés dans une deuxième guerre contre la Hollande. Les motifs de cette guerre sont purement économiques. Anglais et Néerlandais se battent pour la traite des noirs de la Guinée et les épices de l'Amérique.

Les deux puissances maritimes s'infligent réciproquement des défaites navales spectaculaires. La France se trouve alors dans une situation très incommode. La Hollande est plus que jamais une ennemie commerciale, mais elle est aussi une alliée indispensable au moment où les troupes françaises se préparent à entrer dans les Pays-Bas espagnols. Jean de Witt se plaint amèrement auprès du roi de ne pas être secouru dans la guerre contre l'Angleterre. Louis XIV est fort ennuyé. Il veut ménager la Hollande et ne tient nullement à soutenir une république qu'il n'aime pas contre son cousin le roi Charles II dont il désire conserver l'amitié. La France expédie tout de même six mille soldats vers l'enclave néerlandaise de Maëstricht et déclare officiellement la guerre à l'Angleterre.

Des catastrophes naturelles vont — si l'on peut dire — tirer Louis XIV de cet embarras. Un gigantesque incendie, accompagné d'une terrible épidémie de peste, ravage Londres. Les efforts du gouvernement anglais se détournent du combat. Au mois de juin 1667, la flotte hollandaise, conduite par Ruyter, apparaît sur la Tamise. L'Angleterre, affolée, s'empresse de traiter avec la République à Bréda, tandis que Louis XIV commence la guerre dite de « Dévolution », en pénétrant dans les Flandres.

Cette année 1667, les Néerlandais s'estiment doublement agressés par la France : les troupes françaises se rapprochent dangereusement de leur territoire et Colbert relève considérablement les tarifs douaniers. Jean de Witt souhaite l'alliance militaire de la France mais il montre longuement à l'ambassadeur de France, Pomponne, « combien la conservation de l'amitié était souvent incompatible avec le voisinage », surtout lorsque le voisin est un roi aussi puissant que le roi de France. L'ambassadeur fait de son mieux pour dissiper des soupçons injustifiés...

De son côté, Colbert estime que la situation tant intérieure qu'extérieure permet maintenant une véritable déclaration de guerre économique. Le roi sort du bourbier anglo-hollandais et l'industrie française se relève. Le tarif douanier de 1667 est, comme l'écrit Robert Mandrou, un tarif de combat. Les droits paraissent souvent prohibitifs et marquent une différence considérable avec ceux du tarif de 1664.

Citons quelques exemples :

	Tarif de 1664	Tarif de 1667
— Bas d'étame, la douzaine	3 £ 10 s	8 £
— Molleton d'Angleterre, la pièce	6	12
— Bonnets de laine, le cent pesant	8	20
— Tapisseries d'Anvers et de Bruxelles le cent pesant	120	200
— Draps de Hollande et d'Angleterre les 25 aunes	50	100

Il faut à tout prix protéger l'industrie française et surtout obliger les Français à fabriquer sur place au lieu d'importer ce que fabriquent les autres. Les Anglais n'ont pas fait autrement. Cromwell n'a pu admettre que l'Angleterre se conduise en nation sous-développée en exportant du drap brut qui lui revenait travaillé dans les manufactures hollandaises. De même, Colbert ne peut souffrir de voir le sucre des colonies françaises, raffiné par les Hollandais. En 1664, « les sucres raffinés étrangers » payent 15 livres le cent pesant à l'entrée. En 1667, ils payent plus du double.

Colbert expliquera fort bien ces nouveaux tarifs à son cousin Colbert du Terron :

« Lorsque je fis le tarif, nous avions deux maux en cette affaire, qui étaient considérables : l'un que toutes les marchandises des îles allaient en Hollande, et l'autre que nous n'avions de sucres raffinés que par la Hollande, l'Angleterre et le Portugal. »

Les Hollandais établissent des représailles sur les eaux-de-vie et les vins. Colbert en rit. L'Allemagne veut les vins français qui transitent par la Hollande. Les Néerlandais seront bien obligés d'importer nos vins. En réalité, ces mesures atteignent le commerce français. En outre, la marine marchande de Louis XIV n'est pas en état de concurrencer celles des Provinces-Unies. Le trafic colonial en souffre. Une active contrebande fait souvent échec à la volonté du ministre qui songe même à relever Anvers pour concurrencer Amsterdam.

L'idée d'une guerre contre cette République détestée commence à séduire le roi. La Hollande commet une grave imprudence politique. En mai 1668, la Hollande s'unit à l'Angleterre et à la Suède (traité de La Haye) pour brusquer les négociations de paix entre la France et l'Espagne. Grâce aux alliés, le traité d'Aix-la-Chapelle ne donne pas à Louis XIV le tracé de frontières qu'il espérait. Le roi n'a aucun mal à détacher de la Hollande, par des subsides, l'Angleterre et la Suède. Mais la rancœur de Louis XIV est grande.

Au mois de novembre 1670, Colbert accorde une audience à l'ambassadeur de Hollande, audience que nous rapporte le comte de Saint-Maurice. Le ministre « lui demanda pourquoi les Etats-Généraux [1] armaient ; il lui répliqua : pour se mettre en état de ne pas craindre la France. M. Colbert lui répondit que le roi n'était pas leur ennemi ; l'ambassadeur lui dit que néanmoins ses supérieurs avaient raison de le croire puisque Sa Majesté

---

1. Les Etats-Généraux dépendent du gouvernement néerlandais.

ruinait ses sujets pour leur faire du mal, qu'il fallait aller en Bretagne et en Guyenne, où l'on verrait que les peuples gémissaient et étaient dans la mendicité, parce que les impositions qu'on avait mises sur les vins et les blés qu'ils avaient coutume de vendre en Hollande leur en empêchaient le débit, que cependant en Hollande ils y avaient du blé de Prusse et de Silésie et du vin d'Allemagne, qui, à la vérité, leur coûtait un peu plus qu'en France, mais que néanmoins ils n'en manquaient pas ».

Furieux de ces propos, Colbert défend de décharger les eaux-de-vie sur les bâtiments hollandais (janvier 1671). A leur tour, les Hollandais font une alliance commerciale avec l'Espagne contre la France. Louis XIV est au comble de la colère contre ces marchands qui, écrira-t-il plus tard, « sollicitaient des rois mes parents d'entrer en des ligues offensives contre moi ». Des troupes sont levées. Les Néerlandais prennent peur. Mais le roi, Louvois et Colbert, pour une fois d'accord, veulent la guerre, avec l'alliance de l'Angleterre. Colbert a même préparé cette alliance depuis deux ans avec beaucoup de prudence et assez de scepticisme [1]. L'Angleterre reste tout de même une rivale commerciale. Le 8 juillet 1672, le ministre dévoile ses véritables intentions : « Si le roi assujettissait toutes les Provinces-Unies des Pays-Bas, leur commerce devenant le commerce de Sa Majesté, il n'y aurait rien à désirer davantage... »

L'invasion de la Hollande commence.

Cette guerre va marquer un tournant dans le règne de Louis XIV et dans la vie politique de Colbert. Toutes les grandes actions économiques dans cette première période de son ministère (1661-1672) sont tributaires de l'hostilité franco-néerlandaise.

---

1. Comme en témoigne un mémoire inédit.

CHAPITRE II
Le Colbertisme et les Français

Les juges de l'œuvre de Colbert exagéreront la différence entre la passion du ministre pour la grandeur de l'Etat, et son mépris du bonheur particulier. Certes, les impôts sont d'autant plus fructueux que « les peuples » sont plus riches. Les procès d'intention sont souvent suspects. Colbert a aussi souhaité créer une « abondance pour tous » au lieu « du luxe du petit nombre ».

Et il dira au roi, après la funeste guerre de Hollande, combien la misère lui fera peine à voir.

Il demande à l'ensemble des Français un immense effort qui se situe tout d'abord dans une perspective nationale. Tous doivent bénéficier du relèvement économique, mais l'Etat reste le premier servi. Il n'existe qu'un moyen pour assurer ce relèvement : gagner la bataille de l'exportation. Il faut diriger l'économie dans ce sens et, au besoin, obliger les Français à suivre l'itinéraire qui mène à l'abondance, tel qu'il est conçu par le ministre.

Il est indéniable que Colbert appartient à la race de ceux qui veulent faire le bonheur des autres malgré eux... Une armée de maîtres des requêtes et d'intendants vont s'acharner à soumettre les forces économiques au grand dessein du ministre. Les Français du XVII° siècle ne peuvent-ils donc faire progresser leur économie, tout seuls, sans la tutelle pesante de l'administration? Nous retrouverons, ici, la mission justicière de l'Etat. Le poids des privilèges, de la complexité des coutumes, des entraves sans fin qu'imposent, non l'Etat, mais les localités et les groupes particuliers, — ce poids n'est-il pas beaucoup plus dur à supporter que la forte et lourde main du ministre ? Observons les divers secteurs économiques de ce pays multiple, cloisonné, compliqué qu'est encore la France au temps du Roi-Soleil.

L'UNIVERS DES MARCHÉS ET DES FOIRES

On a peine à imaginer, de nos jours, l'isolement d'une région, d'un canton, ou même d'un village à l'époque de Colbert. Les moyens de communication sont détestables. Les services postaux sont extrêmement réduits, ou mal organisés. Les lieux de rencontre les plus commodes restent encore, comme au Moyen Age, les foires qui se tiennent aux mêmes lieux, à dates fixes. Savary [1] compte 194 foires dans la généralité de Paris et 301 foires dans l'ensemble des provinces. Quelques grandes villes (Paris, Lyon, Rouen, Bordeaux, Orléans...) sont devenues des marchés nationaux et même internationaux. Mais la plupart des marchés et des foires sont provinciaux ou régionaux. La tenue d'une foire est un événement considérable dans la vie d'une région. C'est enfin l'occasion unique de se communiquer les uns aux autres. Ici, l'on troque. Là, le marchand de gros discute avec le marchand de détail. Les contrôleurs de Colbert profitent de cette concentration de marchandises pour ouvrir des ballots et vérifier la qualité des tissus. Un peu plus loin, un commerçant demande à ses débiteurs de s'acquitter. Partout, on mesure, on calcule, on compte. La diversité des poids et mesures d'une province à l'autre, parfois

---

1. Auteur du *Parfait négociant*, ouvrage écrit sous l'inspiration de Colbert.

d'une localité à l'autre nous paraît stupéfiante. Savary met en garde le négociant débutant : « Si un marchand de Paris va acheter dans un lieu de la marchandise où l'aune soit plus longue ou plus courte que celle de Paris, il faut en faire la réduction... autrement, il pourrait se tromper. » Faut-il mesurer « les corps liquides comme vin, huile, miel et autres »? L'on doit savoir qu'à Paris la mesure se dit « muids », dans la Champagne « queue », en Touraine « poinson », dans l'Anjou « pipes », à Bordeaux « tonneau ». Bien sûr, le négociant devra vérifier que la mesure corresponde à ce qu'il demande. Impossible, dans ces conditions, de négocier à distance. Il faut venir se rendre compte sur place.

Colbert tente de persuader le roi que le plus « grand dessein » de son règne serait d'unifier les poids et mesures, au même titre que la justice. Les habitudes sont trop tenaces et l'Etat est encore trop faible pour qu'une telle réforme puisse s'imposer.

A la diversité des poids et mesures s'ajoute la complexité d'un système monétaire que connaît, d'ailleurs, toute l'Europe. On paye en monnaies métalliques mais on compte en « livres tournois », monnaie fictive qui sert à évaluer la valeur des métaux en circulation. Autrement dit, tous les comptes, toutes les transactions, tous les contrats sont établis en « monnaie de compte », soit la livre tournois (elle-même divisée en sous et deniers). Mais tous les payements sont réglés en des monnaies d'or, d'argent et de cuivre.

Le roi a seul le pouvoir d'attribuer, en monnaie de compte, la valeur de la monnaie réelle en circulation [1].

Pour Colbert, une monnaie forte et stable n'est pas seulement un symptôme de santé économique, mais aussi un facteur de prestige national. Vers la fin de sa vie, il

---

1. En « affaiblissant » la teneur métallique de l'unité de compte, le gouvernement provoque une inflation (et une dévaluation de fait), alors que le « renforcement » de cette teneur conduit à la déflation (et à une réévaluation).

écrira encore[1] : « Rien ne marque plus la dignité et la grandeur des Etats que l'uniformité dans les monnaies, et aussitôt que cette grandeur et cette dignité viennent à baisser, la première marque se trouve dans l'abaissement des monnaies et la différence des prix dans les différentes provinces. »

La principale monnaie d'argent, l' « écu », est fixée depuis 1641 à 3 livres tournois. Ce cours ne changera qu'en 1689, six ans après la mort de Colbert. Le ministre réussit donc à maintenir une stabilité monétaire : le change français sur les places étrangères est coté de façon à peu près invariable.

Mais la situation se complique lorsqu'il s'agit de l'or et du cuivre. Comment ajuster la valeur relative des trois métaux (or, argent et cuivre) lorsque chaque Etat hausse la valeur d'un métal par rapport à l'autre, selon ses besoins particuliers ? L'imbroglio paraît souvent inextricable. Les grands marchands internationaux calculent la quantité de métaux qu'ils veulent recevoir, non en valeur française, mais d'après une cote plus ou moins internationale. On comprend le drame que représente le manque de métaux précieux pour une nation. Si le mercantilisme strict nous paraît dépassé, il ne l'est peut-être pas au temps de Colbert[2].

La technique de la frappe monétaire s'est beaucoup améliorée en France. Pourtant les faux-monnayeurs font encore fortune : certaines monnaies étrangères (surtout la pistole d'Espagne) sont couramment acceptées et les copies sont difficilement contrôlables. Colbert est impitoyable à l'égard des faussaires que la police démasque.

---

1. 1681 : lettre de Colbert à l'intendant de Provence, citée par Clément. Notons que les lettres du ministre sur les monnaies sont très rares.
2. Colbert a de grandes illusions — que l'on se plaît à entretenir autour de lui — sur l'éventuelle découverte de mines. Les recherches seront décevantes.

L'AGRICULTURE

Qui ne connaît la page célèbre de La Bruyère sur les paysans : « L'on voit certains animaux farouches, des mâles et des femelles, répandus par la campagne, noirs, livides et tout brûlés de soleil, attachés à la terre qu'ils fouillent et qu'ils remuent avec une opiniâtreté invincible... ». Les agriculteurs ne vivent pas tous dans une pareille misère. Mais les nombreux témoignages des intendants et de Colbert lui-même ne confirment que trop souvent le texte fameux.

Le paysan est fréquemment propriétaire d'un lopin de terre, insuffisant pour le nourrir [1]. Dans la plupart des provinces riches, il vit sous le régime du fermage, et doit alors payer au propriétaire (le plus souvent en nature) jusqu'à un tiers du produit de sa récolte. Les méthodes de culture restent très archaïques. Les bestiaux sont peu nombreux et de petite taille. On manque de fumier pour engraisser les terres. Les herses n'ont que des dents de bois. Les plantes nuisibles s'entremêlent aux blés : on les arrache, une à une, au printemps. Il faut alterner les cultures. Parfois, la jachère occupe la moitié du sol. Le rendement est faible et les cultures très inégales, selon les régions et les années [2]. En outre, il est impossible de pratiquer une spécialisation des cultures. La difficulté des communications oblige chaque région à se suffire à elle-même et à produire toutes sortes de denrées en petites

---

1. On admet que les paysans possèdent un cinquième de la terre, la bourgeoisie autant, le reste se partageant entre le roi, la noblesse et le clergé.
2. D'après Jean Meuvret, on peut évaluer la moyenne du rendement à 9 à 10 hectolitres à l'hectare. Quelques terres sont au-dessus, les plus nombreuses au-dessous.

quantités. L'autarcisme provincial, les difficultés d'importation provoquent des différences de cours inouïes. Qui bénéficie de ces différences ? Jamais le cultivateur qui, ayant toujours besoin d'argent, vend sa récolte le plus tôt possible à un spéculateur astucieux.

On ne peut dès lors s'étonner que les mauvaises conditions techniques, ajoutées à une spéculation scandaleuse et au poids énorme des impôts supporté par l'agriculteur, conduisent à d'effroyables disettes. Le blé noir est la principale nourriture du paysan (le bon froment est trop cher pour lui). Lorsque la récolte est mauvaise, la hausse des prix devient prohibitive et la disette se généralise très vite. Si la récolte est bonne, les prix baissent et les spéculateurs ruinent le cultivateur.

Le règne de Louis XIV connaît des disettes fréquentes, parfois effroyables, telle celle de 1662. Le roi et Colbert prennent des mesures urgentes. On importe en hâte du blé de l'étranger (surtout de Dantzig) que l'on vend ou que l'on distribue gratuitement au Louvre même. On tente d'établir une solidarité nationale en réquisitionnant du blé en province où l'on se heurte à la résistance des pouvoirs locaux. Les routes et les rivières de France sont constamment barrées par des péages et des douanes intérieures. Louis XIV doit user de toute son autorité pour obtenir à grand-peine le libre passage des blés. Le spectacle de la misère des campagnes, cette année 1662, est insoutenable. Des familles entières meurent. Les curés des paroisses de la région de Blois attestent que « lesdits paroissiens, depuis trois mois, vivent de troncs de chou et de racines qu'ils vont dérober dans les jardins, qu'ils paissent en pleine campagne ainsi que les bêtes [1] ».

La disette de 1662 va obséder Colbert jusqu'à sa mort. Le monde rural souffre encore les années suivantes. En 1663, l'intendant du Dauphiné écrit au ministre : « On m'a assuré, en quelques endroits où les neiges et la

---

1. Georges MONGRÉDIEN : *La Vie quotidienne sous Louis XIV*.

rigueur de l'hiver ont fait mourir les blés, que les paysans faisaient moudre des coquilles de noix avec du gland et du blé noir ou un peu d'avoine et de seigle pour en faire du pain. »

Et en 1665, l'intendant Robertot écrit à son tour : « Dans la province de Berry et les circonvoisines, tous les habitants, et particulièrement les laboureurs qui cultivent les terres, y sont plus malheureux que les esclaves de Turquie et les paysans de Pologne. »

Colbert pratique une politique des blés qui, hélas!, aura des effets souvent désastreux.

Au temps d'Henri IV, Sully — à l'instar des ministres d'Elizabeth d'Angleterre — était partisan de l'exportation et même d'un grand commerce de céréales. La culture des blés devait devenir une bonne affaire, afin d'encourager les grands et moyens propriétaires à produire. Colbert se contente d'entraver la culture de la vigne, que l'on pratique alors dans une grande partie de la France et qui ne paraît pas essentielle. Le ministre craint tant la disette qu'il interdit l'exportation des blés et importe des céréales qu'il injecte sur le marché à des prix très bas, afin de faire fléchir les cours.

Il suit en cela les théories de Laffemas qui se trouvait en désaccord avec Sully. Tout en voulant assurer l'approvisionnement de la France, Colbert cherche surtout à maintenir les bas salaires afin de diminuer les frais généraux de l'industrie et de soutenir la bataille de l'exportation. Comme Laffemas, il sait que le taux des salaires se règle sur le prix des denrées alimentaires, c'est-à-dire sur le pain.

En outre, il faut nourrir facilement et à bon compte les troupes en hiver.

Toutefois, il craint constamment la disette et paraît se préoccuper du sort des paysans. En 1662, il veut les protéger du fisc en interdisant la saisie du bétail et des instruments aratoires en cas de non-paiement des impôts. Ses ordres ne sont pas toujours suivis.

En 1667, il fait prendre par Louis XIV des mesures contre l'usurpation des biens communaux par les grands propriétaires.

Trois ans plus tard, il écrit à l'intendant de Tours : « Examinez aussi dans toutes vos visites si les paysans se rétablissent un peu, comment ils sont habillés, meublés, et s'ils se réjouissent davantage les jours de fête qu'ils ne faisaient ci-devant, ces quatre points renfermant toute la connaissance que l'on peut prendre de quelque rétablissement dans un meilleur état que celui auquel ils ont été pendant la guerre et dans les premières années de paix. »

Il s'inquiète sans cesse de l'état des récoltes. Suivant les résultats des enquêtes, il autorise ou non le commerce des grains. Sa politique est changeante. Il permet la circulation des céréales pour une courte durée, puis il s'affole et bloque les denrées dans une région qui risque d'en manquer.

La mobilité des ordres gouvernementaux, ajoutée au blocage du commerce et des prix, décourage le producteur. Les terres médiocres sont abandonnées et l'on assiste à une diminution assez importante de la production.

Le monde rural se situe en grande partie hors des circuits monétaires. Le paysan paye souvent en nature et n'apporte pas d'argent frais. En négligeant la production agricole au profit de l'industrie, pour des raisons de numéraire, Colbert fait une immense erreur. Involontairement, il contribue à maintenir les risques de la disette. Et en diminuant les profits des grandes et moyennes propriétés agricoles, il diminue les investissements privés dans l'industrie. Car il est notoire que bien des bourgeois, auxquels le ministre demande de placer leurs capitaux dans les manufactures ou les grandes compagnies, n'investissent qu'en fonction de la marge bénéficiaire de leurs récoltes.

Le ministre pratique une politique plus heureuse à l'égard du cheptel. Outre l'interdiction des saisies, il tente d'acclimater des espèces étrangères, des bovins et aussi des moutons pour les industries lainières.

Il hésite à importer des moutons d'Angleterre pour des raisons assez pittoresques : il écrit à son frère Croissy (14 septembre 1670) : « Comme j'ai fort examiné d'où pourrait provenir la différence de nos laines, je n'en ai point trouvé d'autre, sinon que les moutons d'Angleterre couchent à l'air dans les prairies, à cause qu'il n'y a pas de loups, et que nous ne pouvons pas faire la même chose. »

Les cultures industrielles l'intéressent particulièrement. Il encourage (comme Sully) la culture du mûrier et l'élevage du ver à soie. Il favorise la culture du pastel, de la garance, celle du tabac dans le Languedoc et la Guyenne, et surtout celle du chanvre dans l'ouest de la France dont la marine a besoin pour ses voiles et ses cordages.

Suivant la tradition mercantiliste, il veut éviter l'achat de chevaux à l'étranger qui entraîne une sortie de numéraire. Est-il utile de rappeler l'importance énorme du cheval à cette époque, non seulement pour les besoins de la guerre mais pour ceux de la vie courante? Colbert s'occupe de cette question dès 1662. Il crée l'administration des haras, distribue au besoin des étalons de races spécialisées [1] à des éleveurs particuliers. Les résultats sont appréciables. L'élevage du cheval se développera beaucoup en Normandie, en Poitou et en Berry.

CHEMINS ET VOIES D'EAU

« Dans un chemin montant, sablonneux, malaisé
Et de tous les côtés au soleil exposé,
Six forts chevaux tiraient un coche.
Femmes, moines, vieillards, tout était descendu.
L'attelage suait, soufflait, était rendu [2]. »

[1]. Vauban critiquera plus tard l'insuffisance de l'intérêt porté aux juments.
[2]. La Fontaine : *Le Coche et la Mouche*

A part un réseau sommaire de routes royales — qui déjà converge en étoile vers Paris et manque de voies transversales —, l'ensemble des communications reste déplorable. Les rares grands chemins ne sont empierrés qu'aux abords des villes importantes. Dès l'automne, les roues des charrettes peuvent s'enfoncer dans la fange jusqu'au moyeu. L'entretien est à la charge des riverains qui peuvent dégrader les chemins à leur gré. Les laboureurs empiètent d'un ou de deux traits de charrue sur le passage. Un chemin impraticable est aussi un bon prétexte pour ne pas se rendre au chef-lieu de la collecte des impôts. Les routes servent de décharge d'ordures...

Sur les rivières et les fleuves, les ponts sont rarissimes. Ainsi, sur la Garonne, il n'existe aucun pont avant Toulouse[1]. A tout moment, des filets pour attraper les poissons, des viviers, des moulins entravent le cours. Les voyageurs empruntent le plus souvent les voies d'eau. Ils se plaignent de l'insolence des bateliers qui les font attendre et les débarquent plus tôt que prévu...

Partout, des péages et des douanes intérieures arrêtent sans cesse voyageurs et denrées, rendant — comme dira Vauban — les Français étrangers aux Français mêmes. D'Orléans aux Ponts-de-Cé sur la Loire, on rencontre une vingtaine de péages! Certains sont accordés par le roi comme privilèges. Le bénéficiaire paye, en retour, un impôt. Mais il reste de nombreux péages « vicieux » sans aucun titre régulier : des particuliers se permettent, sous prétexte de travaux exécutés par eux, de barrer routes et rivières et d'exiger des droits sur les transports de marchandises! Au siècle de Louis XIV, la notion de liberté est rarement indissociable de la notion de privilège. Dès que l'Etat tente d'établir une esquisse de discipline collective qui, en fin de compte, va libérer le plus grand nombre, il est considéré comme un ennemi des libertés, c'est-à-dire des privilèges. Colbert n'en a cure, et s'efforce,

---

1. Yves BERCÉ : *La Vie quotidienne dans l'Aquitaine au XVIIᵉ siècle*.

avec une poignée de fonctionnaires, d'appliquer une sorte de nationalisation des chemins et rivières, ainsi que la réduction de ces scandaleux barrages douaniers. Un bon réseau de communications est essentiel pour étendre l'autorité du roi, faciliter le déplacement des troupes et libérer les mouvements économiques. La lenteur des voyages empêche le drainage des denrées périssables. A titre d'exemple, il faut quatre jours pour aller de Paris à Lille, dix à onze jours de Paris à Lyon. Si l'on veut exporter un produit d'une manufacture de Touraine ou d'Anjou en Espagne, ce produit devra franchir quatre douanes intérieures, sans compter les innombrables menus péages. Dans ces conditions, les prix de transport atteignent 50 pour 100 du prix de revient des produits manufacturés au lieu de production.

Aux péages des routes s'ajoutent parfois les privilèges des villes qui paraissent insensés. Le ministre est exaspéré par les « prétendus privilèges » de Bordeaux : le privilège des blés permet aux jurats d'assurer le ravitaillement de la ville en arrêtant les convois de grains provenant de l'intérieur! Et à cause du privilège des vins, les produits du haut pays ne peuvent s'écouler librement, alors que Bordeaux devrait être, de toute évidence, le débouché d'une vaste région [1].

Peut-on reprocher à Colbert de tenter une modernisation élémentaire et de bon sens, en soumettant certains secteurs économiques à la tutelle administrative? On oublie qu'au temps du ministre, liberté économique signifie souvent permission d'entraver et même de dégrader.

Les lenteurs dues aux complications inextricables des relations entre les provinciaux et l'administration de Paris

---

1. Pendant la disette de 1662, les jurats de Bordeaux ont cherché à retenir les trois quarts des blés achetés en Guyenne. Le roi s'y est opposé et a écrit au gouverneur : « Il s'agit du salut de mon peuple, je veux être obéi sans autre réplique ni délai. »

(lenteurs dont nous nous plaignons encore...) existaient avant Colbert. Yves Bercé[1] décrit les interminables formalités qu'il faut sous Mazarin pour obtenir la réparation d'un pont près de Bordeaux. Les premières plaintes arrivent en 1643 et le pont sera réparé en 1660.

Lorsque Colbert arrive au pouvoir, ce sont encore les trésoriers de France qui ont la charge d'inspecter les chemins, ponts, ports ou passages du royaume. Le premier soin du ministre est de leur enlever leurs attributions administratives et techniques pour la confier aux intendants. Ceux-ci doivent enquêter, mettre en route les travaux, inspecter régulièrement la qualité des ouvrages et le respect des devis. Le ministre, à son habitude, les harcèle de recommandations. Il lui arrive de se mettre directement en rapport avec les ingénieurs. A Leveau, il ordonne : « Sur toutes ces choses il observera tous les défauts pour les faire réformer par le sieur François qui est sur les lieux, et qui n'en bougera par mon ordre jusqu'à ce que les ouvrages soient entièrement achevés. »

A Charmois il écrit : « Il faut pour ces ouvrages et pour tous les autres de toute nature, les faire si solides, qu'ils puissent durer, s'il se pourrait, éternellement. »

Les intendants s'évertuent également à supprimer les « péages vicieux ». Vincent Hotman, intendant de Guyenne et parent par alliance de Colbert, réussit à ouvrir la Garonne au libre commerce du haut pays, malgré l'opposition des jurats et du Parlement. Un autre allié du ministre, l'intendant d'Aguesseau, aménage le Lot navigable.

Tous les intendants ne se montrent pas aussi zélés. Colbert leur impose (1669) des assistants nommés « commissaires des Ponts-et-Chaussées[2] ».

---

1. Y. BERCÉ : *Op. cit.*, pp. 48-49.
2. L'administration proprement dite des « Ponts-et-Chaussées » ne date que de 1716.

Beaucoup de riverains ont rétréci des chemins à leur profit. On procède à de véritables expropriations pour les élargir à nouveau.

Le ministre est fort soucieux de l'entretien des chemins « pour le seul passage du roi ». Il faut parfois niveler ou empierrer en hâte avant l'arrivée du souverain. Ces pratiques sont d'ailleurs courantes dans les autres pays d'Europe. Colbert utilise, alors, exceptionnellement, le système détesté de la corvée des grands chemins. Notons que le ministre n'aime guère recourir à ces sortes de moyens. Gare à celui qui en abuserait. Au siècle suivant, le contrôleur général Orry n'aura pas ces scrupules qui honorent Colbert : le système de la corvée sera généralisé et la France aura pour la première fois un véritable ensemble routier.

Le ministre règle la largeur des chemins, poursuit ceux qui ferment ou détournent les routes à leur profit, et augmente considérablement le budget des Ponts-et-Chaussées, qui passe de 22 000 livres en 1662 à 623 000 livres en 1671! Les améliorations frappent les étrangers, mais le personnel de qualité que place Colbert à travers la France est trop peu nombreux pour extirper du pays une telle accumulation d'abus et de routines.

Rien, écrit le ministre, « n'est d'une plus grande utilité et n'a porté plus d'avantages aux peuples que la navigation des rivières ». Les obstacles naturels sont fréquents. Il accorde un privilège aux inventeurs d'une machine qui nettoie et creuse les rivières navigables. Toujours fasciné par l'avance technique hollandaise, il envoie un ingénieur, Lafeuille, examiner en République néerlandaise, travaux hydrauliques, canaux, écluses, ponts, jetées, moulins et machines. Il échoue ici et réussit là. Les inondations de la Loire sont mieux contrôlées grâce à la construction des levées. Toujours soucieux de la compétence technique des fonctionnaires, Colbert remplace les intendants des tiercées et levées par des ingénieurs.

Un ensemble de canaux devra suppléer au réseau

fluvial. Les nombreux projets du ministre révèlent son ambition : arriver à joindre la Méditerranée, l'océan Atlantique et la mer du Nord. Les guerres détruiront ce rêve...

L'ouvrage lé plus spectaculaire reste la construction du canal des Deux-Mers ou canal du Languedoc qui doit unir la Méditerranée à l'Océan par la Garonne. Cette jonction permettra aux marchands d'éviter Gibraltar. Et, en cas de disette, l'échange des blés se fera facilement entre la Guyenne et le Languedoc. La solidarité nationale passe par les voies de communications.

L'exploitation du canal est constituée en fief au profit de son constructeur, le fermier des gabelles du Languedoc, Riquet. L'homme est désintéressé, audacieux, passionné par son difficile ouvrage dont il n'hésite pas à payer des dépenses imprévues qu'il estime nécessaires. Le canal ne sera terminé qu'en 1681 et semblera faire baisser les prix des transports sur terre. Les marchands de Gaillac qui n'ont pas réussi à vendre leurs vins à Bordeaux vont les débiter dans le Languedoc par la voie du canal...

Colbert se tient constamment au courant de l'état des travaux. A Riquet, il écrit le 31 janvier 1670 : « Ne manquez pas de m'informer régulièrement tous les quinze jours de ce que vous y avancerez. » Et le 28 février : « Je vous recommande toujours que vos travaux soient construits de telle sorte qu'ils soient d'une éternelle durée. »

Malgré les succès et la qualité du travail, Colbert commence à reprocher doucement à Riquet de ne pas produire ponctuellement ses payements de fermier des gabelles. Avec les années, de terribles colères remplaceront les légers reproches.

Eaux et forêts

Un des grands soucis du ministre consiste à ne pas dépendre de l'étranger pour les matières premières.

L'avenir lui donnera parfois raison... Le bois des forêts de Provence coûte plus cher que celui acheté en Hollande, et se montre très inférieur à celui de Norvège. Ce sont pourtant les bois provençaux que le ministre veut utiliser de préférence pour les mâts de la marine.

L'image de Colbert protégeant les forêts destinées à la marine est presque devenue légendaire de nos jours. On oublie un peu que le bois est alors un matériau indispensable à toute la vie économique. Matériau essentiel des constructions, matière première d'une foule d'objets fabriqués, le bois est le combustible presque unique. Tuileries, hauts fourneaux, forges, verreries, sont installés près des forêts.

Les forêts sont une part importante de la fortune du roi. Louis XIV les appelle « une noble et précieuse partie de nos domaines » Or, leur administration, avant le ministère de Colbert, reste déplorable. Depuis plusieurs générations, une foule de tolérances et de privilèges a, peu à peu, livré des bois aux riverains et aux officiers théoriquement chargés de la conservation. En se prévalant de droits de « passage », de « pacage », de « chauffage » ou de « bois à bâtir ou à réparer », les communes pillent les forêts royales. Louis XIV écrit dans ses Mémoires : « On brûlait exprès une partie des bois sur pied pour avoir lieu de prendre le reste comme brûlé par accident. »

La corruption des fonctionnaires est stupéfiante. Ils abattent des arbres pour leur propre profit... et pour celui de leurs amis, sans aucun accord de l'Etat. Ou ils font des ventes à leur avantage sans lettres patentes! Certains nobles usurpent des biens communaux et des droits de chasse.

Colbert prend en main la question des forêts dès le 15 octobre 1661, soit un mois seulement après la chute de Fouquet. Il faut rentabiliser au plus vite les grands domaines forestiers du roi, pour rééquilibrer le budget largement déficitaire hérité du surintendant. L'administration des forêts dépend à cette époque du département des finances.

Une escouade de maîtres des requêtes et de commissaires sont expédiés à travers le royaume pour inventorier les forêts royales et aussi particulières, et constater tous les délits, toutes les prévarications. Le ministre se tient constamment en rapport avec ses émissaires en envoyant ses instructions à chacun d'entre eux. Personne ne doit être épargné. Dans une circulaire générale aux commissaires [1], Colbert recommande : « Si vous trouvez que des gentilshommes ont commis des délits, vous ne devez pas plus les épargner que vous ne feriez des officiers et des marchands. » Le roi accordera là quelques indulgences... Les punitions sont infligées avec une terrible rigueur.

Tout en poursuivant cette action justicière, le ministre prépare le célèbre texte de l'ordonnance des Eaux-et-Forêts qu'il fait enregistrer d'autorité en août 1669. Comme l'explique le préambule : « Il ne suffit pas d'avoir rétabli l'ordre et la discipline, si par de bons et sages réglements on ne l'assure pour en faire passer le fruit à la postérité [2]. »

Le texte renforce considérablement le pouvoir de la chose publique sur la chose privée et celui du gouvernement central sur les autorités locales. Une juridiction spéciale, indépendante, est installée par le roi et le ministre : « Les juges établis pour le fait de nos eaux et forêts connaîtront seuls tant au civil qu'au criminel de tous les différends qui appartiennent à la matière. » Il est interdit à tous les autres juges royaux, même aux parlements, de se mêler de ces affaires.

L'ordonnance prescrit « la démolition des maisons bâties sur perches par des vagabonds et inutiles ».

D'autre part, une législation sera appliquée en matière de bois, chasse et pêche, non seulement dans les forêts du

---

1. 9 juillet 1663 (P. CLÉMENT : *Op. cit.*, IV).
2. L'ordonnance des Eaux-et-Forêts restera en vigueur jusqu'en 1876.

roi, mais aussi chez les particuliers. Religieux et autres propriétaires privés garderont une part de leurs bois en futaie pour l'Etat selon les normes fixées par l'ordonnance. Pour la première fois, le gouvernement planifie la coupe des bois selon ses besoins et dans un souci de conservation des forêts.

Tous ont la charge de signaler les chemins qui traversent les bois. En matière de chasse et de pêche, l'ordonnance ne fait disparaître aucune distinction de classes. Chasse et pêche demeurent le privilège des seigneurs ecclésiastiques et laïques. On bouscule les féodalités, mais il paraît encore impensable de faire écrouler l'édifice.

Les progrès concernant la rentabilité des forêts sont rapidement spectaculaires. Dès la fin de l'année 1663, le revenu net s'élève à 320 705 livres, soit six fois le revenu de 1662 !

Le monde de l'industrie

Les historiens évoquent toujours la « dictature du travail » imposée par Colbert. Il est urgent d'augmenter considérablement le volume des marchandises exportées, et de conquérir le marché international par la qualité des produits. Autrement dit, il faut — selon le ministre — accélérer le rythme du travail des Français, et imposer des règlements à la fabrication pour obtenir la qualité qui rendra la marchandise compétitive.

Le volume de la production dépend, bien entendu, du nombre des Français qui travaillent. Partisan d'une politique nataliste, Colbert encourage les mariages avant vingt ans, et les familles nombreuses en diminuant les impôts de façon appropriée (édit sur les mariages, novembre 1666).

Le ministre est exaspéré par la prolifération des

ecclésiastiques et des moines qui sont exempts d'impôts et ne produisent rien[1]. Les remarques sur les gens d'Eglise, que maîtres des requêtes et conseillers d'Etat confient au ministre, préfigurent déjà les revendications révolutionnaires. L'un d'eux écrit (1665) : « L'on peut dire, et c'est vrai, qu'ils possèdent à présent plus du tiers de tout le revenu du royaume... (Ils attirent à eux) tout le bien pour en priver le public, qui, dès à présent, se trouve retranché d'un tiers de son revenu, et bientôt le sera de moitié, pour nourrir toutes ces âmes paresseuses et infructueuses, pour ne pas dire inutiles [...] Il faut que l'Etat puisse être assisté de leurs biens, car il est constant que ces biens sont inaliénables que parce qu'ils sont publics. »

En 1666, Colbert rédige l'édit qui interdit la fondation de couvents sans lettres patentes du roi. Le ministre veut aussi limiter l'âge de l'ordination à vingt-cinq ans pour les hommes et à vingt ans pour les femmes. L'Eglise l'oblige à abandonner ce projet.

Tout comme Laffemas, Colbert considère que les guerres civiles ont entraîné l'anarchie industrielle, donc aussi les nombreuses malfaçons qui ont fait baisser la réputation du produit français sur le marché. La France se trouve envahie par des marchandises étrangères — faux allemandes, laines d'Angleterre, toiles de Hollande —, qui entravent l'écoulement des produits français sur le marché intérieur. Le chômage provoque l'émigration des ouvriers et l'extension terrifiante du paupérisme.

En outre, comme l'écrit Fernand Braudel[2] : « Entre le XVe et le XVIIIe siècle, le monde n'est encore qu'une

---

1. Vers 1660, une enquête indique approximativement que, pour 18 millions d'habitants, il y a 266 000 ecclésiastiques dont 181 000 moines ou religieuses.
2. Fernand BRAUDEL : *Civilisation matérielle et capitaliste*.

immense paysannerie, où 80 à 95 pour 100 des hommes vivent de la terre, rien que d'elle. Le rythme, la qualité, l'insuffisance des récoltes commandent toute la vie matérielle. » Nous avons vu le caractère aléatoire de la production agricole. Et le royaume connaît alors un « petit âge glaciaire » catastrophique pour l'univers des campagnes. Les pauvres, innombrables, n'ont pas souvent la possibilité de se trouver du travail dans les villes qui, toutes, les repoussent avec férocité. Beaucoup pratiquent alors des métiers de gagne-petit (porteurs d'eau, colporteurs...). Une grande masse de paysans se transforme en main-d'œuvre complémentaire, tant pour l'agriculture que pour l'industrie. Manouvriers, journaliers aident aux vendanges, à la fauchaison, et travaillent aussi « à façon » pour les fabricants ou les manufactures. Si le paysan a toujours besoin de numéraire, l'artisan a souvent besoin de grains et n'hésite pas à travailler aux champs.

Le monde ouvrier et industriel apparaît très réduit, dispersé et familial. L'esprit du Moyen Age influence encore toute la vie économique. La manie des réglementations n'a pas été inventée par Colbert : le règlement est dans les mœurs depuis plusieurs siècles, depuis qu'existent les règles corporatives exigées par les corps de métiers qui se constituent en « jurandes ». Le plus souvent, ce sont les associations professionnelles qui demandent à leur suzerain (seigneur, ville ou roi) de leur accorder le privilège d'être érigées en jurandes, avec des règles précises et une « police particulière » pour les faire respecter. Cette attitude nous semble, — de nos jours — assez difficile à concevoir. A l'époque, les règlements paraissent à beaucoup absolument nécessaires, non seulement pour défendre l'intérêt du consommateur, mais aussi pour protéger le métier de la concurrence. La clientèle est une propriété que l'on doit garder en lui offrant des produits fabriqués selon des normes établies. On ne croit pas encore à l'expansion économique. Le monde est fixe comme celui des étoiles... Le nombre des métiers et des hommes qui les pratiquent n'est pas extensible. Celui des consommateurs non plus. Les règles consacrent le privilège donné à tel fabricant, tel corps de métier, de fabriquer un produit bien déterminé, d'une façon bien précise. Réglementation suppose aussi privilège et monopole.

Les maîtres fabricants demandent aux règlements de leur assurer le moyen de gagner honnêtement leur vie, selon leur classe, ni au-dessus, ni au-dessous. Ils luttent de toutes leurs forces contre les premières grandes concentrations industrielles (telles les petites entreprises actuelles) et cherchent à limiter le nombre permis des compagnons.

Colbert reste également sceptique devant une possible expansion économique, mais à l'échelle mondiale. Il estime que la France n'a pas la part du gâteau européen qui lui revient. Les deux mots d'ordre de sa politique industrielle sont expansion nationale et qualité commerciale.

Les marchands sont souvent en désaccord avec les fabricants : pour échapper aux règles corporatives, ils font travailler de très nombreux petits ateliers dispersés dans les campagnes ou confient à des familles la matière première qui sera travaillée à domicile. Ils fabriquent des étoffes de moins bonne qualité que les maîtres fabricants, mais plus légères, moins chères, plus faciles à écouler dans le royaume.

Pour diriger la production française vers la qualité et l'exportation, le ministre veut soumettre cette masse dispersée de travailleurs plus ou moins indépendants aux règles corporatives des jurandes. Une partie des marchands souhaitent cette solution. Ainsi, en 1670, les marchands d'Orléans, qui font le commerce des « étoffes de soie, de laine, de fil de coton ou floret mêlés avec la laine », demandent instamment au roi de leur accorder des règlements. « Ne faisant corps ni communauté », ils sont impuissants à réprimer les abus « qui se commettent en la fabrique et en l'apprêt desdites marchandises ». Ils obtiennent satisfaction et peuvent enfin élire des gardes ou jurés qui poursuivront les fraudeurs.

Mais lorsque Colbert (1666) intime l'ordre à tous les métiers libres d'entrer dans les corporations, il ne peut se faire obéir partout. Le contrôle est trop difficile à exercer.

La jurande a, pour le ministre, l'avantage d'imposer des règlements de fabrication. Elle a aussi un immense inconvénient : en limitant le nombre des fabricants et des compagnons, elle s'oppose à toute expansion, et surtout au plein emploi, grand souci de Colbert. Tout en cristallisant l'évolution du corporatisme, le ministre va — comme l'écrit Henri Hauser [1] — « introduire un élément de désordre » en créant des manufactures. La prolifération des privilèges finit presque par les annuler. Les manufactures sont, bien entendu, également soumises à des règlements, mais qui ne dépendent que du roi, et s'adaptent plus facilement aux inventions techniques. Et surtout, elles peuvent, contrairement aux corporations, employer un grand nombre d'ouvriers.

Comme toujours, le ministre commence par ordonner des enquêtes. Chaque région est, en quelque sorte, fichée : on note ses ressources, la main-d'œuvre dont elle dispose, le caractère, les goûts ou les aptitudes des populations.

En 1664, le conseil de Commerce se réunit pour la première fois. Il comprend des fonctionnaires royaux, et des délégués de dix-huit villes manufacturières. Colbert travaille aussi en liaison étroite avec toute une équipe de collaborateurs chargés d'introduire ou de développer diverses industries. Ainsi, les frères Dalliez surveillent la création de fonderies.

Camuset doit implanter des fabriques de tricots en Bourgogne. Comment obtenir l'assentiment de la population ? Colbert n'hésite pas à employer des méthodes quelque peu coercitives.

---

1. H. HAUSER : *Les Débuts du Capitalisme.*

Le 27 octobre 1671, il fait signer par le roi, la lettre suivante [1] :

« Aux Maires et Echevins d'Autun et Arnay-le-Duc :

« Chers et Bien-Aimés, envoyant le sieur Camuset pour établir la manufacture de bas d'étame au tricot, nous avons bien voulu nous dire en même temps que vous lui donniez toutes les assistances qui dépendent de vous pour faire ledit établissement et pour cet effet que vous obligiez tant hommes, femmes, que les enfants depuis l'âge de 8 ans qui sont sans occupation à travailler dans ladite manufacture. »

Camuset doit constamment renseigner Colbert, au cours de ses longues tournées dont le ministre a lui-même fixé toutes les étapes.

Mme de la Petitière est chargée de développer l'industrie des dentelles et des broderies. Avec beaucoup de zèle et d'énergie, elle organise à Auxerre une sorte d'école publique où l'on apprend aux femmes l'industrie du point de France. Colbert lui fait accorder un logement gratuit et une pension de 600 livres.

Quelques manufactures, peu nombreuses, sont propriété du roi. Elles concernent les meubles de la Couronne (les Gobelins, la Savonnerie) et les fournitures militaires (manufacture d'armes de Saint-Etienne).

Le ministre ordonne à ses agents : « Sollicitez fortement le particulier qui veut entreprendre un établissement de le réussir et, s'il a besoin de la protection du roi, vous pouvez lui assurer qu'elle ne lui manquera pas. »

Dans la plupart des cas, l'Etat finance en partie les nouvelles manufactures, ou subventionne les anciennes en difficulté. Ces « manufactures royales » ont la permission d'arborer « les armes du roi », de marquer leurs produits d'une couronne et de fleurs de lys, et parfois — honneur

---

1. Cité par F. BACQUIÉ : *Mémoires et Documents pour servir à l'Histoire du Commerce et de l'Industrie en France*, 11ᵉ série, 1927.

suprême — de tenir à leurs portes des concierges à livrée royale.

La difficulté première consiste à trouver des capitaux. Pour encourager les bourgeois à investir dans l'industrie, Colbert commence par arrêter la vente des offices tout en décourageant les placements dans les rentes de l'Hôtel de Ville.

Au bout de quelques années, il semble obtenir des résultats. Mais l'initiative privée reste très timide. On reprochera beaucoup à Colbert sa pratique des subventions. Il faudrait savoir si, sans elles, sans le charisme royal sans cesse présent, cette bourgeoisie, tant attirée par les fonctions honorifiques et les valeurs immobilières, aurait, seule, le désir de promouvoir une véritable puissance industrielle.

Colbert est le premier à s'irriter de cette léthargie. Les subventions ne sont que « des béquilles » pour aider les premiers pas des manufactures. Le système est dangereux : en cas de crise financière de l'Etat, tout l'appareil industriel risque de s'écrouler (ce qui arrivera en partie après la mort du ministre). Mais les industriels s'y habituent fort bien et s'arrangent pour obtenir d'autres prêts du gouvernement. Ainsi, l'industrie textile du Languedoc, artificiellement implantée pour arrêter le drainage des monnaies en faveur des Levantins, a grand-peine à se maintenir. Semblable à des oisillons affamés, elle réclame sans cesse la nourriture financière de l'Etat. Le ministre est furieux. Dans une lettre à l'intendant Bessons (2 octobre 1671), il dévoile lui-même les inconvénients de son système :

« Les marchands ne s'appliquent jamais à surmonter par leur propre industrie les difficultés qu'ils rencontrent dans leur commerce, tant qu'ils espèrent trouver des moyens plus faciles par l'autorité du roi. Il est impossible que ces établissements ne reçoivent divers changements de temps en temps, et si ceux qui les soutiennent n'ont pas d'industrie, lorsqu'une consommation leur manque, d'en trouver d'autres, il n'y a point d'autorité et d'assistance qui puissent suppléer à ce défaut [1]. »

Pour assurer des débouchés à la production manufacturière, Colbert accorde fréquemment des monopoles sur un procédé nouveau (un peu comme notre brevet actuel), ou pour un produit déterminé. La Compagnie des Points de France, fondée en 1665, reçoit le monopole des dentelles imitées de celles de Venise, pour neuf ans. Le Hollandais Van Robais a le privilège exclusif de la fabrication des draps fins dans un rayon de dix lieues autour d'Abbeville.

Là encore, le ministre se montre plus pragmatique que l'on ne pourrait croire. Les monopoles servent à acclimater une industrie nouvelle à ses débuts. Ainsi, la fabrication des bas de soie est d'abord confiée à des manufactures privilégiées, puis, en 1672, est organisée par Colbert lui-même en « maîtrises et communauté ».

La majorité des manufactures se composent en fait d'un ensemble d'ateliers plus ou moins rapprochés qui travaillent sous la direction d'une même entreprise.

Certaines préfigurent davantage nos usines, et réunissent parfois plus de mille ouvriers. L'exemple le plus fameux est celui du Hollandais Van Robais, qui reçoit de Colbert un prêt de 80 000 livres et un don de 20 000 livres pour fonder à Abbeville une importante manufacture de draps fins façon hollandaise (1665). Van Robais amène ou embauche plus de 1 600 ouvriers. Le roi lui permet, ainsi qu'à tous ses employés, « de continuer à faire profession de la religion prétendue réformée ».

Il faut absolument empêcher les Français d'acheter les produits de luxe hors de France. On fait donc venir, parfois à grands frais, des industriels et surtout des ouvriers qualifiés étrangers qui enseignent leurs tech-

---

[1]. Ne croirait-on pas entendre certains propos adressés par nos hommes d'Etat actuels aux membres du C.N.P.F. ?

niques aux Français. Les Hollandais, rivaux obsédants, sont particulièrement sollicités : ils sont aussi cordiers, charpentiers, constructeurs de bateaux. On introduit également mineurs et métallurgistes allemands. Malgré l'opposition des autorités vénitiennes, des ouvriers en glace de Murano s'installent en France. En 1665, le gouvernement français interdit formellement à tout technicien étranger de sortir du royaume. Trois ouvriers vénitiens obtiennent de l'ambassade de Venise un passeport en règle pour retourner à Murano : ils sont arrêtés à Lyon et jetés au cachot.

Un peu plus tard, quelques ouvriers soyers qui veulent partir travailler en Espagne sont également mis en prison. Et Colbert recommande lui-même de les nourrir « petitement »!

Cela dit, à l'inverse de ce que nous connaissons de nos jours, la France, au temps de Colbert, envoie une main-d'œuvre importante en Espagne. Le ministre n'y voit aucun inconvénient : l'or est espagnol et tous ces émigrés rapportent à leur retour « quelque somme d'argent qui est considérable par le grand nombre ».

Mais gare aux ouvriers qualifiés qui voudraient exercer leur métier hors de France : dès 1669, il leur est interdit de « s'habituer dans les pays étrangers à peine de confiscation de corps et de biens ».

Colbert veut imposer à tout l'univers industriel — marchands, fabricants, ouvriers —, une discipline impitoyablement exigeante.

Il est interdit de fabriquer des étoffes sans respecter les règles précises sur la longueur ou la largeur permises, sur les procédés de teinture obligatoires ou sur l'épaisseur demandée. Pour le ministre, « le plus haut degré de perfection » ne s'obtiendra que par une sorte de terrorisme policier. L'on reste confondu par la dureté de l'édit qu'il envoie aux maires et échevins du royaume [1] portant que :

---

1. Edit du 17 février 1671. P. CLÉMENT : *Op. cit.*, tome II.

« Les étoffes manufacturées en France qui seraient défectueuses et non conformes aux règlements seraient exposées sur un poteau de la hauteur de neuf pieds, avec un écriteau contenant les nom et surnom du marchand ou de l'ouvrier trouvé en faute, qu'après avoir été ainsi exposées pendant quarante-huit heures, ces marchandises seraient coupées, déchirées, brûlées ou confisquées, suivant ce qui aurait été ordonné ; qu'en cas de récidive, le marchand ou l'ouvrier seraient blâmés en pleine assemblée du corps, outre l'exposition de leurs marchandises ; et enfin qu'à la troisième fois, ils seraient mis et attachés audit carcan pendant deux heures, avec des échantillons des marchandises sur eux confisquées. »

Les échevins refusent d'appliquer cette loi dans sa totalité. Mais l'on voit parfois, à Tours par exemple, des marchandises défectueuses exposées sur des poteaux.

En 1669, Colbert organise le service des inspecteurs des manufactures. Comme à son habitude, le ministre choisit un personnel de qualité, qui renseigne, enquête, fait appliquer les règlements. Les marchands sont souvent exaspérés par cette surveillance inquisitrice. Les artisans se plaignent de copier des produits étrangers et d'abandonner toute innovation personnelle ou tradition locale.

L'exemple le plus notoire est celui de l'industrie de la dentelle, à Auxerre, ou règne Mme de la Petitière. La ville fabrique traditionnellement une dentelle locale. Mais le ministre veut imposer le point de Venise, qu'il baptise « point de France » (et que l'on appellera aussi « point Colbert »). Il s'agit d'une dentelle à l'aiguille, à gros reliefs, dont les dessins sont inspirés des rinceaux Renaissance ornés de guirlandes et de fleurs. Les ouvrières voudraient exécuter le point local. Les échevins s'indignent des règlements draconiens. Colbert tient bon. Pour mieux vérifier l'exécution du travail, il est défendu, sous peine de punition corporelle ou d'amende, de travailler hors des fabriques. Il est interdit d'exécuter des dentelles

« sur d'autres dessins que sur ceux fournis par les entrepreneurs ».

La contrebande de dentelles traditionnelles s'organise. L'industrie vivote et mourra avec Colbert.

Il est certain que la qualité de l'industrie nationale a baissé avant Colbert et que le ministre a nettement rehaussé la réputation du produit français à l'étranger. Mais pourquoi ces excès, cette raideur dans ces conceptions commerciales, qu'une ville comme Lyon semble encore démentir, avec ses innombrables artisans libres qui fournissent aux grands marchands tant d'étoffes et de soieries ?

Avec raison, le ministre veut extirper les habitudes de mauvaise foi et le manque de sérieux grandement reproché aux commerçants français par les étrangers. La préparation d'une ordonnance sur le commerce [1] ne suffit pas. Il faut employer des moyens de vulgarisation et de publicité. Colbert a l'heureuse intuition de demander la collaboration de Jacques Savary, ancien ami de Fouquet. Savary rédige *Le Parfait Négociant,* sorte de commentaire pratique de l'ordonnance. Le but est atteint : le livre connaît un immense succès, en France comme à l'étranger. Le ministre montre — nous l'avons déjà remarqué — une grande efficacité dans l'emploi de la publicité.

L'attitude de Colbert à l'égard du monde ouvrier paraît dans un sens plus moderne que celle de ses contemporains, mais garde encore la dureté, teintée de paternalisme, courante à son époque. Le chômage et l'extrême pauvreté se sont étendus de façon terrifiante. Il y a eu les guerres civiles qui ont ruiné le pays. Il y a eu aussi, comme l'écrit Henri Hauser, « la lente expulsion de l'ouvrier du gouvernement du corps de métier » commencée trois siècles auparavant. Toutes les lois corporatives favorisent les fils de maîtres au détriment des compagnons. D'où les « compagnonnages », associations plus ou moins clandes-

---

[1]. L'ordonnance ne sera publiée qu'en 1673.

tines, aux rites condamnés par l'Eglise, qui tentent de s'approprier secrètement le monopole du placement. L' « antipathie » entre le capital et le travail est déjà née au XIVe siècle.

Face au fléau du paupérisme, apparaissent de nombreuses associations charitables, parfois admirables, qui n'intéressent pas beaucoup le ministre. Pour lui, le seul remède efficace et durable consiste à produire à outrance, et non seulement dans un objectif d'exportation mais aussi de plein emploi. L'énergie inouïe qui l'anime pour imposer une véritable dictature du travail vaut, à ses yeux, toutes les charités du monde. Quoi qu'en diront les commentateurs, il n'accepte pas la fatalité de la pauvreté, et souhaite profondément « l'abondance pour tous [1] », même si elle ne peut survenir qu'à très long terme.

Aux raisons humanitaires, s'ajoute un souci moralisateur. Il faut donner du travail aux hommes et aux filles de tous âges pour les « préserver des occasions de mal faire inséparables de la fainéantise ». Colbert a une véritable horreur de l'oisiveté, au point qu'il admet avec peine les loisirs, pour lui-même comme pour les autres.

Les conditions du travail ouvrier paraissent de nos jours extrêmement dures. La journée d'un ouvrier compagnon varie de douze à seize heures « sans discontinuer que pour prendre une réfection honnête et nécessaire ». Il arrive à l'atelier à six heures du matin et n'en sort jamais avant neuf heures du soir. Heureusement il y a de nombreux jours chômés (environ cent dix jours par an en comptant les dimanches). En 1666, Louis XIV demande à l'archevêque de Paris la suppression d'une vingtaine de jours fériés pour activer les constructions royales.

Colbert, à l'exemple des Hollandais, veut réduire définitivement le nombre des fêtes chômées qui freinent le

[1]. Préambule de l'édit de fondation de la Compagnie des Indes orientales, 1664.

rythme de la production. Un édit de 1669 en supprime dix-sept. Les raisons invoquées sont assez surprenantes : « La plupart des ouvriers sont des hommes grossiers qui donnent à la débauche et au désordre ces jours destinés à la piété et aux bonnes œuvres. »

La vie de l'ouvrier des manufactures, telle que la conçoit Colbert, tient souvent de la caserne. Même lorsqu'il n'est pas logé dans la manufacture, l'ouvrier doit respecter des règles morales. Dans les Hôtels des Monnaies, le ministre fixe la journée de travail à 14 heures en hiver et à 16 heures en été.

Les ouvriers de toutes les manufactures, en général, ne doivent prendre aucun travail hors de l'atelier, où la fabrication est surveillée de près. A Aurillac, les dentellières se révoltent et provoquent une véritable émeute : l'intendant ne peut l'apaiser qu'en autorisant le travail à domicile. Notons, d'ailleurs, l'importance énorme des femmes dans le plan économique du ministre, particulièrement axé sur l'industrie textile.

Colbert pressent le danger des trop grandes concentrations de capitaux, donc d'ouvriers, dans une même fabrique, et cela dans l'intérêt de l'ouvrier. Ses propos valent la peine d'être cités : multiplier les manufactures, c'est obliger « les maîtres à donner peut-être quelque chose davantage aux ouvriers », de façon que « les maîtres d'une seule manufacture ne se rendent pas les maîtres des ouvriers, auxquels ils ne donneraient peut-être que ce bon leur semblerait [1] ».

Le ministre fait un bilan de son œuvre industrielle vers 1669; il est positif pour l'industrie de luxe. La manufacture de miroirs, qui copie les techniques de Murano, fabrique bientôt « des glaces plus parfaites que celles de Venise [2] ».

1. Cité par Henri HAUSER : *Les Débuts du Capitalisme*, p. 29.
2. En 1692, les diverses fabriques de glaces installées à Paris, à Tourlaville et à Cherbourg fusionneront pour donner naissance à la Compagnie de Saint-Gobain.

La France se couvre de manufactures[1]. Tous les étrangers remarquent cette révolution économique. L'ambassadeur de Venise écrit avec envie : « Ainsi, on demande de tous côtés les marchandises de France, ce qui oblige à envoyer du numéraire en France, au dommage évident des autres places et à la satisfaction de Colbert qui ne cherche qu'à dépouiller les autres Etats pour enrichir la France. »

Louis XIV, selon toutes apparences, soutient la politique économique de son ministre. Colbert le prie sans cesse d'appuyer ouvertement cet immense effort. Le 12 mai 1670, il écrit au roi :

« Je ne sais si Votre Majesté trouverait à propos dans la réponse qu'elle voudra bien faire aux harangues des magistrats des villes conquises, de leur parler de leur commerce, et de leurs manufactures, et de toutes les grâces qu'elle leur a faites, et qu'elle veut encore continuer en toutes rencontres, et qu'elle leur dit de s'adresser à moi pour tout ce qui concerne cette matière. »

« Je leur parlerai à propos dans le sens que vous me dites », répond le roi qui prend la peine de confirmer encore quelques jours après : « J'ai fait ce que vous désirez à l'égard des marchands et j'ai parlé ici touchant le commerce, à ceux qui m'ont harangué, de la manière que j'ai cru la meilleure en leur commandant de vous envoyer des mémoires sur ce qui regarde le commerce. »

Le 16 mai, Colbert demande encore le concours du roi : « Les deux plus grandes et plus considérables manufactures que Votre Majesté ait établies sont celles d'Abbeville, pour les draps, et de Beauvais pour les tapisseries ; l'une et l'autre ont quelque chose de grand et digne de la bonté que Votre Majesté a pour ses peuples. Je sais bien qu'il est difficile, même impossible qu'elle les visite ; si néanmoins en visitant ces villes, ou sur son passage, si elle

---

[1]. La longue liste a été établie par le professeur Renaudet, région par région.

pouvait y entrer, ce serait un très grand avantage [...]. Ces marques de la bonté de Votre Majesté et qu'elle sait et qu'elle connaît toutes choses donneront de la vie et du mouvement à toutes ces manufactures, qui sans cela languissent et peuvent même s'anéantir. »

Autrement dit, rien ne peut vivre sans la lumière de l'astre royal !

Louis XIV répond : « J'irai aux manufactures d'Abbeville et de Beauvais et parlerai comme je croirai le devoir faire, et comme vous me le mandez. J'ai fort exhorté ceux d'Oudenarde à travailler, ils m'ont donné un mémoire que nous verrons à mon retour ensemble. »

Louis XIV ne visitera que les manufactures lui appartenant (telle les Gobelins). Il ne méprise pas les problèmes économiques, mais, pour lui, la politique et la grandeur de la France sont ailleurs.

CHAPITRE III

La Mer

> « Quiconque est maître de la mer
> A un grand pouvoir sur la terre. »
>
> RICHELIEU

Grâce aux grands navigateurs des deux siècles précédents, l'Europe commence, pour la première fois, à concevoir la planète dans sa réalité géographique. L'Europe glorieuse, écrit Fernand Braudel, ce sont les flottes et les navires : « L'unité maritime de l'univers est au service de l'homme blanc. » La supériorité européenne pour la navigation hauturière paraît évidente. L'ambition nationale doit atteindre des objectifs plus vastes. Il ne suffit plus d'être la première puissance de l'Europe : il faut devenir la première puissance dans le monde. L'essor considérable du commerce maritime international, les nombreuses fondations coloniales, confirment le rôle essentiel de la force maritime.

Plusieurs nations européennes — l'Espagne, l'Angleterre, la Hollande — l'ont rapidement compris. Le retard maritime de la France contraste avec sa force sur le continent. Sa léthargie et son indifférence face aux choses de la mer susciteront beaucoup d'explications qui, toutes, auront une part de vérité. De par sa situation géographique, la France a longtemps été le seul centre possible du commerce terrestre de l'Europe occidentale : l'entreprise du « Long Vêtu » a brillamment utilisé ces axes commerciaux qui ont détourné les marchands des grandes voies maritimes. Et, de façon générale, les Français ne paraissent pas s'intéresser à la mer. La propriété de la terre et les charges publiques les préoccupent bien davantage. Probablement, ce furent surtout les interminables guerres civiles et étrangères qui firent échouer tous les efforts de l'Etat pour établir une réelle puissance maritime et coloniale.

Richelieu, avec discernement et génie, ébaucha une politique de la mer que Colbert reprendra presque religieusement : le cardinal était, lui aussi, fasciné par le succès néerlandais. Que les négociants français fussent obligés d'employer les navires hollandais pour leur commerce l'indignait furieusement.

Il mit en chantier des navires marchands ainsi que des bâtiments de guerre, créa des compagnies de commerce imitées des compagnies hollandaises, poursuivit la colonisation du Canada, et tenta de réglementer la hiérarchie navale. Presque toute son œuvre disparaît ou périclite. Les troubles intérieurs, la guerre contre les Habsbourg, une administration encore mal assurée l'empêchèrent d'appliquer avec efficacité une politique de grande envergure. Des féodalités insurrectionnelles, sous Richelieu et sous Mazarin, comprirent l'intérêt stratégique des forces navales. Richelieu ne réussit que péniblement à supprimer les amirautés autonomes pour imposer l'idée — si naturelle de nos jours —, d'une amirauté centrale dépendante du gouvernement. La mer était presque considérée comme une affaire privée. Fouquet, mieux placé que quiconque pour connaître les intentions du cardinal sur ce sujet [1], subit pourtant, nous l'avons vu, la tentation de l'insurrection maritime.

---

1. Rappelons que le père du surintendant était un des principaux conseillers de Richelieu pour les affaires maritimes.

Fidèle au « grand cardinal », Colbert attaque le surintendant tant sur ses intrigues maritimes que sur ses malversations financières. En réalité, le ministre s'occupe des affaires de la mer dès 1661. A ce moment, les services chargés de la marine dépendent des Affaires étrangères que dirige Hugues de Lionne. Il existe aussi la charge de « grand-maître de la navigation », sorte d'officier supérieur qui doit, en principe, gouverner les forces navales.

La charge appartint alors à César de Vendôme, fils naturel de Henri IV et de Gabrielle d'Estrées, ancien Frondeur brouillon et incompétent. Lionne est très accaparé par la politique étrangère et Vendôme laisse tout péricliter.

C'est avec le simple titre de « membre du Conseil du grand-maître de la navigation », et avec l'accord de Lionne, que Colbert commence à prendre en main les destinées de la marine. Cela provoque, d'ailleurs, de nombreux imbroglios avec l'administration des Affaires étrangères, jusqu'au jour (7 mars 1669) où Colbert devient officiellement titulaire du département de la Marine.

Le ministre paraît souvent très attristé par le peu d'intérêt que le roi manifeste à l'égard de la mer. Pour Louis XIV, la guerre maritime est incompatible avec la majesté royale. Il écrit même dans ses *Mémoires* :

« Dans mon intérêt propre, je considérais que le bien de l'Etat ne permettant pas qu'un roi s'expose aux caprices de la mer, je serais obligé de commettre à mes lieutenants tout le destin de mes armes, sans jamais pouvoir agir de mon chef [...]. La guerre de terre est une matière à la valeur plus avantageuse que la guerre maritime, dans laquelle les plus vaillants n'ont presque jamais lieu de se distinguer des plus faibles. »

Le roi ne visite aucun arsenal, ni même aucun bateau avant 1681. Quelle différence avec le roi d'Angleterre qui passe si souvent en revue ses forces navales et, en l'absence de Louis XIV, celles de la France au moment d'entrer en guerre contre la Hollande !

« Sa Majesté témoigne d'être fort dégoûté des affaires de la marine », constate amèrement le ministre. Le monarque s'impatiente. Malgré toutes les sommes consacrées aux affaires de la mer, les forces navales ne font pas assez d'actions d'éclat.

C'est que tout reste à créer. Le retard de la France, en comparaison avec le reste de l'Europe, est considérable. Là, Colbert cherche, avec succès, à piquer l'amour-propre du roi qui, malgré son peu d'enthousiasme, soutient réellement l'œuvre gigantesque du ministre. Et le monarque souhaite aussi organiser des expéditions punitives contre les Barbaresques qui terrorisent les mers, en particulier la Méditerranée.

Il se laisse également convaincre de la nécessité d'un grand essor du commerce maritime. Colbert a toujours montré beaucoup d'habileté psychologique pour décider son maître — Mazarin, comme Louis XIV — à adopter ses propres vues. Alors que le ministre tentera, de toutes ses forces, de protéger les nombreux protestants qui servent ou travaillent dans la marine, il n'hésite pas à provoquer l'indignation de Louis XIV en expliquant que le grand commerce maritime est scandaleusement aux mains de « nations hérétiques [1] ».

Il faut éveiller l'intérêt du monarque et de sa cour pour les choses de la mer. Jamais à court de moyens publicitaires, le ministre crée la « Petite Venise », véritable musée naval, sur le grand canal de Versailles. Toute une flotte en miniature amuse les courtisans. Aux deux gondoles dorées offertes par le doge, viendront s'ajouter, entre autres, deux yachts construits en Angleterre, des felouques napolitaines, des chaloupes dunkerquoises, une galiote du Havre armée de trente-deux canons minuscules...

---

1. Première séance du conseil de Commerce (3 août 1664).

Le décor est ravissant mais le roi ne visite toujours pas ses forces navales ancrées dans les ports créés ou rénovés par son ministre. Par contre, le souverain, note Colbert, est « extrêmement jaloux des saluts et du point d'honneur ». Il est interdit aux navires français de baisser le pavillon. Au point qu'Anglais et Français s'évitent en mer, même comme alliés! Les navires marchands arborent fièrement le pavillon bleu à croix blanche, écussonné de fleurs de lys. Et, sur des jetons de marine où un aigle plane au-dessus des flots, on peut lire la fameuse devise de Louis XIV : « Tout me cède ou me fuit. »

LA CRÉATION D'UNE MARINE

C'est là l'œuvre la moins discutable de Colbert. Rappelons rapidement que le ministre trouve 18 bâtiments de guerre en 1661 et en laissera 276 en 1683.

A l'époque, la marine marchande est d'ailleurs liée à la marine de guerre : l'extrême danger des pirates et des « Barbaresques » oblige le navire marchand à se faire convoyer par un bâtiment puissamment armé.

Après la chute de Fouquet, la France ne compte, outre les 18 vaisseaux de guerre, que 4 flûtes, 8 brûlots, 6 corps de galères, presque tous en mauvais état. Les arsenaux sont inexistants ou totalement désorganisés. Les meilleurs marins passent parfois plusieurs années à terre! Le budget affecté à la marine est dérisoire.

Colbert commence par assigner 3 millions de livres aux affaires maritimes, pour l'année 1662. Tout d'abord, il crée les premières forces navales d'importance par l'intermédiaire de l'étranger. Le temps presse : il faut punir les « Barbaresques », ce qui sera fait à Gigeri, près d'Alger (1664). Surtout, l'imminence probable d'une guerre navale contre l'Angleterre, au moment de la guerre de

Dévolution (1667-1668), affole quelque peu le roi et son ministre.

On achète en hâte des vaisseaux aux Hollandais, ou des matières premières à la Norvège et la Suède. On importe du cuivre en grande quantité pour fondre des canons. Cette politique ne peut être que provisoire, parce que trop contraire à la pensée mercantiliste et trop dangereuse du point de vue stratégique. Une marine de guerre ne doit pas, de toute évidence, dépendre de l'étranger. Colbert le précise clairement à l'un de ses agents [1] :

« Je vous ai écrit plusieurs fois qu'il ne fallait point acheter, s'il était possible, aucune marchandise propre à la marine venant des pays étrangers, surtout quand nous pourrions en trouver dans le royaume. Cependant, j'ai appris que vous aviez acheté 8 à 200 quintaux de goudron dans le Nord. Vous jugez vous-même que ce n'est pas le moyen de mettre en valeur celui de Digne ou de Vidauban n'y obliger les particuliers à perfectionner cette fabrique, si on préfère celui que les Hollandais apportent. Pour moi, je suis persuadé qu'on en fait en Provence d'aussi bon que dans le Nord et qu'il faut s'en servir par préférence à l'autre. Je crois que vous voudrez bien en cela vous conformer à l'intention du roi, qui en un mot, veut se passer des étrangers pour tout ce qui regarde la marine. »

Le ministre donne l'exemple en faisant pousser du chanvre pour les cordages dans ses terres de Seignelay.

Dès qu'il reprend en main tout le personnel soudoyé par Fouquet, il travaille à mettre en place une véritable infrastructure maritime, et à réorganiser la hiérarchie navale.

---

1. Lettre à M. d'Ingreville, 29 mars 1670 (P. CLÉMENT : *Op. cit.*, tome III).

Ports et canaux

Le mauvais état et la désorganisation des arsenaux avant Colbert sont pitoyables. Ecoutons le témoignage de l'intendant d'Usson de Bonrepaus sur l'arsenal de Toulon [1] :

« Il n'y avait en ce temps-là aucun arsenal, mais seulement quelques petits magasins fermés, avec des ateliers qui ne l'étaient point du tout, en sorte que les particuliers y allaient prendre furtivement ce qui leur convenait pour les armements des vaisseaux corsaires. M. Colbert, pour remédier à cet inconvénient, fit rassembler dans un même lieu tous ces différents magasins par une enceinte de murailles, qui fut appelée parc. Il n'y avait qu'une seule porte, gardée par des Suisses, et ces Suisses retenaient ceux qui emportaient quelque chose. Le premier ordre établi, il fit le projet de bâtir des arsenaux plus grands et plus commodes, dignes de la magnificence du roi. »

Quant à l'arsenal de Brest, le duc de Beaufort, fils de César de Vendôme, le qualifie de « gueuserie ». Bientôt, sous la direction du chevalier de Clerville, principal ingénieur des services de Colbert, apparaissent d'importants chantiers de construction, de longs quais avec des magasins à triple étage, des forges, une poudrière, sans compter les vastes hangars pour les voiles, les chaloupes, les cordages...

Toutes les mers qui bordent les côtes du royaume ont plusieurs grands ports modernisés ou créés de toutes pièces, avec leurs arsenaux régis par une police rigoureuse, et dans lesquels le ministre peut enfin imposer sans peine l'unité des poids et mesures.

Richelieu voulut établir trois ports de guerre au nord et

---

1. Cité par Charles de LA RONCIÈRE : *Histoire de la marine française*.

à l'ouest : Le Havre, Brest et Brouage. Seul Brest paraît réussir. Le Havre n'est accessible aux vaisseaux qu'à marée haute. Colbert charge Duquesne d'améliorer l'accès du port. Dunkerque, racheté aux Anglais par Louis XIV en 1663, remplacera plus tard Le Havre grâce aux travaux de Vauban.

Brouage s'ensable irrémédiablement. Pour le remplacer, le ministre, avec l'aide de son cousin Terron, crée de toutes pièces le port de Rochefort. L'endroit choisi débouche par la Charente dans la seule rade importante de la région, formée par les îles de Ré, d'Oléron et d'Aix. Rochefort devient très rapidement un gros bourg de 20 000 habitants, dont de nombreux protestants. François Le Vau (frère du constructeur de Vaux-le-Vicomte et de Versailles) est chargé de parfaire les installations.

En 1671, le ministre se rend à Rochefort pour préparer la visite du roi... Il voudrait lui montrer les magasins de chanvre, les goudrons, la filerie, la corderie. Le souverain verrait fabriquer une grosse ancre, mâter un vaisseau. Colbert indique même à son cousin comment il faut ranger les vaisseaux pour leur donner la meilleure apparence :

« Au milieu celui qui porterait le pavillon, ensuite les plus grands et ainsi de suite, en sorte que de quelque côté qu'il arrive, il commence à voir les plus petits, puis les plus grands jusqu'au pavillon. »

Louis XIV ne viendra jamais.

Le port de La Rochelle, très atteint par les guerres civiles, est remis en état : il montrera, plus tard, une intense activité. Le ministre installe sur les côtes dangereuses de l'Aunis et Saintonge des phares à combustion ininterrompue (bûches et goudron) qui éclairent un rayon d'environ trente-huit kilomètres, soit quatre fois plus que les phares habituels à l'époque.

Au sud du royaume, les trois ports d'importance sont Sète, Marseille et Toulon.

Sète est, comme Rochefort, une création gouvernementale. Clerville prépare l'ouverture du port : une médaille célèbre l'événement en 1666. Toulon était jadis un port important. Il s'est dégradé au point qu'un grand navire n'y rentre qu'avec peine. Colbert lui rend sa puissance en recommandant à Clerville : « Nous ne sommes pas en un règne de petites choses ; il est impossible que vous puissiez imaginer rien de trop grand. » Marseille, trop près de Toulon pour être aussi un grand port de guerre, doit être, dans la pensée du ministre, le centre du commerce maritime avec le Levant. L'intendant des galères Arnould double la surface de la vieille cité. Puget qui, fidèle à l'art baroque, préfère garder son indépendance à Marseille plutôt que de subir les lois de l'Académie de Paris, se trouve tout de même chargé de « l'alignement » des bâtiments. Il se montre aussi grand urbaniste que brillant sculpteur.

Tout est mis en œuvre pour améliorer la construction des vaisseaux. On envoie des spécialistes observer les techniques hollandaise et anglaise. A Rochefort, Terron engage cinquante-quatre charpentiers hollandais (dont quarante sont loués à l'année) qui travaillent avec des charpentiers flamands et anglais. Le ministre offre de hauts salaires pour attirer la main-d'œuvre étrangère qualifiée qui forme les ouvriers français.

La rapidité de la construction d'un vaisseau progresse de façon spectaculaire. Dans une sorte de concours de vitesse entre les ports, Rochefort réussit à monter une frégate en trente heures, Brest en vingt-deux et Marseille en sept [1] !

Dès 1670, la flotte royale comprend près de cent navires de ligne, sans compter les frégates, corvettes, galiotes à bombes, etc. Il faut noter cependant que, malgré la création de fonderies, l'artillerie de la marine française reste inférieure à celle de la marine anglaise : les

---

1. Charles de LA RONCIÈRE : *Op. cit.*

canons anglais tirent plus juste et plus loin que les canons français.

Les armateurs de la marine marchande se voient offrir des primes à la construction. Pour obliger les Bordelais à s' « appliquer à la navigation », Colbert menace et promet tout à la fois. L'accès à la bourgeoisie, à la jurande ou aux charges consulaires est subordonné à l'armement d'un navire! C'est ainsi que naît en 1671 la « Compagnie privilégiée des négociants de Bordeaux ». Le premier navire de la compagnie, *La Ville de Bordeaux,* est un magnifique vaisseau trois ponts et trois mâts debout, qui dès 1672 est armé pour la pêche à la baleine au Groenland.

Le personnel maritime

Colbert, à la suite de Richelieu, rêve d'un personnel maritime permanent et compétent. Le ministre l'annonce dans une formule lapidaire [1] : « Le roi ne donne les charges de la marine qu'au mérite et non à la recommandation. Il n'y a qu'un moyen de parvenir dans le service : le temps et les belles actions. » La « disette d'habiles gens » dans la marine le désole. Le poids des hiérarchies féodales est encore trop lourd pour que l'on puisse supprimer la charge de « grand-maître de la navigation ». Colbert s'en exaspère souvent : « L'ambition donne des prétentions en des temps où le mérite est moins considéré que la faveur [2]. »

Le grand-maître, César, duc de Vendôme, est aussi versatile qu'incompétent. Son fils, le duc de Beaufort, ira même jusqu'à écrire au ministre : « Employez votre crédit et votre adresse pour empêcher que M. de Vendôme n'aille à la mer. Il y va du service du roi. »

1. P. CLÉMENT : *Op. cit.*, tome III.
2. Cf. Ch. de LA RONCIÈRE : *Op. cit.*, p. 345.

Pourtant, Vendôme assure la survivance de la charge à son fils. Beaufort a le caractère agité, insupportable. Les expressions « basses et populaires » le font sacrer « roi des Halles » par le peuple de Paris pendant la Fronde. C'est un des meilleurs pistoliers du royaume mais, stupidement, il n'accepte aucune leçon dans l'art nautique. Sa « précipitation » consterne Colbert qui veut lui imposer le contrôle des intendants et des officiers de marine. Beaufort n'en tient pas compte et donne à son gré les ordres les plus contradictoires. Là, le ministre demande l'appui du roi. Louis XIV envoie au « roi des Halles » une semonce mémorable [1]. Tous les défauts de Beaufort sont durement rappelés : « J'ai été bien aise, ajoute le roi, de m'étendre sur ces particularités pour faire voir qu'il est inutile de se cacher de moi. » Beaufort meurt au cours d'une campagne contre les Barbaresques, en 1669. Colbert fait nommer amiral de France, grand capitaine de la mer... un enfant âgé de deux ans, le comte de Vermandois, fils de Louise de la Vallière, et élevé par le ministre ! Le marquis de Saint-Maurice exprime l'opinion générale : c'est « un coup de M. Colbert pour se rendre maître de la marine ». Le coup est si évident qu'on ne peut se passer de remplacer Beaufort par une présence plus effective. Jean d'Estrées, bon officier de terre et très mauvais officier de marine, est nommé vice-amiral de la flotte du Ponant. Esprit brouillon, il se voit inviter par Colbert à « changer de style ».

Le duc de Vivonne, frère de Mme de Montespan, devient général des galères de la Méditerranée. Voilà donc qui est équitable : les deux favorites ont chacune un parent proche (fils et frère) élevé aux plus hautes fonctions de la marine !

La véritable grande figure du personnel maritime est Abraham Duquesne, déjà âgé de cinquante et un ans en 1661. La mer est son domaine. Fils d'un capitaine

---

1. 20 octobre 1666.

marchand protestant, corsaire à l'occasion, Duquesne s'embarque tout enfant sur le navire de son père. A dix-sept ans, il se distingue par la prise d'un bateau hollandais. Il reste toujours fidèle au roi et à Richelieu, même au siège de La Rochelle contre ses coreligionnaires. Dégoûté par le déclin de la marine, il s'engage au service de la Suède, puis revient en France à la demande de Mazarin qui le nomme chef d'escadre (1647). Duquesne est un très bel homme, robuste, blond, aux yeux bleus. Il est marié à Gabrielle de Bernières qui n'a pas hésité à abjurer la religion catholique pour l'épouser. Malgré une certaine expression rieuse, son caractère est aussi revêche que celui de Colbert. Leur correspondance est un mélange assez cocasse de respectueuses colères de la part de Duquesne, toujours furieux de tout et, en particulier, de la lenteur de ses avancements, et d'autorité patiente et diplomatique de la part du ministre qui a une très haute estime pour les grandes compétences de l'officier. Duquesne doit attendre jusqu'en 1667 pour être nommé lieutenant général des armées de mer.

Les marins manquent sur les vaisseaux. Pour les trouver, Colbert essaie successivement plusieurs systèmes. Tout d'abord, les communes du littoral sont invitées à fournir un nombre d'hommes proportionné à leur population. Mais, à la place des marins, le ministre reçoit de l'argent... Au début, cet expédient est d'autant mieux accepté que les vaisseaux sont encore rares. Après quelques années, un recrutement régulier devient urgent. La flotte française s'est agrandie et, surtout, il faut pouvoir se défendre en cas de guerre maritime contre l'Angleterre, et, plus tard, contre la Hollande.

L'odieux système de « la presse » est courant à l'époque. Colbert préfère le remplacer par le système des « classes », qui doit assurer un recrutement plus juste et plus régulier. Il fait établir un rôle général des marins, d'abord dans le Poitou, l'Aunis et Saintonge, enfin dans la France entière. Puis il partage ces hommes en trois, quatre, ou cinq classes suivant les localités. Chaque homme devra à l'Etat un mois de service une année sur trois, quatre ou cinq. Tels sont, très brièvement, les principes de la célèbre « inscription maritime », qui ne survivra point à son auteur, du moins sous cette forme. Le système réussit bien ici (par exemple en Bretagne) et mal ailleurs. Parlements locaux, échevins et marchands s'entendent souvent pour aider les évasions. Ces nouveautés n'inspirent aucune confiance aux marins qui n'ont pas tout à fait tort : les impératifs de la guerre vont obliger le ministre à prolonger le service au-delà des termes promis. Pourtant les « classes » marquent un progrès dans le sens de la justice. Mais les contemporains du ministre sont encore trop imprégnés des conceptions féodales pour le comprendre. Les marins préfèrent souvent courir leur chance avec la presse, plutôt que d'accepter une discipline commune, à nos yeux plus équitable.

Dès 1669, il y a soixante mille hommes sur les rôles de l'inscription maritime, soit de douze à quinze mille hommes par classe. En dehors de leur service, les marins peuvent s'engager librement dans la marine marchande. Le ministre exige que les rôles soient publiés rapidement afin que les marchands ne soient pas gênés dans leurs recrutements. La même année, il interdit à tous officiers, matelots et gens de mer « de s'habituer à servir dans d'autres pays que le royaume, sous peine de galères à perpétuité » ! Et ceux qui se trouvent à l'étranger sont priés de rentrer en France dans un délai de six mois « à peine de vie ».

La hiérarchie des grades est réglementée. Le capitaine s'appelle alors « maître », le second « contremaître ». On trouve aussi, dans la composition de l'équipage, le charpentier, le pilote, les mariniers, les mousses nommés « garçons ». Alors que beaucoup d'hommes de mer sont protestants, le chirurgien barbier est toujours catholique : la profession reste interdite aux protestants.

Les mariniers français sont mieux payés et mieux

nourris que les mariniers hollandais, ce qui, bien sûr, pèse sur le coût des transports. Un témoin du règne raconte que les Français exigent quatre repas par jour. Il leur faut du « vin, du pain, du biscuit de pur froment, de la chair fraîche et salée, de la morue, des harengs, des œufs, du beurre, des pois, des fèves, et quand ils mangent du poisson, il faut qu'il soit assaisonné, encore n'en mangent-ils que les jours maigres ».

On reste confondu par la dureté dont fait preuve le ministre pour remplir les galères de la Méditerranée. Chacun connaît la terrible condition des galériens. Aussi n'emploie-t-on que des criminels, des condamnés ou des esclaves. Le nombre de forçats étant très insuffisant, Colbert s'en procure par des moyens iniques, selon ses besoins. En 1662, une révolte éclate dans le Bourbonnais contre les impôts : quatre cents paysans sont envoyés aux galères, suivis de faux sauniers[1] arrêtés en Poitou, Auvergne, Limousin. Le ministre invite même les présidents des parlements à faire condamner aux galères « le plus grand nombre qui se pourrait », en remplaçant, s'il se peut, les peines de mort par des peines de galères. Certains magistrats hésitent. D'autres fabriquent des galériens avec empressement.

A l'intendant de Toulon qui vient d'acheter trois esclaves turcs, Colbert écrit : « Il n'y a rien de si important, pour le rétablissement de la chiourme, que d'avoir des Turcs pour y mêler ; il faut, dès à présent, examiner les moyens de faire descentes en Barbarie pour faire des esclaves. » Le ministre appartient à un siècle où la dureté et la charité se mélangent avec une désinvolture déconcertante. Il n'hésite pas à recommander à l'intendant de Toulon : « Prendre grand soin de la conservation des forçats, prendre garde que le pain et les fèves qu'on leur donne soient fort bons [...] exercer votre charité envers ceux qui seront malades. » Par contre, il écrira à

---

1. Hommes qui pratiquent la contrebande du sel.

l'intendant des galères Arnould (29 mars 1669) : « Quantité de gens expérimentés en fait de galères disent ici que votre chiourme ne peut être bonne, parce que vous donnez trop de liberté aux esclaves et que vous les nourrissez trop bien, d'autant qu'il n'y a rien de plus contraire à la bonté d'un esclave que la graisse et l'embonpoint. Vous devez y faire réflexion. »

Est-il utile de préciser que le ministre exige une discipline rigoureuse pour l'ensemble du personnel maritime ? Intendants et commissaires surveillent les officiers, les marins, et même les directeurs des travaux qui n'hésitent pas à employer les ouvriers des arsenaux dans leurs propres maisons...

Colbert souhaite que toutes les entreprises maritimes soient réalisées par les seules forces navales, sans le secours des forces de terre. Avec raison, il ne veut pas amener la confusion entre le département de la Marine et celui de la Guerre où règnent les Le Tellier. Pour amener des troupes d'infanteries à bord des navires de guerre, il crée deux régiments, le Royal Marine et le Vermandois, l'un pour le Ponant, l'autre pour le Levant. Le Tellier et Louvois se plaignent immédiatement au roi de ce que Colbert se permette de délivrer des brevets d'officiers en dehors d'eux. Les deux hommes précisent qu'on fait « tort à leurs charges ». Au grand dépit de Colbert, Louis XIV leur donne raison. Dès lors, les officiers des deux régiments serviront à bord avec un tel dégoût que l'on sera obligé de les relever en 1671.

La science nautique n'a pas beaucoup progressé depuis le siècle précédent. On ne sait pas calculer la longitude et le chronomètre de précision n'existe pas. Les erreurs sont fréquentes. Colbert fait collaborer trois services créés par lui : l'Académie des sciences, l'Observatoire et le Service hydrographique qui fournissent cartes, instructions et précisions. Dans chaque port, des maîtres d'hydrographie divulguent enseignements et découvertes. Les écoles se multiplient. Le ministre voudrait y attirer des « hommes de qualité ». Le problème des longitudes l'obsède et il n'épargne aucune dépense pour le résoudre. Le Hollandais Huyghens, qu'il a, nous l'avons vu, attiré en France, se rapproche de la solution avec ses horloges à pendules. Une foule de cartes sont mises à la disposition des marins.

Il est extraordinaire qu'une œuvre aussi vaste soit menée par un nombre de fonctionnaires aussi réduit. Colbert est assisté par un secrétaire général [1] et sept ou huit commis seulement. Toute l'administration de la marine est enfin centralisée [2]. Le ministre rédige tout lui-même, observe les moindres détails, bref, s'exténue pour ce qu'il appelle « la plus belle partie de mon département », celle qu'il destine à son fils aîné, Jean-Baptiste, marquis de Seignelay.

Seignelay

Seignelay est intelligent, très doué, trop confiant dans sa facilité. Il aime le luxe, les agréments de la vie. Son père lui remet un mémoire dans lequel il écrit : « Bien penser et faire souvent réflexion sur ce que sa naissance l'aurait fait être, si Dieu n'avait pas béni mon travail, et si ce travail n'avait pas été extrême. »

Le jeune homme se voit imposer un emploi du temps féroce : « Vous m'interrogez, mon fils, sur la question de savoir s'il vaut mieux travailler le soir ou le matin ; je vous réponds qu'il faut travailler le matin et le soir. »

Le ministre a une idée précise : faire de son fils son principal auxiliaire en matière maritime. En 1670, Seignelay est envoyé à Rochefort chez son parent Colbert du Terron. Colbert charge son cousin d'initier son fils aux choses de la mer, de lui donner le goût du travail, et de

---

1. Louis Matharel, puis Le Foin, à partir de 1670.
2. Notons toutefois la situation particulière de la Bretagne qui réussit à garder l'autonomie de son amirauté jusqu'au XVIIIe siècle.

surveiller sa tenue comme son embonpoint! Les recommandations pleuvent sur Seignelay : qu'il veille « à ne point tomber dans aucun des inconvénients de jeu extraordinaire, d'amourettes et d'autres fautes qui flétrissent un homme pour toute sa vie ».

Puis le ministre se charge lui-même de l'apprentissage. La correspondance [1] qu'il adresse à son fils est révélatrice de l'énergie passionnée qu'il emploie aux affaires maritimes. Rien ne lui échappe, tout passe par lui : entrées et sorties des vaisseaux de guerre, ordres aux officiers, quantités de fonte ou de cuivre à expédier dans les magasins, détails sur la construction d'un port. Seignelay devient le mandataire de son père : il doit tout observer, tout transcrire, exécuter ou transmettre rapidement les ordres que son père rédige dans un style saccadé et péremptoire.

A son tour, Seignelay envoie à son père des mémoires où il récapitule la liste impressionnante de ses activités. Le ministre laisse voir, parfois, sa satisfaction : « Il n'y a rien de mieux exécuté, mon cher fils, (que) ce mémoire, et continuez à vous rendre bientôt aussi capable que je le désire [2]. »

La surveillance de Colbert est incessante, presque obsédante. Seignelay doit garder en mémoire toutes les lettres récentes que le ministre lui a adressées.

« Vous observerez, s'il vous plaît, écrit-il à son père, que je ne fais point extrait des lettres, mais que je les lis toutes attentivement afin de me mettre dans l'esprit ce qui s'est passé qui a toujours quelque liaison avec ce qui se fait à présent [3]. »

« Bon, répond Colbert, il faut avoir soin de lire toujours cinq ou six de mes lettres précédentes avant que de faire réponse à aucune. »

1. En partie inédite.
2. Inédit. Réponse au mémoire du 23 octobre 1671.
3. Billet de Seignelay avec réponse de Colbert, 25 octobre (1671?). Inédit.

Pour parfaire son instruction, le jeune homme est envoyé en Italie, en Hollande, puis en Angleterre pour y étudier les plans des ports, les arsenaux, les fonctions des officiers.

L'ambassadeur de France en Angleterre est alors le frère du ministre, Colbert de Croissy. Le ministre lui écrit : « Pendant que mon fils sera auprès de vous, je vous prie de faire en sorte qu'il y ait toujours quatre ou cinq des principaux officiers de la marine d'Angleterre, qui mangent avec lui à dîner ou à souper, afin qu'il puisse les entretenir, et les faire toujours parler de leur métier ou de ce qu'ils ont vu. »

Louis XIV appuie de toute son autorité la carrière de Seignelay, ce qui montre l'immense faveur dont jouit Colbert à cette époque. Le souverain envoie à son ministre la lettre qui suit [1] : « J'écris à votre frère de faire un remerciement au roi des bons traitements qu'il a fait à votre fils. Vous lui pouvez mander de recevoir le présent qu'on lui voudra faire. Je suis très aise qu'il ait encore plus fait en Angleterre qu'en Hollande pour son instruction. »

Enfin, en 1672, Seignelay est admis à signer les dépêches de la marine, après examen de Colbert. Le jeune homme doit souvent entretenir le roi des affaires maritimes.

Son père est content mais mortellement inquiet. Il lui fait parvenir sans cesse des petits bouts de papier sur lesquels il a griffonné en hâte les ultimes recommandations [2]. Le ministre se fâche encore quelquefois. « Les mémoires que vous écrivez ne sont pas assez jolis, c'est-à-dire que vous les faites en galopant. »

L'emploi du temps du fils est encore dicté par le père [3] :

---

1. Non publiée par Clément.
2. Ces morceaux de papier ont été conservés par Seignelay et transmis à ses descendants par les archives de famille.
3. Billet inédit.

« Je serais d'avis que mon fils expédiât aujourd'hui toutes les affaires que je lui ai données, et que demain, il travaillât toute la journée en se levant du matin à copier dans un agenda toutes les listes des vaisseaux, leur port, leur âge, les listes des escadres qui sont en mer cette année, et celles qui y seront mises l'année prochaine, les listes des officiers, et le nombre de pièces d'artillerie de fonte et de fer qui sont dans tous les arsenaux, il lui sera très avantageux d'avoir ces listes dans un agenda après-demain lorsque le roi travaillera.

« Demain au soir et après-demain matin, il préparera tout ce qu'il faut pour le conseil. »

Seignelay deviendra un collaborateur remarquable de Colbert. L'œuvre des deux hommes sera aussi indissociable pour la marine que l'œuvre de Le Tellier et de son fils Louvois est indissociable pour la guerre de terre.

La création d'une véritable marine n'a pu se faire — en France, en tous les cas —, qu'à travers une administration centrale efficace et puissante qui n'a jamais trouvé de meilleure justification. Par contre, on peut se demander si le poids de cette administration n'a pas desservi le commerce maritime.

COMMERCE MARITIME ET COLONIES

Le commerce maritime suppose, pour les contemporains du ministre, la possession de colonies. Non pas forcément des colonies de peuplement, mais du moins des comptoirs où l'on puisse s'approvisionner en matières premières sans intermédiaires, et où l'on puisse écouler les produits manufacturés de la métropole.

La notion de liberté de commerce paraît encore suspecte. La pratique du monopole — monopole d'une denrée ou d'une région — rassure les marchands comme les Etats. Le mercantilisme naît très vite après les grandes découvertes maritimes. La part de commerce qu'une nation détient sur le globe ne doit profiter qu'à elle au détriment des autres nations.

Espagne, Portugal, Angleterre, Hollande ont pris une large avance sur la France, absorbée par les guerres et tournée vers le continent.

La France de Henri IV ne possédait à peu près plus de marine de guerre ni de marine marchande. Contre l'avis de Sully, le roi voulut néanmoins poursuivre la colonisation du Canada, tentée par Jacques Cartier sous François Ier : un entrepôt, origine de la ville de Québec, fut établi au bord de l'estuaire du Saint-Laurent. Richelieu dirigea le commerce maritime et les entreprises coloniales vers l'Amérique. Il souhaitait jeter les bases d'un grand commerce avec l'Orient, mais les difficultés politiques et la faiblesse de la marine l'en empêchèrent : Colbert reprendra l'idée d'une colonisation de Madagascar.

Le cardinal envoya au Canada colons et missionnaires qui fondèrent bientôt la ville de Montréal. Sur l'exemple de l'Angleterre ou de la Hollande, le gouvernement accordait des chartes à de grandes compagnies de commerce. Alors qu'en Angleterre, l'espoir de pouvoir pratiquer librement sa religion dans le nouveau monde encourageait l'émigration, en France, les chartes comprenaient une clause qui excluait presque toujours les protestants.

Mazarin, accaparé par la désastreuse situation politique de la France, ne put reprendre le grand dessein commercial de son prédécesseur. D'ailleurs, y songea-t-il vraiment? Pour lui, le commerce maritime fut avant tout un moyen de spéculation pour son propre compte. Dès 1652[1], Colbert voulut pourtant le persuader de faire revivre, à son profit, mais aussi à celui du royaume..., les compagnies dont rêvait Richelieu.

---

1. Voir P. CLÉMENT : *Op. cit.*, tome I. Lettre de Colbert à Mazarin, du 13 octobre 1652.

Fouquet s'employait de façon dissimulée et secrète, selon ses habitudes, à faire du commerce à son profit exclusif avec les Antilles et les Indes orientales.

Trop occupé par le procès du surintendant, et par le rétablissement des finances, Colbert se contente, les premières années, de pratiquer des enquêtes pour organiser une politique commerciale et coloniale de grande envergure. Il est plus que probable qu'il remue les papiers que le « grand cardinal » a laissés sur ce sujet.

Dès 1662, il demande à son frère Nicolas, évêque de Luçon, de transmettre les « intentions du roi » aux habitants de toute la côte : que les particuliers ne craignent plus de s'appliquer au commerce avec les pays étrangers, et de construire de nouveaux bâtiments, car ils sont assurés de l'appui du souverain. Il est urgent de tirer marchands et armateurs de leur désolante « léthargie » : la presque totalité du grand commerce international se fait alors par voie maritime ».

A la première séance du conseil de commerce (3 août 1664) le ministre constate amèrement que la marine marchande française se trouve réduite à « deux cents vaisseaux raisonnables ». C'est peu, lorsque l'on sait que les bâtiments marchands hollandais ou anglais se chiffrent par milliers. Il avertit Louis XIV : « La puissance du roi est supérieure par terre à toutes celles d'Europe, par mer elle est inférieure ; il faut la rendre égale partout. »

Comme Richelieu, il est ulcéré de voir le trafic entre les Antilles françaises et la métropole accaparé, pour la plus grande partie, par les Hollandais. Le quasi-monopole commercial que les Provinces-Unies détiennent dans la mer du Nord devient un véritable cauchemar. On offre des primes aux armateurs et aux marchands[1], comme on offre des subventions aux industriels.

Les risques de la mer obligent les armateurs à s'associer, le plus souvent, pour pratiquer un commerce d'assez

---

1. A l'époque, le terme de marchand est aussi appliqué aux armateurs.

petite importance. Le ministre souhaite davantage : il veut créer, à l'exemple de l'Angleterre et de la Hollande, de grandes compagnies auxquelles participeraient toutes les forces capitalistes du royaume.

Plus tard, les commentateurs opposeront volontiers les compagnies « à charte » françaises, voulues et soutenues par l'Etat, aux compagnies anglaises et hollandaises, créées par des capitalistes privés. La distinction est mal déterminée. Les compagnies étrangères sont également des compagnies « à charte », grâce aux privilèges accordés par le roi d'Angleterre ou le gouvernement néerlandais. Seulement, en Angleterre comme dans les Provinces-Unies, la classe marchande est beaucoup plus mêlée au personnel du gouvernement : le sentiment d'un cloisonnement entre des castes aux fonctions très délimitées — sentiment si présent en France —, est beaucoup moins évident.

Le Français se méfie de toute intervention de l'Etat en matière économique. Il soupçonne constamment la préparation sournoise d'une opération fiscale.

La grande contradiction à laquelle se heurte fondamentalement toute l'œuvre économique de Colbert consiste à vouloir imposer en même temps et la paix civile par le renforcement de l'autorité monarchique, et un large mouvement capitaliste malgré un régime politique à caractère arbitraire.

Quelles qu'en soient les raisons, les sujets de Louis XIV paraissent s'engourdir avec une certaine satisfaction dans des traditions économiques médiévales, souvent très éloignées des conceptions capitalistes telles qu'elles sont perçues de nos jours. Charles Seignebos[1] expliquera clairement toute l'innovation capitaliste, si mal comprise ou acceptée en France, que suppose la nature même de ces grandes compagnies :

« Au lieu d'être un groupe local de personnes lié à des

---

1. Charles SEIGNEBOS : *Histoire comparée des peuples de l'Europe.*

règles morales, sans capital commun, la compagnie de commerce devenait une entreprise nationale, impersonnelle, opérant avec un capital commun permanent, en vue d'un gain illimité sans aucune restriction morale. »

Partout, Colbert doit lutter contre l'individualisme indéracinable des Français, hostiles pour la plupart à ces grandes associations. Les négociants de Bordeaux font la sourde oreille aux appels du ministre. L'intendant lui en explique les raisons : « On ne fait pas de société dans cette province. Chacun veut faire son commerce en particulier et ne désire point que personne en ait connaissance. » Les Marseillais ne montrent aucun empressement. Colbert écrit avec colère à l'un de ses agents : « Vous m'alléguez les Anglais et les Hollandais qui font dans le Levant 10 à 12 millions de commerce. Ils le font avec de grands vaisseaux. Messieurs de Marseille ne veulent que des barques afin que chacun ait la sienne. Ainsi l'un réussit, l'autre pas. »

Néanmoins il existe tout de même quelques grands marchands au caractère entreprenant. Ainsi, les frères Formont, issus d'une famille protestante de Rouen, deviennent des collaborateurs très proches du ministre. Marchands-banquiers-armateurs cosmopolites, ils appartiennent un peu à la race des Colbert du « Long Vêtu ». Ils ont la même conception d'un commerce international ambitieux associé à un grand mouvement financier.

Pierre, l'aîné, est le chef d'une des premières banques européennes. Il a des correspondants à travers toute l'Europe : à Madrid, à Rome, à Venise, à Londres, à La Haye, à Dantzig, à Berlin. En outre, il possède, seul ou en participation, plusieurs navires marchands, ancrés dans les principaux ports du royaume. Il fait le commerce avec les Antilles, la Guinée ou le Maroc, aussi bien qu'avec l'Italie, l'Angleterre, la Hollande ou les puissances du Nord. Pendant vingt ans, il est pour Colbert le plus intelligent et le plus actif des auxiliaires.

Hélas! les Formont, avec quelques autres, font presque

figure d'exception. Le commerce extérieur reste indolent ou timoré. Les compagnies paraissent suspectes, voire néfastes. Pourtant le gouvernement leur accorde de larges privilèges. Lorsqu'elles ont un caractère colonial, elles peuvent même exercer dans les territoires qui leur sont concédés d'énormes pouvoirs politiques. Il s'agit, en somme, d'un démembrement du pouvoir royal, la compagnie restant, bien entendu, soumise au roi par un contrat d'ordre féodal.

Le privilège est, à cette époque, inséparable du monopole. En cela, les compagnies n'innovent rien. Personne ne pourrait imaginer une opération de grand commerce sans monopole. L'exclusivité d'une matière première peut permettre une fructueuse hausse des prix... ou le chantage politique. La suprématie commerciale d'une puissance étrangère dans une région pour une matière première signifie abaissement national. Dès lors, le commerce extérieur est conçu en termes de guerre économique. Les grandes compagnies sont chargées de conquérir pour la France le commerce du monde. A chacune, le ministre destine une part du globe.

L'Orient

Fondée en 1664, en même temps que la Compagnie des Indes occidentales, la Compagnie des Indes orientales reçoit du roi le monopole du commerce et de la navigation dans les mers d'Orient et du Sud, pour une durée de cinquante ans. Lors de l'enregistrement des deux chartes par le Parlement de Paris, le premier président veut insérer une clause selon laquelle il n'y aurait, dans les pays concédés, d'autre exercice que celui de la religion catholique : avec beaucoup de peine, Colbert parvient à la faire supprimer. Par contre, il fait insérer, pour les deux compagnies, une clause spécifiant que les nobles qui y prendront part ne dérogeront pas. Un peu plus tard, un édit permet même aux nobles de faire figurer l'état de gentilhomme sur la comptabilité du commerce maritime, « pourvu toutefois qu'ils ne vendent pas au détail ».

Pour attirer les souscripteurs, le ministre organise une propagande active, non seulement en France, mais aussi en Europe, et même en Hollande, à la fureur de Jean de Witt et de ses amis. L'académicien Charpentier est chargé de rédiger le prospectus. Ici encore, le roi doit être le premier moteur, l'exemple suprême. Le fond social de la compagnie est fixé à 15 millions de livres. Louis XIV s'inscrit comme premier actionnaire pour l'énorme somme de 3 millions de livres. La famille royale souscrit à la suite du monarque. Les deux reines et le Dauphin apportent chacun 60 000 livres, Condé 38 000 livres... Puis vient la cour (Mazarin 100 000 livres, Noailles 30 000 livres, Luynes 10 000 livres...). Le chancelier Séguier remet 40 000 livres, le contrôleur général Herwarth 60 000 livres et Colbert lui-même 30 000 livres. Magistrats et marchands de Paris, industriels subventionnés, hauts fonctionnaires s'estiment obligés de s'inscrire. Les actions souscrites à Paris, y compris celles du roi, fournissent un peu plus du tiers du capital prévu. Restent les 9 millions de livres que l'on cherche à trouver en province. Mais les provinciaux n'ont nulle envie de participer à ce qu'ils considèrent comme une aventure dangereuse. Les intendants montrent parfois un zèle regrettable pour obliger parlementaires et officiers à souscrire. L'intendant d'Auvergne songe même à employer « le ministère des dragons ».

Le ministre adresse une circulaire aux trésoriers de France pour les enjoindre à montrer l'exemple. Rien de moins spontané que ces investissements : Colbert se fait donner l'état des souscriptions par généralités et par provinces. En face de chaque nom, il note de sa main si le souscripteur s'est montré assez généreux ou s'il tarde trop à annoncer le montant total de la somme qu'il remettra. A son tour, Louis XIV écrit aux maires et échevins du royaume. Boissonnade décrit l'arrivée impromptue d'un courrier du roi dans la tranquille ville de Poitiers [1] :

« Le 24 juin 1664, le conseil ordinaire composé du maire et des échevins va prendre fin. Le commis de la poste entre dans la salle des séances et remet un gros paquet qu'on ouvre aussitôt. On peut imaginer la stupéfaction de ces hommes en train de débattre leurs affaires locales, lorsqu'ils se trouvent en présence des statuts de la compagnie, d'une circulaire des douze syndics de la société, et d'une lettre du roi qui ordonne de faire sans délai une assemblée générale, d'informer Colbert « de tout ce qui se sera passé » et, ajoute le roi, « de ne rien omettre de ce qui dépendra de vous, pour faire connaître à un chacun l'utilité et l'avantage pour tous ceux qui s'y intéresseront [...] car tel est notre plaisir ». Les habitants de chaque paroisse ont ordre « de s'assembler au son de la cloche ». Quartiers et paroisses envoient des délégués qui prennent connaissance des documents. Les Poitevins restent sceptiques, voire hostiles. Malgré les rappels pressants de Colbert, il paraît impossible de réunir les fonds. Le maire allègue les difficultés financières locales. Le corps municipal, sous la menace de suppressions de privilèges, finit par envoyer 3 000 livres payées « sur les deniers extraordinaires » de la ville, en septembre 1665. Aucun autre souscripteur ne se présentera avant 1667. »

L'exemple de Poitiers n'est pas un exemple isolé. Le ministre trouve un peu partout en France les mêmes réticences, la même force d'inertie. Il n'est pas étonnant que le roi écrive dès 1669 : « La compagnie est compromise dans l'opinion de mon royaume entier. »

Pourtant, des navires sont envoyés sur les mers, des

---

[1]. P. BOISSONNADE : *Colbert et la souscription aux actions de la Compagnie des Indes, spécialement en Poitou.*

missions commerciales sont organisées. Colbert embauche plusieurs conseillers hollandais. Reprenant les projets de Richelieu, il tente une colonisation de l'île de Madagascar. Les problèmes financiers auxquels la compagnie doit faire face pour assurer le mouvement commercial découragent tout effort colonial. Madagascar sera provisoirement abandonné : du moins, les premiers jalons sont posés pour l'avenir.

Pour éviter aux navires la route qui passe par l'Afrique du Sud, le ministre tente à plusieurs reprises, hélas! sans succès, d'obtenir de l'Egypte un passage à travers la mer Rouge.

Il arrive, parfois, que les envoyés de la compagnie réussissent brillamment dans les terres les plus lointaines. Pour établir des bases commerciales en Inde, Colbert nomme comme conseiller un Persan qui connaît bien la région, Marcara Avanchivz. Le ministre voudrait établir une factorerie sur le territoire du roi de Golconde qui reçoit Marcara avec pompe. Probablement sur les conseils de Colbert, le Persan se sert habilement de la brillante réputation de Louis XIV pour arriver à des fins purement commerciales. La monarchie française, explique-t-il, est la plus ancienne. Le roi de France est supérieur à tous les princes d'Europe, en puissance de guerre et en qualités personnelles. Il ne cherche nullement à s'approprier des trésors de l'Inde, comme les Hollandais et les Anglais, car il possède assez de richesses dans son royaume. Il ne désire que la paix et la bonne foi en matière de commerce. Le roi de Golconde accepte avec joie un portrait de Louis XIV et accorde aux Français des meilleures conditions commerciales que celles données à leurs rivaux — et cela malgré toutes les intrigues et les pots-de-vin des Hollandais pour faire échouer les négociations. En décembre 1669, Marcara retourne à Masulipatam. Il y installe la première factorerie de l'Inde qui enverra des épices directement en France, sur des navires français.

Ces succès sont malheureusement trop rares. L'indifférence des Français conduit la compagnie à la ruine, dès 1672.

Le drainage des devises au profit des Levantins obsède Colbert. Dès 1665, le ministre songe à isoler le commerce de la Méditerranée des autres mers, en le confiant à une compagnie particulière. Marseille, principal port commercial de la région, exerce en grande partie le trafic des marchandises avec le Levant. Mais les Marseillais ont, auprès des agents de Colbert, la réputation d'être désordonnés, querelleurs, peu entreprenants. L'intendant des galères Arnould écrit au ministre avec dépit : « Comme ils sont sobres et fainéants, grands parleurs et diseurs de nouvelles, ils ne veulent plus rien faire que se promener sur le port, l'épée au côté, avec pistolets et poignards, à quoi il est bon de remédier. » Colbert espère discipliner leurs habitudes commerciales en créant la Compagnie du Levant, en 1670. La compagnie n'a pas de privilège exclusif mais reçoit du roi des primes et des navires d'escorte. Elle réussit assez bien pendant deux ans.

Les relations entre le ministre et la ville de Marseille sont souvent tendues. Tout d'abord, les Marseillais ont ordre de ne plus envoyer d'espèces au Levant. Contrairement à ce qui se passe dans les ports de l'Atlantique, il n'y a pas assez d'étrangers dans le port (les « étrangers » comprennent aussi les Français non Marseillais). Pour les attirer, Colbert fait de Marseille, en 1669, un port franc. L'institution paraît alors une sorte de correctif nécessaire aux systèmes protecteurs en vigueur. Mais les Marseillais sont furieux. Ils ont gardé les préjugés du Moyen Age et ne veulent pas accorder à d'autres leur droit de bourgeoisie dont ils sont si fiers. L'édit est maintenu, malgré des aménagements assez libéraux : il faut remplir les nouveaux quartiers et donner une forte impulsion au mouvement commercial.

Le ministre est bien décidé à protéger les Juifs aussi

bien que les Arméniens, malgré la colère de la ville. La communauté juive avait été chassée depuis plus d'un siècle. En 1670, Lionne permet à trois marchands juifs de s'établir à Marseille. Deux ans plus tard, la chambre de commerce demandé leur expulsion. Le ministre écrit à l'intendant Rouillé : « Vous ne devez pas vous étonner si les Marseillais vous ont tant parlé des Juifs qui s'établissent à Marseille ; la raison est qu'ils ne se soucient pas que le commerce augmente, mais seulement qu'il passe tout par leurs mains et se fasse à leur mode. Il n'y a rien de si avantageux pour le bien général du commerce que d'augmenter le nombre de ceux qui le font, en sorte que ce qui n'est pas avantageux aux habitants particuliers de Marseille l'est fort au général du royaume. »

L'Atlantique

S'il n'y a pas assez d'étrangers à Marseille, il y en a trop dans les ports de l'Atlantique. Anglais et surtout Hollandais font la plus grande part du trafic avec le Nord et les îles d'Amérique. A La Rochelle comme à Bordeaux, les marchands s'en accommodent fort bien. Pour forcer la marine marchande française à plus d'ambition commerciale, Colbert fonde la Compagnie des Indes occidentales qui, dès sa création, reçoit le monopole du commerce avec les colonies d'Amérique et la côte occidentale d'Afrique, depuis le cap Vert jusqu'au cap de Bonne-Espérance. Selon ce droit d' « exclusif », tout le commerce d'exportation et d'importation dans ces régions est réservé aux seuls navires français.

Colbert veut encourager la compagnie à pratiquer la traite des Noirs pour fournir des ouvriers agricoles en Amérique. Mais, très absorbée par l'exploitation des Antilles, la compagnie délaisse presque complètement ce triste trafic[1]. Le ministre encourage néanmoins deux expéditions en Afrique : la première, dirigée par Villaret de Bellefond, visite la côte de Guinée, et la seconde, sous les ordres de Lemaire, remonte le Sénégal. Un peu plus tard, des Français installés sur la côte parviennent à enlever aux Hollandais certains territoires[2], embryons du futur empire français en Afrique.

Une dizaine d'Antilles, dont la Martinique et la Guadeloupe[3], appartiennent depuis 1635 à des Français, pour la plupart anciens actionnaires des compagnies créées par Richelieu. Colbert commence par procéder à la liquidation de ces compagnies tout en supprimant le régime de la seigneurie héréditaire. Ainsi, la Guadeloupe est rachetée à son propriétaire en 1664. L'évaluation des indemnités s'avère souvent — on s'en doute — très difficile. En 1665, les Français s'installent dans la partie occidentale de l'île de Saint-Domingue. Les premières années, la gestion des îles est confiée à la compagnie. Les colons sont exaspérés par la règle de l'exclusif : d'une part ils ne peuvent vendre qu'à la métropole et uniquement des matières premières ; d'autre part ils doivent acheter en France tous leurs produits manufacturés. Si jamais un navire étranger se trouve dans les parages, la marine française s'arroge le droit de confisquer sa cargaison.

Pour le ministre, l'intérêt des colons est totalement subordonné à l'intérêt de l'Etat dont il faut, avant tout, préserver le stock monétaire. C'est d'ailleurs une opinion assez courante en Europe à cette époque. Les créoles doivent fournir à la France les denrées qu'elle ne produit pas (sucre, tabac, coton, cacao, café) et servir de débouché à son industrie. L'affaire des sucres empoisonne les relations entre les colonies et la métropole. Selon l'exclu-

---

1. La traite des Noirs sera reprise par les marchands de Saint-Malo. Cf. L. CORDIER : *Les Compagnies à charte*.
2. L'île de Gorée, Rufisque, Portudal, Joal et Arguin.
3. Et Saint-Christophe, Saint-Martin, Sainte-Croix, Sainte-Lucie, Marie-Galante, la Grenade, la Tortue...

sif, les créoles ne peuvent exporter leur sucre qu'à l'état brut, et seulement en France. Or ils vendent très bon marché leur sucre brut, et se trouvent obligés d'acheter très cher le sucre raffiné sur le marché français. Il ne leur sera autorisé à raffiner leur sucre eux-mêmes que beaucoup plus tard [1].

De même il leur est interdit d'écouler en France des produits dérivés tels que rhums et mélasses. En vain demandent-ils au ministre de leur permettre de les exporter au Canada ou à Boston.

L'intransigeance de Paris encourage la contrebande avec les Anglais et les Hollandais.

Les colonies françaises au Canada figurent également dans l'édit de concession des Indes occidentales. Mais la compagnie est vite découragée par l'hostilité des colons, bien décidés à ne pas accepter les vexations de ses commis. En outre, les affaires antillaises accaparent largement ses activités. Après certaines hésitations, Colbert lui retire peu à peu ses privilèges dans cette région, notamment le pouvoir de nommer le gouverneur et l'intendant : en réalité la compagnie ne les a pratiquement jamais exercés.

Directement administré par Paris, le Canada est organisé comme une province française, avec un gouverneur, un intendant et des tribunaux de justice semblables à ceux de la métropole. L'intendant, Jean Talon, est très heureusement choisi : il a l'intelligence de favoriser les intérêts des colons autant que ceux de l'Etat français. Pour lui, la conservation d'une véritable colonie de peuplement est à ce prix. Le ministre écoute volontiers ses avis, mais en recommandant d'étouffer toute velléité d'autonomie politique. Colbert, comme Louis XIV, redoute les empiétements de l'évêque et des jésuites sur l'autorité civile. Cette préoccupation revient sans cesse

---

1. En 1682.

dans sa correspondance. Au gouverneur, M. de Courcelles, il écrit (1669) :

« Sur le sujet de la trop grande autorité que l'évêque de Pétrée et les jésuites, ou pour mieux dire ces derniers sous le nom du premier, se donnent, lorsque le pays augmentera en habitants, assurément l'autorité royale surmontera l'ecclésiastique et reprendra la véritable étendue qu'elle doit avoir. En attendant, vous pouvez toujours empêcher adroitement, sans qu'il paraisse ni rupture entre vous, ni partialité de votre part, les trop grandes entreprises qu'ils pourraient faire. »

Quelques années plus tard, il s'oppose au projet du gouverneur Frontenac qui veut réunir les Etats généraux à Québec. Tout groupement local organisé est une menace pour le pouvoir central. Et le gouverneur reçoit cette curieuse confidence : « Il faudra même, avec un peu de temps, et lorsque la colonie sera plus forte qu'elle ne l'est, supprimer insensiblement le syndic qui présente les requêtes au nom de tous les habitants, étant bon que chacun parle pour soi, et personne pour tous [1]. »

En 1663, le Canada français compte environ 2 300 habitants établis principalement sur les bords des Grands Lacs et sur les rives de la baie d'Hudson. L'ambition du ministre n'est pas de conquérir une très vaste étendue du territoire que la métropole risquerait de ne pouvoir contrôler ou garder, mais de créer une colonie de peuplement puissante, solidement implantée dans une région sûrement administrée.

Il est indéniable que le peuplement du Canada sera l'œuvre de Colbert, même si les moyens pour renforcer « la peuplade » paraissent assez surprenants de nos jours ! Le ministre n'aime pas les trappeurs solitaires, ces « coureurs de bois » qui chassent les animaux à fourrure et vivent à la manière des Indiens. Ils échappent à la tutelle

---

1. P. CLÉMENT : *Op. cit.*, tome III (2ᵉ partie).

administrative et, surtout, contrarient, selon Colbert, l'implantation d'une population importante.

« L'une des choses qui a apporté le plus d'obstacles à la peuplade du Canada a été que les habitants ont fondé leurs habitations où il leur a plu et sans se précautionner de les joindre les unes aux autres et faire leurs défrichements de proche en proche pour s'entre-secourir. Ainsi, ces habitations étant séparées de côté et d'autre, se sont trouvées exposées aux embûches des Iroquois. Pour cette raison, le roi fit rendre il y a deux ans un arrêt du Conseil par lequel il fut ordonné que, dorénavant, il ne serait plus fait de défrichements que de proche en proche, et que l'on réduirait nos habitations en la forme de nos paroisses et de nos bourgs [1]. »

Talon doit donc donner une concession aux premiers colons qui la cultiveront tout en défrichant les terres adjacentes destinées aux nouveaux arrivants. Les Français émigrent peu. Le ministre va, selon son habitude, forcer les événements. Voilà plusieurs compagnies de régiment, venant de France ou des Iles, qui débarquent à Québec pour soumettre les Iroquois [2]. Les Indiens sont vaincus, soumis ou éloignés. Plusieurs compagnies sont licenciées : les hommes sont priés de s'installer dans la colonie. Les soldats savaient-ils, au moment de s'embarquer, que leur licenciement était déjà prévu avant leur départ ? Talon leur distribue des terres et remet à chacun une somme d'argent proportionnée à son grade. Colbert voudrait empêcher les officiers de revenir en France. Ils se fixent pour la plupart dans le pays et donnent leurs noms à plusieurs villages canadiens (Sorel, Chambly, Saint-Ours, Contrecœur, Varennes, Verchères...). Il faut, de toute urgence, fournir des femmes à ces colons improvisés ! Colbert vide les hôpitaux chargés de l'éducation d'enfants

---

1. Instructions de Colbert à Talon, du 27 mars 1665. P. CLÉMENT : *Op. cit.*, tome III, 2ᵉ partie.
2. Le régiment le plus important est celui de Carignan.

abandonnés : Louis XIV prélève même 40 000 livres sur sa cassette personnelle pour faciliter l'envoi de filles nubiles au Canada. Mais les hommes restent encore beaucoup plus nombreux que les femmes. On vide donc aussi les prisons. Les prostituées prennent le chemin de Québec [1] ! La mère supérieure de l'Incarnation de Québec a fort à faire pour tâcher de guider quelque peu ces nouvelles venues, assez particulières [2]. Tout d'abord, elle remarque, avec raison, que les Canadiens veulent seulement « des filles de village, propres au travail comme les hommes ; l'expérience fait voir que celles qui n'y ont pas été élevées ne sont pas propres pour ici, étant dans une misère d'où elles ne peuvent se tirer ». Mais le ministre veut rapidement marier les soldats licenciés. On envoie tous les éléments qui se présentent, pratiquement sans sélection. Un certain M. Bourdon amène, en 1669, cent cinquante filles. D'après la mère supérieure, le pauvre homme a connu un rude voyage : « Elles ne lui ont pas donné d'exercice durant un si long trajet, car, comme il y en a de toutes les conditions, il s'en est trouvé de très grossières et de très difficiles à conduire. Il y en a d'autres de naissance qui sont plus honnêtes et qui lui ont donné plus de satisfaction [...]. Il est vrai qu'il vient ici beaucoup de monde de France, et que le pays se peuple beaucoup ; mais parmi les honnêtes gens il vient beaucoup de canailles de l'un et de l'autre et qui cause beaucoup de scandale. »

Talon prie le ministre de faire choisir « des filles qui n'aient aucune difformité naturelle, ni un extérieur repoussant, mais qui fussent fortes afin de pouvoir travailler dans ce pays ». Colbert écrit à l'archevêque de

---

1. Cf. L. CORDIER : *Op. cit.*
2. A cette époque, la métropole veut fournir également des épouses aux boucaniers et aux flibustiers des Antilles. Cinquante prostituées sont envoyées à l'île de la Tortue. Le nombre étant insuffisant, les nouvelles épouses sont mises à l'enchère !

Rouen d'encourager les curés de son diocèse à « trouver en chaque paroisse une ou deux filles disposées à passer volontairement en Canada ».

Environ quinze cents femmes ont ainsi débarqué dans la colonie. C'est considérable pour l'époque. Les mariages font suite aux arrivages. Un témoin, le baron de La Hontan, racontera plaisamment : « Au bruit de cette nouvelle marchandise, tous les bien-intentionnés pour la multiplication accoururent à l'emplette... »

Les parents qui n'ont pas marié leurs garçons âgés de vingt ans et leurs filles âgées de seize ans doivent payer une amende aux hôpitaux de la colonie. Par contre, ils reçoivent une pension de 300 livres s'ils ont dix enfants vivants.

A l'égard des Iroquois soumis, le ministre pratique une politique remarquablement antiraciste. Il voudrait que la population indigène compose, avec les colons, « un seul peuple ». L'on doit convertir les Indiens puis les attirer dans la communauté française, « ce qui peut se faire par les mariages et par l'éducation de leurs enfants ». Selon lui, les jésuites ont trop tendance à les tenir à l'écart des Français.

Les coureurs des bois vendent volontiers de l'alcool aux Indiens, en échange de fourrures à bon marché. L'Eglise s'en plaint au gouverneur. Colbert reste perplexe. Il veut connaître le nombre exact « des meurtres, assassinats, incendies et autres excès causés par l'eau-de-vie ». Si ce nombre est faible, il faut considérer que l'on court « le risque d'être privé de ce commerce et de contraindre les sauvages de le porter aux Anglais et aux Hollandais, qui sont hérétiques ». L'évêque aura gain de cause.

Au temps de Colbert, les Anglais ne craignent pas encore vraiment la rivalité française dans le Nouveau Monde. Leur relative passivité est assez bien fondée. Colbert n'encourage pas outre mesure les explorations lointaines. Il nous faut néanmoins signaler ici les débuts d'une exceptionnelle figure : celle de Cavelier de la Salle, un des plus grands explorateurs français, grâce auquel la France possédera plus tard un gigantesque territoire compris entre les Grands Lacs et le golfe du Mexique.

Né en 1643, fils d'un marchand en gros et neveu d'un actionnaire des compagnies de Richelieu, Cavelier, novice chez les jésuites, enseigne les mathématiques et les sciences naturelles. En 1667, il démissionne et part pour le Canada. Talon s'intéresse beaucoup à la recherche d'une route vers le Pacifique et la Chine. Soutenu par l'intendant, Cavelier vogue sur le lac Ontario et gagne l'Ohio, seul, vivant de chasse et de pêche. Durant l'été 1670, Nicolas Perrot, le plus célèbre des coureurs des bois, le rencontre en train de chasser avec quelques Français et une douzaine d'Iroquois. L'explorateur s'aperçoit que l'Ohio se jette dans une rivière beaucoup plus grande et pressent qu'il peut trouver une ouverture vers le Mexique. Il revient à Québec en 1672 pour obtenir de l'argent et les autorisations nécessaires. Il devra — nous le verrons ultérieurement — revenir en France et obtenir une audience de Colbert avant de poursuivre ses grandes découvertes.

Le Canada, il ne faut pas l'oublier, doit, avant tout, servir la politique économique de la métropole. Mais Colbert montre néanmoins une certaine souplesse. La colonie est un centre de peuplement trop important pour que l'on puisse y appliquer la théorie mercantiliste dans toute sa rigidité. Le ministre encourage même les Canadiens à installer leurs propres manufactures. Il ira jusqu'à se réjouir que le Canada fournisse aux Iles une partie de leur consommation. Par contre, il interdit la culture du tabac au Canada, parce qu'elle convient mieux aux Antilles et qu'elle peut nuire à la pêche, ou aux manufactures.

La colonie possède de superbes forêts : « C'est un trésor qu'il faut soigneusement conserver. » Le Canada pourrait « dresser quelques ateliers pour y bâtir des vaisseaux pour le roi ». La conquête du commerce maritime reste le premier souci.

Le Nord

Au désespoir de Colbert, la Hollande possède le quasi-monopole des transports commerciaux dans la mer Baltique. C'est tout particulièrement dans ces régions qu'il espère briser la puissance économique néerlandaise. Dès 1661, il fait ordonner par le conseil l'envoi de trois bâtiments qui ramèneront du bois de Göteborg, du chanvre de Riga ou des canons et des munitions de Stockholm en échange de sel, d'eau-de-vie ou d'épices. Duquesne insiste sur la qualité des matériaux que le Nord peut fournir pour la construction des bateaux. Très vite, le ministre tente d'établir des relations économiques directes avec les puissances nordiques. Ses agents, notamment les frères Formont, prospectent différentes places, en Suède, Norvège, Danemark, comme en Russie ou en Prusse.

En 1663, Colbert signe un traité de commerce avec le Danemark et en négocie un autre avec la Suède. Déjà, il prépare la création d' « une bonne compagnie » qui trafiquerait dans la mer Baltique. Alarmé, l'ambassadeur de Hollande écrit à Jean de Witt[1] : « Il n'y a point de doute qu'on ait en vue ici de s'approprier le commerce du Nord et d'en chasser ceux qui en sont à présent en possession. On ne négligera aucun moyen de parvenir à ce but. » Et Jean de Witt de répondre : « Nous avons appris avec chagrin qu'on travaille en France à s'arroger le commerce et la navigation du Nord et, par conséquent, à en exclure les autres. »

Cette correspondance est de première importance, car elle montre que les prémices de la fatale guerre de 1672 existent dès 1663.

Après avoir constitué les Compagnies des Indes, le

---

1. Boreel à de Witt (21 août 1663). Cité par BOISSONNADE.

ministre cherche à trouver des souscripteurs pour une Compagnie du Nord. Ils sont toujours aussi rares !

Henri Hauser, qui saura, si souvent, éclairer de façon géniale l'histoire économique du monde, percevra le véritable secret de la réussite des compagnies en Hollande, et de leur échec en France[1].

« Pour battre le commerce hollandais, Colbert recourt à un moyen qui paraissait tout simple : prendre aux Hollandais leur arme favorite, à savoir le groupement des commerçants en compagnies. Mais ici apparaît l'erreur essentielle de Colbert. L'institution n'était pas transportable. Dans les Provinces-Unies, les compagnies, depuis 1601 au moins, formaient une sorte de floraison spontanée, que favorisait l'ensemble des conditions économiques et politiques du pays. Les groupements ou « chambres » de commerçants de chaque port s'étaient fédérés, comme se fédéraient les Provinces elles-mêmes. Les compagnies n'étaient que l'envers, la doublure économique de l'Etat néerlandais. » Il est, en effet, plus que probable qu'en France, le caractère unitaire de l'Etat, contrebalancé par l'individualisme des Français, entrave fortement la politique commerciale du ministre.

En outre, l'infantilisme de l'organisation bancaire française est un obstacle majeur à la constitution d'un grand commerce. Le ministre sait bien que pour commercer dans le Nord, il doit se procurer des traites hollandaises. Il peut, tout au plus, s'adresser à la banque de Hambourg.

En France, les activités bancaires sont, souvent, entre les mains d'hommes d'affaires protestants. Ce sont principalement les banquiers huguenots, les Formont en tête, qui vont aider Colbert à mettre sur pied la compagnie du Nord.

La plupart des ports du Nord et de l'Atlantique sont

---

1. Préface de Henri Hauser à l'ouvrage de BOISSONNADE et CHARLIAT sur *La Compagnie de commerce du Nord*.

vainement sollicités. Les Dunkerquois ont trop d'intérêts communs avec les Hollandais pour vouloir les concurrencer : ils ont l'habitude de s'associer pour moitié dans les armements de la marine marchande néerlandaise. Les Dieppois préfèrent continuer sûrement leur trafic ordinaire, plutôt que de risquer une concurrence très difficile. Les Rouennais reprochent aux compagnies de concentrer toute l'activité commerciale entre les mains des directeurs et de leur faire perdre ainsi le contact avec la clientèle. En outre, ils ne pourraient plus envoyer aux pays étrangers de « jeunes enfants pour y apprendre le commerce et les langues étrangères »! D'après eux, le trafic individuel est aussi avantageux que le trafic d'associations. D'ailleurs, concluent-ils, « le génie français n'est pas si bien tourné aux compagnies que celui des Hollandais et des Anglais ». Avec raison, les agents de Colbert allégueront que le commerce du Nord portant sur des marchandises lourdes, encombrantes et de peu de valeur, il faut, pour le pratiquer avantageusement, traiter directement avec les propriétaires des forêts et des mines, puis rapporter les marchandises sur des bateaux appropriés que, seules, de grandes associations peuvent construire. Pourquoi persister à acquérir dans les ports étrangers des bois et des métaux en petites quantités? Rouen ne se laisse pas persuader.

Malgré tous les efforts de Claude Pellot, alors intendant en Guyenne, les Bordelais préfèrent pratiquer le cabotage auquel ils sont accoutumés, plutôt que d'entreprendre un commerce direct avec le Nord. Les promesses et les menaces du gouvernement amènent un certain nombre de souscripteurs. Le ministre écrit à Pellot : « Je suis dans l'impatience de recevoir les feuilles contenant les noms de ceux qui ont signé et pour quelle somme. »

A La Rochelle, Colbert du Terron trouve un marchand, Henri Tresmitten, qui tente d'établir des relations directes avec la Suède. La ville, centre protestant, paraît plus ouverte aux projets de Colbert. Elle devient le siège de la compagnie. Sa situation offre beaucoup d'avantages : près des marais salins et des vignobles, elle appartient à l'union douanière des Cinq Fermes constituée par le ministre. L'exportation du sel et du vin ainsi que l'importation de produits écoulés sans payer d'innombrables droits de douane se trouvent facilitées. Mais si les Rochelais sont plus conciliants, ils répugnent fort à s'associer avec les Bordelais, leurs rivaux !

La compagnie est enfin fondée en juin 1669 avec un capital de 600 000 livres. Le roi place, les deux premières années, 200 000 livres. La compagnie vit beaucoup grâce aux commandes de l'Etat. Un charpentier et douze compagnons hollandais encadrent des ouvriers français : tous ont le statut des ouvriers des manufactures royales.

Disposant d'une dizaine de navires en 1670, éventuellement escortés par la marine de guerre, la compagnie réussit assez bien, malgré les difficultés. Les Hollandais commencent à s'affoler. De Witt se rend à Dantzig pour obtenir, en vain, de meilleures conditions que celles obtenues par les Français. De son côté, Colbert enverra Pomponne en Suède pour la détacher des Provinces-Unies.

Le ministre voudrait prolonger le trafic de la Compagnie des Indes occidentales par celui de la Compagnie du Nord. Les denrées américaines trouveraient ainsi un large débouché, sans passer par l'intermédiaire hollandais. A leur tour, les Néerlandais tentent de remplacer sur le marché du Nord les vins français par les vins du Rhin.

La guerre anglo-hollandaise, le tarif douanier institué par Colbert, en 1667, l'offensive commerciale menée par la France finissent tout de même par provoquer une crise économique aux Provinces-Unies. Le chômage touche les ouvriers comme les marins : quatre cents métiers à soie sont arrêtés. En octobre 1670, l'ambassadeur de France, Pomponne, écrit au ministre :

« Il est certain, monsieur, que le commerce s'affaiblit de jour en jour, que l'on voit tomber le fret des vaisseaux et qu'il en demeure un grand nombre dans les ports. C'est ce qui fait ce raisonnement de la plus grande partie des gens de cet Etat qui jugent qu'une guerre où l'Europe serait partagée leur serait plus avantageuse que la paix. »

Le fils de Grotius vient demander à Louis XIV le retrait des mesures protectionnistes. Le roi refuse. Colbert exhorte les directeurs de la compagnie à « faire aux Hollandais plus de mal qu'ils ne nous en font ».

Le conflit devient inévitable. En avril 1672, des placards dans les ports annoncent que Sa Majesté a résolu de faire la guerre aux Etats de Hollande. Cette guerre confirmera l'opinion selon laquelle les victoires sont parfois équivoques. Elle apportera au Roi-Soleil, et donc à son ministre, une grande gloire, mais aussi beaucoup d'amertume.

QUATRIÈME PARTIE

Gloires et amertumes (1672-1683)

CHAPITRE I
La guerre du Roi-Soleil

Assuré de l'alliance anglaise, de l'amitié suédoise, de la neutralité de l'Empire, Louis XIV part en croisade contre « les marchands de fromage ». Les Provinces-Unies sont envahies, le malheureux Jean de Witt est sauvagement assassiné. Victoire ambiguë s'il en est. La magnifique armée organisée par Louvois doit reculer devant le farouche patriotisme des Hollandais qui inondent leur pays. Le roi de France a provoqué l'arrivée au pouvoir d'un ennemi redoutable, âgé de vingt-deux ans : Guillaume d'Orange. Frêle, chétif, rusé, remarquablement intelligent, Guillaume va utiliser la même arme diplomatique que Louis XIV : l'argent. La Banque d'Amsterdam est riche. Les florins sont adroitement distribués. Guillaume réussit à reformer la vieille alliance des Habsbourg contre la France. L'Espagne et l'Empire se joignent aux Néerlandais. La guerre a changé de nature et de direction. A la guerre économique voulue par Colbert pour abattre un ennemi commercial, succède la guerre traditionnelle menée par la Maison de France contre la Maison des Habsbourg, pour défendre ou agrandir le territoire. Or, la guerre de Colbert, l'avenir le confirmera, sera perdue. La guerre du roi contre l'encerclement des Habsbourg sera gagnée. Le traité de Nimègue, en 1678, confirmera la défaite commerciale et la conquête territoriale.

Pour Louis XIV, le caractère sacré de sa personne et,

d'une certaine manière, sa propre légitimité tiennent à sa fonction de chef de guerre. Ses nombreuses victoires semblent lui apporter un supplément de divinité. Versailles, plus que jamais, devient le temple du soleil. Tous les axes du palais et du parc sont dessinés en fonction de la course de l'astre. Le Brun et Van der Meulen se hâtent de peindre la glorieuse campagne de ce nouveau dieu de la guerre pour orner l'admirable « escalier des Ambassadeurs [1] », chef-d'œuvre du décor en trompe l'œil. On travaille activement aux grands appartements du roi et de la reine. Les dieux de l'Olympe accompagnent le souverain. On décore les salons de Diane, de Mars, de Mercure, d'Apollon, de Vénus...

Magnifique chevelure blonde, beaux yeux violets sous des sourcils châtains, formidable bagout, drôlerie assez méchante : Mme de Montespan, déesse bien vivante, est adorée du monarque.

La Cour suit presque joyeusement l'armée du roi. Entre deux victoires, on donne à Versailles les plus belles fêtes jamais connues en Occident. Une sorte de beauté magique, voulue et dirigée par Louis XIV, divinise le roi et son épopée. Colbert lui-même s'y laisse prendre : les louanges adulatrices qu'il adresse à Louis XIV pour ses faits d'armes nous surprennent plus d'une fois. Malgré l'influence grandissante de Louvois, les deux hommes sont alors très proches l'un de l'autre. Leur complicité est exceptionnelle. Toujours homme de confiance privilégié, Colbert veille sur Mme de Montespan. Il doit la distraire, diriger les travaux de sa maison de Clagny. Le ministre, si sévère, et la favorite, si séduisante, s'entendent à merveille, à la grande satisfaction de Louis XIV.

Comme surintendant des bâtiments, Colbert a, bien

---

[1]. L'escalier sera détruit au XVIIIe siècle. Voir les remarquables ouvrages de M. Alfred Marie — pour qui Versailles n'a pas de secret —, sur toute l'histoire de la construction du palais (publiés par les Editions Vincent Fréal et Cie, avec le concours du C.N.R.S.).

sûr, la haute main sur tous les aménagements de Versailles et les affaires de la guerre le concernent à double titre. Titulaire du département de la Marine, il se sent responsable de la conduite de la guerre maritime. Pour la guerre de terre, l'illogisme administratif de l'époque lui attribue, en partage avec Louvois, la charge de nombreuses places fortes : Louvois entretient celles de l'Artois, du Roussillon, du Dauphiné et de la Flandre. Celles de la Picardie (anciennes frontières), de la Champagne, de la Bourgogne, du Languedoc, des Trois-Evêchés et de l'Alsace dépendent de Colbert.

Enfin, le contrôleur des finances doit sans cesse pourvoir aux dépenses de la guerre et de Versailles. Les expédients pour trouver de l'argent, abandons successifs de toute une politique, sont baptisés « affaires extraordinaires » pour bien montrer leur caractère provisoire. Le temps des amertumes commence avec la guerre de Hollande. Le ministre parvient, par de véritables prouesses, à fournir les sommes demandées par le roi, mais au prix de quelles concessions !

Louis XIV ne tarit pas d'éloges sur le ministre et son fils. Seignelay devient une sorte de messager entre son père et le roi, non seulement pour les questions maritimes, mais aussi pour les affaires en général. Les lettres adressées par Louis XIV à Colbert traitent, pêle-mêle et tout à la fois, de la guerre de terre et de mer, de la conduite des travaux à Versailles (avec un incroyable souci des détails), de Mme de Montespan, des continuels subsides destinés aux cours étrangères, des finances, de la santé du ministre.

Les remarques du roi montrent parfois un bon sens solide, un peu épais, une amabilité presque humble à l'égard des compétences du ministre. Pourtant, l'homme paraît démesuré dans sa mégalomanie. Et il surprend par un véritable génie dans la mise en scène de l'irréel. Curieuse personnalité, aussi ambiguë que cette guerre...

Avant de suivre plus précisément l'action de Colbert

dans le déroulement du conflit, il nous faut évoquer les relations entre le ministre et une des figures les plus intéressantes du siècle, celle du futur maréchal Vauban. Issu de la petite noblesse du Morvan, pauvre et orphelin à l'âge de dix ans, Sébastien Le Prestre de Vauban est élevé par un curé de campagne. En 1651, à l'âge de dix-huit ans, il réussit à se faire enrôler dans l'armée de Condé. La conduite de la guerre suppose alors la défense ou la prise des places fortes. En effet, les axes routiers sont rares et jalonnés de villes plus ou moins fortifiées qui, aux mains de l'ennemi, arrêtent les convois chargés des canons et du ravitaillement de l'armée. En outre, la prise des villes constitue un gage pour les futures négociations de paix. Vauban participe à de nombreux sièges. Consterné par la perte de beaucoup de ses subordonnés tués à ses côtés, il cherche à perfectionner les méthodes d'attaque. Elève du chevalier de Clerville, il va devenir le grand ingénieur que l'on sait. C'est probablement Colbert qui, le premier, le signale à Louis XIV. Le 20 avril 1663, le ministre écrit à son frère, intendant en Alsace : « Je ne manquerai pas de parler au roi de la capacité et de l'activité du sieur Vauban. »

Vauban reçoit une compagnie dans le régiment de Picardie et travaille aux fortifications de Brisach, en Alsace. Le nouvel intendant, Colbert de Saint-Marc, cousin du ministre, implique sottement Vauban dans une pénible affaire d'escroquerie. La bonne foi de l'ingénieur est surprise par un agent de Saint-Marc qui lui fait signer de fausses pièces de comptabilité. Le ministre s'aperçoit de la bévue de son cousin. Entre-temps, Vauban est entré dans les services de Le Tellier (1667). Colbert et Louvois, pour une fois d'accord, cherchent ensemble tous les moyens pour dégager la responsabilité de Vauban. Mais l'ingénieur ne pardonnera jamais cette maladresse. Il déteste Colbert et se montre totalement dévoué à Louvois. Fidèle à Colbert par devoir, il dirige souvent les fortifications des forts. Sa rancœur est si vivace qu'il veut convaincre Louvois, en 1671, de se faire attribuer la fortification du port de Dunkerque. Louvois n'ose pas attaquer son rival sur ce terrain. Le port est fortifié par Vauban, mais sous la tutelle de Colbert.

Au début de la guerre de Hollande, Colbert est âgé de cinquante-trois ans, Vauban de trente-neuf ans. Le ministre multiplie vainement les éloges à l'égard de l'ingénieur. Vauban exécute les travaux avec conscience et adopte auprès du ministre une politesse de glace.

Cette confusion administrative pour l'entretien des fortifications nourrit inutilement la rivalité entre les Le Tellier et Colbert. Louvois emploie des ingénieurs militaires et Colbert des architectes civils. Le roi voit souvent les premiers et néglige les seconds. Les services de Colbert en souffrent.

Notons, enfin, le contraste entre la simplicité de Colbert et l'ostentation de Louvois au cours des tournées d'inspection. Colbert refuse tout cérémonial, interdit formellement de tirer le canon pour le recevoir et recommande à Seignelay de suivre son exemple. Louvois exige, dès qu'il le peut, une escorte de dragons pour marquer son entrée dans les villes. Les dépenses militaires demandées par Louvois vont largement contribuer à ruiner la politique de Colbert. Mais — il ne faut pas s'y tromper — les deux hommes sont d'accord sur un point essentiel : il faut abattre, une fois pour toutes, la puissance néerlandaise.

L'ATTAQUE CONTRE LA HOLLANDE

1672 : Louis XIV quitte Paris le 27 mars 1672 à la tête d'une armée de 120 000 hommes, secondé par Condé, Turenne, Luxembourg et Vauban. La guerre est déclarée le 6 avril. Prévoyant l'imminence du conflit, Jean de Witt a levé en hâte 20 000 hommes depuis le mois de janvier.

Jusqu'alors, les Etats-Généraux ont accordé leurs crédits au commerce de préférence à la guerre. On tire le jeune Guillaume de sa retraite pour le reconnaître capitaine général, sous l'étroite surveillance de la bourgeoisie au pouvoir.

La campagne s'annonce facile. Le 28 avril, le roi écrit au ministre : « Je ne désire pas qu'on me renvoie mon épée; elle-même ne me servirait de rien. Si notre voyage de Paris a son effet, vous n'aurez pas regret d'y avoir été[1]; vous ne sauriez assez travailler à rétablir le crédit qui, en mille rencontres, peut être fort nécessaire. »

Les parlementaires parisiens se montrent très coopératifs. Le 5 mai, Colbert demande au roi s'il juge à propos de « donner quelque gratification » à « ceux qui ont le mieux servi ». Louis XIV répond avec prudence : « Je vous permets de faire ce que vous jugerez bon pour mon service, à l'égard des gratifications; prenez seulement garde que cela ne tire pas conséquence pour les suites. » Et le roi ajoute[2] : « Vous n'avez que faire de me recommander votre fils; vous savez ce que je vous ai dit en partant; je vous tiendrai ma parole, et en prendrai un très grand soin. Il ne fera rien de mal à propos, mais s'il le faisait, je ne lui laisserais pas passer. Hormis les affaires de finances et quelque chose de particulier que vous pourrez m'écrire, tout le reste pourra passer par lui. »

Seignelay va transmettre les ordres très précis du roi sur les aménagements de Versailles et assister son père pour les affaires de la marine. La flotte de guerre française mise sur pied par Colbert compte une centaine de vaisseaux. Sa puissance de feu est limitée et ses équipages ne sont pas entraînés. Mais le roi d'Angleterre, Charles II, ajoute cent trente unités anglaises commandées par son frère, le duc d'York. Son personnel maritime a une longue expérience

---

1. Passage non publié par CLÉMENT : voir tome II, note p. CCXXI.
2. Passage d'un texte incomplètement publié dans les *Œuvres de Louis XIV* (tome V).

La guerre du Roi-Soleil

des combats contre les vaisseaux de guerre néerlandais.

Le 13 mai, Charles II passe en revue près de l'île de Wight la flotte française que Louis XIV ne connaît pas. Le roi montre une réelle compétence dans ses jugements. Qualités et défauts de la marine de guerre nationale commandée, — hélas! — par Jean d'Estrées, sont vite perçus. Les vaisseaux amiraux sont très bien conçus mais l'absence de bâtiments légers et « fort vite à la voile » pour écarter les brûlots est regrettable. Et les chaloupes françaises sont inadaptées aux mers du Nord. Colbert est tout prêt à tirer des leçons de cette campagne navale. Il recommande à d'Estrées d'observer « tout ce que les Anglais pratiquent ».

L'avance des armées de Louis XIV est spectaculaire. L'on mène quatre sièges à la fois. Le 12 juin, l'on surprend les troupes de Guillaume d'Orange en traversant le Rhin. Malgré les blessures de Condé et la mort de Longueville, c'est une nette victoire française. Condé conseille alors d'aller prendre, sans perdre de temps, la ville d'Amsterdam. Louis XIV commet la plus grande erreur de cette guerre lorsqu'il préfère poursuivre la stratégie prudente et traditionnelle des sièges. Le 20 juin, les écluses de Muyden sont ouvertes : Amsterdam est transformée en île de Zuyderzee.

Les Français apprécient fort mal l'importance de cette défense d'eau, Mme de Sévigné la première, qui écrit à sa fille[1] :

« En revenant de la ville, je trouve la paix faite, selon une lettre qu'on m'a envoyée. Il est aisé de croire que toute la Hollande est en alarme et soumise; le bonheur du roi est au-dessus de tout ce qu'on a jamais vu. »

La paix n'est pas faite. Les plénipotentiaires hollandais se présentent devant le roi le 29 juin. Ils proposent le pays au sud de la Meuse, toutes les places conquises et dix millions. Poussé par Louvois, Louis XIV commet à

---

[1]. Lettre de Mme de Sévigné à Mme de Grignan du 20 juin 1672.

nouveau une terrible erreur, en proposant à son tour des conditions particulièrement humiliantes : il lui faut davantage de terres, le rétablissement du catholicisme dans toutes les provinces, la soumission commerciale, et même une sorte d'allégeance féodale par la remise annuelle d'une médaille d'or! Cela dépasse la guerre militaire et commerciale. C'est une monarchie de droit divin qui veut punir, une fois pour toutes et de façon exemplaire, une vile république marchande qui a osé la narguer.

Mais les plénipotentiaires savent que la Hollande n'est plus attaquable que par mer. Or, l'amiral Ruyter vient de battre la flotte anglo-française à Sole-Bay. La glorieuse prise d'Utrecht par les troupes françaises au début juillet n'impressionne pas les envoyés des Etats-Généraux. Ils quittent le roi en refusant toute condition. La guerre va se poursuivre pendant six années. Déjà, l'amorce d'une coalition entre l'empereur Léopold et l'Electeur de Brandebourg menace la France. Et l'alliance anglaise est précaire. Le Parlement et les marchands de Londres restent sceptiques, pour ne pas dire hostiles. La guerre est essentiellement voulue par le roi qui reçoit, ainsi que son entourage, d'énormes subsides de Louis XIV. La Hollande se soulève en faveur de Guillaume qui devient stathouder de cinq provinces puis, le 8 juillet, de toute la République. L'arrestation de Cornélius et Jean de Witt est réclamée. Ils sont accusés, l'un de trahison, l'autre de détournements de fonds et d'adultère. Une foule en furie force les portes de la prison, égorge les deux frères, dont les corps sont éventrés et outragés. Guillaume ne punit pratiquement personne. On pourrait croire à la fin de toute une caste, de tout un univers. Mais l'aristocrate Guillaume se méfie de la populace. Peu à peu, le prince s'allie à cette classe bourgeoise et marchande qui a pourtant blessé son orgueil en le confinant à des occupations privées.

La guerre du Roi-Soleil

Tandis que les armées françaises saccagent et pillent la République néerlandaise, Louis XIV et son ministre surveillent avec soin les travaux de Versailles. Mme de Montespan veut participer à la décoration du parc. Elle a dessiné le plan d'un bosquet, « le Marais », dont la réalisation est confiée à Colbert. Le 4 mai, le ministre écrit au roi : « Les tablettes de gresserie [1] de la pièce du Marais s'avancent; mais il me semble qu'il faudra nécessairement faire le mur pour soutenir les terres de la pièce au-dessus, encore que Votre Majesté n'ait point fait de fonds pour cela, d'autant qu'elles s'ébouleraient assurément cet hiver. » Suit une multitude de détails sur le ciment de la terrasse du château, l'ajustement des robinets, le débit des fontaines : le roi veut tout savoir.

Le prieur de la Grande-Chartreuse, dans le Dauphiné, doit, à la demande écrite de la main du ministre, fournir des épicéas pour les jardins du monarque. L'intendant de Tours doit procurer des cygnes. Colbert recommande (25 novembre) : « S'il est possible, obligez ceux qui vous les vendront à les rendre en vie sur le canal de Versailles, sinon, il faudra que vous fassiez marché avec quelqu'un pour les y amener, et prendre garde de mettre à la suite un homme intelligent pour leur donner à manger et avoir soin qu'ils ne périssent point. » Des plantes rares arrivent des îles. Les aménagements des grands appartements sont mis au point. Le décor de l'Olympe royal se précise.

Louis XIV, toujours persuadé d'avoir vaincu la Hollande, revient dans son palais. Au mois de décembre, il apprend avec stupéfaction et quelque épouvante que Guillaume d'Orange assiège Charleroi. Le roi repart en campagne. Son premier objectif : protéger Saint-Quentin. Colbert va recourir au système des corvées, qu'il n'aime pas employer, pour renforcer les défenses de la citadelle. La guerre, plus difficile qu'il ne le prévoyait, exige de nouveaux crédits « extraordinaires ».

---

1. En grès.

1673 : Le 1er janvier, le roi écrit joliment au ministre :

« J'ai été surpris agréablement par la lettre que vous m'avez écrite, où vous me mandez que mon revenu augmente. Je vous avoue que je ne m'y attendais pas. Mais de votre industrie et de votre zèle je me dois tout promettre. Je vous assure que vous m'avez fait commencer l'année gaiement. J'espère qu'elle sera heureuse comme l'autre au moins ne tiendra-t-il pas à vous, c'est de quoi je suis assuré. Demain vous me rendrez compte plus en détail de toutes choses, en attendant croyez que comme vous m'avez donné le premier plaisir de l'année que pendant son cours je vous ferai paraître la satisfaction que j'ai de vos services et de vous. »

Pourtant, un léger déséquilibre budgétaire commence à apparaître : il ne fera que s'accentuer au cours de cette guerre.

Au mois de mars, la situation intérieure anglaise laisse présager l'abandon de l'alliance avec la France. Charles II, bien que protestant, ne cache pas ses sympathies pour le catholicisme : « Outre les avantages spirituels [...] je suis convaincu que c'est le seul moyen de rétablir la monarchie. » Le Parlement ne s'y trompe pas : il réplique par le « bill du test » qui oblige tout fonctionnaire ou officier à repousser solennellement la foi et la pratique catholiques. Le duc d'York, converti depuis peu, doit abandonner sa charge de grand amiral.

Louis XIV veut maintenir cette alliance à tout prix. Le 6 avril, il écrit à Colbert [1] :

« *J'ai vu le plan de Saint-Quentin ; il y a quelque chose que je n'ai pu résoudre sans Vauban. J'emporte un plan avec moi qu'on renverra à l'intendant d'Arras après avoir entendu les sentiments dudit Vauban. Il vous mandera sans doute ce que je lui ai ordonné sur Corbie et sur Le Castelet.*

---

1. Lettre autographe inédite, écrite par le roi à Péronne.

« Pomponne[1] *m'a dit que l'ambassadeur d'Angleterre n'est pas fort content du présent que je lui ai fait. Il n'y a pas moyen de le changer, mais comme sa femme s'en retourne en Angleterre, je crois qu'il faut lui en faire un, au nom de la reine, qui soit capable de la contenter. Songez-y donc, et faites bien exécuter mes intentions qui sont qu'il soit comme ceux que j'ai accoutume de faire.*

« Louis. »

Colbert propose de faire un présent « qui sera de 10 000 ou 12 000 livres ». Louis XIV ne sait « si le présent de l'ambassadrice ne ferait pas mieux d'être un peu plus fort, c'est-à-dire 15 000 ou 16 000 livres [2] ».

18 mai : épilogue de cette affaire où la cupidité des envoyés paraît véritablement stupéfiante. Colbert écrit au roi [3] :

« Sur l'ordre que Votre Majesté m'a donné d'augmenter le présent de l'ambassadeur d'Angleterre, j'ai tenté de faire retirer la table de bracelet qui lui a été donnée, mais il m'a été rapporté qu'elle l'avait trouvée si belle qu'il serait difficile de la retirer sans lui donner du déplaisir. J'ai trouvé plus de facilité à retirer la boîte de diamants de l'ambassadeur et il lui a été donné une autre qui coûte 18 000 livres à Votre Majesté et qui paraît plus de 30 000 livres, en sorte qu'avec la table de bracelet le présent aura coûté à Votre Majesté 28 000 livres et sera toujours estimé 40 000 livres. » Le ministre ne manque jamais une économie! Louis XIV répond :

« Je suis bien aise de ce que vous avez fait à l'égard de la boîte. » Colbert est mortellement inquiet du déroulement de la guerre maritime. Il écrit au roi [4] :

« Tous les vaisseaux de Votre Majesté sont à présent en

---

1. Pomponne a remplacé, aux Affaires étrangères, Hugues de Lionne, mort en 1671.
2. Inédit. Mémoire de Colbert, avec réponse du roi du 8 mai 1673.
3. Inédit.
4. Non publié par Clément.

mer. Les vaisseaux de Rochefort sont arrêtés à Belle-Ile par le vent contraire, ceux de Brest sont à la rade en les attendant, et ceux du Havre sont aussi sortis. Les nouvelles d'Angleterre portent que le roi était à Schernesse pour mettre toute sa flotte en mer. Voici une conjoncture de très grande conséquence pour toute la campagne, parce que les premières flottes qui seront en mer auront beaucoup d'avantages sur les autres.

« J'envoie à M. de Pomponne un mémoire de lettre de change que j'envoie à M. Verjus pour le payement des subsides de l'Allemagne. Je travaille à préparer les 300 000 livres qui doivent être payés à M. l'Electeur de Brandebourg.

« Les affaires de finances sont conduites à l'ordinaire. »

A quoi le roi répond : « Vous savez que pour les finances j'approuve toujours ce que vous faites, que je m'en trouve bien. »

Le roi tient aussi à conserver absolument l'alliance de la Suède. Et la jonction entre les flottes française et anglaise gênée par le vent le préoccupe vivement.

Le 17 mai, il envoie cette belle lettre [1] à son ministre :

« Faites partir le plus tôt que vous pourrez Desnos et les chevaux pour le roi de Suède. Donnez-lui ce qui sera nécessaire pour son voyage et pour leur nourriture, afin qu'ils aillent doucement et qu'ils aient le temps de reposer. Faites travailler en même temps aux harnais et finissez avec soin cette affaire qui n'est pas grande mais qui peut être utile.

« Je viens d'avoir des nouvelles de Dunkerque que la flotte de Hollande était au Pas-de-Calais. On a envoyé au devant du C. Destrée *(sic)*. J'avoue que je suis dans l'inquiétude et que je serai bien aise quand je saurai que les flottes seront jointes. Je crois pourtant qu'il sera arrivé

---

1. Lettre autographe inédite.

aux côtes d'Angleterre devant qu'il puisse arriver d'accident. »

Condé et Turenne attendent en vain les flottes alliées, pillent et brûlent des villages hollandais. Le 26 mai, le roi écrit à Colbert [1] : « Il faut expédier une lettre pour M. l'archevêque de Paris pour qu'il fasse des prières publiques pour la prospérité de mes armées comme l'année passée. Il faut écrire aussi à tous les évêques de votre département pour la même chose. »

Le 7 juin, Ruyter réussit à défaire le front anglo-français qui tente de bloquer les côtes hollandaises. Les armées de terre abandonnent la Hollande, protégée par les inondations à l'intérieur et par ses vaisseaux de guerre sur le littoral. Un nouvel exploit de l'armée de Louis XIV va masquer l'échec véritable de la campagne de Hollande — échec, qu'avec beaucoup d'inconscience, personne ne veut admettre.

Le roi entreprend le siège de Maëstricht, enclave des États-Généraux dans les Pays-Bas espagnols. Le 11 juin, il écrit à Colbert : « J'ai dit à votre fils d'envoyer un peintre car je crois qu'il y aura quelque chose de beau à voir. Tout va très bien. »

L'épopée du roi guerrier rend Colbert lyrique : « Les affaires de finances ne méritent pas d'interrompre l'application que Votre Majesté donne à sa grande et glorieuse entreprise. Dieu veuille qu'elle l'achève promptement et à son entière satisfaction ! Mais, Sire, tout tremble quand on pense que Votre Majesté s'expose. Un respectueux silence empêche d'en parler, et je demande pardon à Votre Majesté si ces trois mots sont sortis de ma plume. »

Le 30 juin, la ville est prise. Toute la cour crie son admiration. Mme de Sévigné écrit à son cousin Bussy-Rabutin : « Que dites-vous de la conquête de Maëstricht ? Le roi seul en a toute la gloire. » En réalité, le siège a été mené avec les conseils de Vauban.

---

1. Inédit. Réponse du roi au mémoire du 18 mai cité ci-dessus.

Colbert participe à l'émerveillement général. Le 4 juillet, il envoie au roi une lettre qui montre ses sentiments sur la guerre, à cette époque. Colbert, comme la cour, comme les autres ministres, considère, à tort, que cette campagne est un immense succès pour la France. Les louanges du ministre pleuvent sur Louis XIV :

« Toutes les campagnes de Votre Majesté ont un caractère de surprise et d'étonnement qui saisit les esprits et leur donne seulement la liberté d'admirer, sans jouir du plaisir de pouvoir trouver quelque exemple. La première, de 1667, douze ou quinze places fortes, avec une bonne partie de trois provinces. En douze jours de l'hyver de 1668, une province entière. En 1672, trois provinces et quarante-cinq places fortes. Mais, Sire, toutes ces grandes et extraordinaires actions cèdent à ce que Votre Majesté vient de faire. Forcer 6 000 hommes dans une des meilleures places de l'Europe avec 20 000 hommes de pied, les attaquer par un seul endroit et ne pas employer toutes ses forces, pour donner plus de matière à la vertu de Votre Majesté, il faut avouer qu'un moyen aussi extraordinaire d'acquérir de la gloire n'a jamais été pensé que par Votre Majesté. Nous n'avons qu'à prier Dieu pour la conservation de Votre Majesté. Pour le surplus, sa volonté sera la règle de son pouvoir. »

Louis XIV revient en France par étapes. Le roi et son ministre s'écrivent presque tous les jours. Tous les corps constitués s'empressent de montrer leur bonne volonté à satisfaire un souverain si glorieux. De Rethel, le roi écrit à Colbert (18 juillet)[1] :

« Vous avez pris un bon parti touchant la déclaration que vous avez envoyée au Parlement ; la manière dont elle a été enregistrée m'est fort agréable et vous pouvez dire au premier président et au procureur général que je suis fort satisfait de ce qu'ils ont fait à cette occasion. »

A l'initiative du roi de Suède, les diplomates se

---

1. Inédit. Réponse au mémoire de Colbert du 13 juillet 1673.

réunissent à Cologne pour chercher un compromis. Les offres de paix s'accompagnent couramment à l'époque de gratifications et subsides... Louis XIV réclame de l'argent et double la somme fixée par Colbert pour l'extraordinaire des guerres, à compter des mois de novembre et décembre.

Le 19 juillet, le ministre écrit [1] : « Votre Majesté peut faire état de 600 000 livres. Si elle en désire davantage, elle me le fera savoir s'il lui plaît. » Le roi répond : « Il serait bon d'aller jusqu'à douze cent mille livres. » Et Colbert poursuit : « Je ferai payer les 30 000 livres de gratification extérieure que Votre Majesté a accordées à M. le prince Guillaume. » Le roi écrit en marge : « Bon. »

Les négociations de Cologne sont difficiles. Louis XIV offre à Guillaume les mêmes conditions proposées par les Hollandais en 1672 et que la France a hautement rejetées. A son tour, le stathouder refuse les offres de Louis XIV et prépare sournoisement la généralisation de la guerre. Louis XIV multiplie les subsides et se méfie des intentions bellicistes de l'Espagne.

Le 6 août, il écrit à Colbert [2] : « J'ai dit à votre fils de vous mander quelque chose sur les bâtiments qu'il serait bon d'avoir à Dunkerque et aux côtes de Biscaye; c'est pour visiter les vaisseaux qui portent des lettres en Espagne et les jeter à la mer. Vous voyez bien pourquoi je veux interrompre ce commerce. » Et le roi ajoute après avoir signé : « Comme les présents que j'avais apportés deviennent forts par la quantité d'émissaires qui me sont venus trouver, je désire que vous m'envoyiez six chaînes d'or avec des médailles qui pèsent depuis 600 livres jusqu'à 1 000, c'est-à-dire deux de 600 livres, deux de 800 livres et deux de 1 000 livres. Envoyez-moi aussi quatre boîtes de portraits depuis 3 000 livres jusqu'à 5 000 livres. »

1. Inédit. Mémoire de Colbert du 19 juillet 1673 avec réponse du roi écrite à Thionville le 23 juillet.
2. Lettre autographe inédite, écrite à Nancy.

Peu à peu, les florins de Guillaume et la haine générale suscitée par la puissance des armées françaises forment une coalition européenne contre Louis XIV. Toutes les places fortifiées doivent faire face à l'éventualité d'une attaque. De Nancy, le roi demande au ministre [1] : « Donnez ordre aussi qu'à Saint-Quentin et Le Castelet on ne laisse aucun endroit ouvert. Sur l'état où je vois les Espagnols, me fait croire qu'il est bon qu'il n'y ait point de lieu qu'il puisse tenter quelque chose. »

Ce jour même, Ruyter réussit une deuxième sortie. La flotte hollandaise perce un passage qui permet aux vaisseaux de la Compagnie des Indes néerlandaises de décharger leurs marchandises sur les quais d'Amsterdam.

Le 22 août, Louis XIV, qui part en Alsace pour, écrit-il à Colbert, « me délivrer de la peine que les chenilles (les Allemands) me peuvent faire [2] », s'inquiète de l'état de sa flotte : « Il sera bien fâcheux de faire retirer les flottes de si bonne heure, ce qui m'en console est que la mienne est encore en état de tenir la mer quelque temps, et que tout le blâme qu'on donnera sur cette retraite tombera sur les Anglais, mais cela n'empêchera pas qu'il ne soit fâcheux de voir nos ennemis les derniers à la mer comme je ne doute pas que cela ne soit si nos vaisseaux se retirent de si bonne heure. » Le roi ignore encore l'action de Ruyter. On ne lui en parle que huit jours plus tard, d'après ce qu'il écrit à Colbert, le 31 août [3] : « J'attends des nouvelles de la flotte avec impatience car toutes celles que j'ai eues assurent qu'il y a eu un combat. » Autrement dit, Colbert ne tient pas à annoncer, le premier, un revers de la flotte !

Sans aucun doute, le roi est satisfait en tous points de

---

1. Inédit. Partie de la réponse de Louis XIV (20 août) au mémoire de Colbert daté du 17 août.
2. Le paragraphe sur les « chenilles » de cette lettre autographe du roi, écrite à Nancy, a été publié dans le tome V des *Œuvres de Louis XIV*. Restent plusieurs passages inédits dont celui sur la marine.
3. Lettre autographe inédite, écrite à Brisach.

son ministre, véritable homme-orchestre. Le 29 août, il lui envoie cette belle lettre [1] :

« Je suis bien aise que vous ayez fait payer les quatre cent mille livres que j'avais demandées.

« Je suis bien aise aussi que vous ayez envoyé les ordres à mes vaisseaux et à mes galères avec plus de précaution pour qu'ils les reçoivent sûrement. Je crois cela très important.

« Ce que vous me mandez touchant les places me fait plaisir, car je crois que dans peu les ordres que vous avez donnés me mettront en repos de ce côté-là.

« Tout ce que vous me mandez dans votre lettre de Versailles et Saint-Germain me fait plaisir. Faites bien apprêter toutes choses afin que rien ne manque surtout aux pompes quand j'arriverai. Je crois que cela ne sera pas sitôt, mais il ne faut pas laisser d'y songer de bonne heure. Mandez-moi au juste combien la pompe que porte l'eau sur le réservoir d'en haut s'en lève et me le dites jusques à une ligne.

« Je crois que vous ne serez pas fâché d'apprendre que Colmar et Schélestat ont reçu mes troupes, et qu'on commencera demain à voiturer le canon à Brisach et à les raser. »

Le 30 août, le duc de Lorraine, l'empereur et l'Espagne se joignent à la Hollande. Les traités sont signés à La Haye. Guillaume a réussi à détourner le cours de la guerre. La France, qui a abandonné la lutte directe avec la Hollande, doit faire face, une fois encore, à l'encerclement des Habsbourg.

LA GUERRE EUROPÉENNE

Colbert est plus nécessaire que jamais. Sa santé est souvent très mauvaise [2]. Les dépenses de la guerre vont, il

---

1. Lettre autographe inédite, écrite à Rebanville.
2. Colbert souffre de terribles crises de coliques néphrétiques.

le sait, augmenter considérablement et pour longtemps. Heureusement, la complicité et l'amitié du roi lui font un peu oublier ses douleurs et ses soucis. Le 8 septembre 1673, à Nancy, Louis XIV lui écrit cette magnifique lettre [1] :

« Il est temps de vous dire que je crois qu'il sera bon d'avoir douze cent mille livres [2] à la fin de ce mois sur le mois de décembre et se souvenir que les avances sur les autres mois pour l'extraordinaire des guerres doit commencer dans le mois prochain. Je vous dis ceci de très bonne heure afin que vous fassiez en sorte qu'il ne manque rien de ce que je crois nécessaire.

« Trèves s'est rendu, et me voilà revenu d'un voyage dont je suis très content. Les Espagnols ne me laisseront pas apparemment les bras croisés longtemps. Je suis bien aise de vous dire mes intentions à l'heure parce que peut-être que je serai fort occupé dans quelques jours. Je crois qu'il pourrait être utile de raser cet hiver trois places qui ne peuvent que nuire et ne sauraient servir à rien. Je ne suis pas encore bien résolu, et il n'en faut point parler, mais comme il y en a deux dont vous prenez soin, je vous en avertis, afin qu'on n'y fasse plus rien que ce qui est absolument nécessaire pour que les Espagnols ne les prennent pas. D'abord, c'est La Capelle et Le Castelet, la troisième est Mariambourg. Elles sont toutes trois petites et assez méchantes.

« On m'a dit que vous vous étiez trouvé mal, mais que cela est passé. Cela ne laisse pas de me faire grande peine, car je souhaite votre santé pour bien des raisons mais la plus forte vient de l'amitié que j'ai pour vous [3]. »

L'état des finances commence à préoccuper vivement le ministre, d'autant que le roi semble assez peu acquis à l'idée d'un budget prévu d'avance. Le 19 septembre, il

---

1. Lettre autographe inédite.
2. Il s'agit des 1 200 000 livres mentionnées ci-dessus (19 juillet).
3. Le même mois, Louis XIV ordonne à Colbert de faire réparer en hâte les fortifications de Guise et de Saint-Quentin.

tente de prévenir le souverain [1] : « A l'égard des finances, je dis à Votre Majesté, ainsi que je crois y être obligé, les difficultés qui s'y trouvent et les moyens qu'il faudrait pratiquer par avance pour les surmonter ; je ne laisse pas en même temps de travailler et d'employer le peu d'industrie que je puis avoir à tous les ordres que Votre Majesté me donne. » Et le roi de répondre : « J'espère que tout ira bien et que nous ne manquerons pas au nécessaire. » Puis il insiste : « Il faut que les 1 200 000 livres du mois de décembre soient entièrement payées dans le 10e du mois d'octobre. »

Au milieu de ses armées, préoccupé par une campagne qui s'annonce difficile, le roi ne cesse de rêver à son palais. Il note les moindres détails pour les faire exécuter par son ministre :

« Songez surtout aux pompes ; si la nouvelle jette 120 pouces d'eau cela sera admirable » (29 septembre).

« Il faudra faire percer la porte qui va du petit appartement où loge Mme de Montespan, dans la salle des gardes du grand appartement et la mettre en état qu'on puisse y passer.

« Il faudra aussi faire ouvrir la porte qui va de mon petit à mon grand appartement, qui est dans le cabinet où je vais quelquefois, pendant les conseils, à des choses nécessaires, c'est-à-dire le lieu où l'on met des commodités » (3 octobre).

1674 : L'année 1674 commence par la défection de l'Angleterre. Charles II cède devant l'hostilité grandissante de l'opinion publique qui lui reproche son inféodation au roi de France, les échecs de ses armées navales, les préjudices causés au commerce par cette guerre vaine et sans espoir. Le 19 février, il signe une paix séparée avec la Hollande. La flotte française se trouve seule face aux vaisseaux néerlandais et espagnols.

---

1. Inédit. Mémoire de Colbert avec réponse du roi écrite à Nancy.

Les subsides français vont, malgré tout, continuer à pleuvoir sur Charles II : il faut absolument éviter qu'il abandonne la neutralité — moindre mal —, pour entrer en guerre aux côtés de Guillaume d'Orange.

Sur le continent, l'encerclement de la France par l'Europe en colère se précise. Le Danemark se joint à l'empereur le 1er mai, en attendant que le Brandebourg en fasse autant le 1er juillet. Une des plus graves conséquences de cette guerre pour l'avenir est le réveil de la nation allemande qui résiste aux nombreuses gratifications de Louis XIV. La détermination du roi est grande, et la France a la chance d'avoir, à ce moment, des généraux exceptionnels. Louvois, remarquable organisateur, mais violent et péremptoire, agace Condé et Turenne. Les deux hommes ont mal supporté la façon dont la guerre a été conduite en 1673. Condé se tait, mais Turenne proteste parfois. Mme de Sévigné fait ce commentaire à sa fille : « Il est certain que M. de Turenne est mal avec M. de Louvois, mais cela n'éclate point ; et tant qu'il sera bien avec M. Colbert, ce sera une affaire sourde. »

Les dépenses que nécessite l'extension de la guerre affolent Colbert. C'est probablement vers cette époque qu'il faut situer l'anecdote rapportée par Charles Perrault dans ses *Mémoires*. Le roi exige 60 millions de livres pour frais extraordinaires. Colbert, effrayé, commence par dire qu'il ne peut fournir cette somme. Perrault racontera : « Le roi lui dit qu'il y songeât, et qu'il se présentait un homme qui entreprendrait d'y suffire s'il ne voulait pas s'y engager. » On peut imaginer le désespoir de Colbert. Doit-il recourir à l'emprunt et ressusciter les pratiques de Fouquet ? « A vous de vous débrouiller », semble à nouveau dire la monarchie. Le coup d'Etat de 1661, l'arrestation du surintendant — qui, malade, vit reclus à Pignerol dans des conditions terribles — n'auraient donc servi à rien ? D'après Perrault, Colbert évite de voir le roi pendant un « assez long temps », travaillant chez lui « à remuer tous ses papiers ». Il pense à se retirer. Sa famille l'en dissuade. Enfin, il se décide à envoyer Perrault à Versailles porter au roi quelques dessins des travaux. Le roi rappelle son ministre le lendemain et les choses reprendront « leur train ordinaire ».

A partir de ce moment, la gloire et l'amertume mêlées vont marquer la vie de Colbert. La gloire de la guerre du roi l'enthousiasme sincèrement. L'échec de plus en plus évident de la guerre économique le fera mourir « en désespéré » selon les contemporains.

La guerre tente les vieux démons de la Fronde et des alliances insurrectionnelles. Corrompu par l'argent de Guillaume, le chevalier de Rohan conspire contre la France en cherchant à faciliter l'entrée des troupes hollandaises par la Normandie. Il est démasqué et arrêté. Le chevalier est un parent du gendre de Colbert, le duc de Chevreuse[1]. Beaucoup pensent que le ministre va le protéger. Pour ôter tout prétexte aux commentaires, Colbert se retire quelque temps dans son château de Seignelay, d'où il correspond avec La Reynie. Le ministre, qui tient encore la réalité du pouvoir justicier, approuve la décision d'une punition exemplaire. Après un séjour à la Bastille où il s'est fait suivre de cinq domestiques, Rohan est décapité, ainsi que sa complice, Renée d'O.

Colbert cherche désespérément à trouver de l'argent par l'impôt, plutôt que par l'emprunt, pour sauver ce qu'il peut de sa réforme financière. A l'impôt du papier timbré (« formules » timbrées obligatoires pour tous actes judiciaires et civils) s'ajoutent le droit sur l'étain, les taxes sur l'or et l'argent fabriqués, l'augmentation du sel et du tabac... Les révoltes éclatent, particulièrement en Guyenne. Le roi, avec beaucoup de bon sens, propose au ministre une solution intermédiaire (18 mai 1674)[2] :

---

1. La vieille duchesse de Chevreuse est née Rohan.
2. P. CLÉMENT : *Op. cit.*, tome II.

« ... Si on pouvait prendre quelque tempérament, c'est-à-dire diminuer les deux tiers de l'imposition du papier sous quelque prétexte qui serait naturel, et rétablir les formules en mettant un moindre prix qu'il n'a été par le passé ? Je vous dis ce que je pense et qui paraîtrait le meilleur, mais, après tout, je finis comme j'ai commencé, en me remettant tout à fait à vous, étant assuré que vous ferez ce qui sera le plus avantageux pour mon service. »

Le conseil est suivi. Colbert abolit le droit sur la fabrication du papier mais maintient les formules timbrées.

A partir du mois de mai, quelques succès diplomatiques et de grandes victoires militaires vont marquer cette année sombrement commencée. Turenne et Condé sauvent les frontières du Nord et de l'Est. Le vieux maréchal abandonne provisoirement l'Alsace, puis la reprend au cours d'une campagne-surprise en hiver.

Au printemps, la cour suit le roi en Franche-Comté. Les vieilles citadelles tombent, une à une. La cour est éblouie. Au mois d'avril, le roi écrit au ministre, au camp devant Besançon : « Je n'ai pas entrepris ici une petite affaire, mais j'espère que mon activité et mon application m'en feront venir à bout[1]. » Au mois de mai, toujours devant Besançon, il écrit à nouveau : « Mandez-moi l'effet que les orangers font à Versailles dans le lieu où ils doivent être. »

Colbert apprend le 25 mai la nouvelle de la prise de Besançon, apothéose de « la plus importante conquête qui ait jamais été faite ». Il écrit immédiatement à l'intendant de Bordeaux qui a fort à faire avec les séditions de la ville : « Jugez vous-même si, après ces coups de maître, nous devons craindre la mauvaise volonté de quelques canailles de Bordeaux. »

Le lendemain, il envoie ces louanges au roi : « Dans le moment, Sire, que nous tremblions ici pour l'attaque de

---

1. Non publié par Clément.

la citadelle de Besançon, nous avons reçu l'heureuse et agréable nouvelle de sa prise. »

Le souverain est ivre de gloire, amoureux de Versailles et de Mme de Montespan. Il commande au ministre de faire exécuter les plans de la maison de Clagny[1] qu'il destine à la favorite. Versailles doit être prêt pour recevoir le héros. M. de Montespan, qui n'a jamais admis l'adultère de sa femme, vient à Paris pour ses affaires. Le roi est inquiet. Colbert fait suivre le mari importun et rapporte au roi tous ses faits et gestes.

Revenu à Versailles, le roi organise, l'été, des fêtes dont la description fascine encore, pour célébrer la conquête de la Franche-Comté. Il s'agit d'autre chose que d'un moyen politique pour subjuguer une cour frondeuse ou des nations arrogantes. C'est aussi la véritable célébration d'un culte à caractère païen, lié à la guerre. L'on entrevoit ici la fonction rituelle de la cour. La guerre est alors considérée comme une nécessité inéluctable, aussi présente et capricieuse que le Destin. Les nobles, militaires par leur caste, et le premier d'entre eux — le roi — en deviennent les célébrants[2].

Théâtres de verdure illuminés, croulants de fleurs, encadrés d'orangers, de statues et de fontaines, festin dans la cour de marbre autour d'une gigantesque colonne fleurie, promenade enchantée sur le canal, feux d'artifices créent le merveilleux. Pour permettre de mieux écouter *Alceste,* opéra de Quinault, on place au bord des fontaines des vases bourrés de fleurs sur lesquelles retombent les jets d'eau dont elles étouffent le bruit[3]. Lully dirige ses musiciens dans un salon de verdure octogone élevé près du Trianon. La grotte de Thétys sert

---

1. Le petit château est construit d'après les plans de Mansard sur un terrain traversé de nos jours par le boulevard de la Reine, à Versailles.
2. Les enquêtes nationales ordonnées par Colbert sur l'aristocratie montrent d'ailleurs que nombreux sont ceux qui tombent sur les champs de bataille.
3. Cf. M. Alfred MARIE : *Naissance de Versailles, Op. cit.*

de décor à la représentation du *Malade imaginaire,* sans le concours de Molière, mort l'année précédente. Près de l'orangerie, dans une allée bordée d'orangers et de grenadiers, au milieu de fontaines soutenues par des tritons dorés et de grottes couvertes de fleurs, Racine donne sa tragédie d'*Iphigénie.*

Dorénavant, le faste de Versailles et l'ivresse de la guerre s'emparent peu à peu de l'esprit de Louis XIV. Le malentendu fondamental entre Colbert et le roi s'accentue chaque année davantage, malgré leurs relations privilégiées. Sans le savoir, peut-être, Louis XIV choisit instinctivement l'autorité féodale d'un chef de guerre et néglige celle d'un Etat national qui lui échappe, mais dont la bourgeoisie s'empare peu à peu.

Les bâtiments, les fêtes et la guerre occupent le devant de la scène politique, tandis que grandissent, de façon dramatique, les difficultés financières.

1675 : Quand Louis XIV repart en campagne, Colbert veille sur les distractions de Mme de Montespan dont il s'efforce de satisfaire tous les caprices. La favorite rapporte au roi que le ministre lui demande « toujours si elle veut quelque chose ». Le roi, ravi, écrit à son confident préféré :

« Elle me mande aussi qu'elle a été à Sceaux [1] où elle a passé agréablement la soirée; je lui ai conseillé d'aller un jour à Dampierre et je l'ai assurée que Mme de Chevreuse et Mme Colbert l'y recevraient de bon cœur. Je suis assuré que vous en ferez de même. Je serai très aise qu'elle s'amuse à quelques choses et celles-là sont très propres à la divertir, et confirmer ce que je désire. Je suis bien aise de vous le faire savoir afin que vous apportiez les facilités en ce qui dépendra de vous à ce qui la pourra amuser. »

Mme de Sévigné s'empresse de raconter à sa fille sa visite à Clagny : « Nous fûmes à Clagny. Que vous dirai-je ? C'est le palais d'Armide. Le bâtiment s'élève à vue

---

1. Domaine acquis par Colbert.

d'œil. Les jardins sont faits; vous connaissez la manière de Le Nôtre. Il a laissé un petit bois sombre qui fait fort bien. Il y a un bois entier d'orangers dans de grandes caisses. »

Entre deux campagnes, Louis XIV revient à Versailles où les fêtes se multiplient. Au camp « près de l'Asembre », le 15 juillet, il écrit à Colbert [1] :

« J'ai résolu de partir mercredi pour aller en France. Vous en saurez la raison quand je serai arrivé. Cependant, je désire que vous fassiez que toutes choses soient en bon état à Versailles, car j'y veux aller en arrivant. Je crois que j'y serai dimanche au soir. Je mande à Bontemps qu'il fasse meubler. Dites à Dumets d'y faire porter ce qui sera nécessaire. »

Un jour de juillet, une triste nouvelle vient endeuiller les fêtes de la cour. Turenne est mort à la bataille de Salzbach, victoire des Français contre les Impériaux. Mme de Sévigné l'apprend à sa fille :

« Vous parlez des plaisirs de Versailles, et dans le temps qu'on allait à Fontainebleau s'abîmer dans la joie, voilà M. de Turenne tué, voilà une consternation générale, voilà M. le Prince [2] qui court en Allemagne, voilà la France désolée. »

Condé sauve encore l'Alsace. La Suède, alliée du roi, est battue par le Danemark et le Brandebourg, tandis que Vauban assiège méthodiquement toutes les places fortes des frontières. Il arrive que les services de Colbert se plaignent de Vauban, qui, selon eux, est plus attentif aux fortifications sous la tutelle de Louvois. Le ministre, ici, solidaire de son collègue et de l'ingénieur, interdit ce genre de récriminations : « L'excuse que vous prétendez être bonne, que M. de Vauban ne trouve de bien fait que ce qui se passe par un autre canal, n'est d'aucune valeur auprès de moi, et je ne vous conseille pas même de vous

---

1. Lettre autographe inédite.
2. Condé.

en servir jamais. » Les Français prennent Liège, Dinant, Limbourg et perdent Trèves.

Colbert rétablit ou crée des impôts, institue le monopole du tabac. Il recommande en vain « d'éviter, autant qu'il sera possible, les contraintes personnelles ».

La Bretagne se révolte avec violence. Le roi voit grandir les menaces d'autonomie provinciale. Le 3 juillet il écrit à Colbert[1] : « J'ai vu ce que vous mandez à votre fils pour les états de Bretagne et ce que vous m'en écrivez. Je ne ferai rien là-dessus que je n'ai encore de vos nouvelles, mais le temps ne me paraît pas bien propre à les tenir à cette heure. Mandez-moi votre avis là-dessus et les raisons qui vous le feront prendre. »

Malgré les conseils de modération prodigués par le gouverneur, le duc de Chaulnes, Louis XIV envoie des troupes châtier l'insurrection. Une partie de l'armée vient prendre ses quartiers d'hiver dans l'ouest du royaume. Pillages, pendaisons par centaines terrorisent pour longtemps la Bretagne et la Guyenne.

Sur mer, Jean d'Estrées a voulu se disculper de ses échecs en accusant Duquesne de mollesse et d'insubordination. Le vieux marin, au comble de la fureur, a demandé un congé à Colbert : « Ne m'abandonnez pas, s'il vous plaît, Monseigneur, dans ce bourbier où l'artifice de l'ennemi m'a jeté. » En 1674, le ministre a réussi à confier à d'Estrées une simple division tandis que Duquesne est parti prendre le commandement d'une escadre en Méditerranée. Messine s'est révoltée contre l'Espagne : la France s'empresse de lui porter secours avec ses vaisseaux. Le gros et débonnaire Vivonne, frère de Mme de Montespan et général des galères, a l'honnêteté d'avouer son ignorance en matière maritime. L'iras-

---

1. Passage inédit d'une lettre incomplètement publiée par Clément (voir tome VI, note de la page 329). Le roi termine ainsi : « Vous pouvez bien être assuré de mon amitié. Je crois que ce mot finit ma lettre agréablement pour vous » (Inédit).

cible Duquesne est séduit. Il peut enfin diriger les opérations à sa guise.

Le 10 février 1675, devant Stromboli (près des îles Eoliennes), il rencontre quarante-trois vaisseaux espagnols alors que lui-même n'en possède que neuf! En parfait accord avec Vivonne, il divise ses forces en trois et parvient à couler cinq vaisseaux espagnols. Les autres bâtiments ennemis se retirent en désordre. Après l'avoir vivement félicité, le roi et Colbert lui commandent de se préparer à une grande offensive hollando-espagnole.

Il faut à tout prix éviter l'entrée en guerre de l'Angleterre. Les subsides de Louis XIV atteignent même certains parlementaires londoniens. Le 7 juillet, au camp de Reist, le roi écrit au ministre [1] :

« J'ai ici trois ambassadeurs extraordinaires d'Angleterre à qui il faut des présents plus forts que ceux que j'ai; c'est pourquoi il m'en faut envoyer de convenables à ceux à qui je les dois faire qui sont les ducs de Monmont et Buckingham [2], et le comte d'Arlington qui a toute la confiance de son maître. Songez à les faire préparer et comme je doute si leur séjour sera assez long ici, retenez-les jusqu'à ce que je vous mande ce que vous en devrez faire. Il les faut très beaux. Envoyez encore quelques boîtes de portraits ordinaires car j'ai peur d'en manquer, étant accablé d'envoyés de plusieurs princes. »

Pendant ce temps, Duquesne prépare la flotte à Toulon. Son terrible caractère exaspère tout le monde. Excédé, l'intendant Arnould déclare à Colbert qu'au commerce avec le lieutenant général, il préfère rentrer chez lui! Le ministre lui ordonne de supporter les colères de l'officier et de respecter sa grande compétence...

Le 16 décembre, du haut de son vaisseau *Le Saint-Esprit,* Duquesne contemple les vingt vaisseaux et les six

---

1. Lettre autographe inédite.
2. Le roi écrit « Bouguingam ».

brûlots qui appareillent pour livrer combat au célèbre Ruyter, « Reutre » comme on prononce alors.

1676 : 1676 est une année de gloire pour la jeune marine française qui va remporter plusieurs victoires autour de la Sicile. La première rencontre entre Duquesne et Ruyter a lieu à Alicuri le 8 janvier. Renforcée par l'arrivée des douze vaisseaux commandés par Almeiras, secrètement prévenu par Vivonne, l'escadre de Duquesne oblige Ruyter à se replier vers Palerme. Trois mois plus tard, un combat très dur s'engage entre les Français et les Hollandais soutenus par les Espagnols, à Agosta, face à l'Etna. Le feu semble embraser la mer de Sicile. Le 22 avril, Ruyter est grièvement blessé par un projectile du *Lys*. Il meurt sept jours après. La nouvelle émeut toute l'Europe. Louis XIV ordonne aux ports français de rendre les honneurs à la dépouille mortelle par des salves d'artillerie, au cas où elle passerait à vue.

Voulant défaire définitivement la flotte hispano-hollandaise, Duquesne livre et gagne la bataille de Palerme. Les pertes françaises sont lourdes mais le triomphe est immense. Louis XIV, qui se trouve en campagne, écrit cette très belle lettre à son ministre [1] :

« Je n'ai pu vous écrire depuis avoir reçu la première nouvelle de l'action que mes vaisseaux et galères ont fait à Palerme sous le commandement de Vivonne. J'en reçois présentement la confirmation et l'armée en témoignera ce soir la joie par plusieurs salves de mousqueterie et de canon. Voilà ce que nous souhaitions il y a longtemps vous et moi et il n'y a plus rien à désirer de ce côté-là. Il faut toujours travailler à perfectionner ce qui commence déjà à passer les autres nations. Il faut faire en sorte que la France l'emporte par mer sur les autres nations comme elle le fait sur terre. »

---

1. Lettre autographe écrite « au camp de terrain le 22 juin 1676 ». Non publiée par Clément.

Cette gloire navale apporte un peu de joie à un ministre de plus en plus accablé par les difficultés financières. Le roi demande encore et toujours de l'argent et sait trouver les mots pour être entendu. Le 2 juin, il ordonne [1] :

« Pomponne vous écrira aussi pour une lettre de change qu'il faut envoyer en conséquence du traité qui a été signé avec l'évêque de Münster. Vous savez de quelle conséquence cela est. Faites votre possible pour faire tout exécuter. C'est assez que je le désire pour que vous en trouviez les moyens. »

Et Louis XIV ajoute ce beau texte :

« Je suis ici dans un lieu où j'ai besoin de patience. Je veux avoir ce mérite de plus à la guerre, et faire voir que je sais embarrasser mes ennemis par ma seule présence, car je sais qu'ils ne souhaitent rien avec tant d'ardeur que mon retour en France.

« Je me réjouis que vous soyez en parfaite santé autant pour le bien de mon service que pour l'amitié que j'ai pour vous. »

La nouvelle génération des généraux n'a pas le génie militaire de Turenne. Les Français s'emparent tout de même de Condé, Bouchain, Aire-sur-la-Lys, tandis que les Impériaux prennent Philippsburg.

1677 : Le printemps 1677 est marqué par une série de victoires des armées commandées par Louis XIV. Le 17 mars Valenciennes est prise. Puis on assiège Cambrai. Le 28 mars, le roi écrit avec enthousiasme à Colbert [2] :

« On ouvre la tranchée au soir à la ville ; si nos souhaits sont exaucés elle sera bientôt prise. La citadelle durera davantage. J'avoue que j'ai un très grand plaisir à me voir devant Cambrai. Je vous envoie une lettre pour ma fille de Blois. »

1. Passage inédit d'une lettre très incomplètement publiée par Clément (tome VI, note p. 332).
2. Passage inédit d'une lettre incomplètement publiée par Clément (cf. tome VI, p. 336).

La ville est prise le 5 avril, la citadelle le 17. Le même mois les Français vainquent à Mont-Cassel et à Saint-Omer. Le 21, Louis XIV mande à son ministre [1] :

« Vous ferez expédier une ordonnance de 11 000 livres comptant en mes mains et vous ferez donner à Fourbin et Lornelle à chacun 500 pistoles sur cette ordonnance pour raccommoder mes compagnies de mousquetaires qui sont assez délabrées. Je ne veux point qu'on sache qu'on leur donne pour éviter les conséquences ; c'est pourquoi vous leur ferez toucher cet argent sans qu'on le sache. »

Le roi prend personnellement grand soin de l'état des fortifications comme le montre la lettre qu'il envoie le 4 mai, de Lille [2] :

« Votre fils est allé voir les places de cette frontière, qu'il n'avait pas vues pour voir ce qu'on pourra diminuer de la dépense qu'on y devait faire cette année pour l'employer à Calais qui n'est pas dans l'état que je voudrais qu'il fût vu son importance ; il faut y travailler avec application et diligence. »

Au mois de novembre, la très grave menace d'une alliance anglo-hollandaise se précise. Les victoires navales des Français, l'avance des armées de Louis XIV dans le Nord, affolent l'opinion anglaise. Charles II commence à céder à une opposition de plus en plus virulente. Guillaume d'Orange épouse Marie d'Angleterre, nièce de Charles II, fille du futur Jacques II.

1678 : Au mois de janvier 1678, un traité d'alliance entre l'Angleterre et la Hollande est signé en bonne et due forme, tandis que les diplomates négocient à Nimègue. Sur le continent, Louis XIV paraît être en situation de force. L'Espagne est fatiguée. Les bourgeois néerlandais voudraient retrouver les facilités commerciales des temps

---

1. Lettre autographe inédite écrite à Béthune.
2. Passage inédit d'une lettre incomplètement publiée dans les *Œuvres de Louis XIV* et par P. Clément (tome V).

La guerre du Roi-Soleil

de paix, l'empereur craint les Turcs. Sans se soucier des négociations, Louis XIV consolide encore sa position en prenant, au mois de mars, Gand et Ypres.

Mais deux lettres du roi écrites à Colbert à ce moment [1] montrent la réelle inquiétude du roi devant le grand danger d'une offensive maritime menée par Charles et Guillaume. Seule cette inquiétude peut justifier les concessions surprenantes en faveur de la Hollande accordées par le traité de Nimègue. Le 4 et 5 mars, Louis XIV écrit donc les lettres suivantes :

« Du camp devant Gand le 4 mars à 8 heures du soir.

« Je reçois dans ce moment votre lettre du 2ᵉ à laquelle je réponds sur-le-champ pour que vous ne perdiez point de temps pour donner les ordres aux vaisseaux que commande Châteaurenault. Votre fils m'avait proposé ce qui vous a mandé et je l'ai approuvé, croyant plusieurs petits vaisseaux plus utiles que de gros. Mais comme je vois ce que vous proposez, je l'approuve parce que je suis assuré que vous l'avez bien examiné. Donnez les ordres en conformité de ce que vous croyez plus utile. Tout ce que je puis dire d'ici, c'est que les choses y vont à souhait. »

« Du camp devant Gand, le 5 mars 1678.

« Barillon me mande qu'on a retiré l'argent qui était en Angleterre et qu'il craint d'en manquer; il est important que cela n'arrive pas. C'est pourquoi, aussitôt que vous aurez reçu ce billet, faites écrire par Fromon afin que l'on fournisse ce que Barillon demandera ou bien faites remettre une somme considérable, c'est-à-dire de cinquante mille écus, et en donnez aussitôt à Barillon. »

Le traité de Nimègue, signé le 10 août 1678, consacre, aux yeux des contemporains, et aussi de beaucoup d'historiens, la prépondérance française. L'Espagne est la grande perdante de cette guerre. Elle abandonne à la

---

1. Lettres autographes inédites.

France la Franche-Comté, le reste de l'Artois, une partie de la Flandre et du Hainaut, le pays de Cambrai[1]. Douze places fortes, dont Cambrai, Valenciennes, Maubeuge, deviennent françaises. Vauban, nommé commissaire général aux fortifications l'an dernier, entreprend de protéger les nouvelles frontières par des forteresses imprenables. La matérialisation de la frontière va d'ailleurs contribuer à renforcer le concept de la nation.

Guillaume d'Orange remporte une exceptionnelle victoire diplomatique et commerciale. Les Provinces-Unies ne perdent aucun territoire. Louis XIV leur restitue Maëstricht. En outre, il rend à Guillaume ses biens personnels en France, confisqués pendant la guerre : la principauté d'Orange et le Charolais. Enfin, au désespoir de Colbert, des clauses de navigation et de commerce rétablissent l'égalité de traitement commercial. Autrement dit, le tarif de 1667 est annulé et les marchands d'Amsterdam pourront reprendre leurs affaires dans de meilleures conditions qu'avant 1672. Il est inutile de se leurrer. La guerre contre les Habsbourg a été gagnée. La guerre contre la Hollande a été perdue, même si les terribles souffrances endurées par le pays ont porté un coup sensible à sa puissance économique.

Pourtant, le roi tient à maintenir la fiction absurde de l'écrasement hollandais. Lebrun et Van der Meulen décorent l'escalier des Ambassadeurs en peignant tous les épisodes de la glorieuse épopée guerrière sous forme d'allégories, de tapisseries en trompe l'œil (les quatre victoires de 1677 peintes par Van der Meulen) et de tableaux encadrés de trophées. La Hollande humiliée est représentée, de façon significative, par un marchand renversé parmi des ballots et des livres de compte, ou par une femme guerrière dont on arrache le bouclier où est écrit le nom de Maëstricht. Le lion espagnol recule, l'aigle impérial est mal assuré sur les colonnes d'Hercule prêtes à

---

1. Cf. Pierre GOUBERT : *Louis XIV et vingt millions de Français.*

s'effondrer. Aux balcons peints en trompe l'œil, se pressent des envoyés du monde entier venus admirer la magnifiscence du Roi-Soleil. Versailles devient le temple de la gloire monarchique. Louis XIV a décidé de s'y fixer. Les plans de la galerie des glaces, qui devra émerveiller le monde, sont décidés. La gloire du roi rejaillit sur celle des principaux ministres qui ont contribué à la victoire. Colbert, inondé d'honneurs et de gratifications, connaît aussi une gloire personnelle.

CHAPITRE II
La Gloire du ministre

La fortune de Colbert est immense. Ses biens fonciers ont considérablement augmenté. Louis XIV lui accorde des gages énormes, sans compter les charges de valeur données gratuitement, les gratifications extraordinaires et les faveurs de toutes sortes. Les appointements de ses places s'élèvent, pour l'année, non compris son traitement de secrétaire d'Etat à la Marine, à 55 000 livres. Le roi lui remet, en 1677 et 1679, des gratifications de 400 000 livres « en considération de ses services et pour lui donner moyen de les continuer »! Bien entendu, la famille du ministre reçoit également des dons royaux assez substantiels. Les sommes sont d'autant plus stupéfiantes que le budget de l'Etat est alors déficitaire.

Il est prouvé que Colbert touche tous les trois ans des Etats de Bourgogne une somme de 6 000 livres, « en raison des services qu'il peut rendre à la province[1] ». Il est possible que d'autres provinces veuillent également attirer de cette façon les faveurs du ministre tout-puissant.

On a rarement vu un homme d'Etat accumuler autant

---

1. On se souvient que ses terres de Seignelay se trouvent en Bourgogne. C'est un vote de l'assemblée des Etats de Bourgogne, en 1691, qui prouve l'existence de ce « pot-de-vin » : « Il sera donné 6 000 livres à M. de Pontchartrain, ainsi qu'elles ont été payées à MM. Colbert et Le Peletier. »

de fonctions. La puissance de travail de Colbert paraît invraisemblable. Levé dès cinq heures du matin, couché tard, le ministre travaille couramment quinze heures par jour, à peine distrait par deux courts repas composés de bouillon et de pain. Sa nervosité permanente augmente probablement ses maux d'estomac. Il interrompt rarement la sévérité de son régime alimentaire. Sa cave est assez mal garnie : il a, toutefois, une prédilection pour les vins blancs du Rhin, qu'il fait venir en grande quantité. Il souffre souvent de la goutte, et surtout d'effroyables crises de coliques néphrétiques.

Mme de Sévigné nous apprend son remède [1] : « Je me suis accoutumée à prendre tous les matins un verre ou deux d'eau de lin. Avec ce remède, je n'aurai jamais de néphrétique ; c'est à cette eau merveilleuse que la France doit la conservation de M. Colbert. »

En 1673, il prie son frère Croissy, ambassadeur à Londres, de lui acheter des lunettes, « des meilleures et des plus fines qui soient en Angleterre » car sa vue « commence fort à baisser ».

Est-ce un souvenir de Mazarin ? Cet homme si sévère et si sombre aime les parfums de Rome. Il fait venir d'Italie des huiles, des essences, de l'eau de fleur d'oranger et même des gants parfumés.

Les dernières années de sa vie, il a un appartement à la surintendance de Versailles, situé dans l'aile méridionale du château. La plupart du temps, il travaille chez lui, surtout à Paris et à Sceaux.

On devine qu'il ne peut consacrer beaucoup de temps aux nombreux habitants de sa maison. Outre ses sept enfants non mariés (ses deux filles aînées, nous l'avons vu, se sont mariées avant la guerre de Hollande), Colbert loge et élève les enfants du roi et de Louise de la Vallière, le comte de Vermandois et Mlle de Blois. Cette immense

---

1. Lettre à Mme de Grignan, du 16 février 1680.

marque de confiance de la part de Louis XIV impressionne vraiment courtisans et diplomates.

Mme Colbert seconde très habilement son mari. Tout en gardant l'estime de Louise, elle est au mieux avec Mme de Montespan... et avec la reine!

Le rang des enfants naturels dans les cérémonies officielles pose au ministre quelques problèmes que Louis XIV tâche de résoudre au milieu de ses armées [1] :

« (Votre fils) m'a dit ce qui était dans le mémoire touchant le comte de Vermandois. Il n'y a plus rien à dire là-dessus, car j'ai ordonné qu'il fût traité comme les princes de Conti. Il faut seulement éviter qu'il se trouve en des occasions trop marquées, comme la chemise et la serviette; et même, il sera bon qu'à l'église il ne soit pas tout à fait au même rang que les princes du sang. Tout cela doit se faire naturellement et cet ordre doit demeurer entre vous et moi; car quand on ne pourra éviter ce que je vous dis, il faut qu'il fasse comme les princes de Conti. »

Au mois de janvier 1674, Mme de Sévigné raconte, à sa fille, sa soirée chez les Colbert : « Mlle de Blois dansait; c'est un prodige d'agrément et de bonne grâce [...]. La duchesse de la Vallière y était; elle appelle sa fille « mademoiselle » et la princesse l'appelle « belle-maman ». M. de Vermandois y était aussi. » Quelques mois plus tard, Louise se retire aux Carmélites y préparer sa profession. Avant l'adieu définitif au monde, elle reçoit, une semaine durant, la cour et ses deux enfants. Au début de l'année 1680, Louis XIV marie Mlle de Blois au prince de Conti. « Ils s'aiment comme dans les romans », écrit Mme de Sévigné. La petite princesse pleura de joie lorsque son père lui apprit sa décision. La marquise nous décrit l'état du fiancé : « Il ne savait ni ce qu'il disait ni ce qu'il faisait; il passait par-dessus tous les gens qu'il trouvait en son chemin pour aller trouver Mlle de Blois. Mme Colbert ne voulut pas qu'il la vît, que

---

[1]. Lettre de Louis XIV à Colbert, du 3 juillet 1675.

le soir. Il força les portes et se jeta à ses pieds et lui baisa la main ; elle, sans autre façon, l'embrassa et la revoilà encore à pleurer. »

LE CLAN

L'élévation des trois frères de Colbert se confirme[1] : Nicolas est évêque d'Auxerre depuis 1671. Il meurt avant le ministre en 1676. Charles, marquis de Croissy, est ambassadeur de France en Angleterre, ministre plénipotentiaire au congrès de Nimègue en 1678, chargé de négocier le mariage du Dauphin avec la fille de l'Electeur de Bavière en 1679, enfin secrétaire d'Etat aux Affaires étrangères au mois de novembre 1679, en remplacement de Pomponne disgracié.

Cette dernière promotion est une victoire du clan Colbert sur le clan Le Tellier. Deux ans auparavant, Michel Le Tellier est devenu, après la mort d'Aligre, chancelier de France et par conséquent chef de la Justice. C'est un coup terrible pour Colbert qui a, jusque-là, dirigé officieusement ce département. Les Le Tellier espèrent affaiblir encore la puissance énorme de leur rival, en s'appropriant le département des Affaires étrangères. Les négligences de Pomponne déplaisent au roi. Louvois intrigue pour obtenir sa disgrâce. Pomponne est congédié, mais, très soucieux de maintenir l'équilibre au sein de son Conseil, Louis XIV donne le poste à Croissy ! Mme de Sévigné fait ce commentaire : « Un certain homme avait donné de grands coups depuis un an, espérant tout réunir, mais on bat les buissons et les autres prennent les oiseaux. » Au conseil « d'en-haut » vont donc siéger deux Le Tellier et deux Colbert.

---

[1]. Le ministre a neuf ans de plus que Nicolas, dix ans de plus que Charles et quatorze ans de plus qu'Edouard-François.

Edouard-François, comte de Maulévrier, poursuit sa carrière militaire. En 1676, il devient lieutenant général des armées du roi.

Charles et Edouard-François sont mariés à de riches héritières appartenant au milieu de la grande finance [1]. Le ministre a cinq sœurs. Quatre d'entre elles, destinées à la vie religieuse par leurs parents depuis leur enfance, sont abbesses et prieures de couvent. Le fils de l'unique sœur mariée, Nicolas Desmarets, est entré dans les bureaux de son oncle en 1667. Il est maître des requêtes en 1674 et intendant des finances en 1678.

Colbert a eu dix enfants dont un, né en 1658, est mort en bas âge. Il lui reste six fils et trois filles. Jeanne-Marie-Thérèse et Henriette, les deux filles aînées, ont épousé, nous l'avons vu, le duc de Chevreuse et le comte de Saint-Aignan. Colbert obtient pour son gendre Chevreuse la lieutenance des chevau-légers de la garde. Saint-Aignan, après la mort de son père, devient duc de Beauvilliers en 1679.

La troisième fille, Marie-Anne, épouse en 1679, le duc de Mortemart, neveu de Mme de Montespan. C'est encore une victoire sur Louvois qui désirait ce mariage pour sa fille. Le nouveau gendre est fort désargenté. Le ménage reçoit un million de livres du roi! Si les fils de la grande aristocratie épousent facilement des roturières, les filles acceptent plus difficilement « la mésalliance ». En 1671, Seignelay a vingt ans. Son père cherche déjà à le marier à Marie-Marguerite d'Alègre. C'est un riche parti. Seulement, le marquis d'Alègre veut marier sa fille dans la famille des Vendôme. Mme de Montespan, alliée fidèle du ministre, intervient. Louis XIV notifie brutalement aux Alègre, par l'intermédiaire du marquis de Mortemart, père de Mme de Montespan, sa préférence pour Seignelay. Le mariage se fait en 1675. Trois ans plus tard, la jeune

---

1. Françoise Bérault, dotée de 176 000 livres et Marie-Madeleine de Bautru, dotée de 600 000 livres.

femme meurt en couches. Mme de Sévigné écrit à son cousin, Bussy-Rabutin [1] : « Mais parlons de Mme de Seignelay qui mourut avant-hier matin grosse d'un garçon. La fortune a fait là un coup bien hardi d'oser fâcher M. Colbert. Lui et toute sa famille sont inconsolables. Voilà un beau sujet de méditation. Cette grande héritière, tant souhaitée et prise enfin avec tant de circonstances, est morte à dix-huit ans. » La jeune femme ne laisse qu'une fille qui meurt en 1680. Louis XIV envoie au ministre cette lettre écrite « au camp devant Ypres, le 18 mars 1678 » :

« J'ai appris avec douleur la perte que vous avez faite. Vous savez assez l'amitié que j'ai pour vous pour croire qu'elle m'a été sensible au dernier point ; je voudrais la pouvoir soulager en quelque chose, mais je sais qu'il est difficile. J'ai permis à votre fils de s'en aller comme vous le désirez et j'ai ordonné à Saint-Aignan de l'accompagner. Croyez fermement que je prends grande part à tout ce qui vous touche et qu'on ne peut pas avoir plus d'amitié que j'en ai pour vous.

« Je suis très persuadé de la joie que vous aurez eue de la prise de Gand ; elle est considérable pour le présent et pour les suites. »

Seize mois plus tard, Seignelay épouse un parti encore plus brillant que le premier : Mlle de Matignon, dont la grand-mère était d'Orléans-Longueville, fille d'un Bourbon. La Grande Mademoiselle fait ce commentaire un peu acide [2] : « Ainsi, ils ont l'honneur d'être aussi proches parents du roi que M. le Prince, Marie de Bourbon étant cousine du roi, mon grand-père. Cela donne grand air à M. de Seignelay, qui, naturellement, avait assez de vanité. »

Le second fils de Colbert, Jacques-Nicolas, né en 1654, est destiné à l'Eglise. Très jeune, il est déjà chef de la

---

1. Lettre du 18 mars 1678.
2. *Mémoires*, édition Chéruel, tome IV, p. 516.

célèbre abbaye du Bec qui lui rapporte un revenu de 60 000 livres. La somme est considérable, d'autant que l'abbé n'est même pas résident! En 1678, âgé de vingt-quatre ans, il est élu à l'Académie française. Racine l'y reçoit en étalant avec complaisance toutes les illustrations de la famille. Deux ans plus tard, l'abbé devient coadjuteur de Rouen, par la volonté du roi et avec la bénédiction du pape. Le jour de son sacre (4 août 1680), on note l'affluence des prélats dans l'église de la Sorbonne. A cette occasion, il reçoit une lettre du Saint-Père particulièrement élogieuse sur la famille Colbert. Le ministre use sans scrupules de ses bonnes relations avec la cour de Rome pour exonérer ses proches des contributions levées par l'Eglise sur les titulaires d'abbayes ou d'évêchés... Il existe de nombreuses lettres de demande ou de remerciement adressées au pape ou aux cardinaux influents [1].

Les Le Tellier tentent, avec la même âpreté, de placer leurs parents au niveau le plus élevé de l'Eglise de France. Choqué par l'abus de ces nominations, Bossuet se fâche dans son sermon de Pâques à Versailles, en 1681, devant le roi et ses ministres : « Que (vos enfants) apprennent à travailler pour l'Eglise avant que de gouverner l'Eglise... »

Antoine-Martin Colbert, né en 1659, fait une brillante carrière militaire : il deviendra bailli et grand croisé de Malte, général des galères de l'ordre, commandeur de Boncourt, colonel du régiment de Champagne et brigadier des armées du roi. Le 23 mars 1677, Louis XIV écrit de Cambrai à son ministre [2] : « Vous me remerciez de l'enseigne colonelle de mon régiment : c'est une bagatelle mais il apprendra mieux son métier là qu'ailleurs. »

Jules-Armand, marquis d'Ormoy et de Blainville, naît en 1663. Dès l'âge de neuf ans, son père lui assure la charge des Bâtiments.

---

1. Voir P. CLÉMENT : *Op. cit.*, tome VII.
2. Passage inédit d'une lettre incomplètement publiée par Clément (tome V, p. 379, et tome VI, p. 336).

Louis, né en 1669, est baptisé à Versailles en 1674, ayant pour parrain et marraine le Dauphin et la reine. Le ministre le destine à l'Eglise. Il n'a que douze ans lorsqu'il reçoit les bulles pour l'abbaye de Bonport. Mais le jeune Louis, qui n'a aucune vocation religieuse, change les projets de son père et embrasse la carrière militaire après avoir été garde du Cabinet des livres, manuscrits et médailles de la bibliothèque du roi. Il devient comte de Linières, capitaine-lieutenant des gendarmes bourguignons [1].

Enfin, Charles-Edouard Colbert, comte de Sceaux, choisit également l'armée où il servira comme colonel du régiment de Champagne.

LA BIBLIOTHÈQUE

Colbert poursuit assidûment la formation de son exceptionnelle bibliothèque qu'il place dans son hôtel parisien. En 1672, il envoie cette circulaire aux intendants [2] :

« Le plaisir de former ma bibliothèque étant presque le seul que je prenne [...], je sais par expérience qu'il se trouve quelquefois dans les monastères et les abbayes d'anciens manuscrits qui peuvent être de considération, et qui sont abandonnés dans la poussière des chartriers. Vous me ferez, sur cela, un singulier plaisir, dans le cours des visites que vous faites dans votre généralité, de vous informer sans affectation si vous en pouvez trouver, et, en ce cas, d'en traiter ou de vous accommoder aux meilleures conditions qu'il se pourra. Vous jugerez facilement que cette recherche consiste plutôt en quelque sorte d'adresse et de considération que les religieux auront pour vous,

---

1. Il épousera Marie-Louise du Bouchet, fille du marquis de Sourches.
2. P. CLÉMENT : *Op. cit.*, tome VII, p. 618.

qu'en dépense considérable et de prix [...]. Je vous prie de vous mettre un peu en peine, et de me donner une marque d'amitié sur ce sujet. »

Les intendants se mettent beaucoup en peine : certains moines montrent l'ignorance ou la complaisance souhaitées par Colbert, tandis que d'autres religieux, plus au fait de la valeur réelle de leurs trésors, refusent de donner leurs manuscrits ou de les vendre à des prix ridiculement bas.

Dès que le jeune Louis Colbert devient abbé de Bonport (1681), le ministre s'empresse de dépouiller l'abbaye de quatre-vingt-sept de ses manuscrits les plus précieux en échange de livres sans valeur. Consuls et ambassadeurs deviennent des pourvoyeurs. En 1682, il charge M. de Barillon, ambassadeur à Londres, d'acheter des livres « de la bibliothèque de feu M. Smith », dont il possède le catalogue : « Je crois que vous voudrez bien vous employer à une curiosité de littérature qui regarde ma satisfaction et qui n'a rien de commun avec les affaires du roi. » Il attend avec impatience les acquisitions, surtout le *Traité de la Trinité* de Michel Servet, livre rare pour lequel Calvin fit brûler son auteur.

La garde et la tenue de la bibliothèque sont confiées à Baluze, célèbre érudit de l'époque. Colbert exige un ordre parfait. En 1672, il s'aperçoit que certains volumes ont disparu. Fort ennuyé, Baluze lui écrit[1] :

« Monseigneur trouvera dans ce paquet la liste qu'il m'a fait l'honneur de m'ordonner de lui envoyer. J'y ai joint le mémoire que je fis en 1669 des livres qui manquaient dans sa bibliothèque, où il y en a plusieurs qui en avaient été retirés par M. le Marquis, et dont il disait qu'il avait besoin. »

Furieux, Colbert se rend chez son fils pour retrouver ses livres. Mais il en manque beaucoup d'autres. Des amis ou des parents, comme Charles de Croissy, ont emprunté

---

1. Lettre inédite du 26 juillet 1672.

des volumes sans en avertir le ministre. Dorénavant, Baluze remettra tous les trois mois un mémoire où sont notés les livres provisoirement sortis.

L'admirable bibliothèque comprend, à la mort du ministre, plus de 18 000 volumes imprimés, environ 8 000 volumes manuscrits orientaux, grecs ou latins, dont la Bible de Charles le Chauve, plus de 1 600 manuscrits « modernes », 524 volumes de pièces relatives au royaume et aux Affaires étrangères, 622 diplômes de rois, 722 chartes originales...

Les propriétés

Colbert suit la tradition française qui veut que la solidité d'un établissement familial dépende de la propriété foncière. Ses domaines sont très importants. Outre l'hôtel parisien qu'il agrandit considérablement, le ministre possède des terres dans plusieurs provinces. En Bourgogne, lui appartiennent le marquisat de Seignelay et la terre d'Ormoy. Dans le Berry, il a acquis le marquisat de Châteauneuf-sur-Cher et la baronnie de Linières ; dans le Maine les terres de Pezcoux et de Chanceaux, en Normandie celles d'Hérouville et de Blainville. Il faut ajouter la terre de Saint-Julien-sur-Sarthe, plusieurs maisons à Bourges, dont celle de Jacques Cœur qu'il revend à la ville. Enfin, près de Paris, il achète le domaine de Sceaux, ainsi que les terres de Châtillon et du Plessis-Piquet. Les trois principaux lieux de résidence sont Paris, Seignelay et Sceaux.

L'hôtel Colbert est formé par les diverses propriétés que le ministre a achetées et ajoutées à la maison léguée par Mazarin, rue Neuve-des-Petits-Champs, à l'angle de la rue Vivienne. La rue Vivienne sépare l'hôtel Colbert de l'hôtel Mazarin (notre actuelle Bibliothèque nationale). La plus importante des acquisitions a été celle de l'hôtel

Bautru, richement orné et décoré, en 1665. En 1672, Colbert achète la maison de Claude Girardin, prête-nom de Bruant, ancien premier commis de Fouquet, qui s'est enfui à Liège. La chambre de justice confisque la maison et la vend au ministre. De grands terrains sont ajoutés autour de cet ensemble.

L'hôtel possède de magnifiques tapisseries (dont deux Gobelins) et tapis (dont un provenant de la Savonnerie). Il y a de nombreux tableaux, en majorité de peintres français et italiens. On voit des toiles de Le Brun, Mignard, Claude Lorrain, Véronèse, Carrache, Holbein...

Pour le cabinet de travail, Colbert a choisi beaucoup de sujets religieux peints, entre autre, par Carrache, Le Brun, Raphaël. Le ministre, à l'emploi du temps si rigoureux, a placé deux pendules, l'une à sonnerie de Thuret, l'autre en ébène avec ornements d'écaille de tortue, qui sonne tous les quarts d'heure et les demi-heures.

Colbert se sert pour travailler d'un bureau et d'une écritoire. Le grand bureau est en bois de poirier noirci, avec des placages qui représentent des fleurs et des animaux. Plusieurs tiroirs devant et derrière, ferment à clé. Le dessus est couvert d'un drap noir usé. L'écritoire d'ébène est garnie d'un encrier, d'un poudrier, d'une fermeture et d'une sonnette.

Le ministre a une prédilection pour le noir, qui contraste tant avec la couleur de la cour, et qui rappelle si peu les goûts de Fouquet. Deux des trois carrosses qu'il possède à Paris sont noirs, dehors comme dedans : le premier a dix glaces, le deuxième, seulement deux. Le troisième est garni de velours cramoisi, à ramage. Dans les écuries, il y a onze chevaux hongres pour les carrosses, tous à poil noir, et deux chevaux de selle, l'un noir et l'autre bai clair.

D'après l'inventaire fait au moment de la mort de Colbert, l'orangerie de Paris contient 36 orangers, 8 grenadiers, 1 myrte mâle, 53 lauriers-roses, 44 lauriers-tins dont 4 en caisses et 40 en pots, 75 caisses de jasmins d'Espagne et 26 pots.

Le 19 août 1677, Mme de Sévigné se trouve à Auxerre d'où elle écrit à sa chère fille : « Nous voilà arrivés, ma bonne, par une assez grande chaleur. Nous avons vu le château de Seignelay en passant ; nous lui avons donné notre bénédiction et nous sommes persuadés qu'il prospérera. »

Le château prospère, en effet, mais le village aussi. Le ministre a installé deux manufactures royales, l'une pour les serges façon de Londres et l'autre pour le tricot et les bas d'étame. On compte jusqu'à 700 ouvriers pour qui sont bâties des nouvelles maisons. On a construit des halles, un four public capable de cuire 2 000 livres de pain à la fois, un pressoir, un grenier à sel, une hôtellerie pour les voyageurs, à l'enseigne de la couleuvre. Le village devient une petite ville de 2 000 habitants, dans laquelle Colbert installe un médecin. Vers 1670, le ministre a implanté des haras pour les chevaux du marquisat.

Lors de ses séjours, il lui arrive d'assister à des chasses aux loups. En 1672, il écrit à son fondé de pouvoir : « Il faut que vous vous appliquiez à chasser les loups et les renards et toutes les autres bêtes puantes, en sorte qu'il n'y en ait point, s'il est possible, sur mes terres. » A l'administrateur de la seigneurie de Châteauneuf-sur-Cher (acquise en 1679 pour 165 000 livres), il recommande : « Appliquez-vous surtout à augmenter le gibier, et faites-moi savoir quelle quantité il y en a dans l'étendue de mes terres. »

Partout, il se préoccupe de la réparation des chemins pour ranimer la circulation et le commerce.

Pour pouvoir travailler au calme, près de Paris et non loin de Versailles, Colbert achète en 1670 le château de Sceaux. Le bâtiment est d'époque Henri IV. Le ministre entreprend tout de suite sa destruction et confie à Claude Perrault la construction d'un très bel édifice de conception originale : cinq sortes de pavillons dont les étages supérieurs sont mansardés, se trouvent reliés les uns aux autres par de grands pilastres. A l'extrémité de l'aile gauche, dans un pavillon carré à l'extérieur et circulaire à l'intérieur, se trouve la chapelle : Le Brun peint l'histoire de saint Jean-Baptiste sur des bas-reliefs de camaïeux rehaussés d'or. De part et d'autre de la cour d'honneur, on ajoute deux longues ailes en retour. L'une d'elles est aménagée en orangerie. La Quintinie veille sur les 280 orangers, 6 grenadiers, 8 myrtes, 150 jasmins, 125 lauriers, 2 aloès et même sur le pied de fleur de la passion !

Après des achats successifs, le domaine atteint 700 arpents (soit 240 hectares) clos de mur. De chaque côté de la grille du château on place deux admirables groupes sculptés par Coysevox qui symbolisent les vertus choisies par Colbert : la pureté est représentée par une licorne transperçant la chimère, tandis que le dogue, prenant à la gorge le loup, représente la fidélité. Le parc est merveilleusement dessiné par Le Nôtre qui fait planter beaucoup d'arbres de taille adulte, comme à Versailles. Il y a de très nombreuses statues, dont le fameux Hercule gaulois de Puget. L'on se promène dans la « salle des Marronniers », l'on se perd dans le labyrinthe rempli de fontaines, ou l'on va admirer « la grande cascade », l'un des plus beaux décors hydrauliques de l'époque : l'eau sort des urnes de deux fleuves sculptés par Coysevox. Une des curiosités du domaine est le temple de l'Aurore, dont le ravissant plafond est peint par Le Brun[1].

Le ministre aime cette résidence, plus que les autres. De très nombreux mémoires adressés au roi sont datés de Sceaux. Le cabinet de travail est un véritable musée de bustes en marbre, à la gloire de l'Antiquité. Il y a, entre autres, vingt-quatre bustes, en marbre jaspé ou blanc d'empereurs, d'impératrices et de sénateurs romains, posés sur des consoles en plâtre et sculptées, l'une d'une

---

1. C'est le seul édifice qui nous reste du domaine de Colbert.

tête de chien, l'autre d'une tête de licorne. Aux murs, l'on admire douze médailles d'empereurs en marbre blanc dans leur cadre ovale en bois doré garni de cordons de soie. On a aussi placé un buste d'Homère et un groupe de lutteurs en marbre blanc ainsi que deux sphinx en marbre rouge.

Dans le château figurent certainement les armes de Colbert, d'or à la couleuvre d'azur posée en pal, accompagnée de deux lionnes pour support, et, comme cimier, une couleuvre maintenant une branche d'olivier avec la devise : *Perite et recte* (habilement et bien).

Le ministre et sa femme aiment recevoir dans leur nouveau domaine : comme à Paris, ils font venir, parfois, des orchestres, des danseurs et des chanteurs. Mais, en général, la vie à Sceaux est calme et réglée. Un jour, Colbert mène Boileau et Racine dans sa maison. Il est seul avec les deux écrivains, prenant un plaisir extrême à les entendre, lorsqu'on vient lui dire que l'évêque de... demande à le voir : « Qu'on lui fasse voir tout, hormis moi », répond le ministre.

En octobre 1677, il invite à Sceaux les membres de l'Académie française, qui ont tous été avertis le jour précédent par un billet trouvé chez eux. Toute la compagnie, y compris l'archevêque de Paris, François de Harlay, s'y rend avec empressement. Selon *Le Mercure galant,* « il se dit mille choses agréables pendant le dîner [1] qui ne finit que pour mettre ces Messieurs dans une liberté plus entière de faire paraître qu'ils n'étaient qu'esprit ». On passe dans une salle à côté où l'on devise aimablement. Mais le ministre n'oublie pas la fonction essentielle des académiciens : qu'a-t-on écrit à la gloire du roi? L'abbé de Furetière fait alors la lecture de trois pièces de vers qu'il vient de composer sur les récents exploits de Sa Majesté : *La Prise de Valenciennes, Le Siège de Cambrai,* et *La Bataille de Cassel.*

---

1. C'est-à-dire le déjeuner.

Après la lecture, tout le monde se rend au temple de l'Aurore. C'est là que Quinault récite son *Poème de Sceaux,* soit six cents vers à la louange du ministre et de sa maison. Charles Perrault parle le dernier. Toujours d'après *Le Mercure galant :* « Il ne dit que peu de stances, mais qui réveillèrent les attentions. Les fréquents applaudissements qu'elles reçurent sont une preuve incontestable de leur beauté. » Au sortir du temple de l'Aurore, les académiciens visitent les appartements, puis, enfin, sont conviés à se promener dans les jardins.

Louis XIV et son entourage sont également reçus à Sceaux. Mme de Montespan aime y visiter Mme Colbert. Le frère du roi s'y rend en 1673. Le ministre écrit au souverain [1] :

« Je reçois aujourd'hui l'honneur que Monsieur a bien voulu me faire de venir se promener. Mon fils rendra compte à Votre Majesté de ce que S.A.R. a demandé. »

« Votre fils m'a dit sur la fête de mon frère ce que vous lui avez mandé », répond le roi.

Monsieur veut probablement un crédit pour donner une fête importante. Il n'hésite pas, pour le solliciter, à se déplacer chez le ministre tout-puissant.

Au mois de juin 1675, la reine et la Dauphine, bientôt rejointes par le Dauphin, visitent à leur tour le domaine de Sceaux.

En 1677, au mois de juillet, Colbert reçoit le roi. Une fête est donnée en son honneur. Le souvenir de la fête de Vaux est dans toutes les mémoires. La cour, l'opinion publique se réjouissent de pouvoir comparer les deux réceptions et attendent avec curiosité les faux pas éventuels. Il faut assez de faste pour honorer la majesté royale et assez de simplicité pour rappeler la modestie du serviteur. Le ministre surmonte toutes les difficultés avec une exceptionnelle habileté.

Le matin même, il réunit la population de la région et

---

1. Mémoire inédit du 17 août 1673, avec réponses du roi.

annonce qu'il prendra la moitié de l'année de taille à sa charge. Le soir, tout ce monde est invité à danser dans l'allée : lorsque le roi partira il sera sûrement très acclamé par la populace ravie d'être si heureusement soulagée d'impôts.

L'ordre, le calme, l'agrément et le bon ton vont marquer la journée. Le roi ne remarque rien dans les environs de Sceaux. Tout y est tranquille, alors que les routes menant à Vaux-le-Vicomte étaient encombrées de carrosses venus de l'Europe entière. A la grille d'entrée, la pureté de la licorne et la fidélité du chien semblent chasser les démons de la malversation financière et de la subversion frondeuse. Leurs Majestés veulent voir d'abord les appartements. Tous remarquent « la merveilleuse propreté », rare à l'époque.

Colbert conduit ensuite les visiteurs dans les jardins où l'on écoute le prologue de l'opéra *Hermione*. On poursuit la promenade par la visite des « raretés » du jardin. On est agréablement surpris par des voix d'un côté et des intruments de l'autre.

Au souper, le roi et la reine invitent à leur table Mlle de Blois, Mme de Montespan, Mme Colbert et ses trois filles [1]. Colbert sert le roi tandis que Seignelay sert le Dauphin. Les gendres du ministre font les honneurs de deux autres tables où se trouvent, entre autres, « M. le duc », fils du Grand Condé, le prince de Conti et le petit duc de Vermandois. Le souper est suivi d'un magnifique feu d'artifice. A la grande surprise des invités, les villages des alentours font sortir un nombre infini de fusées volantes dans toute l'étendue de l'horizon.

Le roi et sa suite se rendent alors à l'orangerie pour y applaudir la *Phèdre* de Racine. La nuit est tombée. En sortant de l'orangerie, Louis XIV voit soudain toute la population qui danse et qui l'acclame sous des arbres

---

[1]. Autrement dit, la reine Marie-Thérèse doit accepter à sa table la présence de la fille naturelle et de la maîtresse de son époux.

merveilleusement éclairés. Le souverain, ravi, dit à son ministre qu'il ne s'est jamais plus agréablement diverti. *Le Mercure galant* fera sur la fête de Colbert ce commentaire : « On peut dire qu'elle fut somptueuse sans faste, et abondante en toutes choses sans qu'il y eût rien de superflu. » C'est une éclatante victoire sur le fantôme de Fouquet...

Le message de cette réception est clair : la gloire du ministre n'est qu'un simple reflet de la gloire du roi. Colbert ne refuse pas les avantages privés de sa situation politique. Mais il reste avant tout, et jusqu'au fond de son âme, un homme public au service de l'Etat. Or, sa politique est en péril. La fortune et les honneurs ne peuvent effacer les amertumes.

CHAPITRE III
Amertumes

Depuis la généralisation de la guerre, les collaborateurs de Colbert subissent le caractère chagrin du ministre. Charles Perrault, premier commis aux bâtiments, se souviendra :

« Nous remarquions que, jusqu'à ce temps, quand M. Colbert entrait dans son cabinet, on le voyait se mettre au travail avec un air content et en se frottant les mains de joie ; mais que, depuis, il ne se mettait guère sur son siège pour travailler, qu'avec un air chagrin et même en soupirant. M. Colbert, de facile et aisé qu'il était, devient difficile et difficultueux. »

L'immense ambition nationale du ministre exige une politique chère. Les dépenses de la guerre et la prodigalité du roi compromettent sérieusement l'œuvre construite avec tant d'énergie passionnée, et aussi avec tant de solitude. Rappelons-le à nouveau : Colbert est, et reste jusqu'à sa mort, l'homme d'un seul chemin. Son dessein politique ne change pas, malgré les difficultés qui surgissent dans les multiples départements dont il a la charge, malgré les graves concessions faites à sa doctrine financière.

L'ŒUVRE FINANCIÈRE COMPROMISE

Dès 1672, le déficit budgétaire dépasse 8 millions de livres : en 1676, il atteint 24 millions. Pour rester fidèle à ses axiomes financiers, le ministre voudrait combler ce déficit par les impôts avant que de recourir à l'emprunt. L'impôt direct (la taille) touche en grande partie une masse paysanne accablée par la pauvreté et les mauvaises conditions climatiques. L'injustice financière de l'Ancien Régime s'oppose fondamentalement à l'application efficace de la doctrine du ministre. Pour être vraiment rentable, l'impôt — cela est évident — doit être payé par tous. Trop de privilèges acquis empêchent une réforme radicale. Un peu plus de justice pourrait, néanmoins, améliorer les conditions financières. Jusqu'à la fin de sa vie, Colbert cherche à établir partout le système de la taille réelle qui est déjà assez bien implantée dans les pays d'Etats. Le meilleur moyen d'y parvenir serait de dresser un cadastre dans chaque province. Les résistances locales sont si fortes, la machine administrative est, au désespoir du ministre, si lourde et si compliquée, qu'un règlement général sur la taille réelle est pratiquement abandonné. En 1682, Colbert avoue son impuissance à l'intendant du Languedoc [1] :

« Nous avons encore examiné attentivement, M. Pussort et moi, le projet d'ordonnance pour les tailles réelles ; mais je vous avoue que nous y trouvons tant de difficultés qu'il est très difficile de concilier le bon ordre et les règles dignes du législateur avec les usages du Languedoc. »

L'adjudication des fermes (soit la vente des droits de perception des impôts indirects) atteint encore des prix élevés. Le Trésor est renfloué mais, comme les traitants sous Mazarin, les fermiers se remboursent durement sur

---

[1]. 9 août 1682 (CLÉMENT : *Op. cit.*, tome II).

les contribuables : les observations du ministre n'y changent rien.

En outre, la multiplication des impôts indirects par les « affaires extraordinaires » provoque des révoltes violentes. Le ministre tâche de simplifier la perception de cette infinité de taxes, en reconnaissant qu'elle expose le public à toutes sortes de vexations de la part des fermiers, sous-fermiers, commis et sous-commis... Il interdit la fouille des corps pour déceler la contrebande du tabac, devenu ferme royale en 1674. Mais, à nouveau, le manque de fonctionnaires placés directement sous ses ordres, les difficultés de communications et les usages établis interdisent une réforme de fond.

Très vite, le ministre s'aperçoit qu'il doit recourir à l'emprunt. La pratique est, à ses yeux, détestable et dangereuse. Va-t-il livrer la monarchie à l'ancien chantage des traitants? Et va-t-il se livrer lui-même aux caprices d'un souverain qui risque de préférer la facilité de l'emprunt à la rigueur d'une sévère prévision budgétaire? Il lance prudemment divers emprunts. Les souscriptions sont timides : l'intérêt passe de 5,50 % en 1672 à 7,80 % en 1674. Pour « cultiver le crédit », il explique au roi qu'il faut convaincre l'opinion publique du bon état des finances : le remboursement rapide est indispensable [1]. Il ne faut, en aucun cas, revenir à l'ancien système des rentes indéterminées, remboursables à la volonté du roi. L'hostilité de Colbert est doublement justifiée. D'une part, le mécontentement des rentiers en cas de mauvais paiements ou de diminution d'intérêt provoquent des troubles politiques : la Fronde est encore dans toutes les mémoires. D'autre part, l'immobilisation des capitaux par les rentes découragent les investissements dans l'industrie et le commerce.

Le ministre tente donc de recourir à l'emprunt à court terme en instituant la « Caisse des emprunts », en 1674.

---

[1]. Lettre au roi du 22 mai 1674.

La Caisse reçoit les dépôts des particuliers à qui elle délivre en échange des « promesses » assez semblables à nos bons du Trésor, remboursables à volonté après un court préavis. Ces promesses, qui rapportent un intérêt de 5 %, sont acceptées en paiement par l'Etat et ont donc valeur d'argent liquide aux yeux du public. Il s'agit, en somme, de la création d'une dette flottante à court terme. Pour échapper aux dictats de la caste financière, Colbert ouvre la Caisse à l'ensemble du public : n'importe qui peut y déposer son numéraire et le retirer sur simple préavis. L'institution, bien gérée, rend des services, mais elle est trop contraire aux habitudes du Trésor et à celles des Français. Paris est bien loin d'Amsterdam. Ce genre d'établissement suppose le maintien permanent d'une certaine encaisse liquide. Or, dès 1680, la Caisse est incapable de rembourser les dépositaires, à moins de provoquer, constate amèrement le ministre, « une banqueroute universelle ».

Colbert se voit contraint de faire appel aux financiers qu'il a tant malmenés après la chute de Fouquet. Il espère que ces graves concessions à sa politique ne seront que provisoires. Mais les années passent, et le déséquilibre budgétaire augmente. C'est avec un véritable désespoir que le ministre se voit obligé de détruire lui-même ses réformes.

La même année où il crée la Caisse des emprunts, il accepte d'abandonner en partie ses principes monétaires et se résout à l'émission de monnaie légère. Une déclaration annonce la fabrication de pièces d'argent de 2, 3 et 4 sols, dont la valeur réelle est inférieure d'un cinquième à la valeur nominale. La frappe de la monnaie qui a été mise en régie en 1666 est remise à ferme. Elle est affermée par des financiers lyonnais qui réalisent des bénéfices douteux. Le scandale financier éclabousse l'entourage même de Colbert. Les Lyonnais frappent un nombre de monnaies supérieur à celui qu'on leur a prescrit, et avec des écarts de poids excessifs. Non seulement il faut arrêter la frappe et réduire cette monnaie à sa vraie valeur, mais on apprend que la fraude a été favorisée par les proches collaborateurs de Colbert. L'Italien Bellinzani, l'un des principaux auxiliaires du ministre en matière industrielle, est accusé d'avoir reçu des Lyonnais un pot-de-vin de 350 000 livres. A son tour, Bellinzani accuse Nicolas Desmarets, le propre neveu de Colbert, d'avoir retenu les cinq huitièmes de la gratification.

La réduction des offices est, on l'a vu, un point essentiel du dessein politique du ministre. Jusqu'à la guerre de Hollande, il a fait promulguer des édits en vue de rembourser les offices. Dès que Guillaume d'Orange réussit à former une coalition européenne contre la France, Louis XIV signe une déclaration qui supprime les édits « en considération des prodigieuses dépenses auxquelles nous sommes obligés pour soutenir la présente guerre ». Non seulement on renonce à rembourser les offices existants, mais on en suscite de nouveaux. Bellinzani et Desmarets s'y emploient avec une grande ingéniosité. On voit ainsi apparaître de curieux officiers : mesureurs de grains, vendeurs de marée, de cochons ou de volailles, jaugeurs de liquides. La ville de Paris se trouve gratifiée de vingt-quatre offices nouveaux de marchands de volailles et de gibier qu'elle n'a pas demandés. Les corporations découragées rachètent les offices. Les fonctionnaires des finances ont beaucoup de mal à assurer tout seuls ces sortes d'affaires. C'est la revanche des traitants et des financiers qui rejouent, une fois encore, leur fructueux rôle d'intermédiaires. Un coquin tel qu'un certain Berrier, autrefois au service de Mazarin et de Fouquet, fréquente maintenant le bureau du contrôleur général.

Tandis qu'on revient peu à peu à des pratiques employées par le surintendant, le malheureux Fouquet connaît une légère amélioration du terrible régime de sa détention, au fort de Pignerol. En 1671, on envoie dans le même fort un prisonnier de marque : le duc de Lauzun, aimé de la Grande Mademoiselle. En 1675, Lauzun, dont l'appartement se trouve situé en dessous de celui de Fouquet, réussit, avec l'aide de ses valets, à retrouver l'ex-surintendant en se hissant par le conduit de la cheminée [1]. L'aventurier met Fouquet au courant de tous les événements survenus depuis tant d'années. Vers cette époque, Fouquet a enfin la permission de recevoir une lettre de sa femme ; il peut, à son tour, envoyer à Mme Fouquet deux lettres par an, ouvertes et censurées. Sa santé est déplorable. En 1677, les deux prisonniers peuvent se voir plus librement. Au printemps 1679, Fouquet voit arriver sa femme et ses enfants à qui l'on a permis d'habiter le sinistre donjon. Les grâces accordées à l'ex-surintendant sont-elles, comme on l'a supposé, une couverture pour masquer un chantage sur la Grande Mademoiselle ? On accordera Lauzun à l'amoureuse mais celle-ci devra léguer ses domaines au duc du Maine, enfant légitimé de Louis XIV et de Mme de Montespan. Ou bien Colbert et Louvois craignent-ils un retour aux affaires du prisonnier, ou du moins un pardon du roi ? On ne sait. Toujours est-il qu'au début de l'année 1680, Paris s'attend à une libération imminente. Mais le 23 mars, le malheureux homme, miné par la maladie et les souffrances, meurt « d'apoplexie ».

La vie de la cour contraste scandaleusement avec « la misère des peuples » que Colbert rappelle au roi plus d'une fois. Le 31 juillet 1675, Mme de Sévigné raconte à sa fille « une petite histoire » que voici :

« Un pauvre passementier, dans ce faubourg Saint-Marceau, était taxé à dix écus pour un impôt sur les maîtrises. Il ne les avait pas. On le presse et represse. Il demande du temps : on le lui refuse. On prend son propre lit et sa propre écuelle. Quand il se vit en cet état, la rage s'empara de son cœur ; il coupa la gorge à trois enfants

---

[1]. Cf. Georges BORDENOVE : *Fouquet, coupable ou victime ?*

qui étaient dans sa chambre. Sa femme sauva le quatrième et s'enfuit. Le pauvre homme est au Châtelet; il sera pendu dans un ou deux jours. »

Dans la même lettre, la marquise évoque les plaisirs de la cour qui deviennent « des peines par leur multiplicité ».

La guerre et les fêtes coûtent très cher à la noblesse, souvent désargentée ou même ruinée. Tous les expédients sont bons. Le jeu fait fureur à la cour. Un jour, la reine en oublie la messe et perd 20 000 écus avant midi. Le roi remarque : « Madame, supputons combien c'est par an. » Le jour de Noël 1678, Mme de Montespan perd 700 000 écus. Quant à Monsieur, frère du roi, il doit mettre ses pierreries en gage.

L'attitude de Louis XIV est étrange. Il soutient Colbert qui fait interdire les académies de jeu et la « bassette » chez les particuliers et l'on joue tous les jours dans son appartement à Versailles, entre une comédie, un concert ou un souper sur l'eau... Le jeu devient un moyen efficace pour asservir une noblesse découragée par les dépenses qu'exige la vie à la cour. Les « affaires » et les combinaisons financières sont à la mode. Les courtisans se font aussi « donneurs d'avis » et se servent de leur crédit ou de leurs relations pour recevoir des pots-de-vin.

Pour rien au monde, Louis XIV ne voudrait renoncer au faste de cette cour, à la magnificence de Versailles et au renforcement continu de sa formidable armée.

En 1680, Colbert s'aperçoit que malgré deux années de paix, la situation financière est toujours aussi mauvaise. Il n'y a plus d'« affaires extraordinaires », il est exclu d'imposer davantage une population déjà exsangue, les pays conquis ont donné tout ce qu'ils pouvaient donner et la Caisse des emprunts n'est plus en mesure de rembourser les particuliers. Le gouvernement est impuissant à augmenter la recette. Il faut se résoudre à diminuer la dépense, et Louis XIV ne s'en soucie point. Exaspéré, le ministre écrit au roi une mise en garde qui révèle son immense amertume [1] :

« A l'égard de la dépense, quoique cela ne me regarde en rien, je supplie seulement Votre Majesté de me permettre de lui dire qu'en guerre et en paix elle n'a jamais consulté ses finances pour résoudre ses dépenses, ce qui est si extraordinaire qu'assurément il n'y en a point d'exemple.

« Si elle voulait bien se faire représenter et comparer les temps et les années passées, depuis vingt ans que j'ai l'honneur de la servir, elle trouverait que, quoique les recettes ayant beaucoup augmenté, les dépenses ont excédé de beaucoup les recettes et peut-être que cela conviendrait Votre Majesté à modérer et retrancher les excessives, et mettre un peu plus de proportion entre les recettes et les dépenses.

« Je sais bien, Sire, que le personnage que je fais en cela n'est pas agréable, mais dans le service de Votre Majesté, les fonctions sont différentes ; les unes n'ont jamais que des agréments dont les dépenses sont les fondements [2] ; celle dont Votre Majesté m'honore a ce malheur qu'il est difficile qu'elle puisse produire rien d'agréable, puisque les propositions de dépenses n'ont point de bornes ; mais il faut se consoler en travaillant toujours à bien faire.

« Je supplie encore une fois Votre Majesté de faire une sérieuse réflexion sur tout ce que je viens de lui représenter. »

Le 2 mai de la même année, Louis XIV écrit à son ministre [3] : « Vous faites très bien de travailler à établir le crédit ; j'espère que vous en viendrez à bout en peu de temps. »

Le roi n'ignore point les grandes lignes de la doctrine financière de Colbert. Mais, intuitivement, il la rejette. Le

---

1. Seignelay a conservé la minute autographe de son père, non datée.
2. C'est-à-dire les fonctions de Louvois.
3. Lettre autographe inédite, écrite au Louvre.

ministre n'est à ses yeux qu'un pourvoyeur d'argent comme le fut Fouquet.

Les seules prodigalités du roi n'expliquent pas les profondes lézardes de l'édifice financier du contrôleur général. C'est aussi la politique mercantiliste qui est remise en cause. L'abondance d'argent détermine la valeur du change sur une place ou sur une autre. L'état des changes est le signe infaillible d'une balance des comptes déficitaire. Or, durant tout le règne de Louis XIV, le change français est déprécié sur les marchés de Londres et d'Amsterdam. D'après Savary, contre un écu de 3 livres on devrait recevoir, en 1675, 120 deniers hollandais : or, on n'en reçoit que 107. Ce change, constamment défavorable à la France, est peut-être, selon Henri Hauser, « l'explication définitive de l'échec de Colbert, de la ruine de la France et de la défaite finale [1] ».

LE MERCANTILISME MALMENÉ

L'effort industriel est encore soutenu par la volonté d'un seul homme : tant qu'il est au pouvoir, l'ensemble des manufactures se maintient plus ou moins. Mais les subventions sont sensiblement réduites ou même supprimées pendant la guerre. Ainsi, la manufacture royale de Beauvais qui a reçu 175 000 livres de 1665 à 1673, sous forme de subventions ou de commandes, ne reçoit rien de 1674 à 1678. Irrité de négliger par nécessité son œuvre industrielle, le ministre peste contre « la fainéantise des peuples » et durcit sa position à l'égard des ouvriers qualifiés. En 1682, il avertit : les ouvriers qui sortent du royaume sont punis de mort.

La mise en valeur de l'économie est obstinément

---

1. Henri HAUSER : *Les origines historiques des problèmes économiques actuels.*

poursuivie. Malgré la guerre, ce sont des Hollandais qui assèchent les marais du Dauphiné.

Le commerce intérieur, que Colbert voudrait tant ranimer, stagne. Les routes sont toujours insuffisantes : les foires sont, par conséquent, encore très nécessaires et elles ne sont pas assez nombreuses. Ainsi, en 1681, le maire de Bourges supplie le ministre de rétablir les foires dans sa ville : « La province du Berry possède un important cheptel de moutons, mais le manque de transactions ruine tout le monde : nous sommes pauvres dans notre propre abondance », se lamente le maire. Le commerce est aux mains des étrangers qui enlèvent à bas prix les matières premières et revendent très cher les produits manufacturés. Et lorsque les drapiers berrichons veulent mener eux-mêmes leurs marchandises hors de la province, les frais de transport et de séjour mangent, à l'avance, tous leurs bénéfices.

La bataille du commerce extérieur est loin d'être gagnée. Quelques conflits coloniaux avec la Hollande prolongent un peu la guerre maritime après le traité de Nimègue. La République néerlandaise sort très affaiblie de sa terrible épreuve, mais elle n'est pas abattue. La puissance bancaire et commerciale d'Amsterdam est toujours debout, tandis que se précise la dangereuse rivalité économique anglaise.

Pour lutter contre la concurrence étrangère, Colbert maintient coûte que coûte sa politique maritime. La guerre porte un sérieux coup au système de recrutement par classes. Les amiraux anglais se plaignent de la lenteur de la flotte française. Pour échapper à leurs reproches, les agents de Colbert reviennent, provisoirement, à la dureté de la « presse », malgré le maintien officiel du volontariat. Sur toutes les côtes et les rivières, les marins récalcitrants sont menacés de mort. Les batailles navales sont souvent meurtrières. Très vite, le ministre organise les secours aux marins blessés ou aux veuves. Deux hôpitaux sont construits à Rochefort et à Toulon. Les marins estropiés sont nourris et entretenus pendant leur vie. Toute une série de mesures financières liées aux débuts de l'établissement des Invalides et de la Caisse des gens de mer est décidée en faveur des blessés ou des familles des disparus.

Les remarquables constructions des ports et des arsenaux sont poursuivies avec soin malgré les difficultés financières. On commence les fortifications de Rochefort en 1674. Terron entreprend la route qui joint Royan à Bordeaux en 1677. On continue les quais de Brest où Vauban trace un plan de fortifications en 1680. Brest n'avait que 50 habitants en 1665 : il y en a 6 000 en 1681.

En 1677, un incendie détruit une partie des arsenaux de Toulon. Vauban propose de nouveaux plans à Colbert. Il écrit au ministre : « Il ne faut pas que la grandeur de l'entreprise et la dépense de l'ouvrage vous rebutent puisqu'il s'agit du plus beau port situé dans la meilleure rade. A l'égard de la dépense, je pourrais vous dire que c'est mettre l'argent à intérêt et rien de plus. » Tout à fait acquis à ce genre d'arguments pour les affaires de la marine, Colbert accepte les devis de Vauban : les travaux, rapidement exécutés, sont admirables.

Le port du Havre est amélioré. Vauban fait des merveilles à Dunkerque. Partout les chantiers restent actifs. Ainsi, le port de La Rochelle qui, en 1664, n'abritait que 32 vaisseaux assez vétustes, en contient 92 en 1682 dont 53 de construction française.

L'organisation des écoles est perfectionnée. L'école navale des canonniers reçoit un règlement officiel définitif en 1676. Les écoles d'hydrographie sont de plus en plus efficaces et ouvertes à un plus grand nombre.

Cette immense activité étant confiée à un nombre d'agents très réduit, les surveillances sont inégales. Des négligences ou des irrégularités apparaissent parfois : Louvois prend un malin plaisir à les dénoncer par des allusions assez perfides qui blessent profondément Colbert et Seignelay. Mais une visite inattendue de Louis XIV à Dunkerque va récompenser les multiples efforts menés depuis tant d'années.

Le ministre n'a jamais renoncé à montrer au roi un port et des vaisseaux. En 1678, on annonce à Toulon et à Brest l'arrivée prochaine du roi. Les intendants s'affairent mais le souverain ne vient pas. En 1680, Louis XIV inspecte les fortifications de Vauban à Dunkerque. Il aperçoit des vaisseaux en train de faire des exercices nautiques. D'autant plus frappé par ce qu'il voit que rien ne semble avoir été préparé, il observe pendant quelques jours, très intrigué, ce monde inconnu. Puis le 29 juillet, il envoie à Colbert une lettre assez étonnante :

« J'ai voulu attendre que j'eusse tout vu avant de vous écrire. J'ai été très content des travaux du port, et du vaisseau que j'ai examiné de toutes manières. Le chevalier de Lhéry a honneur à l'ordre qui y est [1]. J'ai dit à votre fils de vous mander l'état de toutes choses. J'entendrai bien mieux présentement les lettres de marine que je ne faisais, car j'ai vu le vaisseau de toutes manières et faire toutes les manœuvres tant pour le combat que pour faire route. Je n'ai jamais vu d'hommes si bien faits que le sont les soldats et les matelots. Si je vois jamais beaucoup de mes vaisseaux ensemble, ils me feront grand plaisir. Les travaux de la marine sont surprenants et je ne m'imaginais pas les choses comme elles sont ; enfin je suis très satisfait. »

La guerre malmène sérieusement l'œuvre coloniale, déjà fragile. En 1673, la Compagnie des Indes occidentales vend ses droits sur les côtes d'Afrique à diverses sociétés et compagnies. L'année suivante, endettée de plus de

---

1. Ce fut le chevalier Henri Cauchon de Lhéry qui eut l'honneur de faire visiter par le roi le vaisseau *L'Entreprenant*. Le bâtiment avait à son bord 374 hommes y compris les officiers et 100 soldats (cf. Ch. de LA RONCIÈRE : *Op. cit.*, note p. 336).

3 millions, elle se dissout avec l'accord de Colbert, impuissant à la secourir. Le ministre établit la Compagnie du Sénégal en lui garantissant le privilège de la traite des Noirs. La compagnie transporte tous les ans 800, puis 2 000 Noirs aux colonies antillaises [1].

Les derniers temps de la guerre, les forces navales françaises s'emparent de l'île de Gorée, entre la Gambie et le Sénégal. Le chef d'escadre du Casse met la côte en état de défense et réussit à chasser les Hollandais d'une forteresse importante près du cap Blanc. Le traité de Nimègue confirme les nouvelles possessions françaises, mais les Néerlandais fomentent des révoltes contre les Français. Les magasins des comptoirs que visite du Casse prennent feu. L'officier, poursuivi par une foule de Noirs, s'échappe à la nage tandis que plusieurs de ses compagnons sont tués. Les Français reviennent en force et infligent de dures répressions.

Aux Antilles, l'amiral d'Estrées conquiert sur les Hollandais Cayenne, base de la colonie de la Guyane, ainsi que l'île de Tabago : les deux conquêtes sont également reconnues à Nimègue.

L'acharnement de Colbert à exclure les Hollandais du commerce dans cette région atteint la République néerlandaise, mais aussi l'industrie française. Le ministre constate en 1680 : « L'exclusion du commerce des Iles contre les Hollandais leur ôte tous les ans pour 4 millions de livres de sucre, qu'ils envoyaient dans le royaume. »

Les Hollandais n'achetant plus de sucre aux Antilles, les raffineurs de la métropole se trouvent inondés de sucre brut et ne se résignent pas aux prix diminués qui permettraient pourtant une diffusion plus large : on est encore loin de toute notion de société de consommation.

---

[1]. La Compagnie de Guinée, fondée en 1675, deux ans après celle du Sénégal, est de courte durée. Ses privilèges retournent à celle du Sénégal. Notons, pour le commerce atlantique, la Compagnie des Pyrénées, fondée pour approvisionner la marine en bois : elle finit aussi obscurément qu'elle a commencé.

A La Rochelle, à Nantes, à Saint-Malo, quelques vaisseaux passent clandestinement des sucres bruts à Amsterdam. Le ministre interdit formellement la sortie des sucres français en 1682, et parvient à ce paradoxe : il demande à l'intendant des Iles de faire diminuer les plantations, autrefois encouragées, et de les remplacer par des mûriers. En même temps, les créoles ont enfin le droit de raffiner leur sucre eux-mêmes. Il est indéniable que les exigences du mercantilisme ont provoqué l'échec partiel d'une politique sucrière.

Dès 1673, Colbert reconnaît : « Sa Majesté ne peut donner aucune assistance au Canada cette année, par les grandes et prodigieuses dépenses qu'elle a été obligée de faire pour l'entretènement de plus de 200 000 hommes et de 100 vaisseaux. » L'envoi de soldats et de filles pour augmenter la population est arrêté. Le nombre des Français au Canada dépasse à peine 10 000 en 1681. Les ursulines de Québec reçoivent une subvention pour convertir et instruire des jeunes sauvagesses, futures épouses des colons... Malgré la guerre, le commerce entre le Canada et les Antilles est encouragé. Pour protéger les intérêts particuliers, Colbert interdit au gouverneur et à l'intendant d'exercer aucun commerce par eux-mêmes ou par leurs agents : « Il est impossible, écrit-il au gouverneur de Frontenac, que les habitants puissent être persuadés que vous garderez l'égalité de justice et de protection que vous devez, tant qu'ils verront quelques personnes qui auront des accès particuliers auprès de vous, qui se mêleront de commerce. »

L'autoritaire et difficile gouverneur de Frontenac s'entend fort bien avec l'explorateur Cavelier de la Salle. En 1674, Cavelier arrive à Paris avec une lettre d'introduction de Frontenac. L'explorateur est anobli et reçoit le droit d'entretenir une garnison et de défricher les terres voisines de Québec. Louis XIV et Colbert veulent surtout tenir les Grands Lacs tandis que Cavelier veut descendre vers le golfe du Mexique. Au mois d'avril 1677, le ministre refuse à un autre explorateur, Louis Jolliet, l'autorisation « de s'en aller s'établir avec vingt hommes dans le pays de l'Illinois. Il faut multiplier les habitants du Canada, avant que de penser à d'autres terres ».

Lorsque Cavelier revient en France, au mois de novembre, il obtient, avec peine, une audience de Colbert. Selon Cavelier (qui est très bavard et fabule à l'occasion), le ministre le traite d'esprit chimérique et de fou à mettre aux Petites Maisons. Les Parisiens raffolent de l'explorateur, jamais à cours d'histoires sur les Indiens. Au bout d'un an, l'homme est présenté à Louis XIV. Le roi est séduit. En 1679, Cavelier part, avec un courage extraordinaire, explorer l'immense région qui rejoint les Grands Lacs et le golfe du Mexique. Il suit d'abord la rivière de l'Illinois, baptisée la « rivière Seignelay ». Il apprend que le Mississippi est navigable : il appelle déjà le fleuve célèbre, la « rivière Colbert ». Après un retour aux Grands Lacs, il poursuit son exploration et descend le Mississippi en 1682. Le 9 avril, Cavelier, en habit écarlate galonné d'or, prend possession « du pays de la Louisiane, près des trois embouchures du fleuve Colbert, dans le golfe du Mexique ». La Cour de France ne croira à son aventure qu'en 1684 : Colbert mourra sans jamais la connaître.

Grâce au courage et à la persévérance de quelques hommes de caractère, la Compagnie des Indes orientales est pratiquement la seule à se maintenir durant toute la durée du règne. Les déboires sont pourtant graves. Dès 1672, les Hollandais chassent les Français de leurs comptoirs de Ceylan. Deux ans plus tard, Madagascar est abandonnée. La France s'établit néanmoins à l'île Bourbon et à l'île de France. En 1673, le commandant Delahaye s'empare de Saint-Thomé (Méliapour), près de Madras, sur la côte orientale de l'Inde. Colbert écrit au roi et lui annonce cette prise qu'il apprend par un père capucin échappé d'un naufrage [1] : la ville « est d'une très

---

1. Mémoires du 15 mai 1673 avec réponses du roi : inédit.

grande considération. Votre Majesté pourrait la voir facilement sur la carte [...]. Je crois qu'en y envoyant un vaisseau avec cent cinquante hommes et quelque argent, et quelques munitions, l'on pourrait espérer que ledit sieur Delahaye maintiendrait ce poste... ».

« J'approuve ce que vous proposez touchant Saint-Thomé. Faites partir un vaisseau avec ce que vous croyez nécessaire », répond Louis XIV.

Delahaye tient trois ans. En 1675, il doit s'incliner face aux forces hollandaises, très importantes dans cette région. Sans abandonner l'espoir de s'implanter en Inde, la compagnie achète Pondichéry, embryon d'un empire colonial français sur ce continent. Les actionnaires s'impatientent : la compagnie prélève sur le capital de quoi distribuer un premier dividende de 10 %. Malgré l'abandon du monopole, la société poursuit son activité.

La Compagnie du Levant survit à Colbert [1]. Pour donner confiance aux marchands qui craignent les nombreux et redoutables « Barbaresques » de la Méditerranée, Colbert envoie Duquesne, à la tête de plusieurs escadres, obliger les pirates à se replier sur les côtes d'Afrique du Nord (1681). Le vieil officier passe à Tripoli, Alger, Tunis, réussit à impressionner ces contrées par l'importance de ses forces navales.

La Compagnie du Nord est très sérieusement touchée par la guerre : n'ayant plus droit à l'escorte militaire, elle n'ose plus sortir ses vaisseaux dans une région infestée de bâtiments ennemis. En 1673, l'agence bordelaise est liquidée, suivie par l'importante agence rochelaise, en 1677. La compagnie vivote jusqu'en 1684.

Cette guerre funeste, dont Colbert est partiellement et gravement responsable, est dramatique pour la Hollande, mais aussi pour la France. Le véritable vainqueur de ce conflit, spécialement considéré d'un point de vue économique, c'est l'Angleterre. Profitant de leur neutralité,

---

1. Elle sera dissoute en 1690.

depuis 1674, les Anglais développent leur marine marchande au détriment de la Hollande et de la France. Depuis 1670, les belligérants construisent des bâtiments de plus en plus grands[1]. Or, les hauts fonds des côtes hollandaises obligent les bâtiments à entrer dans les ports par des canaux qui sont assez peu profonds. Les navires néerlandais restent d'un faible tonnage pour pouvoir accéder à leurs ports : peu à peu, la prépondérance commerciale hollandaise est remplacée par la prépondérance anglaise.

Colbert devine qu'à plus ou moins longue échéance, une guerre est inévitable. L'avenir, après sa mort, confirmera son intuition. L'engrenage reste le même : la guerre économique est une fatalité qui conduit elle-même à la guerre armée. Le ministre prépare à cette éventualité qu'il redoute, non seulement la marine, mais aussi l'industrie.

Après avoir imposé aux dentellières le « point de France » ou de Venise, travaillé à l'aiguille, il cherche, en 1682, à introduire le « point d'Angleterre » ou de « Malines », travaillé au fuseau. L'initiative provoque des résistances locales et l'indifférence générale.

Poursuite de l'unité

La première condition pour parvenir à l'unité reste la création d'un réseau routier et fluvial libre de péages. Le fermier des gabelles Riquet poursuit avec passion et d'énormes difficultés financières la construction du canal du Languedoc. Colbert, furieux, s'aperçoit d'une grave confusion entre la caisse des gabelles et celle du canal. Il apprend, en outre, la dureté des commis de Riquet à l'égard des contribuables. Les rapports entre le fermier et

---

[1]. Cf. Jacques GODECHOT : *Histoire de l'Atlantique*.

le ministre deviennent désagréables, soupçonneux. Un ingénieur des services de Colbert, La Feuille, est envoyé pour surveiller les travaux. Vauban, assez vexé de ne pas être consulté, critiquera plus tard le canal qui, pourtant, est une prouesse technique pour l'époque. Riquet meurt en 1680, un an avant l'achèvement de son œuvre. En 1681, on amène les eaux et le canal est solennellement inauguré en présence du ministre.

La guerre ralentit d'autres travaux et de nombreux projets ne seront réalisés qu'après la mort de Colbert. Le siècle de Louis XIV est un siècle de volonté et de petits moyens. Colbert n'y échappe pas. Il est encore trop tôt pour briser les multiples frontières qui séparent les Français les uns des autres et paralysent toute l'économie. Ainsi, en 1682, le ministre est obligé de délivrer un passeport intérieur aux convoyeurs de fers servant à la fameuse machine de Marly. Il précise : « Sa Majesté défend très expressément à tous ses fermiers et ses commis, maîtres des ponts, péages et passages, d'exiger aucuns droits depuis Dinan jusqu'au dit port de Marly, à peine de désobéissance. »

L'unification des régimes d'imposition et des lois commerciales est poursuivie. La guerre, qui a freiné de façon désastreuse beaucoup de réformes, a désorganisé la perception des droits sur le sel. Après la paix de Nimègue, Colbert fait promulguer une ordonnance du roi qui veut « faire recueillir tous les édits [...], en composer un corps d'ordonnances pour réduire tous les droits en un seul et établir une jurisprudence certaine qui produira également l'avantage et le soulagement de nos peuples ». Ce travail préparatoire sera utilisé par la Révolution, un siècle plus tard. Parallèlement, les cinq grosses fermes sont réunies en une Ferme générale chargée de louer tous les impôts indirects (1680).

L'ordonnance sur le commerce, publiée en 1673, établit pour longtemps la législation commerciale française : le législateur de Napoléon lui empruntera de nombreuses dispositions et en recopiera des passages entiers. En 1681, paraît l'ordonnance sur la marine, véritable chef-d'œuvre législatif qui forcera même l'admiration de nations étrangères. Le préambule en indique clairement l'objet : « Fixer la jurisprudence des contrats maritimes, régler la jurisprudence des officiers de l'amirauté et les principaux devoirs des gens de mer, établir une bonne police dans les ports, côtes et rades. » La pêche est réglementée. Le fonctionnement des tribunaux de l'amirauté est enfin unifié et précisé. Notons, parmi les nombreux règlements de police, qu'il est interdit d'encombrer les ports en y déchargeant des immondices.

Après la mort du ministre, sera publié le Code noir (1685) qui concernera la question de l'esclavage. Mais tous les travaux préparatoires sont dus à Colbert. Si certaines dispositions paraissent, de nos jours, encore très dures, il ne reste pas moins vrai que le code marque un progrès humanitaire certain pour l'époque et respecte les droits de la famille, — ce qui n'est pas le cas pour d'autres puissances coloniales. Il est interdit de séparer le mari, la femme et les enfants impubères en cas de vente ou de saisies d'esclaves. Tout esclave non nourri, non vêtu et non soigné par son maître a le droit de porter plainte au procureur du roi.

Pour Colbert, il n'y a pas d'unité nationale sans qu'il y ait d'abord unité de justice. La puissance de l'Etat se révèle par sa capacité justicière. On a vu que le chancelier Séguier a pratiquement délégué ses pouvoirs à Colbert. Pierre Séguier meurt au début de 1672, âgé de quatre-vingt-six ans. L'intérim avec son remplaçant est rempli par Colbert. Le bruit court que le contrôleur général aura aussi le titre de chancelier. Le Tellier cherche déjà à poser sa candidature, mais c'est le vieux d'Aligre, nommé d'abord garde des Sceaux, qui obtient en outre la charge de chancelier (1674). Olivier d'Ormesson fait ce commentaire :

« Par le choix de d'Aligre, on voit que M. Colbert est

toujours le patron. M. Le Tellier avait prétendu à la
charge de chancelier et il l'aurait eue, si M. Colbert ne s'y
fût opposé formellement pour faire nommer d'Aligre
ayant dit au roi que si M. Le Tellier entrait dans cette
charge, il ne pourrait plus le servir, car il le trouverait
contraire à tout ce qu'il voudrait faire. »

L'octogénaire est si surpris de se trouver à la fois
garde des Sceaux et chancelier que, d'après Mme de
Sévigné, il demande au roi :

« Sire, est-ce que Votre Majesté m'ôte les sceaux ?

— Non, lui dit le roi; dormez en repos, monsieur le
chancelier. »

Et en effet, ajoute la marquise, « on dit qu'il dort quasi
toujours ».

Aligre meurt en 1677, à l'âge de quatre-vingt-cinq ans.
A cette époque, Louis XIV cumule les victoires militaires.
Or il sait ce qu'il doit à Le Tellier, qui, avec plus de
discrétion que son fils, a pris une part prépondérante dans
l'organisation de l'armée. Le roi lui accorde la charge de
chancelier au désespoir de Colbert.

Le nouveau chancelier a déjà soixante-quatorze ans,
mais, contrairement à ses prédécesseurs, il est bien décidé
à exercer pleinement ses fonctions. Colbert et son ancien
patron ont la même origine sociale et, pour l'essentiel, la
même conception de l'Etat, les mêmes réflexes politiques.
L'unification de la justice selon le droit coutumier de
Paris est donc poursuivie. Mais, comme le prévoyait
Colbert, Le Tellier s'ingénie, dans la pratique, à contrarier sans cesse son ancien commis et ses agents. Pellot,
premier président du parlement de Rouen et bien connu
pour ses liens d'amitié et de travail avec Colbert, subit
plus que tout autre les tracasseries de Le Tellier. Le
chancelier commence par lui interdire de substituer la
peine des galères à la peine de mort. Or, chacun sait
l'influence de Colbert sur ce genre de jugements. Une
autre fois Pellot est réprimandé pour avoir laissé le
parlement de Rouen permettre l'impression de deux livres

qui, d'après Le Tellier, n'est pas de son ressort. Le chancelier va jusqu'à écrire à l'ami de Colbert : « Je me sens obligé de vous dire qu'il paraît souvent ici des arrêts donnés par votre parlement, contraires aux règles de la Justice. »

L'exemple significatif de Pellot n'est sûrement pas isolé...

Les arts et les sciences

Durant cette dernière période de sa vie, Colbert manifeste un certain souci de vulgarisation et de relative décentralisation culturelles. Pour la première fois en France, et probablement en Europe, une exposition d'art est ouverte à tous. Nous sommes en 1673. On a tendu des draperies aux murs de la cour du palais Brion, annexe du Palais-Royal, pour permettre d'y accrocher les œuvres des académiciens. Au « livret » ou catalogue de ce « salon » en plein air, figurent aussi les trois femmes académiciennes (dont les sœurs Boulongne) et sept graveurs.

Des académies littéraires sont créées à Soissons (1674) et à Nîmes (1682). Un peu partout, dans les principales villes, des lettres patentes fondent des académies de peinture et de sculpture.

Le ministre voudrait moderniser l'enseignement de la très vétuste Université. En 1675, il reproche au recteur la mauvaise qualité de l'enseignement universitaire : les étudiants apprennent un peu de latin, mais ignorent « la géographie, l'histoire et la plupart des sciences qui servent dans le commerce et la vie ». A nouveau, la guerre remet à plus tard des réformes qui ne sont qu'esquissées. Pourtant, même pendant le conflit la politique culturelle reste très active. La recherche de livres et de manuscrits rares pour la Bibliothèque du roi est passionnément poursuivie. En 1676, au milieu de la guerre maritime dans la Méditerranée, le ministre s'inquiète des quarante-trois livres hébreux et des vingt-deux ouvrages arabes pris par un corsaire. L'intendant de marine de Toulon doit s'ingénier à les retrouver.

La création du Cabinet des médailles et des estampes, installé rue de Vivienne auprès de la Bibliothèque royale, date de 1674.

Les manufactures du roi, comme la Savonnerie ou les Gobelins, commencent à satisfaire les commandes royales : l'abbé Strozzi, à Florence, cesse pratiquement ses envois.

Toutes les académies sont constamment encouragées... et surveillées. En 1673, Charles Perrault est élu chancelier de l'Académie française. Chacun sait qu'il représente l'œil du ministre. Perrault s'attache particulièrement à fixer l'orthographe de la langue française en limitant l'influence du latin et en rationalisant les règles grammaticales. Il y a là un dessein politique évident, lié à la montée des nationalités. Le français doit affirmer son indépendance nationale, face au latin universel et aux divers patois locaux.

Colbert s'est vu imposer Lulli par le roi. Il tente, à nouveau, de s'emparer du contrôle des spectacles. Louis XIV, poussé par le ministre, accorde à Henry Guichard, intendant des bâtiments de Monsieur, le privilège de construire des cirques et des amphithéâtres pour y produire « tout ce qui peut imiter les anciens jeux des Grecs et des Romains ». Quels curieux critères ! A son tour, après quatre années de lutte, Lulli obtient du roi que les lettres patentes ne soient pas enregistrées.

Le spectacle est le fait du roi et de lui seul. La mise en scène de sa propre vie quotidienne fascine le monde. En 1682, Mansart vient de terminer les deux ailes de Versailles et construit l'Orangerie. Louis XIV s'installe définitivement dans le palais où travaillent encore des centaines d'ouvriers. Le monarque y reçoit les ambassadeurs, assis sur un trône d'argent massif et lui-même revêtu de pierreries. Pour lui, Versailles est à la fois l'expression et l'arme de sa puissance. Il ouvre les grilles du parc à tous. L'ensemble de ses sujets doit être subjugué par un spectacle auquel peu d'entre eux participent.

Jusqu'au dernier jour de sa vie, Colbert rejette intimement cette conception du pouvoir et peut-être même cette forme de légitimité. Ses plaintes sur les dépenses royales à Versailles et sur les bâtiments en général se multiplient. Les travaux du château de Marly ont commencé depuis 1679. Le ton chagrin et réprobateur du ministre finit par agacer Louis XIV.

D'après Charles Perrault, premier commis aux bâtiments, le roi a même rendu la gestion de Colbert coupable des énormes dépenses consacrées à la construction de Versailles. Un jour de 1679, après avoir visité les fortifications de Louvois, le roi aurait dit à Colbert :

« Je viens de voir les plus belles fortifications du monde et les mieux entretenues ; mais ce qui m'a le plus étonné, c'est le peu de dépense qu'on y a faite ; d'où vient qu'à Versailles nous faisons des dépenses effroyables, et nous ne voyons presque rien d'achevé ? Il y a quelque chose à cela que je ne comprends point. »

Vivement blessé par ce reproche, Colbert ordonne qu'on fournisse à l'avenir tous les ouvrages au rabais. La qualité des travaux en souffre tant que le ministre se voit obligé de revenir souvent aux prix antérieurs. Perrault supporte de plus en plus mal le caractère difficile d'un homme accablé par les déceptions. En outre, Colbert voudrait que son fils d'Ormoy prenne peu à peu l'emploi de Perrault : le futur auteur des célèbres *Contes* prend alors le parti de se retirer « sans éclat et sans bruit ».

Le ministre apprend à son fils comment se faire remarquer par le roi [1] :

« Le compte que tu me rends est très bon. Songe bien

---

1. Cité par Clément et Mongrédien.

combien il est de conséquence pour toi de plaire au roi et de bien exécuter ses ordres. Il faut faire exécuter tous ses ordres et faire en sorte que le roi s'aperçoive que ses ordres sont plus promptement exécutés lorsqu'il te les donne que lorsqu'il les donne à un autre. »

Mais d'Ormoy, moins intelligent que Seignelay, donne d'énormes soucis à son père :

« Tout ce que tu m'envoies est si fort galopé et tu continues à t'appliquer si peu à l'exécution ponctuelle et exacte de tout ce que je t'ordonne que je commence à désespérer de pouvoir rien faire de toi. »

Certains historiens se plairont à évoquer une « disgrâce » de Colbert, disgrâce que d'Ormoy aurait précipitée. Le terme est impropre. L'influence de Louvois peut, à cette époque, se mesurer à celle de Colbert. Mais rien, dans la correspondance entre Louis XIV et son ministre, ne laisse deviner la moindre disgrâce. Le 24 juillet 1680, le roi écrit :

« Dites à d'Ormoy qu'il fera très bien sa cour auprès de moi en s'appliquant à faire avancer tous les travaux.

« Il ne me reste plus qu'à vous assurer de la satisfaction que j'ai de tout ce que vous faites et de l'amitié que j'ai pour vous. »

Le 2 août 1680, le roi semble même, par la première phrase de la lettre suivante, vouloir rassurer Colbert [1] :

« Je vois que tout avance par votre application et celle de votre fils. Il n'y a point de temps à perdre car je serai sans faute le 1ᵉʳ du mois de septembre à Versailles. J'ai reçu toutes vos lettres et j'ai dit à Seignelay de vous mander ce que j'avais à vous dire car je n'ai guère de temps à moi pendant ce voyage. Bontemps demandera des portes et des ajustements ; faites-les faire. »

Le ministre, d'ailleurs, ne manque pas de mettre à profit les bons sentiments du roi à qui il supplie « d'accorder quelque grâce à d'Ormoy pour aider à lui

---

[1]. Lettre autographe inédite, écrite par le roi à Lille.

faire un petit équipage et à l'entretenir ». Louis XIV répond en marge : « 6 000 livres. »

Tandis que Versailles brille d'un éclat insensé, les travaux du Louvre sont arrêtés en 1676. Les façades sont achevées mais Colbert ne verra jamais les toitures posées. La magnifique colonnade qui devait être l'entrée du plus beau palais du roi sert à entreposer de la paille pour les chevaux. On imagine la tristesse du ministre qui, pourtant, poursuit l'embellissement de la capitale, le pavement et l'élargissement des rues. Colbert travaille au projet d'un boulevard périphérique planté, véritable ceinture de verdure autour de la ville. Les travaux sont commencés, mais la guerre fait avorter ce projet, comme tant d'autres.

L'absence du roi précipite une évolution qui annonce déjà d'autres temps. L'exercice du pouvoir exige de plus en plus de compétence : la bourgeoisie s'est rendue indispensable et son importance s'est considérablement accrue dans les principaux pays d'Europe. Or les bourgeois sont difficilement reçus à Versailles. Eloignés de l'univers de la cour, les Parisiens créent la mode des « salons » où se retrouvent toutes les élites de la bourgeoisie d'affaire ou d'office, de la noblesse ou du monde littéraire et artistique. Ce sont des lieux de rencontres impensables à Versailles. C'est là que se prépare la pensée du XVIIIe siècle. Tout ce que Paris compte d'intelligence et de talent prend l'habitude de réfléchir sans le roi, c'est-à-dire de pressentir un univers délivré de la tutelle monarchique. L'erreur de Louis XIV est immense. Déjà s'expriment des idées de liberté politique et même de libre-pensée.

Colbert, comme Le Tellier, sont impuissants à contenir la véritable avalanche d'ouvrages imprimés en Hollande qui envahit toutes les grandes villes françaises. Le libraire hollandais Van Esteden, installé à Bordeaux, se voit surveillé par un suppôt du gouvernement. Il est formellement interdit « à tous marchands et autres personnes de la ville de Lyon de trafiquer, de vendre, ni débiter aucuns livres, ni libelles venant de pays étrangers qu'après qu'ils auront été visité par le lieutenant général de la sénéchaussée ». Toutes ces précautions sont inutiles. L'attrait du fruit défendu favorise même les livres étrangers, au point que certains libraires de l'Est de la France impriment des ouvrages avec une fausse marque étrangère! Des quantités de livres protestants, d'ouvrages savants, de libelles ou de pamphlets sur la politique ou la vie privée du roi se répandent dans tout le royaume.

Colbert n'arrive pas à contenir cette invasion. En outre, le manque de crédits atteint assez durement sa politique de « propagande » royale. Les gratifications accordées aux louangeurs de Louis XIV diminuent. En 1678, Pierre Corneille supplie humblement le ministre de lui obtenir à nouveau la pension qu'on lui a supprimée [1] :

« Monseigneur, dans le malheur qui m'accable, depuis quatre ans, de n'avoir plus de part aux gratifications dont Sa Majesté honore les gens de lettres, je ne puis avoir un plus juste et plus favorable recours qu'à vous, Monseigneur, à qui je suis entièrement redevable de celle que j'avais. »

Le grand tragédien finit par obtenir satisfaction en 1683, seulement. On lit dans une liste de gratifications : « Au sieur Corneille, en considération des divers ouvrages de poésie qu'il a composés : 2 000 livres tournois. »

La construction de l'Observatoire s'achève en 1683. Des astronomes sont envoyés faire des observations en Afrique ou en Inde, à l'île de Saint-Thomé. Le ministre se préoccupe personnellement de toutes les recherches scientifiques. Ainsi, il se passionne pour les dissections faites en Bretagne sur les poissons par le savant naturaliste La Hire à qui il écrit [2] :

---

1. P. Clément : *Op. cit.*, tome V, p. 562.
2. P. Clément : *Op. cit.*, tome V.

« Faites en sorte qu'il ne vous échappe aucun des poissons qui se peuvent pêcher dans toute l'étendue des côtes de Bretagne et de Normandie, et donnez-moi souvent de vos nouvelles. »

L'achat d'animaux et de plantes rares pour l'ornement de la ménagerie et des jardins du roi profite également aux travaux de l'Académie des sciences.

Le génial Hollandais Huyghens lui soumet toutes ses expériences et ses découvertes. L'Allemand Leibniz s'installe durant quatre années en France où il s'entretient souvent avec Huyghens et d'autres savants. En 1673, Colbert établit une chaire de médecine, de pharmacie et de chirurgie au Jardin des plantes. Il veut que des démonstrations soient faites gratuitement par les professeurs du jardin.

Très intéressé par l'application pratique des découvertes récentes, il demande à l'Académie des sciences d'entreprendre un traité sur la mécanique « où seraient données toutes les machines en usage en France et à l'étranger [1] ». Denis Papin, protégé du ministre, commence les expériences qui aboutiront, en 1691, à la découverte de la machine à feu.

Le goût scientifique devient presque une sorte de mode. Duverney donne au Dauphin, en présence de Bossuet, des leçons d'anatomie humaine. La mort de l'éléphant de la ménagerie de Versailles, en 1681, donne lieu à un véritable divertissement. Toute la cour veut assister à la dissection. Selon le témoignage que laisseront les *Mémoires de l'Académie des sciences* : « Quand le roi entra, il demanda où était l'anatomiste. Duverney s'éleva aussitôt des flancs de l'animal où il était comme englouti. » Perrault rédige la description, tandis que La Hire fait les dessins.

En 1677, le Dauphin visite l'Académie des sciences, en compagnie de Bossuet, du prince de Conti et de nom-

---

1. Le premier volume du *Recueil des Machines* paraîtra en 1699.

breux jeunes seigneurs de la cour. Colbert l'y reçoit à la tête de tous les académiciens. Le lendemain, le jeune prince découvre l'Observatoire, guidé par le ministre. A son tour, Louis XIV se rend à l'Académie des sciences en 1681. Colbert le conduit au laboratoire. Le souverain assiste à plusieurs expériences telles la congélation de l'eau, la réduction de sels très acres en une terre insipide, ou la distillation de la flamme d'esprit de vin... Dans la salle des assemblées, le ministre présente les ouvrages consacrés aux travaux de l'Académie. Le monarque admire les dessins d'animaux terrestres et aquatiques ou de machines astronomiques, puis s'adresse aux Académiciens : « Messieurs, il n'est pas nécessaire que j'exhorte l'Académie à travailler, elle s'y applique assez d'elle-même. » L'année suivante, il visite l'Observatoire où il se fait expliquer les travaux de Cassini.

Cet engouement pour la science expérimentale révèle une mutation profonde des esprits : l'expérience remplace imperceptiblement le dogme. Le XVIIIe siècle commence peut-être vers 1680... Louis XIV, personnage intuitif, devine la montée d'une sorte de magma d'idées contraires. Il cherche à conjurer le mal par l'affirmation, de plus en plus brutale, d'un manichéisme politico-religieux qui aggrave encore l'isolement de la monarchie.

Dieu et César

La politique religieuse de Louis XIV consiste, ces dernières années de la vie de Colbert, à imposer de plus en plus violemment l'orthodoxie catholique, tout en assurant l'indépendance de la France à l'égard du Saint-Siège.

Le grand rêve unitaire de l'Antiquité disparaît. Le pape n'est plus considéré comme l'arbitre de l'Europe, tandis que l'on assiste à la montée des Etats nationaux. Le roi de

France tient son pouvoir de Dieu, et l'unité nationale qu'il représente doit se confondre avec l'unité religieuse. Selon la logique de Louis XIV et celle — il faut le souligner — d'une grande majorité de Français, tous les sujets du souverain devraient professer la religion catholique. D'autre part, la fonction sacrée de la royauté suppose que le roi exerce une part importante du pouvoir temporel de l'Eglise de France.

Il va sans dire que ces conceptions « gallicanes » de l'Eglise s'accordent fort bien avec les exigences financières de ces temps difficiles. Selon un ancien droit d'origine incertaine, le « droit de régale », le roi a le pouvoir de toucher les revenus de certains diocèses, et même de nommer à des fonctions ecclésiastiques, à condition que l'évêché soit devenu vacant. Dès 1673, Louis XIV cherche à étendre le droit à tout le royaume, et charge Colbert de préparer la prochaine assemblée du clergé dans un sens favorable. L'autorité du roi paraît alors immense. L'Eglise de France se soumet facilement aux prétentions du souverain. Mais lorsque les édits fiscaux de Colbert étendent le droit de régale aux diocèses du Midi, deux évêques jansénistes (Pavillon et Caulet) protestent vigoureusement. Le pape Innocent XI donne tort à Louis XIV (1678). En 1682, l'Assemblée du clergé, sous l'inspiration de Bossuet, rédige la *Déclaration des quatre articles* qui soutient Louis XIV, c'est-à-dire l'indépendance de l'Eglise gallicane contre l'autorité temporelle du pape. Rome finira par gagner, après la mort du ministre.

Dès avant la guerre, Louis XIV a déjà cherché à restreindre l'influence protestante dans son royaume. En 1669, une déclaration a limité la portée de l'édit de Nantes en réputant interdit tout ce qui n'est pas nommément concédé. Pendant le conflit, deux protestants, Turenne et Duquesne, dirigent brillamment l'armée de terre et la marine de guerre. La présence de Turenne, surtout, oblige probablement le roi à quelque scrupule pour employer la violence contre la R.P.R.[1], comme l'on dit alors. La mort du maréchal, en 1675, va précipiter l'intolérance. On peut supposer que le fanatisme déjà connu de Louvois n'était pas étranger à la préférence que le grand homme de guerre éprouvait à l'égard de Colbert.

En 1677, Pellisson, ancien commis de Fouquet et converti de fraîche date, ne sait comment prouver son zèle pour remercier le souverain de son retour en grâce. Il propose de créer une Caisse de conversion qui distribue des primes aux plus pauvres des réformés en échange de leur abjuration. Colbert se passerait volontiers de cette nouvelle utilisation des fonds publics, alors que le déficit budgétaire reste préoccupant. Et pourtant, le ministre n'ose refuser cette proposition, tant il connaît les sentiments et la détermination de Louis XIV sur cette question. Les brimades scandaleuses succèdent aux arguments financiers, jugés insuffisants. En 1678, c'est un malheureux concierge calviniste du jardin de Blois qui est congédié ! L'année suivante, nous trouvons une curieuse correspondance entre Louis XIV, Colbert et l'archevêque de Paris, à propos d'un incident survenu dans la famille des Rohan[2].

Le 26 janvier, « à 4 heures du soir », l'archevêque envoie au roi la lettre suivante :

« Sire, Mme la duchesse de Verneuil, M. le duc de Sully, son fils, et une partie de sa famille de la maison de Rohan sont venus à l'Archevêché pour me donner avis que Mme de Coachim est malade à l'extrémité, que le père Chaussemet l'a entendue de confession, qu'on lui a porté Notre-Seigneur qu'elle a reçu de la main de son curé et qu'ensuite Mme la duchesse de Rohan, sa mère, s'est approchée de son lit, qu'elle a fait tous ses efforts pour la pervertir en lui disant de quitter sa religion et ses erreurs, et que M. le duc de Rohan, son fils, s'étant opposé à sa

---

[1]. Religion prétendue réformée.
[2]. Cette correspondance est inédite.

violence, elle s'est emportée contre lui avec mille injures, qu'elle l'a frappé (ce qu'il a constamment soutenu) et enfin m'ont demandé conseil de ce qu'ils avaient à faire dans une occasion aussi extraordinaire et aussi dangereuse [...].

« Enfin, Sire, on a jugé à propos [...] d'en donner avis à Votre Majesté, afin qu'elle ait la bonté (si elle le juge convenable) d'envoyer un ordre et quelqu'un qui se porte de sa part pour donner protection à la malade et empêcher Mme sa mère de renverser les bonnes dispositions dans lesquelles elle est. »

Louis XIV répond :

« J'envoie à Colbert qui est à Paris ordre d'aller trouver Mme de Rohan et de lui dire de ma part que je suis étonné qu'elle veuille user de la manière qu'elle fait auprès de sa fille et la prier de ma part de ne plus continuer dans son dessein et enfin de lui dire qu'il a ordre de l'empêcher par toutes sortes de voies de rien faire contre ce que je désire qui est de laisser vivre ou mourir en repos la malade dans notre religion qu'elle a professée jusques à cette heure. Je lui mande de conférer avec vous ce qu'il y a à faire si rien ne presse, sinon d'exécuter ce que je lui ordonne et de donner tous les ordres nécessaires pour éloigner Mme de Rohan d'auprès de sa fille et même d'user de violence s'il était besoin ; pour vous, je crois que vous devez y aller s'il est nécessaire et faire en cette rencontre le devoir d'un bon archevêque si la maladie dure et l'agitation dans laquelle on est. Je crois que vous ferez mieux de ne venir pas demain et de demeurer à Paris pour faire votre devoir dans une chose aussi importante. Vous pouvez venir si vous le jugez à propos dimanche pour me rendre compte de toutes choses. »

Par le même courrier, le roi écrit à Colbert :

« Je vous envoie la copie de la lettre que j'écris à M. l'archevêque par laquelle il me donne en réponse la sienne, part de ce que fait Mme de Rohan auprès de Mme de Coachin.

« Je lui mande ce que je vous ordonne et vous exécuterez de point en point ce qu'elle contient. S'il est nécessaire que vous demeuriez dans la maison de ma part, et que vous croyiez devoir faire encore autre chose, je vous l'ordonne, ne pouvant en trop faire dans une affaire de cette conséquence. »

1680 marque le début d'une diminution de l'influence de Colbert. L'arrogance de Louvois convient mieux à l'orgueil sans bornes du roi conquérant que ne convient l'esprit chagrin de Colbert. Louvois a gagné sa guerre — la guerre armée —, alors que Colbert sait qu'il a perdu la sienne — la guerre économique. Tandis que Colbert se prépare à une deuxième bataille économique contre l'Angleterre, Louis XIV et Louvois pratiquent une politique particulièrement agressive à l'égard de l'Allemagne. Cette politique d'annexions [1] (connue sous le nom de « réunions ») provoquera d'ailleurs plus tard l'entrée en guerre de l'Angleterre, tant redoutée de Colbert. Pour l'heure, le roi, au sommet de sa gloire, n'admet aucune résistance.

Le refus de nombreux protestants à se convertir lui paraît une insulte à la royauté. Louvois inaugure les terribles « dragonnades » au cours desquelles les soldats provoquent des conversions par le pillage et la torture. Les résultats sont surprenants : on obtient 37 000 conversions en quelques semaines. Colbert accepte de cautionner des mesures qu'il aurait repoussées auparavant. Les protestants tiennent un rôle exceptionnel dans la marine, dans les grandes compagnies et dans l'industrie. Il ne peut plus s'opposer à cette stupide vague d'exclusions de toutes sortes. Les intendants reçoivent une circulaire du ministre qui leur interdit d'employer des protestants au recouvrement des tailles. Tout comme les officiers de finance, les

---

1. La République indépendante de Strasbourg est occupée en 1681.

officiers de marine sont priés de se convertir s'ils veulent garder leurs fonctions.

Au mois de juillet 1680, le ministre écrit à l'intendant de Brest : « Sa Majesté attendra encore un mois ou deux que les officiers de la religion prétendue réformée se mettent en état de profiter de la grâce qu'elle a bien voulu leur accorder, et elle chassera ceux qui auront persévéré dans leur opiniâtreté. »

L'exemple de Duquesne préoccupe vivement Colbert. Le vieux marin refuse énergiquement d'abjurer. Son départ serait une catastrophe pour la marine. Duquesne peste de n'avoir pas été promu à la dignité suprême d'amiral du Levant et de maréchal de France. Colbert lui suggère que son obstination empêche le roi de le récompenser selon ses mérites. L'officier persiste. Colbert lui envoie Bossuet qui, deux heures durant, tente vainement de le persuader que la voie du salut est dans la seule Eglise catholique. Duquesne envoie à Colbert une lettre assez belle pour être citée en entier :

« *Monseigneur*[1], *j'ai reçu la lettre que vous m'avez fait l'honneur de m'écrire le 1er de ce mois, où vous me dites que, sans les exclusions que je me donne, je recevrais des grâces du roi au-delà de mes prétentions.*

« *Je croyais que, puisque après avoir exposé les principaux articles de ma religion à M. l'évêque de Condom, il les a approuvés comme étant d'une doctrine chrétienne et conforme aux bonnes mœurs et que le seul défaut qu'il y trouve est seulement que je n'en crois pas assez, cela ne devrait pas ce me semble m'avoir attiré ces exclusions, et, sans blesser le respect que je vous dois, on pourrait dire qu'il y a aussi bien scandale pris que scandale donné; et puisque c'est le commandement du Seigneur de rendre à César ce qui appartient à César et à Dieu ce qui appartient à Dieu, César, sans doute, ne trouvera pas mauvais qu'en lui rendant scrupuleusement ce qui lui est dû, l'on rende*

---

1. La lettre est du 20 février 1680.

aussi à Dieu ce qui lui appartient. Et vous, Monseigneur, qui êtes zélé pour la gloire du roi, considérez, s'il vous plaît, que rien n'est plus capable de l'augmenter et faire connaître sa générosité à toute la terre que le surcroît des grâces que Sa Majesté fait à ceux qui le servent bien, et cela même fortifie le zèle que ses sujets ont pour son service.

« *Je suis avec beaucoup de respect, Monseigneur, votre très humble et très obéissant serviteur.*

« DUQUESNE. »

Colbert réussit tout de même à convaincre Louis XIV d'accorder au vieil et inflexible officier le titre de marquis et le don d'une terre. A la même époque, on commence à exclure les protestants de la fourniture des arsenaux de marine et du pilotage des vaisseaux. Affolés, Colbert et Seignelay demandent à l'intendant de marine de Rochefort « à rassurer les esprits des prétendus réformés, sans rien faire de nouveau contre eux, afin de les empêcher de passer dans les pays étrangers ».

On est également loin du temps où Colbert demandait à l'évêque d'Amiens de « modérer le zèle » d'un « bon religieux » qui tentait de convertir Van Robais et ses entrepreneurs. En 1682, le ministre écrit à l'intendant d'Amiens : « Je vous conjure de mettre toujours en pratique tous les expédients que vous croirez capables de convertir ledit Van Robais et sa famille. »

Les raisons politiques ne sont probablement pas les seules à expliquer l'acharnement de Louis XIV. De terribles événements sont venus durcir la foi du roi. L'Affaire des poisons a fait surgir l'ombre de Satan. Mme de Montespan a cédé le pas à Mme de Maintenon, huguenote convertie et fanatique. Colbert, qui reste un confident intime du roi jusqu'à la fin de ses jours, tente, de toute son habileté et de toutes ses forces, de sauver la favorite, son alliée.

CHAPITRE IV
L'affaire des poisons

Le bel équilibre de l'art classique, l'apparente mise en ordre de la société et de ses lois, la gloire aveuglante d'une monarchie triomphante masquent brillamment une évolution idéologique mal contenue, une transition inconsciente, des aspirations contradictoires encore inavouées. Les structures sociales et parfois même mentales du Moyen Age persistent. Et pourtant, l'indéracinable nostalgie du monde antique ne dénonce-t-elle pas secrètement un rejet de la révélation mystique?

Une foi religieuse confuse traduit mieux la profonde complexité du siècle. L'on assiste tout à la fois à une baisse certaine du sentiment religieux et à d'admirables accès de mysticisme entremêlés d'un paganisme plein de vitalité et de superstitions grossières. L'on prie Dieu avec exaltation et l'on craint le diable. La messe plaît à Dieu, la magie apaise Satan. Les contemporains de Louis XIV considèrent souvent, avec un naturel déconcertant, que les deux cultes sont complémentaires.

Derrière le décor lumineux du grand règne, grouille un univers de sorciers, de mages criminels ou guérisseurs, d'alchimistes en quête de la pierre philosophale, c'est-à-dire, plus simplement, de faux-monnayeurs. L'ignorance médicale, ahurissante à une époque si ouverte sur la science, encourage les croyances en des recettes plus proches de la superstition magique que de la médecine

Mme de Sévigné nous révèle que Mme de Lafayette prend des « bouillons de vipère qui lui donnent des forces à vue d'œil ». Georges Mongrédien [1] a relevé dans la pharmacopée de Charas, approuvée par d'Aquin, l'une des plus hautes autorités médicales de son temps, les recettes suivantes : de la fiente de paon contre l'épilepsie, du sperme de grenouille contre les vomissements, du sel de cloporte et de ver de terre contre la goutte, des cendres d'abeille pour faire repousser les cheveux et de l'huile de fourmi contre la surdité.

Les médecins sont encore impuissants à déceler la trace de poisons dans les autopsies. La tentation d'éliminer impunément tout gêneur est grande. De véritables tueurs à gages, qui entourent leurs crimes de diableries atroces ou ridicules, sont peu à peu démasqués par La Reynie. Toute cette immondice va éclabousser la cour même du roi. Cette pègre réussit parfois à s'introduire à Versailles par l'intermédiaire de domestiques soudoyés. Certains grands personnages consultent les sorcières diseuses de bonne aventure. Les amants se font couramment fabriquer des « poudres d'amour ». Où finit la curiosité et où commence le crime ?

Ce que l'on appellera « l'Affaire des poisons » comprend plusieurs phases. A différents titres et à différentes reprises, Colbert doit agir. Considérons les étapes de cette sombre affaire, dans l'ordre où elles parviennent à la connaissance du ministre.

La Brinvilliers

Avec la découverte, en 1672, des crimes de la marquise de Brinvilliers commence la psychose des empoisonnements dans l'opinion publique. Henriette d'Orléans,

---

[1]. Georges MONGRÉDIEN : *La Vie quotidienne sous Louis XIV*.

L'affaire des poisons

« Madame », est morte au mois de juin 1671, juste après son retour d'Angleterre où elle a réussi à faire signer par son frère, le roi Charles II, le traité de Douvres. Tout semble prouver qu'elle est morte d'une appendicite. Mais beaucoup, dont le roi Charles II, penseront que Madame a été empoisonnée.

La marquise de Brinvilliers, fille d'Antoine Dreux d'Aubray, lieutenant civil de la ville de Paris, empoisonne mortellement son père et ses deux frères qui l'empêchaient de voir librement ses nombreux amants. Son mari, tantôt empoisonné, tantôt désempoisonné par des amants compatissants, parvient à survivre à ce rude traitement! Il est probable que la marquise a commis d'autres meurtres par les mêmes moyens. La découverte d'une cassette compromettante, lors de la mort (naturelle) de son amant et complice, Sainte-Croix, alchimiste à ses heures, met en éveil la police du roi.

Mme de Brinvilliers s'enfuit en Angleterre. Colbert croit, tout d'abord, que la police anglaise lui prêtera main-forte. Mais les magistrats d'outre-Manche ne sont point de cet avis et Charles II, qui n'ose les contredire, permet à l'ambassadeur de France, alors Charles de Croissy, frère du ministre, de faire arrêter lui-même la marquise par des officiers français. Colbert pense justement que ce serait une maladresse politique, et l'écrit à son frère (novembre 1672) : « Il est certain que le peuple, qui est fort susceptible d'émotion contre les Français, ne souffrirait pas que ces officiers fissent une capture de cette qualité dans la ville de Londres. »

L'extradition est à nouveau demandée par Louis XIV et à nouveau refusée par Charles II. La marquise apprend le danger qu'elle court, quitte Londres, change souvent de résidence. Trois ans plus tard, on signale à Louvois la présence de Mme de Brinvilliers dans un couvent de Liège. La ville est alors occupée par les troupes françaises. Louvois fait arrêter en hâte la criminelle qui est bientôt conduite à Paris.

Le procès émeut considérablement l'opinion... et embarrasse beaucoup Colbert. En effet, la marquise, de sa prison, envoie des billets à l'un de ses anciens amants, Reich de Penautier, trésorier des Etats du Languedoc et receveur du clergé. Penautier, sur qui pesaient déjà certains soupçons, est arrêté le 15 juin 1676. Or l'homme est un des agents les plus intelligents de Colbert, et un receveur très efficace du clergé. Le ministre ne laisse aucun papier qui prouverait son intervention en faveur de Penautier. Mais, d'après les témoignages de Mme de Sévigné, et plus tard de Saint-Simon, il paraît certain que le ministre et le cardinal de Bonzi, grande autorité religieuse du Languedoc, ont donné tout leur appui au prisonnier. Il est d'ailleurs probable que Mme de Brinvilliers ait voulu compromettre un homme à qui elle avait, autrefois, prêté de l'argent, et dont les hautes fonctions embarrasseraient le gouvernement. La marquise est exécutée en 1676 et Penautier sera libéré onze mois plus tard, rien n'ayant été prouvé contre lui.

Louis XIV veut indéniablement laver le royaume de cet univers criminel en toute justice et sans aucune distinction de classes. Du camp de Valenciennes, il écrit à Colbert d'intervenir auprès du premier président et du procureur général et de leur faire savoir de sa part « qu'ils feront tout ce que des gens de bien comme eux doivent faire ». Le roi est loin de soupçonner à quel point toute cette boue est proche de sa personne.

LA VOISIN

Au mois de septembre 1677, un billet sans signature, révélant le projet d'empoisonner le roi et le Dauphin est trouvé dans une église de Paris. D'autre part, les confesseurs de Notre-Dame, sans donner de noms, apprennent à la police l'existence d'une bande de malfaiteurs, sorciers à leurs heures, experts en poisons et en fausse monnaie. La Reynie réussit plusieurs coups de filet en faisant espionner le milieu des devineresses. L'arrestation de Marie Bosse, le 4 janvier 1679, est bientôt suivie de celle du magicien Lesage — qui a déjà purgé une peine de galères —, de la Filastre, et surtout, de la célèbre Voisin et de son horrible complice, l'abbé Guibourg. Messes noires, sacrifices d'enfants avortés ou abandonnés, poisons, conjurations magiques avec des hosties consacrées, se mêlent aux inoffensives consultations pour prédire l'avenir, auxquelles se sont rendus de grands personnages, complaisamment cités par les sorciers. Ces révélations terrifiantes, ajoutées à celle d'un projet régicide, transforment peu à peu une simple affaire criminelle en une affaire d'Etat.

Le 8 mars 1679, Louis XIV, conseillé par Louvois, institue un tribunal d'exception, la « commission de l'Arsenal », dont les décisions seront sans appel et la procédure secrète. L'incohérence administrative de l'époque précise assez mal les fonctions officielles de Le Tellier et de Colbert dans cette affaire. Les lettres patentes de la commission sont signées le 7 avril par le roi et contresignées par Colbert qui a, dans ses attributions, le département de Paris. Mais le chef de la justice est alors Le Tellier. C'est son fils, Louvois, qui se trouve chargé de mener toute l'affaire. Le Parlement, furieux d'avoir été dessaisi d'un procès aussi important, proteste vainement auprès du roi.

La Bosse et d'autres complices sont rapidement jugées. Lesage et la Voisin commencent à citer de grands noms. Lesage évoque déjà celui de Mme de Montespan. La Voisin dément les dires de Lesage mais met en cause des personnages considérables comme le maréchal de Luxembourg, la comtesse de Soissons et sa sœur, la duchesse de Bouillon (nées Mancini), la marquise d'Alluye (ancienne maîtresse de Fouquet) ou Mme de Polignac.

Il faut noter ici la curieuse démarche de Louvois auprès

de Lesage, démarche déjà très critiquée par ses contemporains. Le ministre n'hésite pas à se déranger lui-même pour aller visiter Lesage dans sa prison de Vincennes. On ne saura probablement jamais ce que les deux hommes se sont dit au cours de ce tête-à-tête. Dès le lendemain, Louvois écrit à Louis XIV :

« J'y ai été hier matin et lui ai parlé au sens que M. de la Reynie a désiré, lui laissant espérer que Sa Majesté ferait grâce pourvu qu'il fît des déclarations nécessaires pour donner connaissance à la justice de tout ce qui s'est fait à l'égard des poisons. »

Or, il est prouvé que ces sorciers, bien qu'emprisonnés en des lieux différents, ont bénéficié d'un réseau de complicités qui les ont fort bien renseignés sur le déroulement de l'instruction. Il est tout à fait possible que la Voisin connaît déjà les promesses faites par Louvois à Lesage, lorsqu'elle se décide à citer des noms. La Reynie instruit toute l'affaire avec une sévérité et une probité remarquables. Il a, d'ailleurs, reçu verbalement des ordres précis du roi qu'il note dans ses papiers, le 27 décembre 1679 :

« Sa Majesté nous a recommandé la justice et notre devoir en des termes extrêmement forts et précis, et en nous marquant qu'elle désirait de nous pour le bien public que nous pénétrassions le plus avant qu'il nous serait possible dans le malheureux commerce du poison afin d'en couper la racine, s'il était possible. Elle nous a commandé de faire une justice exacte, sans aucune distinction de personne, de condition, ni de sexe. Et Sa Majesté nous l'a dit en des termes si clairs et si vifs et en même temps avec tant de bonté qu'il est impossible de douter de ses intentions à cet égard et de ne pas entendre avec quel esprit de justice il veut que cette recherche soit faite. »

Le 23 janvier 1680, la commission de l'Arsenal, plus couramment connue sous le nom de « chambre ardente » en souvenir des anciens tribunaux du Moyen Age, ordonne l'arrestation de la comtesse de Soissons, de son amie la marquise d'Alluye, de Mme de Polignac et du maréchal de Luxembourg. Tandis que le maréchal refuse de se dérober à la justice (qui le mettra hors de cause), les trois femmes s'enfuient précipitamment. Le roi a probablement aidé la fuite de Mme de Soissons, son ancienne maîtresse. La duchesse de Bouillon, accusée d'avoir voulu empoisonner son mari avec la complicité de son amant, se présente devant le tribunal au bras de l'un et de l'autre... L'aristocratie est indignée. La grande bourgeoisie est également touchée mais bénéficie souvent de ses relations avec les membres de la commission. L'opinion est effarée. Mme de Sévigné écrit qu' « il n'y a guère d'exemple d'un pareil scandale dans une cour chrétienne ».

Louvois suspend le procès du 25 janvier au 15 février. Le 22 février, la Voisin meurt sur le bûcher. Le 24 février, la commission est déclarée compétente pour « sacrilèges, impiétés, profanations, fabrication et exposition de fausse monnaie ».

Madame de Montespan

Le 18 mai 1680, Bussy rapporte cet incident :
« Le jour que le roi partit de Saint-Germain, comme il montait en carosse avec la reine, il eut de grosses paroles avec Mme de Montespan, sur des senteurs dont elle est toujours chargée et qui font mal à Sa Majesté. Le roi lui parla d'abord honnêtement, mais comme elle répondit avec beaucoup d'aigreur, Sa Majesté s'échauffa. »

Le 25 mai, Mme de Sévigné raconte à son tour :
« Il y eut l'autre jour une extrême brouillerie entre le roi et Mme de Montespan. M. Colbert travailla à l'éclaircissement et obtint avec peine que Sa Majesté ferait médianoche, comme à l'ordinaire. Ce ne fut qu'à condition que tout le monde entrerait. »

Autrement dit, le roi accepte de revoir Mme de Montespan après cette grande dispute, mais refuse le tête-à-tête.

Le nom de la favorite a déjà été cité par Lesage, mais on sait que la Voisin a démenti les dires du magicien. Les véritables attaques des prisonniers contre la maîtresse du roi n'ont pas encore commencé à cette date précise. Colbert a doublement intérêt à défendre Mme de Montespan. La troisième fille du ministre, Marie-Anne, est fiancée depuis le 13 février 1679 à Louis de Rochechouart, duc de Mortemart, fils de Vivonne et propre neveu de la favorite. D'après Primi Visconti, Mme de Montespan aurait proposé le même mariage à Louvois qui, paraît-il, l'aurait refusé, ce qui aurait déterminé une rupture entre eux. Quoi qu'il en soit, Colbert a quelques raisons de souhaiter, pour sa fille, la faveur de Mme de Montespan auprès du roi.

D'autre part, Mme de Montespan a l'immense avantage pour le ministre de ne pas se mêler de politique et de ne pas chercher à influencer le roi sur des questions d'ordre public ou national. Il n'en est point de même avec Mme de Maintenon, dont l'ascendant moral et intellectuel auprès de Louis XIV s'affirme de plus en plus. Colbert ne doit probablement pas cacher son exaspération à l'égard de l'influence néfaste de la belle veuve Scarron sur la politique religieuse du roi. Sottement, Mme de Maintenon écrit à son amie, Mme de Saint-Géran : « M. Colbert ne pense qu'à ses finances et jamais à la religion. »

La veuve Scarron connaît le début de sa fortune lorsqu'elle se voit chargée d'élever les enfants du roi et de Mme de Montespan. En 1674, Louis XIV lui permet d'acheter la terre de Maintenon, la fait marquise du même nom et lui accorde 10 000 livres de rente. C'est le payement d'une simple dette de reconnaissance, car la faveur de Mme de Montespan est alors indiscutable.

En 1675, Bossuet, indigné par le caractère officiel de l'adultère royal, sermonne durement la favorite. Aux pleurs, aux repentirs, aux élans religieux, et aux faux départs, succèdent très vite la réconciliation des amants et une nouvelle naissance.

L'année suivante, Mme de Montespan, « triomphante beauté à montrer aux ambassadeurs », selon le mot de Mme de Sévigné, merveilleuse publicité vivante pour les manufactures de Colbert, paraît à la cour, « tout habillée de point de France, coiffée de mille boucles ». Le roi commence à se fatiguer de sa jalousie, de ses dépenses, de son caractère. Il la trompe assez souvent. Mais la favorite sait encore reconquérir le cœur du roi. Mme de Sévigné le dit si bien à sa fille, ce 11 juin de l'année 1677 :

« Ah! ma fille, quel triomphe à Versailles! quel orgueil redoublé! quel solide établissement! quelle duchesse de Valentinois[1]!, quel regoût, même par les distractions et par l'absence! quelle reprise de possession! je fus une heure dans cette chambre. Elle était au lit, parée, coiffée; elle se reposait pour le « medianoche ». »

Au mois de mai 1678, Louis XIV est fort préoccupé par la proximité de M. de Montespan qui n'a jamais accepté son infortune et le montre par mille extravagances. Le roi, encore en campagne, écrit à Colbert :

« J'ai oublié de vous dire en partant que M. de Montespan étant à Paris, il serait bien à propos d'observer sa conduite. C'est un fol capable de faire de grandes extravagances. Je désire donc que vous le faisiez voir, ce qu'il fait, quels gens il hante, quels discours il tient; enfin soyez le plus instruit que vous pourrez de ce qu'il fait, et quand il y aura quelque chose qui vous paraîtra considérable, vous me le ferez savoir. »

C'est là le discours d'un homme qui tient à sa maîtresse. Cette année-là, Colbert doit même armer les vaisseaux de course pour le compte de la favorite! Alors qu'il est urgent de préparer la marine à un éventuel conflit contre l'Angleterre et les autres puissances maritimes

---

1. Titre de Diane de Poitiers, maîtresse triomphante de Henri II. comme Mme de Montespan l'est de Louis XIV.

européennes, on arme au Havre et on lève des matelots à La Rochelle, afin de satisfaire les intérêts privés de la maîtresse du roi.

Pourtant, les infidélités de Louis XIV se poursuivent. La ravissante Mlle de Fontanges inquiète particulièrement Mme de Montespan qui parvient tout de même à se faire nommer surintendante de la maison de la reine, en avril 1679. Et le roi est de plus en plus séduit par le charme effacé et digne de Mme de Maintenon.

Au mois de juillet 1680, l'abbé Guibourg, le sinistre assistant de la Voisin, déclare avoir dit une messe dans un château près de Montlhéry, sur le ventre d'une femme qu'il ne connaît pas, à la demande de Leroy, gouverneur des pages de la petite écurie. Durant tout l'été 1680, Mme de Montespan est nommément accusée par plusieurs prisonniers. La Reynie considère sérieusement ces accusations. Il constate que Mlle des Œuillets, femme de chambre de la favorite, a précisément logé chez Leroy. Il est curieux que deux sorcières, la Vertemart et la Filastre, aient cherché à se placer, l'une chez Mme de Montespan, l'autre chez Mlle de Fontanges. La fille de la Voisin accuse la maîtresse du roi, avec un grand luxe de détails.

Les prisonniers vont jusqu'à suggérer que Mme de Montespan se trouverait impliquée dans l'histoire du fameux placet empoisonné que la Voisin aurait tenté de remettre au roi. Le 2 août 1680, Louis XIV, affolé par les révélations de La Reynie, transforme une procédure déjà secrète en une procédure ultra-secrète confiée au seul La Reynie, sous le contrôle de Louvois. Ce même jour, la Filastre déclare que « le prieur Guibourg, prêtre de Saint-Denis, lui a dit avoir travaillé pour la dame de Montespan, aussi bien que pour un homme qui avait quelque ressentiment contre M. Colbert ». Toujours selon la prisonnière, Mme de Vivonne, belle-sœur (et ennemie) de Mme de Montespan, a demandé « avec la liberté et le rétablissement de M. Fouquet, la mort de M. Colbert ».

Il est de fait que La Reynie retrouvera une promesse d'argent de 1 000 livres faite à Guibourg en 1675 par un certain d'Amy, officier de la chambre des comptes de Provence, qui aurait eu des démêlés avec le ministre. Guibourg fournit les drogues à d'Amy. Ont-elles atteint Colbert? Elles expliquent peut-être les terribles maux d'estomac du ministre.

Louis XIV, épouvanté par ces nouvelles déclarations de la Filastre, décide de tout suspendre durant son absence à l'occasion du mariage du Dauphin. Il veut diriger lui-même l'affaire, dès son retour.

La fille de la Voisin accuse à son tour la favorite. Mais ses déclarations sont contradictoires. Le 13 août, elle dit n'avoir jamais vu Mme de Montespan. Le 20 août, elle dit l'avoir vue, lui avoir parlé à la portière de son carrosse en lui donnant de la poudre. Le 22 août, elle accuse formellement la maîtresse du roi d'avoir participé à une messe noire avec égorgement d'enfant. La Filastre, sous la torture [1], confirme à nouveau ses révélations. Elle se confesse avant son exécution et, après la confession, demande à parler à La Reynie pour démentir ses accusations contre Mme de Montespan. Mais, à son tour, le prêtre Guibourg accuse précisément la favorite. L'abbé affirme avoir dit une messe sur le corps de Mme de Montespan qui avait apporté une lettre d'elle adressée au diable dans laquelle la favorite demandait que la reine fût stérile et répudiée, que le Dauphin lui accordât son amitié, et que, elle, la maîtresse du roi, fût épousée et appelée aux conseils. Ce tissu d'absurdités discrédite, il est vrai, les déclarations des prisonniers.

La Voisin et la Filastre ont toutes deux, et séparément, accusé Mme de Montespan d'avoir tenté d'empoisonner Mlle de Fontanges par le moyen d'étoffes et de gants.

La Reynie est probablement fort embarrassé lorsque le

---

1. Aussi choquant que cela puisse nous paraître, la torture était couramment pratiquée en Europe, même en Hollande.

roi lui demande son avis. La personnalité et les contradictions des prisonniers plaident en faveur de Mme de Montespan. Les négligences de leur surveillance peuvent expliquer la concertation secrète d'un plan d'accusations simultanées qui transformeraient l'affaire criminelle en affaire d'Etat que le roi aurait intérêt à étouffer. Mais La Reynie a retrouvé les procès-verbaux des interrogatoires au Châtelet de Mariette (prêtre de Saint-Sauveur) et de Lesage en 1668. Or le nom de Mme de Montespan est déjà cité à cette époque par les deux accusés. Selon les deux hommes, Mme de Montespan s'est fait dire l'Evangile des Rois sur la tête et a fait passer sous le calice, pendant la messe, par Mariette, des herbes et des poudres pour conquérir le roi et chasser Louise de la Vallière. Avec raison, La Reynie pense que tout cela est « de grande considération » parce que « cela a été dit en temps non suspect [1] ».

Le 1er octobre 1680, Louis XIV, effrayé, suspend les séances de la chambre ardente et charge La Reynie de poursuivre secrètement son enquête. Le 19 novembre, Louis XIV accorde à Mme de Montespan un cadeau de 50 000 livres « par gratification, en considération de ses services ». Contrairement à ce qui sera dit par certains historiens, cette gratification ne nous paraît pas prouver la conviction du roi en l'innocence de sa maîtresse : pourquoi alors Colbert préparera-t-il, les mois suivants, avec l'aide d'un célèbre avocat criminaliste, un important dossier destiné au roi pour innocenter Mme de Montespan ? Cette grâce royale ressemble plutôt à un cadeau d'adieu.

Mme de Montespan a eu sept enfants du roi, dont trois meurent jeunes et quatre survivront [2]. Louis XIV les a

---

1. Cité par Georges MONGRÉDIEN : *L'Affaire des Poisons.*
2. Le duc du Maine (1670), le comte de Toulouse (1678), Mlle de Nantes et la seconde Mlle de Blois.

légitimés et paraît les affectionner particulièrement. Le scandale d'une poursuite judiciaire officielle contre leur mère éclabousserait la royauté aux yeux de la France et de l'Europe entière. Louvois, qui ne cache pas ses soupçons, est pourtant d'accord avec Colbert sur ce point. Au début de l'année 1681, Colbert décide de tout mettre en œuvre pour sortir cette affaire de l'impasse où elle se trouve. Le ministre connaît tous les interrogatoires que La Reynie lui envoie fidèlement [1]. Il les reprend un à un, les résume pour lui-même à deux reprises et note en marge quelques commentaires [2]. En tête d'un de ces documents récapitulatifs, le ministre écrit de sa petite écriture, fort difficile à lire :

« Abrégé sur la grande affaire.

« Il se trouve trois sortes de crimes divisés par trois temps distincts.

« Le premier marqué par Lesage en 1667 et 1668 : impiétés, cérémonies de Saint-Germain par Mariette [...].

« Le second dans les années suivantes : abominations, messes [...], sacrifices d'enfants égorgés.

« Le troisième : entreprise sur la personne du roi par empoisonnement. »

L'esprit clair du ministre a bien défini l'escalade, en quelque sorte, des crimes présumés, dont la gravité augmente avec le temps.

Colbert est très au courant des déclarations faites par Lesage et Mariette à propos de la visite de Mme de Montespan en 1667 et 1668. Le ministre note longuement, d'une écriture saccadée et pleine d'abréviations, ces événements qui, de toute évidence, sont très embarras-

---

[1]. L'on reste ici surpris par la légèreté de l'ouvrage (récemment réédité) de FUNK-BRENTANO (*Le Drame des Poisons*) qui, par ailleurs, paraît bien documenté. L'auteur prétend que Colbert n'a suivi l'affaire que de loin, ce qui est tout à fait démenti par les papiers du ministre. D'autre part, Mme de Montespan y est condamnée d'autorité, sans aucune preuve définitive.

[2]. Ces documents sont inédits.

sants. « Elle y fut, messe dite, 2 cœurs de pigeons passés sous le calice, le dimanche suivant [...] conjuration secrète, l'évangile des rois mis dans la même boîte avec un petit papier où était écrit, osties de Lucifer. »

Les interrogatoires de Lesage et de Mariette, en 1680, confirment les accusations concernant cette époque où la faveur de Louise de la Vallière pouvait gêner celle de Mme de Montespan. Le 10 novembre 1680, Mariette, écrit Colbert, « dit les mêmes choses que Lesage [...], commença par ce qu'il vit M[1] avec la Voisin à la fin de 1667 et au commencement de 1668 [...]. Dans la confrontation il a usé de variations [...] mais à la fin il reconnaît presque tout ».

Les interrogatoires portant sur les deux autres « crimes » font apparaître des contradictions et des invraisemblances beaucoup plus faciles à utiliser pour un éventuel plaidoyer en faveur de Mme de Montespan.

Au mois de février 1681, après sa longue et minutieuse étude, Colbert demande à l'avocat Claude Duplessis une consultation sur deux points distincts. En premier lieu, il faut prouver juridiquement l'innocence de Mme de Montespan. En deuxième lieu, il faut examiner la valeur ou l'utilité de la procédure en cours.

Pour répondre au premier point, Duplessis envoie au ministre un mémoire extrêmement long dans lequel il démontre l'absence de toute preuve réelle. En outre, il relève des contradictions graves dans les déclarations des prisonniers qui écartent même tout soupçon[2]. Il est pourtant significatif que Duplessis ne cite pas une seule fois la participation de Mme de Montespan aux « impiétés » de Saint-Germain en 1667 et 1668. Colbert s'est-il bien gardé de lui communiquer l'extrait des interrogatoires de Lesage et de Mariette? Ou alors, les deux

---

1. Abréviation de Colbert pour Mme de Montespan.
2. La correspondance entre Colbert et Duplessis se trouve dans les papiers personnels du ministre : elle a été publiée par Clément (tome VI).

hommes ont-ils décidé, ensemble, d'effacer ces incidents ? Le 26 février, Duplessis écrit confidentiellement au ministre : « Ayez la bonté de voir l'observation qui est au commencement, parce qu'elle peut fournir des moyens contre beaucoup de choses qui paraissent assez prouvées. »

Il peut s'agir là des relations entre Mme de Montespan et les sorciers, qui auraient fourni des « poudres d'amour » passées par des cérémonies sacrilèges. Les messes noires qui auraient été dites sur le ventre de la favorite au moment de sa gloire paraissent très improbables. Mme de Montespan était discrètement surveillée, ou, du moins, constamment entourée. Mlle des Œuillets, accusée d'avoir servi d'intermédiaire, a quitté le service de Mme de Montespan en 1677. Et l'accusation d'avoir voulu tuer le roi, au moyen d'un placet empoisonné que la Voisin devait remettre à Louis XIV, est véritablement absurde. Pourquoi la Voisin et la Trianon se seraient-elles trouvé en peine d'approcher le souverain, si l'on suppose que la maîtresse du roi était leur complice ? Et comment Mme de Montespan aurait-elle songé à tuer l'amant dont elle tient toutes les faveurs ?

Jamais Louvois n'aurait dû promettre la vie sauve à Lesage, en échange de révélations intéressantes. Après avoir minutieusement examiné ses propres dossiers et la consultation de Duplessis, Colbert écrit un long « mémoire contre les faits calomnieux imputés à Mme de Montespan ». Selon toute vraisemblance, ce document [1] est destiné à Louis XIV. Colbert commence par ces lignes :

« Il y a quatre [2] accusés dont les interrogatoires et déclarations sont à discuter sur ce sujet, savoir : la fille de la Voisin, le nommé Guibourg, prêtre, le nommé Gallet, la Bellière et la Filastre. Celle-là fait une accusation si horrible qu'elle se détruit par elle-même. »

---

1. Document dont Seignelay gardera la minute autographe de son père.
2. Colbert dit « quatre » accusés et il en nomme cinq.

On peut encore remarquer que le ministre ne cite ni Lesage, ni Mariette.

Colbert énumère les contradictions et les absurdités. Ainsi, pour l'histoire du fameux placet, la fille Voisin prétend que « sa mère a séjourné à Saint-Germain depuis le dimanche jusqu'au jeudi, sans pouvoir présenter son placet, et qu'elle s'en revint toute fâchée de cela et Bertrand dans son interrogatoire du 25 juillet 1680, dit qu'elle ne le put présenter, par sa négligence et faute de crédit. Au contraire, selon leur prétendue confidence, il n'y aurait rien eu de plus facile, car ou Mme de Montespan (ou la des Œuillets, sans elle) leur aurait facilité la chose, elle leur aurait fourni des gens qui auraient été plus sûrs et plus cachés que toutes ces misérables gueuses, ou bien Mme de Montespan aurait pris elle-même la poudre pour la donner ou la faire donner au roi, comme elle en avait mille occasions : le roi la voyait tous les jours, il mangeait très souvent avec elle, il n'avait aucune réserve touchant ces choses, parce qu'il ne voyait rien qui pût lui donner des soupçons ; aussi n'y a-t-il jamais été trompé.

« Mais peut-il y avoir de témoin plus assuré ni de meilleur juge de la fausseté de toute cette calomnie que le roi lui-même ? Sa Majesté sait de quelle manière Mme de Montespan a vécu auprès de sa personne ; elle a vu toute sa conduite, tout son esprit, toutes ses démarches dans tous les temps et dans toutes les occasions, et l'esprit si pénétrant et si clairvoyant de Sa Majesté ne s'est jamais aperçu d'aucune chose qui pût charger Mme de Montespan du moindre de ces soupçons. »

L'argument de Colbert est très habile : si Mme de Montespan était coupable, le roi serait un imbécile de ne pas s'en être aperçu. Bien entendu, cela ne se peut concevoir. Le ministre ajoute de nouvelles preuves fondées sur sa connaissance des relations intimes entre le souverain et sa maîtresse. Au besoin, le style du plaidoyer devient lyrique. D'après les interrogatoires, Mme de Montespan voyait fréquemment la Voisin depuis 1673. « Or, écrit Colbert, Sa Majesté sait que les petites inquiétudes de jalousie que l'affection peut avoir produites dans l'esprit de Mme de Montespan n'ont commencé qu'en 1678 et Sa Majesté sait dans quelle tranquillité d'esprit Mme de Montespan à vécu tant en 1673 qu'auparavant ; et depuis, elle sait l'assiduité, l'attache, l'affection que cette dame avait auprès de sa personne, l'assurance et la quiétude d'esprit qu'elle a eues dans tous les temps, et que les jalousies qu'elle a eues depuis 1678, n'ont été que des mouvements d'affection qui ne l'ont pas tirée le moins du monde de cette même assiduité et de cette même attache. Quoi ! concevoir le dessein d'empoisonner son maître, son bienfaiteur, son roi, une personne que l'on aime plus que sa vie ; savoir que l'on perdra tout en la perdant et se porter à l'exécution de cette furieuse entreprise, et, cependant, dans cette affreuse pensée, conserver toute la tranquillité d'âme qu'une innocence la plus pure peut produire ! Ce sont des choses qui ne se conçoivent pas ; et Sa Majesté, qui connaît Mme de Montespan jusqu'au fond de l'âme, ne se persuadera jamais qu'elle ait été capable de ces abominations. »

Après avoir préparé la défense de la maîtresse du roi, Colbert et Duplessis cherchent à trouver les solutions pour mettre fin à un procès fort embarrassant à beaucoup d'égards. Colbert n'est pas mécontent d'énumérer les bévues de la procédure et de l'instruction, — bévues qu'il aurait pu éviter s'il avait encore le contrôle de la justice...

Le 25 février, il écrit à Duplessis : « Il me semble que l'on peut beaucoup soupçonner que la longueur de la prison, la multiplicité des interrogatoires, le grand nombre de prisonniers, tous accusés et complices de mêmes crimes et qui ont pu facilement avoir communication ensemble, ont donné lieu et facilité à ces différentes accusations pour, en rendant complices de tous leurs crimes des personnes de considération, embarrasser le jugement de leur procès, prolonger la peine qu'ils savaient bien avoir méritée et peut-être l'anéantir.

« Il faut donc examiner s'il y avait nécessité ou non de faire tant d'interrogatoires, d'établir une chambre extraordinaire pour cette nature de crimes [1], de prolonger ces procès contre l'ordre ordinaire de la justice et, si cette affaire avait été remise en son entier aux lieutenants criminels, si elle n'aurait pas été plus promptement terminée et plus sûrement punie, sans tomber dans tous les embarras dans lesquels l'on est tombé par les causes ci-dessus déduites. »

Pour sortir de cet « embarras », le ministre suggère plusieurs solutions. Le procédé le plus simple serait de faire juger les accusés les plus coupables, en évitant, malgré les grandes difficultés, toute confrontation avec les dénonciateurs, puis d'envoyer les autres dans des prisons ou châteaux forts peu éloignés de Paris. Duplessis conseille d'arrêter les tortures, de juger sommairement les accusés présumés coupables, même s'ils n'ont pas avoué (ce qui paraît singulier de la part d'un avocat), d'en retenir un certain nombre en prison sans les juger, enfin de brûler les pièces du procès « à cause des impiétés exécrables et des ordures abominables qui s'y trouvaient et dont il était important que la mémoire ne fût pas conservée ».

Par ailleurs, l'avocat ne trouve pas de vice de forme à la procédure suivie jusqu'ici. Louis XIV semble pencher pour la solution de Colbert. La Reynie, avec obstination et courage, veut poursuivre le procès afin que ces criminels ne restent pas impunis. Pendant quatre jours de suite, et quatre heures par jour, il défend vigoureusement son opinion devant le roi, Le Tellier, Louvois et Colbert. Saura-t-on jamais ce que ces hommes se sont dit durant ces longues conférences ? La Reynie obtient du roi la continuation de la chambre, qui reprend ses travaux le 19 mai 1681, mais doit accepter la disjonction du cas de

---

1. On sait que l'établissement d'une chambre extraordinaire a été suggéré par Louvois.

Mme de Montespan. Très vite, le lieutenant de police constate amèrement l'impossibilité de juger dans ces conditions les grands accusateurs de la favorite, tels Lesage et Guibourg. Les conseils de Duplessis et de Colbert prévaudront, pour l'essentiel. Tandis que l'on condamne à mort certains criminels, d'autres mourront en prison, où ils ont vécu plus ou moins longtemps, enchaînés dans des conditions effroyables.

Mlle de Fontanges meurt au mois de juin 1681, probablement d'une pneumonie d'origine tuberculeuse. Sa mort doit être particulièrement ressentie par Louis XIV qui se souvient comment Mme de Montespan a été accusée d'avoir voulu empoisonner sa jeune rivale. L'ancienne favorite sait qu'elle est mise hors de cause, mais les premiers temps, elle comprend mal sa nouvelle situation. Il est fort vraisemblable que Louis XIV est convaincu — et nous pensons, avec raison —, que Mme de Montespan lui a, peut-être durant des années, donné des « poudres d'amour » fournies par des personnages criminels. Cette conviction est assez désagréable pour rompre toute relation intime ou privilégiée avec la mère des bâtards royaux. Mais les faits ne sont pas assez graves pour provoquer une rupture totale, d'autant que le secret doit être gardé et scandale évité. C'est encore Colbert qui se trouve chargé d'expliquer à Mme de Montespan la nouvelle nature de ses relations avec le roi. Sa mission est délicate. Louis XIV la précise à son ministre, dans ces termes [1] :

« Mme de Montespan m'a envoyé, devant que de me joindre, une lettre de ma grande cousine [2], par laquelle elle me demande des choses que je ne peux lui accorder ; elle me prie aussi de lui faire réponse. Je lui en ferai une générale et je me remettrai à vous pour lui dire mes intentions. Je vous envoie sa lettre afin que vous

---

1. Lettre de Louis XIV à Colbert écrite à Vitry le 5 octobre 1681.
2. La Grande Mademoiselle.

connaissiez mieux ce qu'elle désire et que vous lui expliquiez plus juste ce que vous lui direz de ma part. Vous l'irez donc trouver, et après lui avoir rendu la lettre que je vous envoie pour elle, vous lui expliquerez en termes honnêtes que je reçois toujours les marques de son amitié et de sa confiance avec plaisir et que je suis très fâché quand je ne saurais faire ce qu'elle désire; que je crois lui avoir assez montré le plaisir que j'ai à lui en faire en accordant à Lauzun ce que je viens de lui accorder[1]; que sa nouvelle demande m'a surpris; qu'on peut espérer avec le temps quelque changement, mais qu'à cette heure je ne saurais rien faire de plus que ce que j'ai fait. Vous joindrez à cela toutes les honnêtetés et tous les compliments que vous croirez convenables. »

Mme de Montespan gardera son grand appartement à Versailles jusqu'en 1687. Elle se retirera de la cour en 1692 pour vivre au couvent des dames de Saint-Joseph, dans une grande piété.

On sait que Louis XIV attendra la mort de La Reynie, en 1709, pour brûler « les actes particuliers » de l'Affaire des poisons. Le secret sera incroyablement bien gardé. Personne, à la cour, ne semblera connaître les accusations portées contre la puissante favorite. Les papiers personnels de La Reynie, de Louvois et de Colbert révéleront la vérité sur une affaire très amplifiée par une procédure maladroite.

Ces malheureux événements auront, du moins, provoqué une décision fort utile. En collaboration avec La Reynie, Colbert rédige le fameux édit contre les devins et les empoisonneurs, qui paraît le 30 août 1682 : la fabrication et la vente des poisons nécessaires à l'industrie et à la médecine sont réglementés. Les prescriptions de cet édit seront reprises par le législateur jusqu'à l'époque contemporaine.

[1] Allusion aux grâces accordées à Lauzun (dont la liberté...) par suite de sa renonciation d'une terre donnée par la Grande Mademoiselle, en faveur du duc du Maine.

CHAPITRE V
Le temps de Colbert

> « Toutes les choses grandes ont beaucoup de raisons pour qu'elles ne soient pas entreprises, mais elles ne laissent pas de produire de grands effets lorsqu'elles sont soutenues. »
>
> COLBERT

1683 : Colbert poursuit ses multiples activités jusqu'à l'extrême limite de ses forces. La maladie l'atteint de plus en plus durement. Depuis 1680, un nouveau remède, le quinquina, réussit parfois à dominer de fortes fièvres. D'Ormoy n'a pas l'intelligence de Seignelay. On raconte, à la cour, que Louis XIV s'est plaint à son ministre de la disproportion entre ses largesses et certains mauvais services. Ce reproche, d'après les commentaires du temps, aurait profondément blessé Colbert. L'ambassadeur de Venise, Sébastien Foscarini, évoquera le caractère particulièrement chagrin du ministre, les derniers moments de sa vie (« *melancolico biliosissimo temperamento* »).

Aucune difficulté, aussi grande soit-elle, aucune tristesse n'auront raison d'une exceptionnelle opiniâtreté politique.

Dans le domaine de la mer, on voit Colbert organiser les gardes de la marine, à l'image des cadets dans l'armée de terre. Les intendants commencent à recruter un assez grand nombre de gentilshommes.

Au mois de juin — deux mois avant sa mort —, le ministre envoie une circulaire aux intendants et les exhorte à encourager les « hommes de littérature » qui s'appliquent à quelque science particulière ou à l'histoire de leur province. Lorsque, pour la dernière fois, il se rend à l'Académie de peinture, c'est pour remettre lui-même le premier prix à un jeune peintre âgé de vingt ans, Hyacinthe Rigaud.

La désinvolture de Louis XIV à l'égard de toute prévision budgétaire met le ministre au désespoir. Le 8 juin, à Sceaux, il écrit au roi [1] :

« (Votre Majesté) observera, s'il lui plaît, qu'outre les 5 540 887 livres à quoi montent les payements réglés, il faut encore pour les payements que Votre Majesté a ordonnés ou résolus, suivant le mémoire ci-joint, 2 266 500 livres et que ces dépenses excèdent les recettes de 3 600 000 livres, suivant un mémoire qu'elle a vu avant son départ. »

Le 13 juin, Louis XIV répond en marge :

« La grande dépense me fait beaucoup de peine, mais il y en a de nécessaires. »

Colbert, découragé, avoue son impuissance :

« Quelque diligence et quelque application que j'aie eue jusqu'à présent, je n'ai pu encore trouver que 1 400 000 livres à emprunter, en sorte qu'il sera très difficile de pouvoir fournir à ces dépenses. »

Pour toute consolation, le roi remarque :

« Je sais que vous faites tout ce qui est possible. » Un peu plus loin, le ministre : « Toutes les affaires de finances ont leur cours ordinaire, les intendants visitent les généralités et en rendent compte par toutes leurs lettres, qui sont pleines de beaucoup de misère des peuples. » Louis XIV répond :

— « La misère me fait grand-peine. Il faudra faire tout

---

1. P. Clément : *Op. cit.*, tome II. Cette lettre a été mise en vente à Versailles, le 21 décembre 1976.

ce que l'on pourra pour soulager les peuples. Je souhaite de le pouvoir bientôt. »

Le roi se trouve alors en voyage pour visiter les places de Franche-Comté. Marie-Thérèse l'accompagne. La santé de la reine s'est altérée. Le 15 juin, Louis XIV écrit à Colbert :

« Pressez tous les ouvrages de Versailles car je pourrais bien abréger le voyage de quelques jours. »

La cour est de retour à Versailles, le 20 juillet. La reine meurt dix jours plus tard. Colbert est déjà très malade. C'est Seignelay qui se trouve chargé d'organiser l'enterrement et les cérémonies... et d'enquêter sur les dettes de Marie-Thérèse.

Le 3 août, le fils du ministre écrit au roi [1] :

« J'envoie à Votre Majesté la liste des corps qui sont dans le caveau à Saint-Denis. Il n'y a plus de place et il est nécessaire d'en mettre quelqu'un dans le caveau des Valois qui est le plus proche. Il me semble que cela pourrait tomber sur les deux femmes de feu Monsieur [2]. »

Le roi répond :

« J'ai vu la liste que vous m'avez envoyée ; comme rien ne presse là-dessus, je vous dirai mes intentions quand vous serez ici. »

Seignelay ajoute un peu plus loin :

« Je me suis informé des dettes de la reine et par ce que j'en ai appris de M. de Visé et de M. Bontemps qui a interrogé les garçons de la chambre, j'ai trouvé que la reine ne devait rien du jeu ordinaire, qu'elle doit 14 ou 15 000 pistoles du jeu de la cassette : les garçons de la chambre ne savent pas précisément si c'est l'une ou l'autre de ces deux sommes mais on pourra à présent s'en éclaircir par les joueurs. »

Louis XIV écrit en marge :

---

1. Mémoire autographe avec réponses de la main du roi en marge : document inédit.
2. Gaston d'Orléans.

« Essayez de savoir le détail des dettes du jeu sans être trompé. »

Et Seignelay poursuit :

« Elle (la reine) avait pris pendant le voyage 200 pistoles de Mme de Béthune, 33 pistoles de Mme La Nourice. Sa Majesté devait 700 pistoles à Montarsy orfèvre, 100 pistoles à Gauthier, marchand. Mme de Visé m'ayant dit qu'elle savait que le sieur du Vau a prêté de l'argent à la reine en différents temps, je l'ai fait venir et j'ai été surpris quand il a montré les billets de la main de la reine dont Votre Majesté trouvera ci-joint le mémoire montant à 111 133 livres. J'attendrai les ordres de Votre Majesté en réponse à ce billet. »

Louis XIV, qui de toute évidence préfère répondre de vive voix, écrit en marge :

« Je n'ai pas autre chose à vous dire sur ce billet. »

Le 8 août, il faut décider du choix de l'évêque qui officiera à la cérémonie. Seignelay tente de placer son frère : si l'évêque d'Orléans « ne le pouvait pas, écrit-il au roi, mon frère qui est jeune et en bonne santé serait prêt d'exécuter sur cela les ordres de Votre Majesté [1]. »

Le roi répond :

« M. l'évêque d'Orléans ira pour faire la cérémonie. Sans cela, j'aurais choisi votre frère. »

Bien entendu, l'ordre des préséances agite beaucoup la cour. Louis XIV entend suivre tout ce qui s'est fait pour l'enterrement d'Anne d'Autriche. Seignelay examine consciencieusement les registres et se charge de décevoir quelques dames qui prétendaient pouvoir entrer dans les carrosses officiels !

Le 17 août, Colbert signe sa dernière lettre de ministre [2]. Elle est adressée aux intendants que Colbert, jusqu'aux derniers jours de sa vie, harcèle en termes énergiques :

---

1. Mémoire autographe avec réponses du roi : inédit.
2. P. CLÉMENT : *Op. cit.*, tome II.

« Je dois vous avertir que le roi se faisant rendre compte à présent, dans tous ses Conseils, des visites des généralités, comme vous ne m'avez pas encore envoyé le mémoire de celle de votre généralité, si vous ne le faites au plus tôt, il paraîtra à Sa Majesté que vous n'avez pas exécuté ses ordres que je vous ai donnés et réitérés beaucoup de fois. »

Le 29 août, le ministre se trouve dans un état grave. Seignelay écrit à Louis XIV[1] :

« Pour suivre l'ordre que Votre Majesté a bien voulu me donner de lui rendre compte de la santé de mon père, je lui dirai qu'il a passé une très mauvaise nuit, que ses douleurs ont duré une partie de la journée, et que si, dans l'abattement où il était, la fièvre se joignait à ses autres maux, sa maladie serait très dangereuse, mais Dieu merci, il n'en a point eu jusques à présent. »

Le roi répond en marge :

« Je suis bien en peine du mal de votre père et je le plains fort des douleurs qu'il souffre. J'espère qu'il sera bientôt en aussi bon état que nous le désirons tous. Dites-lui de ma part ce que je vous mande. »

Le 2 septembre, « à Paris, à deux heures du matin », Seignelay écrit encore à Louis XIV :

« Le mal de mon père a tellement augmenté, Sire, et la faiblesse est si grande, que les médecins ne connaissant rien à cette maladie qu'ils prétendaient n'être pas dangereuse tant qu'il n'y aurait pas de fièvre, ont conseillé de lui faire prendre cette nuit Notre-Seigneur en viatique, c'est pourquoi j'ai cru devoir aviser Votre Majesté. Elle sera exactement informée des suites et je crois que, dans cette triste occasion, Votre Majesté me permettra de demeurer ici pour voir les suites de cette maladie. »

Louis XIV répond :

« L'état où est votre père me touche sensiblement ; demeurez auprès de lui tant que vous y serez nécessaire, et

---

1. Non publié par P. Clément.

que votre douleur ne vous empêchera pas de faire tout ce qui sera possible pour le soulager et pour le sauver. J'espère toujours que Dieu ne voudra pas l'ôter de ce monde où il est si nécessaire pour le bien de l'Etat. Je le souhaite de tout mon cœur par l'amitié particulière que j'ai pour lui et par celle que j'ai pour vous et pour toute la famille. »

Dès le même jour, Louis XIV, prévoyant la mort imminente du ministre, a la présence d'esprit d'ordonner à Seignelay de faire fermer la Caisse des emprunts. Avec la politesse raffinée dont il sait user, le roi termine sa lettre en ces termes :

« La chute que j'ai faite dont je me porte bien grâces à Dieu m'empêche de vous écrire ce billet de ma main, de laquelle je ne laisse pas de le signer. »

Et malgré son poignet foulé, le roi signe de sa main.

Voilà le plus grand roi d'Europe qui se disculpe auprès du fils de Colbert de ne pas lui adresser une lettre entièrement écrite de sa main. Cela prouve, à nos yeux — si les documents cités plus haut ne l'ont déjà prouvé —, que la prétendue disgrâce qu'aurait connue le ministre les derniers temps de sa vie a été fortement exagérée par les contemporains [1].

Le 5 septembre, les notaires arrivent rue Neuve-des-Petits-Champs. Colbert leur dicte son testament. Seignelay est désigné comme légataire universel. Divers legs sont faits en faveur d'œuvres religieuses ou charitables, tel l'Hôtel-Dieu (hôpital général de Paris), créé par le ministre.

Le 6 septembre, Colbert meurt, à l'âge de soixante-quatre ans, dans des souffrances atroces dues à une crise violente de coliques néphrétiques : on a dû le mettre dix

---

[1]. L'ambassadeur vénitien a beaucoup insisté sur cette disgrâce. Racine parle d'une lettre du roi que Colbert, à l'article de la mort, aurait refusé de lire. Une lettre, probablement apocryphe, de Mme de Maintenon, évoque le même incident. Aucun document original ne confirme ces faits.

fois dans un bain pour calmer ses douleurs. Son corps est ouvert; les médecins trouvent « une grosse pierre dans l'un des uretères, et d'autres moindres dans la vésicule du fiel ».

Colbert sera enterré, le soir, à l'église de Saint-Eustache, sa paroisse. Ses contemporains diront que la cérémonie dut être faite la nuit, par crainte de mouvements populaires hostiles à un homme rendu, malgré lui, responsable de tous les malheurs du temps [1].

Pussort et Desmarets le remplacent très provisoirement au département des finances, en attendant la nomination d'un nouveau contrôleur général. L'oncle et le neveu du ministre procèdent au remboursement des clients de la Caisse des emprunts, définitivement fermée le 9 septembre.

Le Tellier et Louvois font nommer contrôleur général à la place de Colbert leur parent et ami Claude Le Pelletier, ancien prévôt des marchands. Les Français ont toujours montré un goût particulier pour les jeux de mots et la nomination de Le Pelletier ne manque pas d'en susciter. Le Tellier a, dans ses armes, trois lézards, et Colbert une couleuvre. L'abbé de Choisy racontera plus tard : cela fit dire que « le lézard avait écorché la couleuvre et que la peau en était chez le pelletier ».

Le clan Le Tellier prend une influence tout à fait prépondérante. Le roi attribue à Louvois la charge des bâtiments que l'on rachète à d'Ormoy. Pour le dédommager, Louis XIV octroie au fils de Colbert la somme très importante de 500 000 livres, soit le double du prix de la charge au moment où elle fut achetée par le ministre, vingt ans auparavant. D'Ormoy s'engage dans l'armée. Mme Colbert a-t-elle écrit au roi pour lui recommander son fils ? Le 12 septembre, Louis XIV envoie à la veuve

---

1. Mme Colbert fera élever un tombeau par Coysevox (l'ange est de Tuby). Le tombeau sera déplacé à la Révolution, puis replacé, plus tard, à l'église Saint-Eustache.

du ministre une lettre de condoléances qui se veut également rassurante quant à l'avenir de ses enfants [1] :

« Madame Colbert, je compatis à votre douleur, d'autant plus que je sens par moi-même le sujet de votre affliction, puisque, si vous avez perdu un mari qui vous était cher, je regrette un fidèle ministre dont j'étais pleinement satisfait. Sa mémoire me sera toujours une forte recommandation, non seulement pour votre personne, que votre vertu recommande assez, mais aussi pour tous les siens, et vous devez espérer que le sieur de Blainville [2] faisant son devoir, comme je l'espère, dans la profession qu'il va suivre, n'en sentira pas moins les effets que le reste de la famille. Cependant, je prie Dieu qu'il vous ait, madame Colbert, en sa sainte garde. »

Seignelay conserve le département de la marine et Croissy celui des Affaires étrangères. Les Le Tellier dominent le gouvernement, mais n'ont pu, pourtant, en chasser les Colbert.

LES DEUX CLANS

Colbert mort, Louis XIV se sent délivré du poids d'une théorie financière qu'il a paru adopter au début et qui l'ennuie depuis assez longtemps. Avec Le Pelletier, les finances ne sont plus en contradiction avec la guerre et les bâtiments. Le nouveau contrôleur général abandonne la politique de la dette flottante, chère à Colbert, et revient à l'emprunt afin de convertir cette dette en rente. Le taux de l'emprunt est fixé à 5 1/2 % alors que, du temps de Colbert, il était à 5 %. Les non-rentiers payent les frais de l'opération. Une dévaluation de fait, ajoutée à la prolifé-

---

1. P. CLÉMENT : *Op. cit.*, tome VII.
2. Deuxième titre de d'Ormoy.

ration des ventes d'offices, procure de l'argent dans l'immédiat.

En 1685, les dépenses de Versailles atteignent 11 millions de livres. Les travaux effectués sous la direction de Colbert ont coûté plus de 50 millions. Lors de la mort de Louvois, en 1690, le total des dépenses, y compris celles consacrées au grand Trianon, à la chapelle, aux meubles, à l'argenterie — s'élève à 116 millions. L'on imagine mal, de nos jours, l'éclat extraordinaire de la Galerie des glaces à cette époque, avec son prodigieux mobilier. Statues et caisses d'orangers en argent, tables, sièges, tabourets en argent remplissent le château, tandis que l'on change tous les jours les décors floraux des parterres.

Vers 1688, Louis XIV et son entourage commencent à se fatiguer du caractère altier et violent de Louvois. La cour observe le crédit considérable de Seignelay auprès de Louis XIV et de Mme de Maintenon. Brillant, disert, luxueux, le fils aîné de Colbert charme tous ceux qui l'approchent. Sa faveur doit beaucoup à ses sœurs, surtout les deux aînées, très pieuses et fort bien vues du roi et de son épouse morganatique. Mme de Chevreuse, racontera Saint-Simon, « fut donc toujours de la compagnie du roi, dès qu'il y avait des dames dans ses particuliers, et quelque chose lui manquait quand elle se trouvait absente, ce qui n'arrivait presque jamais. Son union avec M. de Chevreuse fut intime toute leur vie; celle du duc et de la duchesse de Beauvilliers pareille. Mme de Chevreuse était sœur de Mme de Beauvilliers, et n'étaient qu'un cœur et qu'une âme; les deux beaux-frères aussi ne furent qu'un, sans lacune, depuis leur mariage jusqu'à leur mort; toujours dans les mêmes lieux tant qu'ils pouvaient ensemble, et mangeant l'un chez l'autre continuellement. Ce fut un exemple pour la cour que l'union intime de la famille de M. Colbert, tant qu'il y en eut, à laquelle nulle autre ne put atteindre, et qui contribura infiniment à la considération qu'elle sut se conserver. »

Le duc de Chevreuse, capitaine-lieutenant de la compagnie des chevau-légers de la garde du roi, deviendra l'un des conseillers intimes de Louis XIV, et, selon le mot de Saint-Simon, un « ministre incognito ».

Seignelay, tout comme ses beaux-frères avec qui il est fort lié, estime et admire Fénelon, la nouvelle grande figure ecclésiastique de la cour. Les appels du prélat en faveur de la douceur et de la tolérance à l'égard des protestants touchent quelque peu Mme de Maintenon, émue par les horreurs de la répression.

Le Tellier est mort en 1685 après avoir rédigé la révocation de l'Edit de Nantes. Cette révocation est une catastrophe pour l'industrie, le commerce, la marine et même pour la politique étrangère de la France. Quantité d'industriels, d'ouvriers qualifiés, de grands commerçants qui avaient aidé Colbert à mettre sur pied les compagnies maritimes, d'officiers de marine, de marins, fuient l'inadmissible terreur menée par Louvois et partent trouver refuge en Hollande ou en Angleterre. Les pays protestants créent de véritables réseaux clandestins qui organisent les fuites et les refuges.

Seignelay écrit sa consternation à Fénelon et le supplie d'intervenir à la cour. Lui-même tente tout ce qui lui est possible pour adoucir les répressions et convaincre les gens de mer de rester en France.

Duquesne prend une dernière fois la mer en 1684 : Seignelay l'envoie châtier Gênes, alliée des Espagnols. La nouvelle de la révocation, en 1685, ne surprend pas l'officier qui, âgé de soixante-quinze ans, demande et obtient son congé définitif. En reconnaissance des services rendus, il est exempté des obligations imposées par la révocation. Mais le vieux marin a l'immense tristesse de se séparer de son fils aîné : le capitaine de vaisseau Henri Duquesne, aussi intraitable que son père, s'exile en Suisse. Duquesne meurt trois ans plus tard.

La politique religieuse de Louis XIV encourage les pays protestants à se liguer contre la France. Le roi d'Angle-

Le temps de Colbert

terre, Charles II, est mort en 1685. Son frère, le duc d'York, lui succède sous le nom de Jacques II. Le nouveau roi est catholique. Les grandes factions (tories et whigs) s'unissent pour préparer secrètement l'avènement de la fille de Jacques II, Marie, épouse de Guillaume d'Orange. En novembre 1688 Guillaume d'Orange débarque en Angleterre avec une petite armée. Jacques II, affolé, s'enfuit en France, mais les Irlandais catholiques se soulèvent en sa faveur. Au grand dépit de Louvois, Seignelay est chargé des affaires d'Irlande.

Le fils de Colbert est un remarquable ministre de la marine. Au mois de février 1689, Tourville, à la tête d'une flotte bien équipée, remporte des batailles qui permettent à Jacques II d'entrer en triomphateur à Dublin. A Londres, Guillaume et Marie sont proclamés roi et reine d'Angleterre. Le roi Guillaume, avec son intelligence coutumière, prépare une nouvelle coalition contre la France.

Seignelay voudrait, sans attendre, frapper la flotte anglaise, de façon décisive. Louis XIV l'en empêche. Au mois d'août, le roi écrit à Seignelay :

« Faites tout avec prudence, patience et sagesse, et ne précipitez rien dont on puisse se repentir [...]. Vous n'avez rien à craindre de l'absence, soyez assuré que je suis très content de vous. »

Malgré sa jeunesse, Seignelay est nommé ministre d'Etat.

En ne suivant pas ses conseils, le roi n'a-t-il pas commis une grave erreur ? La France a peut-être perdu la dernière occasion de devenir une puissance maritime dominante.

Le Trésor est épuisé, l'industrie et le commerce périclitent, Le Pelletier abandonne ses fonctions. Et la France doit faire face, seule, à presque toute l'Europe.

Au début de l'année 1689, Mme de Maintenon écrit à son amie, Mme de Saint-Géran : « J'ai toujours dans l'idée que si M. Colbert avait vécu, tout cela ne serait pas arrivé. »

Au mois de juillet 1690, Guillaume attaque l'Irlande, obligeant Jacques II à s'enfuir en France, tandis que les armées de Louis XIV écrasent les coalisés à la bataille de Fleurus.

Le 3 novembre, Seignelay meurt prématurément, couvert de dettes, épuisé par le travail et les plaisirs. Mme de Sévigné fait ce commentaire :

« Quelle jeunesse! quelle fortune! quels établissements! Rien ne manquait à son bonheur; il nous semble que c'est la Splendeur qui est morte. »

La mort de ce jeune ministre est un grand malheur politique. Le successeur de Seignelay, Pontchartrain, évalue mal l'importance stratégique et politique de la maîtrise des mers. En outre, il ne s'entend guère avec son principal collaborateur, l'intendant général Bonrepaus. Deux ans après la mort de Seignelay, la flotte française est décimée par la flotte anglo-hollandaise. Ce que l'on appellera le « désastre de la Hougue » marque le début de la prépondérance anglaise en Europe.

Au cours de cette guerre difficile, trois fils de Colbert meurent au combat. Antoine-Martin Colbert, commandeur de Boncourt, est tué à Valcourt en 1689. Charles-Edouard Colbert, comte de Sceaux, est mortellement blessé à la bataille de Fleurus en 1690. Le malheureux d'Ormoy meurt avec un grand courage, les deux jambes fauchées, à la bataille de Hochstett, en 1704.

Louvois est mort en 1690, la même année que Seignelay. La famille de Colbert sera encore représentée au gouvernement pendant le long règne de Louis XIV. La branche Croissy reste au département des Affaires étrangères [1]. Lors de l'arrivée de Le Pelletier aux finances, les Le Tellier ont dû se réjouir des poursuites engagées contre Nicolas Desmarets, neveu de Colbert, compromis — nous avons vu — dans une affaire assez louche d'émission

---

1. Le marquis de Croissy est ministre en 1689. Son fils, le marquis de Torcy, lui succède en 1696.

monétaire. En 1684, Desmarets fut destitué. 1708 : le contrôleur général Chamillart se retire, en laissant le Trésor vide et le royaume ruiné. Louis XIV se souvient du temps de Colbert et rappelle Desmarets. Le nouveau contrôleur général réussit à renflouer le Trésor et à payer les armées, en attendant la paix d'Utrecht.

De nos jours, il ne reste presque rien des principales propriétés de Colbert.

La veuve du ministre meurt en 1687. Les meubles de l'hôtel parisien sont vendus. En 1720, le Régent achète l'hôtel et y établit ses écuries. Plus tard, ces écuries sont détruites. L'emplacement de l'hôtel se trouvait sur l'actuelle rue Colbert (près de la Bibliothèque nationale) et quelques maisons voisines.

Seignelay transforme le château de Sceaux en une résidence luxueuse où il se plaît à donner de magnifiques réceptions. L'orangerie de Colbert est transformée en appartements décorés de laques pour Mme de Seignelay. Mansart construit la nouvelle orangerie, un long bâtiment conçu pour servir de salle des fêtes en été, et d'abri pour les plantes fragiles en hiver. En 1685, l'édifice est solennellement inauguré par la visite de Louis XIV et de Mme de Maintenon. Seignelay offre au roi un spectacle : *L'Idylle de la paix :* Racine en a écrit le texte et Lulli a composé la musique. Le roi et la cour se rendent ensuite dans les jardins où ils trouvent une table dressée tout autour d'un bassin.

En 1699, la demeure est vendue au duc du Maine, fils légitimé de Louis XIV et de Mme de Montespan. Chaque fois qu'il se rend à Fontainebleau, ou qu'il en revient, le roi s'arrête à Sceaux pour visiter son fils préféré.

Après avoir appartenu au comte d'Eu et au duc de Penthièvre, le château est déclaré propriété nationale sous la Révolution, vendu en 1798 et démoli par ses propres acquéreurs.

On peut encore admirer, aujourd'hui, les beaux groupes

d'animaux de Coysevox qui entouraient la grille d'entrée, le ravissant pavillon de l'Aurore décoré par Le Brun, dans lequel Colbert reçut l'Académie française, l'orangerie de Seignelay restaurée après avoir été endommagée par les guerres récentes, enfin quelques éléments des anciens jardins, dont les magnifiques « grandes cascades ».

Le château de Seignelay, en Bourgogne, est saccagé et brûlé en 1793.

En 1728, le marquis de Seignelay, petit-fils de Colbert, vend (dans une vente publique) les livres imprimés de la célèbre bibliothèque du ministre. Le catalogue contient 18 219 articles et forme trois volumes in-12. La fameuse Bible de Mayence de 1462, imprimée sur vélin, est vendue 3 005 livres. Les représentants de la Bibliothèque royale s'inquiètent d'une éventuelle dispersion des manuscrits. Après de longues et difficiles négociations, Louis XIV accepte d'acquérir la collection complète pour 300 000 livres [1]. Les commis du roi s'aperçoivent bientôt que Seignelay a gardé certaines pièces qu'il vend secrètement à des particuliers. Des saisies sont effectuées au domicile du petit-fils de Colbert. Le scandale est assez considérable.

On peut noter, enfin, que la maison présumée maison natale de Colbert, située rue Cérès n° 13 à Reims, est détruite par des obus allemands pendant la Première Guerre mondiale.

LE TEMPS DE COLBERT

La mort de Colbert soulagea beaucoup de Français. Louis XIV éprouva peut-être quelque sentiment de peine, mais se trouva délivré des fréquentes récriminations d'un

---

1. Cet ensemble exceptionnel se trouve toujours à la Bibliothèque nationale.

ministre de plus en plus amer. Les paysans, accablés d'impôts, maudissaient le contrôleur général qui, pourtant, acceptait moins que tout autre le postulat de la misère.

Les marchands, les fabricants — pas tous, mais un grand nombre — se plaignaient de la rigoureuse surveillance administrative voulue par le ministre. La plupart des armateurs et des tenants du commerce maritime étaient exaspérés par les souscriptions forcées pour financer les grandes compagnies.

Les privilégiés ne pouvaient que détester la volonté justicière d'un homme intraitable. Aux critiques des premiers temps succédèrent, surtout à partir de l'époque révolutionnaire, les louanges presque systématiques. Les écrits de Lavisse, et en particulier son texte célèbre sur « l'offre de Colbert », statufièrent le ministre pour longtemps. L'ampleur des éloges finit par susciter l'agacement, puis de nouvelles critiques, très en cours de nos jours, et tout aussi exagérées que les louanges précédentes.

Quelles furent les destinées d'une œuvre si vaste, d'un effort si acharné?

Les réalisations maritimes et coloniales étaient le résultat d'une ambition solitaire. La mort de Seignelay et la catastrophe de la Hougue avaient-elles marqué le déclin définitif de toute politique tournée vers la mer?

Dans ses *Instructions* au jeune Dauphin, Fénelon écrivait : « Laisser aux Hollandais le profit de leur austère frugalité et de leur travail, du péril d'avoir peu de matelots dans leurs bâtiments, de leur bonne police pour s'unir dans le commerce, de l'abondance de leurs bâtiments pour le fret. » Au dos de la dernière page, le duc de Chevreuse ajoutait quelques lignes par lesquelles il contredisait la politique ambitieuse de son beau-père : « Marine médiocre, sans pousser à l'excès, proportionnée aux besoins de l'Etat, à qui il ne convient pas d'entreprendre seul des guerres par mer contre des puissances qui y mettent toutes leurs forces. »

La France avait renoncé à l'Atlantique pour longtemps, peut-être pour toujours, malgré l'intérêt que Louis XVI porta à la marine. Jacques Godechot a raison de dénoncer « la méconnaissance totale de l'importance de l'Océan et de sa maîtrise chez les dirigeants de la France [1] ». Pourtant, l'impulsion donnée par Colbert fut si forte, sa politique de la mer si cohérente, qu'elle donna des fruits malgré l'indifférence des gouvernements et de la majorité des Français. Les constructions portuaires, les progrès de l'enseignement maritime, la qualité universelle de l'ordonnance de la marine ne sauraient être mis en cause. Le système de protection des gens de mer fut étendu au XVIIIe siècle, conservé par la Révolution et l'Empire. En 1866, Thiers déclarait aux députés qui voulaient discuter les principes de Colbert : « Je n'hésite pas à dire, messieurs, que si les règlements de Colbert n'étaient pas faits, vous les feriez. » La volonté du ministre de Louis XIV marque, encore de nos jours, l'organisation de la marine.

On a beaucoup critiqué le dirigisme de Colbert en matière de commerce maritime. L'échec de toutes les compagnies artificiellement créées par le ministre paraît prouver, dans une perspective très manichéenne, la malfaisance de l'intrusion administrative dans le domaine économique. Colbert était, ici, plus pragmatique que théoricien. L'individualisme maritime, tel qu'il était conçu et pratiqué par les Français contemporains du ministre, ne pouvait, en aucun cas, soutenir la concurrence étrangère. Or les compagnies réussirent à augmenter le volume commercial de façon durable, même après leur dissolution.

La guerre de Hollande et la Révocation de l'édit de Nantes eurent raison de la Compagnie du Nord. Mais —

---

1. Jacques GODECHOT : *Histoire de l'Atlantique.*

comme le remarque P. J. Charliat, à titre d'exemple [1] —, dans la décade 1679-1689, le pavillon marchand français apparaît plus de vingt fois à Elseneur (Danemark), chiffre qui n'avait jamais été enregistré auparavant. Les correspondances établies avec les négociants nordiques permirent de ravitailler le royaume et de fournir à Louis XIV des armes pour lutter contre les dernières coalitions du règne. La fin de la Compagnie des Indes occidentales n'avait pas entraîné le déclin commercial de villes comme Bordeaux et Nantes. Les deux cités atlantiques connurent, au XVIIIe siècle, une intense activité commerciale avec les Antilles. La Compagnie des Indes orientales, avec Lorient comme port d'attache, prospéra encore après Colbert : elle prit fin sous le règne de Louis XV, peu après le traité de Paris qui consacra l'abandon d'une politique de grandeur coloniale au profit de l'Angleterre.

Pourtant, l'essor colonial de la France, au XVIIIe siècle, avait été considérable, particulièrement en Inde. Il suffit d'observer sur les cartes géographiques les possessions françaises outre-mer, tant au XVIIIe siècle qu'au XIXe, pour constater que les premiers points d'implantation ont souvent été voulus par Colbert, à la suite de Richelieu.

La politique commerciale et industrielle préconisée par Colbert fut, après la mort du ministre, violemment critiquée et, en même temps, poursuivie avec exagération. Le protectionnisme fut dénoncé par les partisans du libre-échange, au nom d'une sorte de division internationale du travail et de solidarité économique entre les pays, à l'image de l'œuvre divine. En 1701, un économiste écrivait :

« Il faut revenir de la maxime de M. Colbert, qui prétendait que la France pouvait se passer de tout le monde. C'était aller là contre la nature et les décrets de la Providence. »

---

[1] P. J. CHARLIAT : *Les relations entre la France et la Norvège à la fin du XVIIe siècle*, 1927.

La France ne pouvait se suffire à elle-même. Un autre auteur du XVIIIᵉ siècle ajoute : « Toutes les nations ont besoin les unes des autres. »

Ces actes de foi libre-échangiste s'accompagnaient de l'abandon pur et simple de toute ambition commerciale pour la France. Dès 1692, l'économiste Bélesbat adressait son mémoire à Louis XIV : la Hollande, expliquait-il, avait besoin de la France, riche, productive, qui pouvait l'alimenter. La France, peu commerçante de nature, pouvait, en échange, attirer le peuple hollandais plus porté vers le commerce, pour qu'il assumât la charge d'exporter et d'importer à sa place.

Il est curieux de constater que, dans la pratique, personne n'osait aller jusqu'au bout de l'idée libérale. La concurrence étrangère faisait peur. La réglementation était acceptée comme un dogme, souvent même réclamée. Au XVIIIᵉ siècle, on était encore persuadé que seule la perfection dans la fabrication pouvait rétablir la balance du commerce. Le service des inspecteurs des manufactures comptait 14 inspecteurs en 1669, 21 en 1671, 38 en 1715 et 64 en 1754. Les règlements devinrent de plus en plus précis. L'augmentation du nombre des inspecteurs, ajoutée à la prolifération des offices, amena, avec les vérifications tatillonnes, l'accumulation des paperasses administratives.

On se plaît à dire de nos jours que l'œuvre industrielle de Colbert ne survécut point à son auteur. L'industrie du XVIIIᵉ siècle serait née parallèlement à celle du XVIIᵉ, sans rapport avec cette dernière. Cette affirmation nous paraît un peu courte... Il est vrai que de nombreuses entreprises durent fermer à la fin du règne de Louis XIV, faute de subventions. Par exception, Van Robais fut favorisé : l'industriel hollandais ne peut payer ses ouvriers que grâce à deux remises d'impôts en 1705. La fuite des protestants et l'exagération de la réglementation post-colbertienne contribuèrent, pour une grande part, au déclin industriel et commercial des premières décades qui suivirent la mort du ministre.

Après une période de marasme, l'on constata, enfin, les résultats d'une politique acharnée. Colbert, quoi qu'on en pense, avait dessiné la carte industrielle de la France. Les familles fortunées commençaient à acheter des draps d'Elbeuf ou de Rouen, de préférence à ceux de Hollande. Au Languedoc, les fabriques artificiellement créées par Colbert pour le marché oriental parvenaient à peine, après la mort du ministre, à exporter au Levant 700 ou 800 pièces de draps fins. Mais la perfection de la fabrication se poursuivait tandis que les Hollandais altéraient leurs teintures. Les acheteurs levantins retournèrent au commerce français : dès 1698, les manufactures languedociennes exportaient 3 200 pièces de draps, sans compter les draps communs [1]. Ce succès renforça le dogme du colbertisme. Les fabriques de glaces, de meubles ou de tapis, les forges, les papeteries, les manufactures de laine ou de soie, devaient beaucoup à l'énergie d'un homme qui, selon l'économiste allemand List, « eut le courage d'entreprendre à lui seul une œuvre que l'Angleterre n'a menée à bonne fin qu'après trois siècles d'effort et trois révolutions ».

En effet, on ne peut juger Colbert sans tenir compte de sa solitude dans l'application d'un grand dessein. Au-delà d'une politique donnée, bonne ou mauvaise, il s'agit d'une conception du gouvernement. Sans aucun doute, l'homme voulait la grandeur économique de la France, malgré beaucoup de Français, peu enclins aux choses de la mer et peu attirés par l'industrie et le commerce. Sa politique de plein emploi fut aussi une lutte contre la misère : on l'oublie trop souvent.

Colbert contraignit les Français à un effort prolongé sans précédent dans un domaine où les autres nations se montraient plus ambitieuses, plus entreprenantes. L'inter-

---

1. BOISSONNADE : *Annales du Midi*, t. XIV (année 1902).

ventionnisme de l'Etat a-t-il été un frein ou un incitateur ? Une politique économique fondée sur les subventions, — même si celles-ci devaient être provisoires —, était dangereuse, parce que trop dépendante des finances de l'Etat : la crise financière qui suivit la mort de Colbert l'a bien prouvé. Les secours fréquents d'un Etat protecteur tuent l'esprit d'entreprise. Ici encore, Colbert s'était montré plus pragmatique que théoricien. La présence de l'Etat ne faisait que suppléer à l'absence consternante d'une véritable coordination d'initiatives individuelles, à l'image de l'Angleterre ou des Provinces-Unies — encore qu'en Angleterre, la volonté gouvernementale a aussi joué un rôle déterminant.

Il est permis de le regretter : mais en France, les grands essors industriels ont souvent, sinon presque toujours, procédé d'une volonté politique au niveau du gouvernement ou de l'Etat. L'effacement de l'Etat risque fort de conduire à l'effacement industriel tout court...

Le protectionnisme par degrés et par étapes, ordonné par Colbert, trouvait sa justification dans le contexte de son époque. La fermeture des frontières douanières obligeait les Français à subvenir à leurs besoins chez eux, donc à créer des manufactures et à produire. La guerre économique déclarée par un pays qui imposait des salaires très bas pouvait encourager la protection de la production nationale, comme celle de l'emploi. Mais l'obsession de la pénurie du numéraire, réelle à l'époque, conduisit le ministre à pratiquer une politique d'exportation dont l'agressivité devait, pour longtemps, nuire à l'économie et aux relations extérieures de la France. La nécessité de la qualité pour faciliter l'exportation n'est pas mise en doute. Mais le terrorisme de la réglementation tel qu'il était conçu par Colbert fut, probablement, sa plus grande faute économique. Enfin, le mercantilisme intraitable de Colbert contribue largement à la guerre de Hollande, guerre néfaste s'il en fut.

Colbert ne fut pas, à proprement parler, un novateur.

Ses théories économiques étaient celles de son temps. Seule, sa conception des finances paraissait neuve, à son époque. Son analyse était lucide. Pourtant, il ne put éviter les échecs que connurent, après lui, un Law ou un Turgot. Comment imposer de nouvelles mœurs financières dans un système où la fiscalité reposait sur l'inégalité, où le budget dépendait du « bon plaisir » et où l'infantilisme bancaire entravait le crédit [1] ?

Le dévouement du ministre au bien public fut indéniable : son népotisme et sa cupidité personnelle ne sauraient faire oublier sa rigoureuse conscience professionnelle et sa haute conception de l'Etat.

Là, encore, la politique de Colbert était considérablement limitée par ses propres contradictions qui étaient aussi celles du siècle. L'ambition nationale du ministre se confondait avec sa passion de l'Etat et sa dévotion au roi. Or, les relations entre l'Etat et le roi étaient troubles. Le monarque était un souverain national, mais aussi le chef et le garant d'une hiérarchie féodale que l'Etat cherchait à supplanter. Un homme comme Vauban se laissa duper. En 1707, le roi fit saisir le « Projet d'une dîme royale », ouvrage dans lequel Vauban proposait d'établir un impôt proportionnel, frappant le revenu de tous les sujets. Le vieux maréchal mourut peu après, accablé de chagrin. L'Etat justicier qu'il avait vu s'affirmer devait conduire, selon lui, à l'avènement d'un ordre social nouveau où apparaissait déjà la notion insolite du bonheur.

Colbert, plus rusé ou plus politique, renforçait le rôle justicier et unitaire de l'Etat, évitant de contrarier la prudence naturelle de Louis XIV. Le reproche souvent fait à Colbert d'avoir contribué à renforcer une tyrannie de l'Etat risque d'être une erreur chronologique.

Les rapports entre l'Etat et la nation de nos jours ne

---

1. La Banque de Londres était fondée en 1694, à l'image de celle d'Amsterdam. Paris n'était alors pas en mesure d'envisager pareil établissement.

sauraient s'identifier aux rapports entre l'Etat et la nation, sous le règne de Louis XIV. L'idée de patrie était encore vague. L'unité nationale, politique et économique, paraissait pratiquement inexistante.

Le roi représentait, seul, l'unité du royaume : sa faiblesse profonde, la nature de ses contrats avec les Français lui interdisaient de briser les barrières. Et lorsque Colbert voulut appliquer une centralisation — combien plus légère que celle de nos jours —, ce fut Louis XIV qui, par prudence ou par méfiance de l'Etat, s'interposa plus d'une fois.

La nation n'est pas seulement un hasard de l'Histoire : elle s'est faite, aussi, à travers l'action unitaire de l'Etat. A l'époque de Louis XIV, seul un Etat puissant avait les moyens de garantir l'efficacité et la durée d'une politique ambitieuse et cohérente, notamment sur le plan de la justice. Le poids immense des privilèges et des habitudes s'était constamment opposé à l'application réelle de réformes de fonds. Malgré son pouvoir et sa volonté, Colbert renonçait à établir des cadastres qui eussent permis une répartition d'impôts plus équitable. Dire qu'il ne reste rien de son action dans ce domaine est inexact. L'ordonnance civile de 1667 servit de modèle au Code napoléonien de procédure civile. Et la Coutume de Paris encouragée par Colbert et, à sa suite, par Le Tellier, devint la source essentielle du Code Napoléon.

La politique culturelle du ministre de Louis XIV fut prestigieuse. Son action la plus estimable fut, peut-être, d'avoir fait de Paris une capitale de la science : on regrette qu'elle ne le soit pas restée.

Sa volonté et son ambition nationale furent telles, qu'elles marquèrent la France pendant longtemps, souvent même jusqu'à nos jours. Dans l'univers de la politique ou de l'Histoire, le caractère et la lucidité importent plus qu'ailleurs. Colbert ne manquait ni de l'un, ni de l'autre. Et sa persévérance acharnée fut aussi une forme d'espoir.

Bibliographie

I. — *Sources manuscrites :*
Archives de la famille Luynes (Colbert : cartons 1 à 4).

II. — *Sources imprimées :*
   OUVRAGES GÉNÉRAUX SUR LE XVIIe SIÈCLE

J. CHAMPOLLION-FIGEAC : *Documents historiques inédits*, Paris, 1841-1848.
Louis XIV — *Œuvres de Louis XIV*, Paris, *Mémoires*, Paris, 1860.
Casimir GAILLARDIN : *Histoire du règne de Louis XIV* (6 volumes), Paris, 1871-1876.
Maurice ASHLEY : *Le Grand Siècle*, Paris, 1972 (Fayard).
Pierre GOUBERT : *Louis XIV et vingt millions de Français*, Paris, 1966 (Fayard) ; *Cent mille Provinciaux au XVIIe siècle*, Paris, 1968.
Robert MANDROU : *Louis XIV en son temps* (collection « Peuples et civilisations »), Paris, 1973 (P.U.F.).
Charles SEIGNOBOS : *Essai d'une histoire comparée des peuples de l'Europe* (collection « Peuples et civilisations »), Paris, 1847 (P.U.F.).
Charles NORMAND : *La Bourgeoisie au XVIIe siècle*, Paris, 1908.
Philippe ERLANGER : *Louis XIV au jour le jour*, Paris, 1968.
Pierre GAXOTTE : *Louis XIV*, Paris, 1974.
Marquis de SAINT-MAURICE : *Lettres sur la cour de Louis XIV, 1667-1670*, Paris, 1910.
Marquise de SÉVIGNÉ : *Correspondance*, Paris, 1978 (Bibliothèque de la Pléiade. Présentation et notes de Roger Duchêne).

Jean PLATTARD : *Un Etudiant écossais en France en 1665-1666. Journal de voyage de sir John Lauder*, Paris, 1935.

Abbé de CHOISY (François Timoléon) : *Mémoires pour servir à l'histoire de Louis XIV*, Paris, 1888.

Pour la documentation qui concerne plus particulièrement le gouvernement et l'administration au XVIIe siècle, j'ai consulté notamment :

Adolphe CHÉRUEL : *De l'Administration de Louis XIV, 1661-1672, d'après les Mémoires inédits d'Olivier d'Ormesson*, Paris, 1850.

Edmon ESMONIN : *Etudes sur la France des XVIIe et XVIIIe siècles*, Paris, 1964.

E. M. J. J. O'REILLY : *Mémoires sur la vie privée et publique de Claude Pellot*, Paris, 1882.

Claude PELLOT : *Notes du premier président Pellot sur la Normandie*, Paris, 1915.

G. C. DEPPING : *Correspondance administrative sous le règne de Louis XIV*, Paris, 1850-1855.

Dans la collection « La Vie quotidienne » (Hachette) ont été consultés :

Georges MONGRÉDIEN : *La Vie quotidienne sous Louis XIV*, Paris, 1948.

Jacques WILHELM : *La Vie quotidienne des Parisiens au temps du Roi-Soleil 1660-1715*, Paris, 1977.

Yves-Marie BERCÉ : *La Vie quotidienne dans l'Aquitaine du XVIIe siècle*, Paris, 1978.

Aux éditions Hachette, notons l'ouvrage collectif : *La France au temps de Louis XIV*, Paris, 1966, surtout pour les écrits du professeur Jean MEUVRET.

OUVRAGES GÉNÉRAUX SUR COLBERT

La source essentielle reste l'œuvre de Pierre CLÉMENT.
Le premier ouvrage publié fut l'*Histoire de la vie et de*

l'administration de Colbert, contrôleur général des finances [...] *précédée d'une étude historique sur Nicolas Fouquet*[1], Paris, 1846.

Entre 1861 et 1882, sont publiés les 7 tomes (en 9 volumes)[2] de l'ouvrage le plus connu de Pierre CLÉMENT : *Colbert (Jean-Baptiste) — Lettres, instructions et mémoires.* Les écrits de Colbert sont précédés d'une introduction dans chaque tome :

T. I — *1650-1661.*

T. II (2 volumes) — *Finances, impôts, monnaies — Industrie, commerce.*

T. III (2 volumes) — *Marine et galères — Instructions au marquis de Seignelay — Colonies.*

T. IV — *Administration provinciale — Agriculture, forêts, haras — Canal du Languedoc, routes, canaux et mines.*

T. V — *Fortifications — Sciences — Lettres — Beaux-Arts, bâtiments.*

T. VI — *Justice et Police — Affaires religieuses — Affaires diverses.*

T. VII — *Lettres privées.*

Depuis Clément, il y a peu (ou peut-être pas) d'études véritablement globales sur Colbert.

On peut noter :

Alfred NEYMARCK : *Colbert et son temps*, Paris, 1877.
Louis-Etienne DUSSIEUX : *Etude biographique sur Colbert*, Paris, 1886.
Claude FARRÈRE : *Jean-Baptiste Colbert*, Paris, 1954.
Georges MONGRÉDIEN : *Colbert 1619-1683*, Paris, 1963.

---

1. Il m'a paru utile de signaler aux historiens une erreur de Clément, à la page 91 de l'édition de 1846. Clément cite le fragment d'une lettre de Colbert à Mazarin, datée du 16 juin 1657, dans laquelle Colbert paraît favorable à Fouquet : « Le sieur procureur général, ayant toujours bien servi Votre Eminence », semble plaider Colbert. Or la minute autographe de cette lettre en entier, conservée dans les archives de la famille, montre que « ledit sieur procureur général » n'est pas Fouquet mais le sieur Regnaudin, procureur général du Grand Conseil.

2. Le tome VIII est un *Errata général et tableau analytique*, par M. P. de BROTONNE et M. de BOISLISLE.

Pour l'étude plus particulière des méthodes administratives du ministre, on peut consulter :

Pierre CLÉMENT : *La Provence et Colbert, d'après les documents inédits*, Toulon, 1862.
Charles COLBERT DE CROISSY : « Rapport au roi et mémoire sur le clergé, la noblesse, la justice et les finances du Poitou, 1665 », *Revue historique de la noblesse* (t. II, année 1865).
P. BOISSONNADE : *Colbert, le triomphe de l'étatisme, la fondation de la suprématie industrielle en France, la dictature du travail*, Paris, 1932.

Pour l'anecdocte :

Abbé Henri VILLETARD : *Colbertina — Le Tricentenaire de Colbert à Seignelay*, Paris, 1921.
Jacques des GACHONS : *Gens de France au labeur*, Paris, 1929.
René HÉRON DE VILLEFOSSE : « Jean-Baptiste Colbert, Rémois au gouvernail de la France du Grand Siècle » (*La Champagne économique*), Reims, 1956.

ESQUISSE D'UNE BIBLIOGRAPHIE ÉCONOMIQUE

Je voudrais remercier, ici, le professeur Jean DOMARCHI qui m'a aidée, avec beaucoup d'amitié, à compléter cette bibliographie, et à comprendre certains aspects techniques de l'économie au temps de Colbert.

Henri HAUSER : *Les Origines historiques des problèmes économiques actuels*, Paris, 1930; *Les Débuts du capitalisme*, Paris, 1927; *La Prépondérance espagnole (1539-1660)*, Paris, 1940; *La Pensée et l'Action économique du cardinal de Richelieu*, Paris, 1944.
Eli F. HECKSCHER : *Mercantilism*, Londres, 1955.
Marc BLOCH : *Esquisse d'une histoire monétaire de l'Europe* (Cahiers des Annales), Paris, 1954; *Aspects économiques du règne de Louis XIV* (cours de la Sorbonne), Paris, 1939.

H. RENAUDET : *Etudes sur la France du temps de Louis XIV* (cours de la Sorbonne), Paris, 1940.

Jean MEUVRET : *Etudes d'histoire économique*, Paris, 1971.

Jean BOUVIER et Henry GERMAIN-MARTIN : *Finances et financiers de l'Ancien Régime* (P.U.F.), Paris, 1969.

Herbert LUTHY : *La Banque protestante en France, de la révocation de l'édit de Nantes à la Révolution*, Paris, 1959.

Fernand BRAUDEL : *Civilisation matérielle et capitalisme XVe-XVIIIe siècle*, Paris, 1967.

Charles (Woolsey) COLE : *Colbert and a century of french mercantilism*, New York, 1939.

Paul M. BONDOIS : *Colbert et l'industrie de la dentelle*, Poitiers, 1926.

Franc BACQUIÉ : « Un siècle de l'histoire de l'industrie — les inspecteurs des manufactures sous l'Ancien Régime » (11e série des *Mémoires et Documents pour servir à l'histoire du commerce et de l'industrie*).

P. BOISSONNADE : « Colbert, son système et les entreprises industrielles d'Etat en Languedoc (1661-1683) » (extrait des *Annales du Midi*), Toulouse, 1902; « La production et le commerce des céréales, des vins et des eaux-de-vie en Languedoc, dans la seconde moitié du XVIIe siècle » (*Annales du Midi*), Toulouse, 1905; « La restauration et le développement de l'industrie en Languedoc au temps de Colbert » (*Annales du Midi*), Toulouse, 1906.

L. GUENEAU : *L'Organisation du travail (industrie et commerce) à Nevers, XVIIe et XVIIIe siècle*, Paris, 1919.

Paul-Louis HUVELIN : *Essai historique sur les droits des marchés et des foires*, Paris, 1897.

Jean TOUBEAU : *Mémoire adressé par ordre de Messieurs les maires et échevins de la ville de Bourges pour le rétablissement des foires dans leur ville*, S. L., 1681.

Comte Edouard de DIENNE : *Histoire du dessèchement des lacs et marais en France avant 1789*, Paris, 1891.

Pour l'histoire de la Hollande, au XVIIe siècle :

Ch. WILSON : *La République hollandaise des Provinces-Unies*, Paris, 1968.

Paul ZUMTHOR : *La Vie quotidienne en Hollande au temps de Rembrandt*, Paris, 1960 (Hachette).

Maurice BRAURE : *Histoire des Pays-Bas*, Paris, 1951 (P.U.F., collection « Que sais-je ? »).

Arnauld de POMPONNE (marquis Nicolas Simon) : *Relation de mon ambassade en Hollande*, éditée par Herbert H. ROWEN, Utrecht, 1955.

Pour les affaires de la mer (marine, commerce maritime et colonies) :

Jacques GODECHOT : *Histoire de l'Atlantique*, Paris, 1947.

Charles de LA RONCIÈRE : *Histoire de la Marine française* (tomes 4 et 5), Paris, 1899-1920. *Cavelier de la Salle : Explorateur de la Nouvelle-France, père de la Louisiane*, Tours, 1943.

De CRISENOY : *Le Personnel de la marine militaire et les Classes maritimes sous Colbert et Seignelay*, Paris, 1864 ; *Les Ordonnances de Colbert et l'Inscription maritime*, Paris, 1862.

Henri CANGARDEL : *De J.-B. Colbert au paquebot « Normandie » — études et souvenirs maritimes*, Paris, 1957.

Eugène-L. ASHER : *The resistance to the maritime classes, the survival of feudalism in the France of Colbert*, Berkeley, 1960.

H. LEVY BRÜL : « La noblesse de France et le commerce » (*Revue d'histoire moderne*, mai-juillet 1933).

Auguste JAL : *Abraham Duquesne et la Marine de son temps*, Paris, 1873.

Lt-colonel Henri CARRÉ : *Duquesne et la Marine royale de Richelieu à Colbert*, Paris, 1950.

Pierre VARILLON : *Coureurs de mer sous les étoiles*, Paris, 1961.

Sonia E. HOWE : *Les Grands Navigateurs à la recherche des épices*, Paris, 1939.

Baron Robert DUCASSE : *L'Amiral Ducasse, chevalier de la Toison d'or (1646-1715), étude sur la France maritime et coloniale (règne de Louis XIV)*, Paris, 1876.

Pierre MASSON : *Les Ports francs d'autrefois et d'aujourd'hui*, Paris, 1904.

Charles HIGOUNET : *Histoire de Bordeaux*, publiée sous la direction de Charles Higounet, Bordeaux, 1966.

M. de DAINVILLE : « Les relations commerciales de Bordeaux avec les villes Hanséatiques au XVIIᵉ et au XVIIIᵉ siècle » (*Mémoires et documents pour servir à l'histoire du commerce et de l'industrie*, 4ᵉ série, 1916).

P. BOISSONNADE : *La Marine marchande, le port et les armateurs de La Rochelle à l'époque de Colbert (1662-1683)*, Paris, 1923 ; *Colbert et la souscription aux actions de la Compagnie des Indes, spécialement au Poitou (1664-1668)*, Poitiers, 1908 ; *Histoire des premiers essais de relations directes entre la France et l'Etat prussien pendant le règne de Louis XIV*, Paris, 1912.

P. BOISSONNADE et P. CHARLIAT : *Colbert et la Compagnie de commerce du Nord*, Paris, 1930.

Louis PAULIAT : *Madagascar sous Louis XIV. Louis XIV et la Compagnie des Indes orientales de 1664*, Paris, 1886.

L. CORDIER : *Les Compagnies à charte et la Politique coloniale sous le ministère de Colbert*, Genève, 1976 (réimpression de l'édition de Paris, 1906).

Paul M. BONDOIS : « Colbert la question du sucre, la rivalité franco-hollandaise » (*Revue d'histoire économique et sociale*, 1923).

ORIGINES ET JEUNESSE DE COLBERT :

Jean-Louis BOURGEON : *Les Colbert avant Colbert : destin d'une famille marchande* (P.U.F.), Paris, 1973.

L'INTENDANT DE MAZARIN :

Comte de COSNAC (Gabriel-Jules) : *Mazarin et Colbert*, Paris, 1892.

L'AFFAIRE FOUQUET :

Adolphe CHÉRUEL : *Mémoires sur la vie publique et privée de Fouquet*, Paris, 1862.

Jules-Auguste LAIR : *Nicolas Foucquet, procureur général, surintendant des finances, ministre d'Etat de Louis XIV*, Paris, 1890.

Paul MORAND : *Fouquet ou le Soleil offusqué*, Paris, 1973.

Charles de LA RONCIÈRE : *Le Vrai Crime du surintendant*

Fouquet (52ᵉ congrès des Sociétés savantes de la Sorbonne), Paris, 1924.

Georges MONGRÉDIEN : *L'Affaire Foucquet*, Paris, 1956.

Claude BERTIN (direction de) : *Les Grands Procès de l'Histoire de France* (t. 14 : *Les grands commis, Jacques Cœur, Fouquet*), Paris, 1968.

Georges BORDONOVE : *Foucquet, coupable ou victime?*, Paris, 1975.

Jean de BOISLISLE : *Mémoriaux du Conseil de 1661*, Paris, 1907.

G. DEPPING : *Barthélemy Herwarth, contrôleur général des finances (1607-1676)*, Paris, 1879.

Charles de CHERGÉ : « François de Nuchèze, vice-amiral, intendant général de la marine de France, sa correspondance avec Louis XIV, Colbert, etc. » (*Mémoires de la Société des Antiquaires de l'Ouest*), Poitiers, 1854.

POLITIQUE CULTURELLE :

Jean ALAZARD : *L'Abbé Luigi Strozzi, correspondant artistique de Mazarin, de Colbert, de Louvois et de La Teulière*, Paris, 1924.

Marc SORIANO : *Le Dossier Perrault*, Paris, 1972.

Signalons le remarquable catalogue de l'exposition « Collections de Louis XIV, Orangerie des Tuileries », 1977 (350 pages).

L'AFFAIRE DES POISONS :

Pierre CLÉMENT : *La Police sous Louis XIV*, Paris, 1866 ; *Mᵐᵉ de Montespan et Louis XIV*, Paris, 1868.

Frantz FUNK-BRENTANO : *Le Drame des Poisons*, Paris, 1928.

J. LEMOINE : *L'Enigme Montespan*, Blois, 1935.

Georges MONGRÉDIEN : *Mᵐᵉ de Montespan et l'Affaire des poisons*, Paris, 1953.

APRÈS COLBERT :

P. A. SCHATZ et R. CAILLEMER : *Le Mercantilisme libéral à la fin du XVIIᵉ siècle, les idées politiques et économiques de M. de Bélesbat*, Paris, 1906.

Pierre CLÉMENT : *Le Gouvernement de Louis XIV ou la cour, l'administration, les finances de 1683 à 1689*, Paris, 1848.

Jean SERRUYS : *De Colbert au Marché commun*, Paris, 1970.

Ont été également consultés pour cet ouvrage :

Chanoine Jean-Baptiste ERIAU : *La Madeleine française, Louise de la Vallière, dans sa famille, à la cour, au Carmel*, Paris, 1961.
Alfred REBELLIAU : *Vauban*, Paris, 1962.
Michel PARENT : *Vauban*, Paris, 1971.

Bulletins de *Lettres autographes et Documents historiques* de la maison CHARAVAY.

Catalogues de vente d'autographes et documents historiques, par le ministère de Me Dominique Vincent à Paris, de Mes J. P. Chapelle, P. Perrin et D. Fromantin à Versailles.

Table des matières

AVANT-PROPOS 7

PREMIÈRE PARTIE

L'ASCENSION — 11

I. ITINÉRAIRE D'UNE FAMILLE 13
- La ville 13
- La marchandise 14
- La finance 19
- L'État 22

II. LA FRONDE 25
- Le messager 26
- Au service de l'exilé 32

III. L'INTENDANT DE MAZARIN 39
- La fortune du Cardinal 41
- La fortune de l'intendant 52

IV. DUEL POLITIQUE 57
- 1653 64
- 1654 64
- 1655 66
- 1656 68
- 1657 69

Le plan de Saint-Mandé	74
1658	77
1659	79
1660	85
1661	87
V. La chute de Fouquet	89
Le filet	93
Le coup d'État	101
Les finances	109
La marine	110

DEUXIÈME PARTIE

LE ROI ET L'ÉTAT (1661-1672)   113

I. Le ministre, le roi et la France	115
Deux caractères	115
L'exercice du gouvernement	121
Le clan Le Tellier	124
II. La Cour	129
Les maîtresses du roi	129
La famille royale	132
L'élévation des Colbert	134
Le Nord	138
III. L'État justicier	141
Les mille tyrans	143
Les maîtres des requêtes	147
Mesures immédiates	152
Les grandes réformations	160
IV. Paris et Versailles	163
Paris	164
Versailles	168

V. Les Arts et l'Histoire 173
    A la gloire du Roi 176
    Les collections royales 179
    Le siècle de Louis XIV 186
    L'étude de l'univers 192

TROISIÈME PARTIE

LA GUERRE ÉCONOMIQUE (1661-1672) 197

I. Le « Mercantilisme » et la guerre ... 199
    Le mercantilisme à la française 203
    Les hommes d'affaire anglais 208
    L'obsession hollandaise 210
    De la guerre économique à la guerre militaire 225

II. Le Colbertisme et les Français 233
    L'univers des marchés et des foires .. 234
    L'agriculture 237
    Chemins et voies d'eau 241
    Eaux et forêts 246
    Le monde de l'industrie 249

III. La Mer 265
    La création d'une marine 269
        Ports et canaux 271
        Le personnel maritime 274
        Seignelay 280
    Commerce maritime et colonies 283
        L'Orient 288
        L'Atlantique 293
        Le Nord 301

QUATRIÈME PARTIE

GLOIRE ET AMERTUMES (1672-1683) 307

I. La Guerre du Roi-Soleil	309
L'attaque contre la Hollande	313
La guerre européenne	325
II. La Gloire du ministre	343
Le clan	346
La bibliothèque	350
Les propriétés	352
III. Amertumes	361
L'œuvre financière compromise	362
Le mercantilisme malmené	369
Poursuite de l'unité	377
Les Arts et les Sciences	381
Dieu et César	388
IV. L'affaire des poisons	395
La Brinvilliers	396
La Voisin	398
Madame de Montespan	401
V. Le temps de Colbert	415
1683	415
Les deux clans	422
Le temps de Colbert	428
Bibliographie	437

IMPRESSION : BUSSIÈRE S.A., SAINT-AMAND (CHER). — N° 2057.
D.L. OCTOBRE 1984/0099/190
ISBN 2-501-00614-3
Imprimé en France

40 5414 4